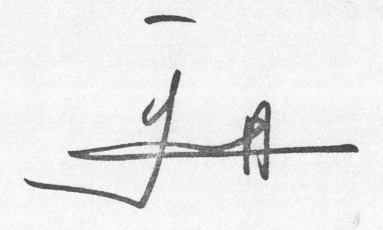

于丹——

《庄子》心得

于丹 著

北京联合出版公司
Beijing United Publishing Co.,Ltd.

图书在版编目（CIP）数据

于丹:《庄子》心得 / 于丹著 . —北京：北京联
合出版公司，2016.12（2017.4 重印）

ISBN 978-7-5502-9179-9

Ⅰ．①于… Ⅱ．①于… Ⅲ．①道家 ②《庄子》－研究
Ⅳ．① B223.55

中国版本图书馆 CIP 数据核字（2016）第 256819 号

于丹:《庄子》心得

作　　者：于　丹

责任编辑：夏应鹏　李　红

北京联合出版公司出版

（北京市西城区德外大街 83 号楼 9 层　100088）

北京旭丰源印刷技术有限公司印刷　新华书店经销

字数：214 千字　700 毫米 ×980 毫米　1/16　印张：16.75

2016 年 12 月第 1 版　2017 年 4 月第 2 次印刷

ISBN 978-7-5502-9179-9

定价：39.80 元

目 录
contents

自 2006 年国庆长假在百家讲坛讲完《〈论语〉心得》之后，我又在 2007 年春节讲了《〈庄子〉心得》，2008 年国庆讲了《〈论语〉感悟》。流光荏苒，再回首时，世界和人心都有了许多变化；而自万古观之，还是恒久不变的东西更多。

我的家也还是原来的模样。阳光灿烂的周末早晨，带着女儿一起读《论语》，我俩坐在沙发上，姥姥在餐桌旁翻着报纸，祖孙三代，一壶淡茶。女儿抱着一个洗旧了颜色的绒毛鸭子，书架在鸭子头顶，童声朗朗。一瞬间，我清晰地看见当初为讲《论语》备课时，这个当时还是簇新的绒毛鸭子也放在这个沙发上，不满一岁的女儿粉嘟嘟地坐在玩具堆里，和鸭子差不多大小，我常常开玩笑地对客人们说："会动的那个是我女儿。"

"妈妈，我能问你一个深奥的问题吗？"

我从恍神儿中被拉回来："什么问题？"

"这个世界公平吗？"

"不公平，孩子。"

"那，孔子在的时候就教人日三省乎己，治国道之以德，为什么到今天还有好人受冤枉？报纸、电视上还有那么多不公平？"

这真的是一个深奥的问题。

中国的今天不够公平，全人类的今天也不够公平，为了谋求最大公平而努力,人们一刻也没有停止过。大家都在寻找一种共同的公约默契,也都在本土寻求着各自的制度出路,问道自己的先贤,从自己的文化基因里探寻着这个民族安身立命的核心价值。孔子和庄子连始皇帝统一中国都不曾见到,他们更不知道互联网和众筹,但他们仍然是千古风尘之前,站在文明肇始之缘的那个坐标,他们的言语里藏着我们价值基因的秘密。尽管,孔子简约到述而不作,庄子汪洋恣肆到无端崖之辞,简与繁,殊途而同归。

"妈妈,那你说为什么孔子今天还能帮到我们?"女儿给姥姥送了杯茶,又从餐桌上端回一盘姥姥刚切好的水果。

"孔子肯定不能像'百度作业帮'那样帮你找到直接的答案,他帮我们的是认清楚一些根本问题。"

"什么才是根本的问题?"

"你觉得《论语》里什么是根本问题呀?"

孩子想了想,清亮地背出"君子务本,本立而道生。孝弟也者,其为仁之本与"。

——为什么一个从小去教堂的西方孩子的惊叹词会是"Oh, My God"!而一个中国孩子绊个趔趄都会本能地喊"哎呀,我的妈呀"!中国传统家族中的信任几乎等于西方宗教中恒久的神——我搂着孩子的小肩膀,看着笑眯眯的老妈妈,满心感慨。

约定俗成的表现,大多来自文化基因。中国文化中强大的伦理性价值,也许就是我们今天安顿于仓皇万变中的不变之本。农耕时代的中国人,始终有份乡土中的默契:即使是不识文断字,也得通情达理,国有国法,家有家规,门风不正就会败家。从贵胄到平民,长幼有序,图的就是家和万事兴。

"妈妈,那咱们平时还说'我的天哪',这又为什么呀?"

"中国人的'天'可不是简单的 sky，这里有天道，有天时，人也得守着天良。想想老子怎么说人跟天地的关系来着？"

女儿会背"人法地，地法天，天法道，道法自然"，但是作为一个城里长大的孩子，她见过的庄稼还没有园林绿地多。

"妈妈，那你给我讲讲老子和庄子吧。"

"这个太难了，再长大点儿咱们再讲吧。"

"不难！妈妈你看大鹏鸟和蓬间雀的对话，还有庖丁解牛的故事我都知道！"

是啊，我们从小都知道的故事，却要用一生去参悟，越成长，越觉得参不透。写完《〈庄子〉心得》之后的这八年间，我看过多少蜗牛犄角里利益的厮杀纷争，听过多少蓬间雀对世相的议论，也看过了多少缄默不语的大鹏襟怀，始知摸索人间世的规则，比认清一头牛的骨骼肌理难得太多。

唯有敬畏。以一生的时光浸润在文化川流中，愿年华渐长，可以渐次接近文而化之的境界。

《周易》有言："观乎天文以察时变，观乎人文以化成天下。"这种化育世道人心之"文"，也许才是中国文明生生不息的真正意义所在。

一代大儒汤一介先生，即使在恶疾缠身的最后时光里，也一刻都没有停下为"返本开新"的文化理想而努力。卷帙浩繁的《儒藏》，心血累积，一点点呈现出有序的模样。汤先生在一次疾病晚期住院化疗的前夜，研墨拂纸，写下"观乎人文以化成天下"，交由乐先生郑重转交于我，我将此作为先生的殷殷托付。我看到汤先生辞世前的最后一段录像，就是先生沉静坚定地又一次诵读了宋儒张载的名言："为天地立心，为生民立命，为往圣继绝学，为万世开太平。"

返本问道，可以探寻孔子与庄子的精神气象，远在悠悠千古之前。

倘若我们后辈子孙真从他们的身上领悟了智慧，那是先贤文化血脉的传承；倘若我们偏执一端，一味忽略着甚至批判着他们，他们也依旧站在文明的滥觞之缘，不改缄默微笑。而开新宏愿，还靠更多愿意文而化之的天地之心。

流光无痕，人心有信。孔子称"人能弘道，非道弘人"。这份民族文化的初心一直还在，两千多年的浮沉，经历过太多坎坷困顿，但基因就是基因，但凡对这个民族文化有信、有爱的后辈子孙，总还是能从孔子、庄子的传世箴言中触摸到一团真气，从往昔中清晰辨识出中华文明的未来。

庄子何其人

天地与我并生而万物与我为一

　　庄子是诸子百家中一个重要的代表人物。他的文章气势磅礴，纵横恣肆；他的思想深邃宏阔，笼盖古今；他的寓言想象奇特，寓意深远；他的风格嬉笑怒骂，了无拘囿。

　　他看破功名，不屑利禄，甚至对于死亡，他也有着自己独到的见解。庄子到底是一个什么样的人呢？

今天我们来说一个人：庄子。

庄子这个名字被历代传诵。大家都知道庄子是一个"乘物以游心"，可以"独与天地精神往来"的人。他上穷碧落下黄泉，嬉笑怒骂，说尽天下英雄，但其实他的内心并不激烈。

在《庄子》这本书中，都是一些"谬悠之说，荒唐之言，无端崖之辞"。看起来漫无边际，但其中其实蕴含着大智慧。

我们关于庄子的生平能够知道的很少很少，最早有确切记载的就是司马迁的《史记》。庄子是战国时候宋这个国家的蒙地（今河南商丘东北）人。他曾经做过漆园小吏，相当于现在的保管员。他一辈子就生活在一个战国纷争、战乱频仍，而到处求贤若渴的一个时代里。他隐居不仕，终老天年，没有什么社会名分。

据推测，庄子生活的时间大概在公元前369年到公元前 286 年之间，当然也有一说到公元前 275 年。他具体的生卒年月更是无从知道了。

《庄子》这本书，被历代奉为经典。但是在所有的先秦经典中，它也许是最不带有经典意味的，它带给我们的是一种无边无际的奇思异想。

根据《汉书·艺文志》上的记载，《庄子》传世作品应该有五十多篇，但是到今天我们可以见到的，就只有三十三篇了。这就是晋代郭象整理出来、流传至今的《庄子》。其中"内篇"七篇，"外篇"十五篇，还有十一篇为"杂篇"。

现在我们能够确定的是，内篇一定是庄子所作，而外篇和杂篇有可能是他的门人、学生、朋友以及后世得到庄子思想真传的人写的一些文章。

所谓"天下熙熙皆为利来，天下攘攘皆为利往"。

人生在世，从古至今，很难看破的就是"名"与"利"这两个字。应该说，大家首先面临的就是利益的纷扰和诱惑，因为在这个世界上，人人都会面临经济的问题、生存的困窘。庄子也不例外。

庄子的生活是什么样的呢？从《庄子》里的故事，我们可见一斑，他的生活一直是相当贫困的。

《外物》篇里有这么一个故事。

庄周家里很贫困。有一天，家里穷得实在是揭不开锅了，等米下锅。他就去找监河侯借米。监河侯是当时专门管水利的一个小官，看河的，生活比他要好一点。

这个监河侯对他非常热情，说："好啊，我马上要去采地收税金，你等着我，一旦把税金全收上来，我一下就借给你三百金。"这个话说得很漂亮，三百金，这是多大的一笔钱啊！

庄子一听，"忿然作色"，气愤得脸色都变了，但他却给这个监河侯讲了一个故事。昨天我也从这个地方过，路上忽然听到有人叫我的名字。我四下看了一下，发现在路上大车轧出来的车辙里面，有一条小鲫鱼，在那儿跳呢。

我就问鲫鱼："在那里干什么呢？"小鲫鱼说："我是东海的水官，现在你要有一斗一升的水，就能救了我的命。"

我说："好啊，我这就要去吴越那个地方，引来西江的水来救你。"

这小鲫鱼说："你要这么说，不如早一点去卖鱼干的铺子里找我吧！"

你看，庄子虽然幽默而有涵养，但并不是一个衣食无忧、生活富足的人。他还要处处求人，等米下锅。

大家可能就奇怪了：这样一个人有什么资格逍遥游呢？一个人，当他衣食不足、难保温饱的时候，他怎么还能有更高的追求呢？

庄子是怎么看待自己的贫困的呢？在《山木》篇他又讲了一个故事。

有一天庄子去见魏王。他穿着补丁摞补丁的破衣裳，鞋子也没有鞋带，随便拿根草绳绑着，一副邋遢相。

魏王说："先生，你怎么这般困顿啊？"

庄子回答说："这是贫穷而不是困顿啊。读书人有道德理想而不能实行，这才是困顿啊。大王你没看见过跳跃的猿猴吗？它们在楠树、梓树和樟树这样的大树上攀援跳跃，唯我独尊，自得其乐，连善于射箭的后羿和逢蒙对它们也没有什么办法；但让它们身处荆棘丛中，它们就只能小心翼翼，胆战心惊，不敢乱跑乱跳了。这不是因为它们身体不灵便，而是处在不利的情势下，难以施展自己的才能啊。我现在就是生不逢时，要想不困顿，怎么可能呢？"

可见，庄子对自己身处的环境是有清醒认识的。真正的仁人志士不怕生活上的贫困，怕的是精神上的潦倒。

一个人可以困窘于贫困，但是他的内心是不是真正在乎这种贫困，对一个"利"字看得有多重，会决定他面对贫困的态度。

庄子自己对这个"利"字看重吗？他周围有的是有钱的人啊！他在《列御寇》篇又讲了一个故事。

就在他们宋国，有一个叫曹商的人。有一次他很荣幸地为宋王出使秦国。那个时候秦国是西部最强大的国家。

他走的时候，宋国只给他配备了几乘车马。曹商到了秦国，不辱使命，特别得秦王的欢心，回来的时候，秦王浩浩荡荡送了他上百乘的车马。

曹商回国以后，趾高气扬，对庄子说："我这样一个人啊，要让我住在陋巷的破房子里，窘困地每天织草鞋度日，人也饿得面黄肌瘦的样子，要我这样生活，我估计我没有那能力。我的能力是什么呢？见到大国、强国的国君，讨得他的欢心，换来百乘车马这样的财富，这是我的长处啊！"

真正的仁人志士不怕生活上的贫困，怕的是精神上的潦倒。
——于丹心语

他夸耀完以后，庄子是什么态度呢？他淡淡地对曹商说："我听说这个秦王有病，遍求天下名医给他治病。能够治好他脓疮的人，就可以赏他一乘车马；能为他舐痔疮的，就可以赏他五乘车马。给他治的病越卑下，得到的车就越多。曹商啊，你去秦国给秦王治痔疮了吧？要不然你怎么能带回这么多车马啊？"

庄子的话，可谓极尽辛辣讽刺之能。同时也说明，"利"这个字是困不住庄子的心的。庄子的追求，已经远远超越了"利"，尽管他很贫穷。

说到我们今天，一个只拥有十块钱的人，他的快乐未必不如一个拥有亿万身家的人。手中有多少金钱，并不能决定它在你心里的分量。

在我们这个社会上，最快乐的人，既不是穷得叮当响的，也不是家财万贯、富比连城的，往往是那些由温饱到小康的这一批人。因为他们的生活还不至于过分窘迫，同时，他们也还不至于被财富束缚，为财富担忧。这些人是这个社会上的大多数，都属于有资格幸福的人。但是，幸福不幸福都在你的心里。

我有一个朋友，是做媒体出身的，后来开始从事房地产业，资产越做越大，事业越来越成功。他离开媒体的时候非常痛苦，因为媒体是他最喜欢的事业。但是为什么要去做房地产呢？他说："因为我要为我的家庭和将有的孩子负责，要给他们幸福的生活。所以，我违背我的心，我必须要有更多的金钱。"

他结了婚，有了一个非常可爱的儿子，钱挣得也很多

陈传席《高士图》（局部）

了，生活也应该挺好的。忽然，他告诉我，他要移民了，去一个很远很远的国家，而且是先让他的妻子带着孩子去，而他自己还要留在国内挣钱。我问他："你那么喜欢你的妻子、儿子，为什么要搞得这么妻离子散的啊？"

他的回答大家可能想不到。他说："以我们家现在的家产，这个孩子如果在国内上学的话，我每天都会担心孩子被绑架。所以，我要把他们送走。"

这就是我们身边的故事。利，真的是越大越好吗？

庄子把这些东西看得很淡了。利束缚不了他。为利辛苦，为利奔波，却丧失了自己很多的自由、很多的快乐，"心为形役"，太不值得了。

俗话说"雁过留声，人过留名"，破利不容易，破名就更难了，有多少人可能不为利所感，却为名所累。即使一个高洁之士，也希望名垂青史。

那么，庄子是不是在乎名分呢？在高官美誉面前，庄子会采取一种什么样的态度呢？

名利名利，破名比破利还要难。很多人可以不为金钱所动，但是，却难过名这一关。

古往今来，有多少文臣武将一生追求的，就是死后追封的一个谥号，君王封他忠，封他孝，封他文，封他武，等等，等等。当这个谥号刻上墓志铭，大概生前的一切失落都在这一个永恒的墓碑上得到了补偿。

辛弃疾说："……了却君王天下事，赢得生前身后名。可怜白发生！"一生就这么过去了。

庄子在乎名吗？我们知道，庄子这个人好学深思，富有雄才大略，但是他不爱说。

庄子说："天地有大美而不言，四时有明法而不议，万物有成理而不说。"所以他不爱说什么。

《秋水》篇里记载了这么一个故事。

庄子有个好朋友，名叫惠施，人称惠子。惠施当时就是个天下有名的雄辩家。

惠子在梁国做宰相，庄子就去梁国看望他。当时就有人跑去跟惠子说："庄子这个人来这里，是要代替你做梁国宰相。"

那惠子一听，心里就害怕了，于是，就发动他手底下的人到全国去找庄子，一连找了三天三夜。他一定要找到庄子，千万不能让他直接见梁王，万一梁王真的把相位给他，自己怎么办呢？

庄子听说这个事，就自己直接去找惠子，说："南方有一只鸟，名叫鹓鶵。这鹓鶵从南海飞到北海，不是梧桐树它不停下来休息，不是竹子的果实它不吃，不是甜美的泉水它不喝。它是这样一只圣洁的鸟。有一只猫头鹰找到一只腐烂的老鼠，抬头看见鹓鶵刚刚飞过，就仰头看着，大喊一声：'吓！'惠子啊，你现在这么兴师动众地找我，是想用你的梁国来怒斥我吗？"

其实，这就是庄子眼中的名。梁国相位，在他看来，就是一个腐烂的老鼠。

也许有人说，梁国这么一个小国的相位，庄子可能也不在乎。其实，还有更大的相位送上门来的。

《秋水》篇里讲了这么一个故事。

大家知道，战国时期，楚国是个大国。那天，庄子正逍逍遥遥在濮水上钓鱼呢。楚王派了两个大夫去到庄子那里，毕恭毕敬地说："想要用我们国家的事劳烦先生您啊！"话说得很客气，就是想要请他出山为相，希望把楚国的相位授给他。

庄子手拿鱼竿，头也不回，说："我听说楚国有一只神龟，死了都三千年了，楚王还把它包上，藏在盒子里，放在庙堂之上。你们说，这只龟是愿意死了留下骨头被人尊贵呢，还是愿意活着拖着尾巴在泥地里爬呢？"

两个大夫回答："当然是愿意活着在泥地里爬啊！"

庄子说："那好吧，你们请便吧，让我拖着尾巴在泥地里活着吧！"

这就是庄子对送上门来的"名"的态度。

人心为什么有自由？因为人可以不在乎。人的一生只能被你真正在乎的事情拘束住。如果你不在乎，那么，还有什么可以束缚你？

在很多时候，人生的劳顿要先问一问目的是什么。也许有一个很高尚的回答，为了家人的幸福，为了单位的成功，为了贡献社会，等等。但是，背后潜在的动机是什么？我们每个人都问问内心：我们是不是给名和利在找一个堂而皇之的托词？人生的很多时候，我们就是因为被名利一步一步吸引着，陷进了一种无事忙的人生循环。

大家知道，人有时候会有一股无名火。你心里不痛快，可又不能跟别人说，于是一个小小的事情就可以点燃导火索，让这无名火轰然燃烧起来。

比如有一家公司，地位最高的是老板。老板因为某件事情不顺利，就随意指责呵斥下属："这个工作你为什么做不好？你的执行力为什么这么差？回去自己反省！赶紧写一份检查！明天你要加班，把这个事情做好！"

下属无话可讲，只能唯唯诺诺，点头称是。回家以后，这股无名火怎么办呢？就开始跟老婆喊："我辛辛苦苦在外挣钱，撑着这个家，让你能过这么好的日子。你呢？家没管好，孩子也没管好。你就让我过这样的生活吗？"把老婆臭骂一顿。

老婆只好点头哈腰，因为每个月要从丈夫手里拿钱。但是，心里又委屈，不平衡，无名火无处发泄，见到孩子进门，她就去训孩子："我为你这么辛苦，我这一生都付出了，如此操劳，你学习还不努力！你现在这个成绩，对得起我吗？"

孩子没头没脑挨一顿骂，心里愤怒，又不敢跟妈妈吵，回头就骂家里的小狗，一生气又把小狗给打一顿。

狗得听主人的，它也有无名火，等一出门，无名火就撒在野猫的身上，追着野猫要咬。

猫知道打不过狗，也只好忍气吞声，就拼命地到处去找耗子。只有在耗子的身上，猫的愤怒才能得到宣泄。

一个老板的愤怒跟一个耗子的委屈之间，到底有多少个环节呢？愤怒把他们联结在一起。

其实，我们每一个人心里都可能有无名火，我们真的想让自己平息吗？

是别人给我们这么多委屈呢，还是我们自己看不破名与利呢？

天下人为了名和利，熙熙攘攘，来来往往，其实都是心有拘囿。只要我们自己打破这个边界，我们才有可能达到一种自由和逍遥。

庄子生活贫穷，但他不在乎利；庄子思精才富，但他不在乎名。那么，他面对生死，又是什么态度呢？

很多人活着的时候，对"名"与"利"两个字看得最重。到了最后终极大限，名利可能不再重要了，还可以看得透，但是，生死那可就难以看透了。

红尘在世，庄子曾说过，"宁其生而曳尾于涂中"，活在泥塘里也比死了好啊。那么，庄子能看破生死吗？

庄子在《至乐》篇有这么一个著名的故事。

庄子的结发妻子先他而走了，他的好朋友惠子去吊唁。

到了他家一看，庄子正坐在地上"鼓盆而歌"，敲着盆在那儿唱歌呢。

惠子质问庄子："你妻子为你生儿育女，现在老而亡故了，你不哭也就算了，却敲着盆在那儿唱歌，你也太过分啦！"

庄子就淡淡地对惠子说："不是这样的啊！她刚走的时候，我心里怎么能不难受呢？但是我追本溯源，去观察最初的开始，人不都没有生命吗？没有生命就没有形体，没有形体就没有气息。生命又是怎么形成的呢？天地之间，若有若无之际，聚起来一股气息，气息逐渐变成形体，形体又孕育出了生命，人就是这样来的，现在生命又走向了死亡。这生老病死不就是跟春夏秋冬四季变化一样吗？现在我妻子又循着这条路回去了，此时此刻她在天地之间安安静静、踏踏实实地睡了，我却要在这里哭哭啼啼，不是太不懂生命的真谛了吗？"

看，这是亲人的死亡！庄子能够有这样一种坦然的欣慰，因为他参透了生命的真谛。

这种坦然的欣慰，在中国民间也能够看到。比如，民间讲究办喜事有两种，叫作红白喜事。嫁娶和生子，是红喜事，这是生命繁衍的开始，自然是一桩喜；寿终天年，为老人送行，是白喜事，也是一桩喜。

所谓红白只是生命的两端，红是生命来临之前的迎接，白是生命寂灭之后的相送。生与死之间，不过是一种生命形态的转化。

如果我们真的具有庄子这样的心态，也许我们会少了很多的牵绊和苦楚。但是，生老病死，人生极多忧苦坎坷，一旦自己骤然面临生死，我们能坦然面对吗？

那么，庄子是怎么看待自己的死亡的呢？庄子在《列御寇》篇中讲了这么一个小故事。

庄子快死了的时候，他的很多学生就商量，老师如果真的死了，我们一定要厚葬他。就是要好好安葬他，礼仪用品一定要豪华。

庄子听了，跟他的学生们说，他死了以后，要"以天地为棺椁，以日月为连璧，星辰为珠玑，万物为赍送"。这广大天地就是我的棺材，日月星辰就是我陪葬的珠宝，天下万物就是送我的礼物。

这是多么奢侈的葬礼啊！这是多么宏大的气魄啊！

实际上，庄子的意思就是，你们不要搞什么厚葬啦。我不要棺材，不要陪葬，不要礼物，你们就直接把我扔在旷野里，交给天地自然就行了。

学生们显然很为难。他们大概以为老师快死了说胡话吧。想来想去，他们还是要劝劝老师，就说："老师啊，要这样，我们怕乌鸦、老鹰把你吃了。还是做个棺材埋在地下吧。"

庄子说："把我放旷野里，乌鸦、老鹰要吃我；把我埋在地下，那些蚂蚁也要吃我。你抢下乌鸦、老鹰的口粮，喂给地下的蚂蚁吃，干吗这么偏心呢？"

这个回答是那么豁达和幽默。形体归于天地，生死归于自然。这就是庄子对自己的形体和生死的看法。

我们社会上现在有很多抗癌俱乐部，有很多的抗癌明星。过去一听说人得了癌症,那几乎就是判死刑的同义词。可是现在很多癌症患者还能活很多年,为什么?就是因为他们的内心乐观豁达,不惧怕死亡,所以才可能战胜死亡。

其实庄子从来就是一个不惧怕死亡的人。他不惧怕的方式就是"乐生"这两个字,也就是说,活得好比怕死要强得多。

这个观点跟儒家的思想不谋而合。孔夫子回答他学生关于死亡的问题时,回答了六个字:"未知生,焉知死?"人活还没有活明白呢,干吗去想死亡的事呢?在这一点上可以说儒道相通。

孔子给我们揭示的是一种温暖的情怀和一种朴素的价值,就是"活在当下"。人活在当下,在当下看破了名,穿透了利,不惧生死,那么,我们的心灵将拥有一个多大的空间、一份多大的境界啊!

可以说,庄子在他的这本书里,留下了很多隐约的生活的影子。这里面有很多判断跟儒家彼此呼应,只不过儒家所看重的永远是大地上圣贤的道德,永远是人在此生中建功立业的信念;而道家看重的永远是更高旷的苍天之上的精神自由,永远是人在最终成全以后的超越。

中国的儒家思想在社会这个尺度上,要求人担当;但道家思想在生命层面上,要求人超越。担当是我们的一份社会职责,超越是我们的一个生命境界。所以,从这个意义上讲,看过《庄子》中的很多故事,会通达他的一套生命哲学,这不是简单的积极或消极,而是在我们生命的不同体系上给我们建立起来的一套参照系统。

> 人活在当下,在当下看破了名,穿透了利,不惧生死,那么,我们的心灵将拥有一个多大的空间、一份多大的境界啊!
>
> ——于丹心语

人生至高的境界就是完成天地之间的一番逍遥游，也就是看破内心重重的樊篱障碍，得到宇宙静观天地辽阔之中的人生定位。

——于丹心语

以庄子的话说，人生至高的境界就是完成天地之间的一番逍遥游，也就是看破内心重重的樊篱障碍，得到宇宙静观天地辽阔之中的人生定位。

在这样一个浩瀚的坐标系上，让人真正成为人，让我们的内心无所拘囿，让我们风发扬厉，成为理想中的自己。

让现实中种种的窘困只在当下，可以看破，而在永恒生命的引领上，有这样一番逍遥游的境界，值得我们每一个人永远去追寻。

境界有大小

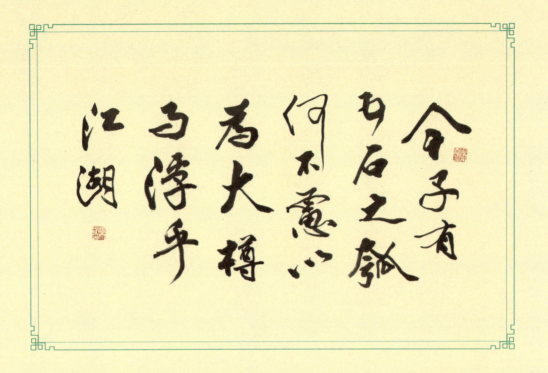

今子有五石之瓠，何不虑心为大樽，而浮乎江湖

庄子用许多寓言故事告诉我们：一个人境界的大小决定了对事物的判断，也可以完全改变一个人的命运。

站在大境界上，就会看到天生我材必有用。而站在小境界上，只能一生碌碌无为。

那么，我们应该怎样区别境界的大小？又如何才能达到那个大境界？

在《庄子》的《逍遥游》篇中，有一个核心的命题，就是，什么是大？什么是小？

《逍遥游》无限地拓展了我们的想象空间，告诉我们，世间的大，远远超乎我们的想象；世间的小，也同样远远超乎我们的想象。因为真正的大与小不仅仅在眼界之中，还在人的心智之中；它绝不单纯是一种文学描写中的境界，更多的时候，它表现为生活里面很多实用的规则。也就是说，人的这一生，小大之境应用不同，会带给你不同的效果、不同的人生。

大家都知道惠施和庄子是好朋友，两人之间有很多对话。《庄子》中写到这样一个故事。

有一天，惠子找到庄子，说：魏王给了我一颗大葫芦籽儿，我在家就种了这么一架葫芦，结果长出一个大葫芦来，看起来很丰硕饱满，有五石之大。因为这葫芦太大了，所以它什么用都没有。用它去盛水的话，那个葫芦皮太薄，

"其坚不能自举",要是盛上水,往起一拿它就碎了。我要是把它一劈两半,用它去盛什么东西都不行。想来想去,葫芦这个东西种了干什么用呢?不就是最后为了当容器,劈开当瓢来装点东西吗?结果什么都装不了了。所以惠子说,这葫芦虽然大,却大得无用,把它打破算了。

庄子说:"你真是不善于用大的东西啊!"于是给他讲了一个故事。

宋国有这么一户人家,他们家有一样稀世的秘方,就是不皴手的药,在寒冷的冬天,让人手脚蘸了水以后不皴。所以他们家就世世代代以漂洗为生。

有一天,一个过路的客人,偶然听说他们家有这个秘方,就来跟他们商量,说:"我以百金来购买这个秘方。"全家人听了,就聚在一起开会商量,说:"咱们家这个秘方,虽然由来已久,但是全家人这样漂洗为生,才赚很少的钱。现在人家花百金这么多钱买个方子,干吗不给他?咱卖了吧!"

这个过路的客人,拿了这个秘方就走了。他是去干什么呢?当时各个地方都在诸侯混战之中,为了争地而战,那么在东南部就是吴越之争。吴越之地,正处水乡。这个人从宋国拿了秘方直奔吴国,去游说吴王。此时正值越国军队进攻吴国。吴王就派这人带兵,选在寒冬腊月,向越国发起水战。因为有此秘方,军士可以手脚不冻,不皴手,不生疮,战斗力十足,而越人没有这个秘方。这一战吴国大胜。所以这个提供秘方的人,裂地封侯,立致富贵,身价非同一般。

今子有五石之瓠,何不虑以为大樽而浮乎江湖,而忧其瓠落无所容?

——《逍遥游》

陈传席 《静观图》（局部）

　　这个方子给不同的人用，它可以带来不同的人生效率。如果你拥有大眼界，你会看到同样一个秘方，它可能会决定一国的命运，改变一个人的身份。

　　庄子告诉惠子，大葫芦也是一样。你怎么就认定它非要剖开当瓢使呢？如果它是一个完整的大葫芦，你为什么不把它系在身上，去浮游于大江大湖之上呢？难道一个东西，必须要被加工成某种规定的产品，它才有用吗？

　　为什么相同的东西在不同的人手里，可以产生完全不同的价值？庄子的寓言故事告诉我们：一个人境界的大小，决定了他的思维方式。人们常常以世俗的眼光，墨守成规地去判断事物的价值。而只有大境界的人，才能看到事物的真正价值。

　　我曾看过一本书，叫作《隐藏的财富》，里面讲了一个美国人的故事。

有两个从德国移民美国的兄弟，1845 年，他们来到纽约谋生。这弟兄俩觉得生活很艰难，就商量怎么样能够活下去。作为外来的移民，哥哥原来还有一技之长，在德国的时候，他做泡菜做得很好。弟弟太年轻，什么都不会。哥哥说："我们外乡人在纽约这么一个都市，太难生存了。我去加利福尼亚吧，我可以种菜，继续做我的泡菜。"弟弟想："反正我也没有手艺，索性一横心一跺脚就留在纽约，白天打工，晚上求学。"他学习的是地质学和冶金学。

哥哥来到了加利福尼亚的一处乡间，这里有很廉价的土地，他就买下来种卷心菜，成熟后用来腌泡菜。哥哥很勤劳，每天种菜、腌泡菜，养活了一家人。

四年以后，弟弟大学毕业了，到加利福尼亚来看望哥哥。哥哥问弟弟："你现在手里都拥有什么呀？"弟弟说："我除了拿了个文凭，别的什么都没有。"哥哥说："你还是应该跟我扎扎实实地干活啊。我带你看一看我的菜地吧。"

弟弟在菜地里，蹲下来看了看菜，然后扒拉一下菜底下的土，在那儿看了很久，进屋去拿了一个脸盆，盛满了水，把土一捧一捧地放在里面漂洗。

他发现脸盆底下，有一些金灿灿的、亮闪闪的金属屑。然后，他非常惊讶地抬头，看着他哥哥，长叹一声，说："哥哥，你知道吗？你是在一座金矿上种卷心菜！"

其实，有太多的时候，我们安然地享受着生活带给我们的秩序。日复一日，我们早晨起床，白天工作，晚上睡觉。大家怎么生活，我们也怎么生活。我们用手中的一技之长，养家糊口，过很安稳的日子。我们从来没有跳出自己现有的经验系统，重新质询一下：我还可以换一种方式生活吗？我目前所拥有的这些技能，还有没有可能让它发挥更大的用处？

庄子在《逍遥游》里给我们提出了一个永恒的问题：什么叫作有用？

作为家长，我们可能会跟孩子说："你趴在窗台上看了一下午蝴蝶，做的是没用的事。这一下午，如果你练钢琴，是有用的。"

我们可能跟孩子说："你这一下午就在和泥巴、搭城堡，这是没用的。这一下午，如果你练打字，是有用的。"

我曾经见过一个科学实验，把一个会跳的小虫子放在瓶子里。它明明可以跳很高，但实验是把盖子盖上以后让它跳。小虫子一跳，啪，碰到了顶盖掉下来了，再一跳，又碰到顶盖掉下来。它反复跳跃，却越跳越低。这时候，你把盖子再拧开，看见这小虫子还在跳，但它已经永远不会跳出这个瓶子了，因为它认为，头顶上那个盖子，将是不可逾越的。

我们今天的教育，有一种可悲的现象，就是父母用自己全部的爱，为孩子规定了太多的戒律，捂上了太多有用的盖子。

我们让孩子们认为，作为一个葫芦，它以后只能成为瓢，而不能成为一个巨大的浮圈，带着人浮游于江海；作为一块土壤，上面只可以种菜、种粮食，没有人去追问土壤下面可能埋藏的矿藏。

只有打破常规思维，我们才有可能去憧憬真正的逍遥游。

——于丹心语

我们以一种常规的思维，束缚了自己的心智。由我们的常规的生活态度，规定了我们可怜的局限。这种局限本来是可以被打破的。只有打破常规思维，我们才有可能去憧憬真正的逍遥游。真正的逍遥游，其实就是无羁无绊的。

有用和无用是可以相互转化的。难道一个人一定要循规蹈矩、按照程序、按照规则去设计自己的人生吗？

有这样一个故事。

一个大公司要招聘发报员，凡是熟悉国际通用的摩尔斯密码的人，都可以来应聘。很多应聘者闻讯而来，被安排在公司的办公大厅里等候面试。

大家来了以后，就发现这个环境太嘈杂了。这个大公司业务繁忙，办公大厅里人来人往，有的在互相谈话，有的在打电话，人声嘈杂。几十位应聘者一排一排坐在这个环境里等候。面试是在大厅尽头的一个神秘的小屋子里。大家就这么等着，等待人事经理来叫人。

这个时候，来了一个迟到的小伙子。他排在应聘者的最后，连座位都没有了。他站了一会儿，然后就径直往那个神秘的小屋子走去，推门而进。所有的人都很奇怪：他为什么不排队就进去了呢？

过了一会儿，主管招聘的人事经理，带着小伙子从小屋子里出来了，对所有坐着的应聘者说："对不起，这个发报员的职位已经有人了。你们可以回去了。"

所有应聘者都愤愤不平："这个小伙子迟到了，还径直闯进门去，居然就得到了职位！我们等待这么久，你一个问题都没问，连机会都没给我们，就被淘汰了。为什么？"

人事经理缓缓回答："我们特别选择了在这样一个嘈杂的环境里应聘。人声鼎沸，而就在这个环境中，我们一直在发送着一种摩尔斯密码的电波，解读出来的意思是：'谁要是听懂了这个密码的话，现在请直接进入小屋子。'"

这个小伙子虽然来晚了，但他在嘈杂的环境中，听懂了密码语言，所以他成功了。他没有像其他应聘者那样，按照既定的规则，坐在那里等待，所以他才是真正懂得这个密码的人，他配得到这个职位。

这是一个现代生活里的故事。这样的机遇，谁说不会随时出现在我们的身边呢？

我们都知道，庄子是一个大智之人。大智慧者，永远不教给我们小技巧。

他教给我们的是境界和眼光。

这种逍遥游的境界，我们心向往之。但是，这种完整地看待一个事物的眼光，我们真正了然于心了吗？如果我们有这样的眼光，你也会抓住从你眼前走过的每一个机遇。

今天我们经常提到一个很时髦的词，叫作核心竞争力。其实我们每一个人，应该问问自己：我的核心竞争力是什么？

所谓核心竞争力，是不可仿效的，是唯一的。在今天这个时代，没有什么是最好的，只有什么是唯一的。

一个葫芦如果长得小，可以当瓢，它是有用的。一棵树长得小，它可以去做桌子、椅子，它是有用的。一个葫芦长到最大，不必把它破开，可以把它当游泳圈一样浮于江海，它还是有用的。一棵树长到最大，可以为人遮风避雨，它也是有用的。

一个人，永远不要去羡慕他人。你质询自己的心，问一问：我的核心竞争力究竟是什么？我究竟有哪一点是不可替代的呢？

《庄子》里面，讲到很多树的故事。在《人间世》篇中，庄子讲述了一个故事，一个关于树的故事。

一个姓石的木匠到齐国去，路上看到一棵栎树。这棵栎树被这个地方人奉为社神来祭祀。

这棵树有多大啊？庄子的形容往往很夸张。他说，这棵树的树荫可以遮蔽几千头牛在这树底下乘凉，量一量树干可以达到百尺粗，跟山一样高，多少丈以上才生枝干。

这棵大树吸引了好多人来观赏，但石木匠看也不看一眼，就离开了。他的徒弟问师父："这么好的木材为什么看都不看呢？"

石木匠说："这种树木是没用的散木，木质不好。用它做船，那船很快就沉；用它做棺材，这棺材很快会腐烂；用它做器物，这个器物很快就会折断；用它做门，这门会流污浆；用它做柱子，会被虫蛀。所以，这是'不材之木'，做什么都不行。"

晚上，石木匠梦见这棵栎树来跟他说话。

栎树说："使予也而有用，且得有此大也邪？"你说我是一棵没用的树，如果我有用的话，不就早给你们砍掉了吗？我能活到今天这么大吗？

栎树又说："你看那些果树和瓜果，那是大家所认为的有用之材，每年硕果累累，大家对它赞不绝口，结果是大枝子全都被撅断了，小枝子全都被拉弯了，那上面结的果实，年年一熟了，人们就来剥夺它。因为它们有用，所以伤害了自己，早早就死了。我就是因为没用，所以才保全了自己。这正是我的大用啊。"

《人间世》篇里，庄子又借南伯子綦的口说：在宋国荆氏这地方，适合种植楸树、柏树和桑树。这类树木长到一握两握这么粗，想用它来拴猴子做桩子的人，就来砍树了；如果树木长到三围四围这么粗，想用它做房梁的人，就来把树砍走了；如果长得再大，有七围八围的树，那有富贵人家想做棺木，就来砍树了。

这类树木从小到大，不论长到哪个规格，总会有一种低廉的、有用的价值观来评价它，把它雕琢为某种器具。但是如果你长得超乎人的想象，成为百抱合围的大树，就能够保全自己的性命了。

我在西藏的林芝地区，曾经看到过一棵大树。那是我所见过的最大的树，要二十来人手拉着手才能围住。长到那么大的树，就变成大家朝圣的对象了。谁去了都要去看一看它。大家在树底下唱歌跳舞，喝青稞酒。那个场景，和庄子描述的一模一样。大家以这样的心态来对待它的时候，还有谁会想把这棵树砍了，回去做个箱子、柜子呢？

一棵树不能成为栋梁，但能长成参天大树，成为人们朝圣的对象。庄子的寓言对于我们现代社会中急功近利的追求不是一个提醒吗？

当我们以世俗的小境界去观察事物时，常常会以眼前的有用和无用来进行判断。当你具有大境界时，才能够理解什么叫作"天生我材必有用"。

那么，我们如何才能达到这种大境界呢？

我们今天所谓的有用，可能都是一些局部的有用。而真正的有用，是一种用大眼界度过的大人生。

苏东坡有一句诗："小舟从此逝，江海寄余生。"李白也一样，一辈子谑浪笑傲，一辈子不服权贵，到年老的时候，杜甫去看他，问他："还有什么遗憾的事？"

李白说："我就是求仙问道，炼丹还没炼好，想起晋代写《抱朴子》的葛洪葛神仙，我从心里觉得对不住他。"杜甫听得瞪目结舌：一个上不愧皇帝、下不愧父母的诗仙，偏偏觉得自己对葛洪有愧。这是一种什么样的人生啊！所以，杜甫为他写了一首绝句：

秋来相顾尚漂蓬，未就丹砂愧葛洪。
痛饮狂歌空度日，飞扬跋扈为谁雄？

李白一生奔波，到老年依然漂泊，"秋来"指人生晚秋，但他似乎毫不介意。这就是李白的人生："痛饮狂歌空度日，飞扬跋扈为谁雄？"

这"为谁雄"三个字问得好！在这个世界上，李白不为君主，不为青史，不为功名，他不需要留下一个封号，他为的只是自己的心。所以，他是一个无所羁绊的天地英雄。

这种天地英雄就是中唐李贺在诗中所说的："世上英雄

本无主。"我们不要老是觉得，那种效忠于君王的忠臣死士是英雄。真正的英雄，是能够为自己的心做主的人。这样的一种由自己的心智而决定的人生，会给我们每个人开拓出不同的境界。这就是生命的觉悟。

"觉悟"这个词是一个佛家语。大家可以看一看，"觉悟"这两个字的写法很有意思，"觉"字的下面有一个"见"，"悟"是左边一个竖心，右边一个"吾"。"悟"其实就是我的心。觉悟，用我们今天的话说就是，"看见我的心"。

我们问问自己，终其一生，有几个人看见了自己的心？你可以了解世界，你可以了解他人，只有看见自己的心，才是觉悟。

觉悟在佛家禅宗的开悟中，被描述为两个阶段。

觉是第一个阶段，比如说你听到了某种知识，有一个人跟你说了一句话，突然之间眼界通透，所谓醍醐灌顶，这叫有所觉。

但是你在一生的长长的修为，遇到任何一个事情，要反观内心，去思考，去明白，日积月累，这个长长的、参化的过程叫作悟。

觉是一个瞬间，悟是一个过程。把所有觉的瞬间，与长长一生的悟结合起来，你所到达的就是终于看见自己的心。这是人生的大觉悟。

《三字经》中说，人之初，性本善。但为什么从古至今，这个世界上总是充满了争斗？

庄子的人生哲学，就是教我们要以大境界来看人生，

觉是一个瞬间，悟是一个过程。把所有觉的瞬间，与长长一生的悟结合起来，你所到达的就是终于看见自己的心。这是人生的大觉悟。

——于丹心语

所有的荣华富贵，是非纷争都是毫无意义的，最重要的是你能不能有一个快乐的人生。

那么，我们怎样才能获得一个快乐的人生呢？

这个世界上种种的争斗，看起来很残酷，但是在庄子的笔下又很可笑。

庄子在《则阳》篇曾经讲到这样一个故事。

两个国家，一个叫触氏，一个叫蛮氏，为了争夺土地而战。战争打得旷日持久，死亡惨重，血流漂橹，民不聊生。

最后庄子告诉你，这两个国家争的是多大的土地呢？触氏跟蛮氏，一个住在蜗牛的左犄角里，一个住在蜗牛的右犄角里。

这难道不可笑吗？

大家去看《左传》，看先秦的史传散文，会发现一个观点，叫作"春秋无义战"。

大家都打着正义的旗号，其实在这种争斗中，谁都没有绝对的正义可言。正义只不过是一个争杀的幌子而已。所以，当你明白他们可争的土地，最大也大不过一个蜗牛壳的时候，我们会得出一个什么结论呢？

我们的生命都像电光石火一样转瞬即逝。在这么有限的生命里面，不管你是贫穷还是富贵，不论你度过什么样的人生，最不应该扔掉的是欢乐。

如果谁斤斤计较，谁心胸不开，此生不能做到笑对人生，那么你这个人还有太多太多的痴迷而没有看得通透。

有人问佛祖："什么叫作佛？"

佛祖的回答是："无忧是佛。"

人生真正想要达到逍遥之境，需要打破我们的常规束缚，以一种逆向思维，把这个世间中看似天大的事，关于战争，关于政治，关于仇杀，关于恩怨，都把它看小了去，看作蜗牛壳里的纷争，看作电光石火的瞬间事。另外，把我们自主的灵魂放到无限之大。

我记得丰子恺先生曾经讲过，人的生活可以有三重境界，分别主真、主美、主善。

我们的物质生活是主真的。每一个人在现实生活中，有规则，有职业，要顺应很多很多的要求，但求真实而已。

第二重生活是审美生活。这种审美是二三亲朋好友在一起听听音乐，品品诗词，完成一种文学的陶冶，艺术的享受。这一重生活是主美的，因为它完成了一个审美的过程。

人生至高的境界是一种灵魂生活，这种灵魂生活是主善的。

人生的境界有大小，而我们过往的生活，大体相同。

重要的不在于客观上我们有什么样的际遇，而在于主观上我们有什么样的胸怀；不在于客观提供给我们哪些机会，而在于我们的心智在有用与无用的判读上，主观确立了什么样的价值观。

当我们过分急功近利的时候，我们失去了春花秋月，难道不惋惜吗？我们失去了与孩子、老人的天伦之乐，难道不遗憾吗？我们失去了很多逍遥游的机会，让自己的年华迅速老去，却积累了一大堆无用的事功，难道内心不愧疚吗?

今天我们重新审视庄子，以觉悟的态度反观内心，目的就是让我们每一个人释放自己，尽可能达到一个逍遥游的境界。

感悟与超越

万物一齐 孰长孰短 无穷无始 枸已死 生不恃 无成

名利二字，是多少人一生的追求。但是，要想真正感悟庄子逍遥游的境界，就一定要能够超越名利。而有一个淡泊的心态，是超越名利的基础。

那么，怎样才能做到淡泊为大？怎样才能从庄子的故事中感悟世间的道理？怎样才能超越自我，达到一个理想的境界？

超越这个话题，我们在生活中经常谈到。

什么是真正的超越？超越基于现实世界的认知，辨别在纷杂的现实生活中，什么是恒定不变的？本质是什么？

先说一个题外话。

据说大清乾隆皇帝下江南的时候，在镇江金山寺，他问当时的高僧法磐："长江中船只来来往往，这么繁华，一天到底要过多少条船啊？"

法磐回答："只有两条船。"

乾隆问："怎么会只有两条船呢？"

法磐说："一条为名，一条为利，整个长江中来往的无非就是这两条船。"

司马迁在《史记》中说过："天下熙熙皆为利来，天下攘攘皆为利往。"除了利，世人的心中最看重的就是名了。多少人辛苦奔波，名和利就是最基本的人生支点。

那么，庄子对名和利是怎么看的呢？庄子在《逍遥游》

里，讲到了这样一个"尧让天下于许由"的故事。

大家都知道，尧被中国古人认定为圣人之首，是天下明君贤主的代称。许由呢？是一个传说中的高人隐士。

庄子写道，尧很认真地对许由说："日月出矣，而爝火不息，其于光也，不亦难乎！时雨降矣，而犹浸灌，其于泽也，不亦劳乎！"当光明永恒的太阳、月亮都出现的时候，我们还打着火把，和日月比光明，不是太难了吗？及时的大雨落下来了，万物都已经受到甘霖的滋育，我们还挑水一点一点浇灌，对于禾苗来说，不是徒劳吗？

尧很诚恳地对许由说："先生，我看到你就知道，我来治理天下就好像是火炬遇到了阳光，好像是一桶水遇到了天降甘霖一样，我是不称职的，所以我请求把天下让给你。"

大家看看，这辞让的可不是小官位啊，这是尧要把天下让给许由！许由又是怎么说的呢？

许由淡淡地回答："你治理天下已经治理得这么好了，那么，我还要天下干什么？我代替你，难道就图个名吗？""名者，实之宾也，吾将为宾乎？"名实相比，实是主人，而名是宾客，难道我就是为了这个宾客而来吗？还是算了吧。

许由接着说了一个很经典的比喻："鹪鹩巢于深林，不过一枝；偃鼠饮河，不过满腹。"他说，一只小小的鸟在森林里面，即使有广袤的森林让它栖息，它能筑巢的也只有一根树枝。一只小小的偃鼠在河里饮水，即使有一条汤汤大河让它畅饮，它顶多喝满它的小肚子而已。

万物一齐，孰短孰长？道无终始，物有死生，不恃其成。

——《秋水》

我们想一想，人生有涯，一个人这一辈子能吃多少饭呢？能占多大的面积呢？人往床上一躺，你睡觉的地方也就这么大，不管你住的是三百平方米的豪宅，还是一千平方米的别墅，你实际需要的空间跟别人都一样。

淡泊为大。许由这样的一种宁静致远的淡泊心智，可以连天下都辞让出去，就是一种博大的境界和情怀。

黎巴嫩著名的诗人纪伯伦曾经感叹："我们已经走得太远，以至于忘记了为什么而出发。"

我曾经听过这样一个故事，说一个人有一天想要往墙上挂一幅画，就忙忙叨叨地找来锤子和钉子。当他把钉子钉进墙后，却发现这个钉子根本挂不住这幅画。怎么办呢？他说，那就只能往墙里揳一个小木楔子，然后再钉钉子。

他去找木头。找到木头发现太大，又去找斧子。找到斧子，发现对付木头不顺手，又去找锯子。锯子有了，又发现锯条断了，又去找锯条。这样一件一件东西找下来，等到把所有的东西都凑齐了，他已经不知道要干什么了。他早就忘记了那幅画。

其实这很像我们今天的生活。我们在行走，我们在奔波，我们终日忙忙碌碌，但是我们忘记了为什么而出发。

很多时候，我们会置身于这样的茫然中。所以，人需要看清自己的目的，看清自己的方向，看清眼前的权衡。

生活的大道理，人生的大境界，有的时候，都是从生活中的最细微处去发现、去感悟的。

那么，怎么样才能从细微处见出大境界呢？

人需要看清自己的目的，看清自己的方向，看清眼前的权衡。

——于丹心语

有的时候，大境界是从眼前的小物件上看出来的。也就是说，要看到大境界，在于我们有没有安静的心灵，有没有智慧的眼睛。只要我们可以让心静下来，真正拥有了空灵之境，让我们眼睛敏锐起来，我们就会看到在不经意处，有很多至极的道理。

世界著名的男高音帕瓦罗蒂在年轻的时候，刚刚开始在音乐界声名远扬，整个人一直非常紧张，而且他觉得他用来唱歌的嗓子不堪重负。

有一次，他在全世界巡回演出，非常疲惫。晚上他在一个酒店里翻来覆去睡不着，生怕自己再唱下去，嗓子会支撑不住。

这个时候，隔壁的客房里有个小婴儿在不停地哭闹。显然，这孩子是个夜哭郎，一直在一声接一声地哭。帕瓦罗蒂烦恼极了。他越睡不着觉就越烦，越烦就越睡不着觉。突然，帕瓦罗蒂想到一个问题：这个小婴儿哭了几个小时，为什么声音还那么洪亮？他已经不想睡了，认真地听，细细地想。后来他终于发现了，由于小婴儿一切都没有发育，他是不会单独用嗓子的，婴儿的哭声用的是丹田之气，所以嗓子不会嘶哑。

帕瓦罗蒂想明白了：我们成年人的身体的各个部位可以独立运用，唱歌时独立运用的是嗓子，唱不了多长时间就会嘶哑。如果我们学会用丹田运气的话，也许就会省了嗓子。

帕瓦罗蒂得到这个启发，就开始学着练习运用丹田气唱歌，这使得他的歌唱艺术得到了飞跃。不仅这一次巡回演出大获成功，而且奠定了他在世界歌剧舞台上崇高的地位。

这个故事告诉我们什么呢？人们可以从不经意的地方，从最小的细微处，看出精妙的大道理。关键在于你是不是用心，是不是能够从这些细节里面，真正获得你自己需要的知识和感悟。

我们有什么样的眼睛，就有什么样的生活。

有很多人一生追逐成功，渴望辉煌。别说辞让天下了，连一个小位子，甚至一个小小的兼职机会都不肯放弃。因为我们耐不住寂寞，我们需要这种外在的辉煌，来证明我们自己的能力。

有这样一句话：在真正的比赛中，冠军永远跑在掌声之前。

这句话很耐人寻味。大家想一想，一个跑步比赛，不管是一百米还是马拉松，冠军跑到终点之前，听众席上是没有掌声的；只有当冠军冲过了线，掌声才会响起。所以，落后的运动员听到的掌声比冠军要多。

冠军是在寂寞中第一个冲到终点的人，而这种寂寞，最终会打开掌声雷动的辉煌。所以，冠军永远跑在掌声之前。

其实这句话对我们每一个人都是一种启发。

古人的散淡，古人的恬静，古人的辞让，到底是为什么呢？他们留一份寂寞给生命，让生命终于可以开阔灵动起来。

而今天，我们却希望用繁忙驱散心头的寂寞。寂寞不是一件好的东西吗？

人们可以从不经意的地方，从最小的细微处，看出精妙的大道理。关键在于你是不是用心，是不是能够从这些细节里面，真正获得你自己需要的知识和感悟。
——于丹心语

我们有什么样的眼睛，就有什么样的生活。
——于丹心语

陈传席 《临江一峰白云间》（局部）

有时候，寂寞并不意味着愁苦。其实，寂寞意味着一段静止下来的时光，当你自己独自面对寂寞的时候，有可能会看到你意想不到的境界。

真正的大境界，用庄子的话说，叫作"旁礴万物"，可以凌驾万物之上，将万物融为一体。

每个人的经历不同，禀赋各异，将最终决定自己的眼界，决定自己的命运。

这种境界在《逍遥游》里面有过描述。庄子讲述了一个寓言。

有两个修道之人，一个叫肩吾，一个叫连叔。一天，肩吾对连叔说：我听说有这样一个不可思议的神人，他住在姑射之山上。"肌肤若冰雪，淖约若处子"，他的肌肤晶莹剔透，像是从来未被污染的冰雪一样的洁净，神态像处女一样天真柔美，没有烦恼。他"不食五谷，吸风饮露"，根本不用吃五谷杂粮，他可以驾着飞龙，乘着云气，"游乎四海之外"，可以自由翱翔于天地之间。他只要稍稍一凝神，就可以使五谷丰登，使这一年里没有任何的灾害。肩吾说："我可不信这样的事情，哪有这样的神人呢？"

连叔说："我告诉你吧，这个世界上，你无法和瞎子一起欣赏文采的美丽，你无法和聋子一起欣赏钟鼓的乐声。你只知道人的形体有瞎子，有聋子，有外在的残疾，你不知道人在心智上也有这样的残疾。这话说的就是你这种人。说因为你没有那么开阔的眼界，没有那么博大的胸怀，所以你不相信可以有这样的人。我告诉你，这样的人确实存在。"

"之人也，之德也，将旁礴万物以为一。"这个神人啊，他的道德啊，可以凌驾万物之上，将万物融为一体。旁礴，就是磅礴。

连叔用了一个激动人心的词："旁礴万物"，其实，就是让自己成为天地至尊。这种磅礴万物不一定借助神仙功力，这往往指的是我们内心。

当一个人在这个世界上可以"仰观宇宙之大，俯察品类之盛"，当天地万象完全在你的眼界之中，我们的心怎么不能磅礴万物呢？

庄子在书当中多次提到"心游万仞"，多次提到"独与天地精神往来"，这不就是磅礴万物吗？

所以，连叔说"之人也，物莫之伤"，外物伤害不了这个神人：洪水滔天可以吞没一切，但是淹不死他；大旱可以让金石熔化、土山烤焦,他也不觉得热。为什么呢?因为他的心有这样的定力,这样的功力,这样的境界。

其实,这样的一个神人,显然是庄子杜撰出来的神话人物。庄子最终的落点不是给你讲神话,而是给你谈人生。人生的经历不同,禀赋各异。经历和悟性最终决定了你的眼界。

反过来说,一个人的生活完全是可以由态度来改变的。一个人先天的性格、后天的机遇、固有的价值观,最终会决定自己的命运。

我们经常说,命运这个东西太客观了,完全依附于机遇。其实,你自己有什么样的价值观,就会决定你有什么样的取舍。

我们需要一种清明的理性。这种理性是在这个嘈杂的物化世界中拯救生命的一种力量。同时,我们也需要一种欢欣的感性。这种感性之心可以使我们触目生春,所及之处充满欢乐。

关于这两个意象,在宋代的笔记当中有一个特别有意思的记载。

苏东坡和佛印经常共同出游,看到很多的事物情景,但是他们各自有自己的解读。

有一天,两个人结伴出游,见到一个木匠铺,看见木匠正在那儿做家具。木匠拿出一个墨盒,"啪"一弹墨线。

佛印见了,马上就拿起这个墨盒来,做了一首诗:

吾有两间房,一间赁与转轮王。

有时拉出一线路,天下邪魔不敢当。

这诗是拿墨盒做比喻。墨盒有两个墨池，就是"两间房"。墨盒里面不是有一个轮子吗？墨盒的一头通过轮子把这个墨线拉出来，叫作"赁与转轮王"。这个墨线弹出一条笔直的线，就是正直与准则。在这样正直与准则的标准制衡之下，所有的妖魔鬼怪是不能抵御的。这就是说，人的心中要有一把尺子，做人要有底线，不能超越这个世界上行为的守则。这就是理性。

苏东坡也做了一首诗：

吾有一张琴，五条丝弦藏在腹。

有时将来马上弹，尽出天下无声曲。

苏东坡说，我也有一样东西，不是墨盒而是一架琴，五条琴弦都藏在我的肚子里。我自己随兴所至的时候拿出来就弹，但曲声是你们听不到的，只有我的心智可以听到，"尽出天下无声曲"。

这无声的音乐是至极的天籁，这琴就是人心中感性的欢欣。每到一处地方，每见一个风景，心中便有一种悲悯之情自然生发，一种欢欣之意自然流露。

其实，苏轼与佛印分别代表了我们人格理想上的两个支点，叫作"依于仁，游于艺"。

"依于仁"，指一个人内心要有仁爱的准则。这是一种标准，就像墨盒弹出墨线一样，清清楚楚，不容置疑，定为标准。"游于艺"，就是人的自由境界，就是苏东坡心中的那架琴，可以自由演奏内心的音乐。一个人拥有了这样的一种心游万仞的境界，拥有了这样一种自由欢畅的心灵，他在这个寂寞的世界上还会不果敢吗？当他面对所有的纷纭万象时，还不能超越吗？

不同价值观念的人，在经历相同的事情时，会得到完全不同的人生感悟。庄子提出，道法自然，道无所不在。那么，怎么样才算是道法自然了呢？

"游"是个动词。"游"告诉我们，人想要体验逍遥，必须要有一种动态的系统，也就是说，让你的生活有更多的灵动，不要让它僵死，要善于打破常规。因为在这个世界上，有这样一种辩证的关系，真正稳当的东西都处在动态之中。

比如陀螺旋转，这是一个特别有意思的现象。真正会抽陀螺的人，总是不停地让陀螺旋转着，旋转就是它的价值。等陀螺一旦静止下来，就失衡了，就倒地了。所以动态是最好的平衡。

我们都会骑自行车。自行车如果静止摆在那儿的时候，得靠车支子才能立住，两个轮子是立不住的。但是骑起来以后，两个轮子就可以行进，为什么呢？因为它在动态中保持了平衡。这在静态中做不到。

在我们今天的生活中，有太多人应对挑战的时候，感到失去了心理的平衡，那是因为世界在动，而你不动。

时代在变迁，一个人真的能做到与时俱进，真的能做到取舍自如，以一种清楚的眼界给自己确定准则，并且以心游万仞的心态去调整自己的生活秩序，永远保持动态中的平衡，你就永远不会倒，你永远是行进中的自行车和旋转着的陀螺。只有当你静止下来，你才会真正倒下。你倒下来是没有外力可以拯救的。

每个人看见的世界大体相同，但每个人得出的经验与道理却大相径庭。这关系到两点，第一是智慧，第二是慈悲。我们有没有能力从一草一木中得到启发？能不能以一种善良在一花一叶上体现关怀？

庄子对于一个葫芦、一棵树、一只小狸猫、一只小鸟，都抱有慈悲。他会自然而然地尊重它们先天的物性，从来不以一种人为的标准去刻意地要求它们改变。

庄子说过这么一个故事。

有个宋国人想到越国去卖帽子。这个宋国商人按照自己的认识和理解，觉得越国地处蛮荒之地，没见过帽子，我要去那儿卖的话肯定生意兴隆。可是到了那里他才知道，越国人"断发文身"，就是剪了头发，身上刺着花纹，风俗习惯和中原地区完全不同，根本用不着帽子。

庄子的这个故事告诉我们，不要以自己想当然的价值观去评估这个世界。

我们在很多时候都会感到愤愤不平，说，为什么会这样？为什么会那样？这是因为我们的心带有成见。

我们做了多少自以为是地去"断发文身"之地推销帽子的事情，然后又抱怨生活给我的机遇不够好。其实这就是缺乏智慧。

由于我们看到的功利的、所谓有用的事情太多，所以，我们已经失去了这种悲天悯人的情怀。

什么是生命逍遥之境？

这种逍遥绝不是人的生命凌驾于外在世界之上、跟万物成为对抗的一种自尊霸主。

这种逍遥需要用我们的心、我们的眼、我们的呼吸、我们的行动与世间万物紧密相连，水乳交融。

这种逍遥需要我们能够欣赏花开、聆听水流，能够看见飞鸟掠过天际、朝阳跃上云端。这样的话，我们的心才是干干净净的。

春有百花秋有月，夏有凉风冬有雪。

若无闲事挂心头，便是人间好时节。

人间真正的好时节，就是没有闲事挂心头。那么，这种闲事往往表现为什么呢？就表现为我们给自己设置的一种障碍，让我们的境界不能开阔。

那么，在生活中，眼界怎么样才能够真正看得开阔呢？

禅宗有这样一句话，叫作"眼内有尘三界窄，心头无事一床宽"。眼睛里要是有事，心中就有事，人就会看得"三界窄"。三界是什么？前生，此际，来世。只要你眼里的事化不开，心里成天牵挂着，你就会把前生来世、上辈子下辈子都抵押进去。但是，如果你胸怀开朗，心头无事，用不着拥有多大的地盘，坐在自家的床上，你都会觉得天地无比宽阔。

所以，要想做到真正与天地共逍遥的境界，需要先开阔自己的眼界。

道法自然，就是让我们的心感受天地之气。天地无处不在，所以道无所不在。

道法自然，就是鼓励每一个人用自己的脚步去丈量你的历程，用自己的体验去开启你的心智。

道法自然，就是让你无处不看见。

关于道法自然，庄子是怎么说的呢？

东郭子曾经去问庄子："道在哪儿呢？"庄子说："无所不在。"

东郭子没听懂，还挺固执，说："你总要说出一个地方来。"

庄子便随口说："在蝼蚁。"道就在地上那些小虫子身上。

东郭子挺不满，说："道就这么卑下吗？"

庄子又说："在稊稗。"道在小小的野草上。

东郭子更加不满了："为什么道就更加卑下了呢？"

庄子就更没好气了，说："在瓦甓。"道在砖瓦上。

东郭子更加痛苦了："怎么越说越卑下啊？"

庄子实在烦了，就说："在屎溺。"道就在粪便中。

这下东郭子终于不说话了。

其实，如果我们真正看懂这段对话，我们会明白，所谓道法自然，就是说，自然之中皆是道理。

天地无处不在，所以道无所不在。

有一句谚语，说：山坡上开满了鲜花，在牛羊的眼中它只是饲料。

这就是我们的生活。

有的时候，我们能够看见鲜花，但是当一个人的心被

道法自然，就是鼓励每一个人用自己的脚步去丈量你的历程，用自己的体验去开启你的心智。
——于丹心语

天地无处不在，所以道无所不在。
——于丹心语

名和利那两条船遮蔽的时候，我们能看见的世界也差不多遍布饲料。毕竟，饲料是可吃的东西，是有用的，而鲜花是神秘的，是审美的，是启迪心智的。

不要认为只有牛羊才看得见饲料，其实，我们在今天的生活中，每天看到的饲料太多，看到的鲜花太少。

这就需要我们重归庄子所说的道。我们去看一看，在那些最卑下的，甚至是最不堪的东西里，有没有真正的道理。放低我们的心去发现，这是一种态度。

大家知道，佛家的僧人出家时都穿僧鞋。这个僧鞋的形状很有意思，前面露五趾，后面露脚后跟。为什么？

其实，穿这样的鞋是为了提醒一个道理，所谓六根通透，要去掉贪、嗔、痴、怨、疑、慢。你只有看穿这六根，心灵才真正清净，真正通透。

那这人生至理为什么要把你放在脚下的鞋上呢？用佛家的话讲，人只有低下头，才能看得穿。你不低下头是看不见的。

逍遥游的境界告诉我们放眼长天，告诉我们道无所不在，甚至告诉我们道在屎溺，就是希望你用心去看，用心去问，用心去想。

可以说在这个世界上，真正的、至极的道理，既需要我们有辽阔浩瀚的眼界，也需要我们有眼前脚踏实地的实践。

据说佛祖在讲经布道时拈花，弟子中只有伽叶微笑。伽叶微笑的那一刻，叫作有所心会，心领神会，他懂了，所以微笑。

我们来设想两种结果，第一是佛祖拈花，举座没有一个人笑，那么这个讲经失败了。第二是佛祖拈花，举座全笑了，其实那也很失败，也不可能。

因为这个世界上的道理，只要是一种精妙的、能够贴近人心的道理，人的参悟都会有深有浅，有远有近，都会根据人心智的不同、阅历的不同、价值取向的不同、理想境界的不同而有高下之分。

这个世界永远没有一个规整件。真正的道理，不会像一加一等于二那样精确无误，人人明白。

当佛祖拈花的时候，只有伽叶在微笑。当庄子逍遥游的时候，又有多少心灵真正得到自由的长空？真正有几个人能够与他的天地精神共往来呢？

这句话我们不能追问庄子，但是我们可以追问自己的内心。

"悠然心会，妙处难与君说。"这是南宋张孝祥写的一句词。其实，当我们阅读《庄子》，每一个人有了拈花微笑时的感悟；当我们徐徐合上书页，感到悠然心会的时候，庄子的价值就真正体现出来了。因为他的逍遥游给了我们每一个凡俗的生命一双非凡的翅膀。

认识你自己

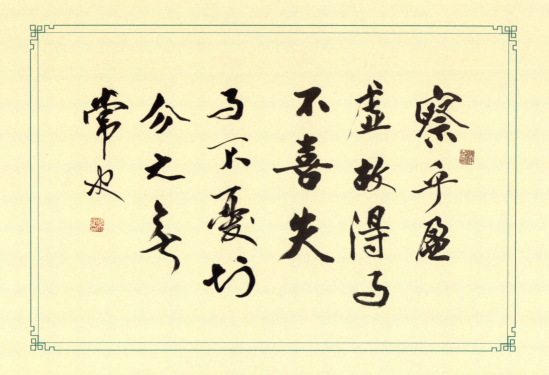

察乎盈虚故得而不喜失而不忧知分之无常也

每一个人都希望自己的一生是幸福的，是有效率的。

只有真正清醒地认知了自己，才可能获得成功的人生。而认识自己，却是一件非常难做到的事。

为什么最难认识的是自己？我们又怎样才能真正认识自己呢？

今天我们来说一个话题：认识你自己。

这是千古以来一个最难解决的命题。在西方的神话寓言体系里，这被表述为著名的斯芬克斯之谜。

狮身人面兽斯芬克斯每天都在问过往的行人一个问题："有一种动物，它在早晨的时候四条腿，在中午的时候两条腿，在晚上的时候三条腿，那么这个动物是什么呢？"过往的人答不上来，就被狮身人面兽吃掉了。

年轻的俄狄浦斯在路过的时候，说出了最终的答案："这个动物就是人。"斯芬克斯大叫了一声，就跑到悬崖边跳下去了。

这个故事说明了什么呢？说明离我们最近的东西，往往是最难认知的。

在人生整个成长的经验过程中，我们可以不断地认知天地万物，增长经验，但唯独难以认清我们自己。

因为人生的变化在不经意之间经过了很多阶段。一个孩子,当他匍匐着四肢爬行的时候,这是生命成长的初期。等到他可以站立起来了,可以走路了,可以奔跑了,在这个世界上,就有很多东西需要积累、需要建立,也因此有了很多内心的惶惑和游离。到了晚年的时候,我们所积累的那些财富、声名、情感,一切一切负累于心,苍老了生命,让我们日渐疲惫,就要借助拐杖,拐杖就成为人的第三条腿。

在这样一个历程中,哪一个阶段是我们最快乐的呢?哪一个阶段是我们对自己认识最清晰的呢?哪一个阶段在我们的心中是了无遗憾,而充满了温暖富足之感的呢?在这个过程中,中西文化体系在以不同的话语不断地追问着。

《庄子》这本书,亦幻亦真,充满了这样的追问。庄子说,从前自己做梦,梦到自己是一只翩翩飞舞的大蝴蝶,但究竟是自己做梦化为蝴蝶了呢,还是蝴蝶做梦化为自己了呢?这是不清楚的。

很多时候,我们人是以自己的标准去推断其他动物的,而大自然中有很多规则是我们所不知道的。

庄子说,我们人要是在潮湿阴冷的地方睡觉,醒了以后,轻则腰疼,重则半身不遂,那泥鳅住在那儿,也会像人这样吗?

庄子继续追问说,人是吃肉的,鹿是吃草的,蜈蚣喜欢吃小蛇,猫头鹰和乌鸦喜欢吃耗子,这四种口味你能说出哪种最符合标准呢?哪种更可口或者哪种更不可口呢?你也说不清楚。

庄子甚至说,像毛嫱,像丽姬,这都是人间的美女。

但鱼见了就潜到水底了，鸟见了就飞上高空了，麋鹿见了就急速跑开了，对这四种动物来说，到底什么才是天下最美的呢？

这就是庄子在《齐物论》里面提出的观点：世界的一切，以它自己的角度去观察，永远都有它自身的密码。这个密码是看不破的。

从这个意义上讲，庄子告诉我们，人最难认知的是自己的心。人最难解答的就是：我究竟是谁？我想要的生活是什么？

只有清楚地了解自己的内心，才能够在这个世界上找到最基本的出发点，才能够去善待他人。

世间万物，千差万别。站在不同的角度，看到的事物就会完全不一样。

如果我们仅仅站在自己的角度，以自己之方式，去看待、推断所有的事物，就会产生巨大的偏差。这是我们难以正确认识自己的第一个障碍。

庄子的寓言故事告诉我们：世间的一切事物都应该顺其自然，而不能自以为是地把自己的想法强加于人。

我想，一个不能真正认清自己的人，也不会真正认清他人。有的时候，你的好意有可能会遭遇恶报，因为你在以自己的方式强加于人。

庄子在《至乐》篇里，借孔子的口，讲了这么一个故事。

鲁国的郊外飞来一只很大的海鸟，鲁国的国君很喜欢它，就毕恭毕敬地把这只海鸟迎进了太庙，演奏《九韶》

只有清楚地了解自己的内心，才能够在这个世界上找到最基本的出发点，才能够去善待他人。

——于丹心语

察乎盈虚，故得而不喜，失而不忧，知分之无常也。

——《秋水》

这样庄严的音乐取悦它，准备了美酒给它喝，宰了牛羊给它吃，每天用这样的礼仪供奉这只海鸟。

而这只海鸟呢？目光迷离，神色忧郁，不吃一口肉，不喝一口酒，就这样郁郁寡欢，三天就死了。

庄子借孔子之口总结说，这叫"以己养养鸟也，非以鸟养养鸟也"，也就是说，这是以养人的方式养鸟，不是以养鸟的方式养鸟。这是以人喜欢的礼仪对待鸟，而不是以鸟自己的心思在对待鸟。

这样的事情在我们的生活里还少吗？其实不要说对朋友，对他人，就有很多人对自己深爱的孩子，是不是也是以这种方式养育着呢？

当小小的婴儿刚刚出生，中国传统的一种方式，就是给孩子打蜡烛包，用小被子把这孩子紧紧地裹起来，据说这样可以让孩子的腿长得直，而且可以防止孩子抓破脸蛋、咬破手指。

但是，按照今天科学的育儿研究，认为孩子的手就是他的第二大脑，如果你束缚了他的手，固然他不会抠破自己的脸，他也不会咬破自己的手，但是他的认知神经从一开始就受到局限，不利于孩子的健康。所以，现代医院里提倡注意看护孩子、剪指甲，防止孩子出现小小的伤害，但一定不要束缚他的手脚。

这个蜡烛包现在解开了。但是我们想想，有多少家长在孩子一生的成长中给他打了一个精神的蜡烛包？

我们总在以成人世界的标准去要求孩子，你以后要想出名，要想在社会上建功立业，你从三岁就必须弹钢琴，你从四岁就必须学美术，你从五岁就必须跳芭蕾。如果不这样的话，你六岁上小学时，有什么东西可以去跟别人抗衡？而六岁一上学，你就必须报名参加一个奥数班，等等，等等。只有这样，你才能像我们父母一样在社会上竞争立足，你才能读大学。

我们用成人世界的规则和方式来对待自己最亲爱的孩子，没有把孩子应有的快乐时光还给他，而是用一种成人的标准去进行剥夺，这不就是给海鸟摆上酒肉吗？

这种好意有的时候可能会导致出乎意料的恶果。这种恶果就像庄子在《应帝王》里面写的一个寓言。

南海的帝王叫作儵，北海的帝王叫作忽。南海和北海就像庄子写的南溟、北溟一样相距遥远，他们要是想会面的话，经常在中央之地相会。这个中央的帝王名字叫作浑沌。

据说浑沌就长成一个蒙昧未开的大肉球。他为人非常热情好客，每次都很好地招待他们。儵与忽看着这个浑沌，觉得心里很内疚，他眼耳口鼻都没有，什么人间的至乐都享受不了。于是，为了报答浑沌的好意，两个人就在一起谋划，说："每个人都有七窍，有了七窍可以吃，可以喝，可以听，可以看，人间的喜怒悲欢，声色美丽，都可以入得眼目。而浑沌却没有，怎么办？我们给他凿开吧。"

两个人就每天给浑沌凿一窍，整整凿了七天。结果是什么呢？"七日而浑沌死"。凿了七天，七窍成了，浑沌却死了。

浑沌凿开了七窍，就失去了自己的本真。他之所以可以活着，就是因为他的浑沌之态，他可以去综观天地；等你把他的七窍分开的时候，他已经远离了他的生命本体。

这仅仅是一个寓言吗？

所谓人的社会化，就是在我们成长的过程中，被社会凿开了我们的一窍又一窍。到最后，我们变成一个社会标准下的成人，但离我们的赤子之心、浑沌之态又有多远呢？

庄子讲的这个寓言离我们很远吗？我们听的仅仅就是一些故事吗？其实，它可能离我们很近很近。

我曾经读过这样一个故事。

有一只小鹰，它从小跟着鸡群一起长大，小鹰也一直以为自己是一只小鸡。所以，当主人真正要放飞这只鹰的时候，怎么诱惑、怎么打骂，鹰就是飞不起来，因为它认定自己是一只不会飞的小鸡。

最后主人失望了，说："我白养了一只雏鹰，一点用处都没有。我把它扔了吧。"主人把这只小鹰带到了悬崖边，像扔一只鸡崽一样撒手将小鹰扔下悬崖。

小鹰垂直地从悬崖上掉下去，就在急速坠落的过程中，这只小鹰扑棱扑棱翅膀，在坠地之前竟突然飞起来了。

这是为什么呢？是因为就在从悬崖下落的高空的落差中，鹰的天性被激活了，恢复了，它知道自己的翅膀是有用的。

其实，我们有多少人在成长过程中，有某种潜能从来没有被开发出来？

比如，你从来没有遇到过你真正热爱的职业，可以让你用心去做。你没有在这个职业中体会到被激发的乐趣，没有享受自己得到提升的快乐，所以有一些技能永远地被遮蔽了。

比如，在这个世界上，你如果没有遇到真正的爱人，你的爱情的力量一生可能是被遮蔽了。尽管你有家庭，有儿女，过着寻常人眼中正常的生活，但是，你的生命没有燃烧过，仅仅因为你没有遇到那个人。

我们需要认真想一想，我们需要不断地追问：这一生我们曾经多少次错失过自己？我们真正找到了被开发的那个机会了吗？怎么样才能找到那个机会呢？

庄子在《人间世》篇中教给我们一种认识自己的能力，总结成两个字，叫作"心斋"，就是用心的斋戒去真正反躬内省，看看你自己。

这个话是庄子假托孔子说的。孔子的学生颜回对孔子说："我想出去做事，我要去卫国阻止暴虐的国君的恶行。"他的老师孔子特别不屑地说："你别去了。你去了以后，碰到这么暴虐的人，你劝不好他，反而会被他杀了。"

颜回说："我总要出去做事啊。"老师说："你现在还太毛躁，还没有看清自己，你出去做什么事都会一事无成的。你先自己去斋戒吧。"

颜回就问他老师："我们家可穷了，不喝酒、不吃肉已经好几个月了。我一直过着这苦日子，这算不算是斋戒啊？"

孔子说："你说的是祭祀上的斋戒，而不是心的斋戒。"

颜回问："什么叫心的斋戒？"

陈传席 《观云图》(局部)

孔子告诉他,在这个世界上,你不光用耳朵听,还要用心来听,更要用气来听。用你的气息去进行一切的感受,回归到心里,得到自我的确认,这就是心斋。

这段话虽然是假托孔子说的,但是出自《庄子》。他写的这段话是告诉我们每个人一种认识自己的方式。

其实我们每一个人的眼睛都有向外发现和向内观看的两种能力。向外可以发现一个无比辽阔的世界,向内可以发现一个无比深邃的内心。

可以说,外在的世界有多大,内心的深度就有多深,这是完全成正比的。

可惜,我们这一生一直用于外在的发现,而从来看不见自己的心到底有什么愿望。

在很多时候,我们的成长过程中有太多太多被人安

我们每一个人的眼睛都有向外发现和向内观看的两种能力。向外可以发现一个无比辽阔的世界,向内可以发现一个无比深邃的内心。

——于丹心语

排好的事物，比如从小的读书、长大的职业、以后的家庭……好像所有的事情都被安排好了，没有自己的追逐，没有自己的尝试，甚至没有自己的挫折，所以，也就无法真正确认内心的愿望。

有这样一个故事。

有一个叫作渔王的人，捕鱼的技能太强了，甚至被誉为渔神。他有三个儿子。这三个儿子从小跟从他出海，但是，捕鱼的技能却还在一般人之下，更不用说和父亲相比了，所以，渔王特别沮丧。

后来，来了一位哲人，问渔王："这三个孩子，从什么时候开始跟你捕鱼的？"渔王说："他们从小就在船上长大的，他们从没离开过渔船。"

哲人问："孩子们都是跟你学习捕鱼技术吗？"渔王说："从小我就手把手地教给他们，一丁点闪失都没有。我总是把我最重要的诀窍毫不保留地教给每一个儿子。"

哲人问："孩子们自己捕鱼的时候都在哪里？"渔王答："当然在我的船上。因为有我给他们把关，他们就不可能有闪失。我总告诉他们，哪种征兆会有大鱼，怎么样起网会有最好的收获。"

问完这三个问题，哲人就告诉渔王："你三个儿子的悲哀就在于他们的一切都被你安排好了。他们得到了你的经验，但他们缺少的是捕鱼的教训。他们没有离开过你，没有自己出去实践过，他们不知道坎坷和困难，所以没有教训。你一生由教训总结出来的经验，对他们来讲，就是一些平庸的教条。"

其实，这个故事也适用于我们每个人。我们得到的那些间接经验是有用的，但仅仅有间接经验就够了吗？

我们今天常常说，人生要少走弯路。其实，从某种意义上讲，人生没有弯路可言。如果你没有走过那一段路程，怎么能抵达现在？如果不站在现在，你怎么能回头去看，说那是弯路呢？

人生的每一条路都是你必须要用自己的脚步去丈量的。而这个过程，让我们发现自己并且得到了确认。

每个人都应该不断地审视自己，这是我们认识自己的又一个重要条件。

正确地认识自己，最重要的是需要我们能够有自知之明。那么，我们怎样才能做到有自知之明呢？又怎样才能不受外部评价的影响，而正确地认知自己的能力呢？

庄子始终保持着对自我清醒的审视。从物理意义上人生的状态，到精神意义上人生的境界，庄子始终保有清醒的关注。

一个人要在自己的形骸之外，保有一双灵魂的眼睛。

这件事情没有别人可以做。尽管永远有人在提醒你的得与失，你的对与错，但是，我们往往在他人过多的言论中盲从，迷失了自己的心。

如果保有这样一双灵魂的眼睛始终审视自己，我们才可以做到宠辱不惊，把握住自己内心真正的愿望。

在庄子的《养生主》里面，有一个大家很熟悉的故事，叫作庖丁解牛。我们权且把自己的生命看成是庖丁手中的那头牛，今天，我们能真正解得开吗？

　　庖丁是怎么解牛的呢？他的手臂舞着，肩膀倚着，脚下踩着，膝盖顶着，整个的动作像舞蹈一样，"合于《桑林》之舞"，符合《桑林》乐章的舞步；解剖一头牛发出的声音节奏，"乃中《经首》之会"，符合《经首》乐章的节奏。刀锋过处，那头牛稀里哗啦就解体了，"如土委地"，像一摊泥掉在地上，骨骼清晰，牛肉全都剔下去了。

　　这简直就是一场表演，是一个漂亮的行为艺术。

　　观看的人大为赞叹，问："你是怎么做到这样的呢？"

　　庖丁解释说：我在一开始解牛的时候，"所见无非全牛者"，看到的都是整头牛，也就是浑然一体，什么都看不清楚。但是，我所为在乎的是"道"，"进乎技矣"，已经不在乎技巧了。我能够从道上去追求，而不仅仅依凭技巧，三年之后我就不见全牛了。我已经不是用眼睛去看，而是用心神去体会了。透过厚厚的牛皮和牛毛，我完全知道牛骨骼的结构、肌理的走向、经络的连接。这个时候，我就可以用刀子准确地进入它骨骼的缝隙，顺着牛的自然结构去解牛，而不会硬来。这样的话，我就获得了一种效率，游刃有余。

　　这个庖丁说：庖丁跟庖丁是不一样的。大家都是屠夫，但是你看，一个优秀的屠夫一整年才换一把刀子，因为他用刀割断筋肉；一般的屠夫一个月就得换一把新刀，为什么？因为他用刀砍骨头。我这把刀用了十九年，还像新的一样，这是为什么呢？

　　这个庖丁说了一句很奥妙的话，叫作"以无厚入有间"。刀很锋利，本身是很薄的，而牛的骨骼之间是有缝隙的,用不厚的刀准确地进入缝隙,刀又怎么会磨损呢?所以,整整十九年,刀还像新的一样。

我们把这个故事运用在今天的生活中。我们不必去砍骨头,背负担。我们不必每天在唉声叹气中做出一副悲壮的姿态,让人生陨落很多价值。

如果我们人人能成为这样一个庖丁,如果我们的灵魂也有这样一把可以永远锋利的刀子,如果我们把迷失在大千世界的生活轨迹变成一头整牛,如果我们能够看到那些骨骼的缝隙,最终能够准确地清理它、解清它,那么,我们获得的会是人生的高效率。

庄子告诉我们:只要你心中有大境界,你就能够看清超越言行的内心真正的质地。也就是说,内心里面的这种真正的大道、大辨、大仁、大廉、大勇,一切都不是表露于外的,是内敛于心而不张扬的。

这种内敛于心却又能涵泳天地万物的地方,庄子说,叫作天府,是天地万物的府库。

这天府里无限博大,就好像你往里加水永远不会满,从里面舀水,永远不会枯竭,你不知道它的源头是哪里。庄子说:“此之谓葆光。”

葆光是什么呢?就是你内心保全的、潜藏不露的一种大的光明。你心中有大境界,才能拥有这种大光明。它取之不尽,用之不竭,普照万物,光芒永在。

从认识你自己,到倾听你自己,到涵养、孕育你自己,这是一个美好的人生历程。

每一个人都拥有一个天府,每一个人都拥有一种葆光

从认识你自己,到倾听你自己,到涵养、孕育你自己,这是一个美好的人生历程。

——于丹心语

的能力。到这个时候，人就不以外在的事功来看待自己的能力了。

有这么一个故事。

大家都知道扁鹊的名字，他是中国古代著名的医生，扁鹊成为中国名医的代称。

扁鹊去见魏王。魏王说："我听说你们家兄弟三人都擅长医术，你跟我说说，你们三个人中，谁的医术最高明啊？"

扁鹊老老实实地回答："我大哥医术是最高的，我二哥其次，我的医术最差。"

魏王惊讶地问道："那为什么你天下闻名，而他们两个人却默默无闻呢？"

扁鹊说："因为我大哥给人治病，总能够做到防患于未然。这个人得病，但还没有显出征兆，他手到病除，把病根给消除了。这个病人就像没得病一样，所以所有的人都不知道，他是在给别人去除预先的病。

"我二哥治病，是在病兆初起之时，他一用药就把病给除去了。大家总认为他能治的是小病，不知道这个病如果发展下去，那就是要命的大病啊。

"我的技术最差，因为我只能在人已经生命垂危的时候才出手治病，往往能够起死回生，所以我的名声就传遍天下。

"行医治病，防患于未然者最高，但天下无名；病初起而手到病除次之，但被人认为是治小病，只能名传乡里；病人垂死时才挽救人，保住了生命，但早已元气大伤，还会留有后遗症，这个人已经受损了，但是我却能名传天下。"

这个故事告诉我们什么呢？它告诉我们，世俗的评判标准，未必真的能评价一个人的真正质量，只有我们的内心能做出准确的回答。

有一个民间故事，说有一家主人带着一只小猴和一头小驴一起生活。小猴子很机灵，它总在房上跳来跳去。主人见人就夸小猴子聪明。

小驴子看猴子老受表扬，也想像小猴子一样上房。有一天它终于踩着柴垛艰难地上了屋顶，踩破了屋顶瓦片，结果被主人拖下来暴打了一顿。

小驴子不理解，我终于做成了小猴子做的事情，为什么它要受表扬，而我要挨打呢？为什么呢？

其实，这样的境遇发生在很多很多人的身上。我们过分地仿效了他人的行为，我们刻意地强调了社会流行的标准。

所谓时尚、所谓流行往往有一种潮流的趋势，让我们迷失了自己的心，而趋同于大众的标准。这样的事情比比皆是。

庄子一直在提醒我们，怎么样可以不流于俗呢？首先，要认清你内心的愿望，你真正在以你自己的方式善待你自己吗？

在今天这样一个媒体充分发达的时代里，流行的标准是很可怕的。流行是一种势力，流行是一种洗脑。流行可以告诉你，它未必是好的，但是你必须要从众。

我们往往有一个概念的混同，就是，流行就是时尚。
但是，时尚有的时候是少数人的一种趣味，而流行有时候
像流感一样，它只标志着一种数量，并不代表着品质上的
更高级。

在今天这个时代，我们也许比庄子的时代更需要内心
的火眼金睛，更需要常常反省，更需要摆脱外在的标准和
评价来判断自己的能力。

只有确立了这一切，以自己的清明理性去善待他人，
善待朋友，善待子女，才能够做到对人对己的真正的尊重，
认清每一个人的价值取向，理解每一个年龄段的生活方式，
按照它本来的样子，让它发挥到最好。

如果我们站在当下，来阅读庄子那一个又一个环环相
扣的寓言故事，来解读其中的奥秘，那么，我们都会拥有
一双灵魂的眼睛，都会拥有一把庖丁的利刃，我们可以看
破世间的是是非非，最终获得一份清明的理性，而完成自
己独一无二的人生。

总有路可走

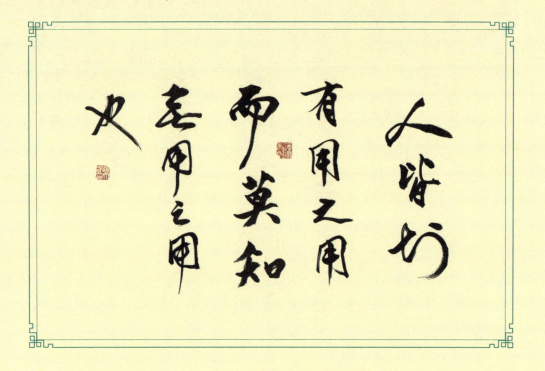

人皆知有用之用 而莫知无用之用

　　在人生的道路上，人们总会遇到种种困难，有的人天生丑陋，有的人身有残疾。

　　善于讲寓言的庄子，借用了一个个或身有残疾，或外表丑陋的怪人，来表达了自己的一个观点，那就是：无论人生遇到什么情况，世界上总有路可走。

在《庄子》的寓言中，有很多形态与常人不同的人，比如残疾人、受过刑的人。从表面上看，他们的身体条件都与常人不同，但是这些人或者有抱负，或者有理想，或者活得很快乐，或者活得很成功，堪称奇人异士。

庄子在《人间世》篇中写过一个叫支离疏的人。这个人名字已经够奇异了，他长什么样子呢？

支离疏双肩高过他的头顶，头低到肚脐以下，本应该是垂在后面的发髻，却是冲着天的。他的五脏六腑都挤在后背上，还是个驼背，两条腿就直接长在肋骨旁边。经过庄子这样一番形容，这个支离疏不仅是丑陋了，而且近乎狰狞，像个怪物一样。

支离疏又是怎么生活的呢？庄子说，他替人缝衣服、洗衣服，已足够养活他自己。他还有余力替别人去筛糠啊，簸米啊，挣的钱足够养活十口人。

最后庄子得出一个结论：像支离疏这样肢体不全的人，

他只要自食其力，一样可以养活自己，安享天年。

由支离疏的故事，让人想起了武侠小说家温瑞安写的《四大名捕》系列。熟悉武侠小说的人都会知道，位于四大名捕之首的就是无情。

无情出身于一个武林世家。由于他的父母在江湖上结下了冤仇，被仇家屠灭了全家。他的父母都死了。仇家心狠手辣，抓到这个小婴儿，决定让他活下来，但作为一个武林后人，从小就废掉他的武功，让他生不如死，不能为父母复仇。所以，仇家残忍地把这个孩子的脚筋挑断了。无情还没有学会走路，就先瘫痪了。

无情长大以后，是一副手无缚鸡之力、孱弱不堪的书生模样，是个残疾人。但在四大名捕里面，无情为首。他具有超凡的武功和内力。无情的独家绝活是什么？是他在微笑的时候，可以从嘴里猛喷出来一口钢针，足以置敌于死地。虽然他有先天肢体的残疾，但是他却有了无人可比的精湛内功。

这个故事是不是可以作为支离疏的一个延伸呢？这样的故事在我们今天的社会里，是不是也有呢？

庄子《德充符》篇还讲过一个名叫哀骀它的丑人的故事。

鲁哀公曾经对孔子说：卫国有个面貌特别丑陋的人，名叫哀骀它。这个人虽然丑，但有一种神奇的魔力，男人如果跟他待上一段时间，就会留恋这个人的德行，不想离开他；女人一旦跟他见了面，就会回家去跟父母说"与为人妻，宁为夫子妾"，就算是给他做小妾，我都不嫁到别人家去做正妻。这样的女孩子有十几个，而且人数还在增长。

鲁哀公说：这个人怪了，他没有权位，也没有钱财，我也没见他有多么过人的见解，倒是经常附和别人的一些意见。我想他一定有什么跟常人不同的地方，就把他请来了。他果然丑陋得让人惊骇。但是，我跟他相处，我就发现很舒服，不到一个月我就特别信任他。最后，鲁哀公就问孔子：你说说看，这个哀骀它到底是一个什么样的人呢？

是啊，这是一个什么样的人呢？庄子无非是在告诉我们，这个世界上有这样一种人，他们外貌平平，甚至丑陋，但是内心有一种人格的力量，可以不知不觉地把人吸引在他的身边。一个人真正的力量并不表现在他有某种卓越的才华，某种炫耀的技巧，而是一种和缓的凝聚力。

台湾著名的教授傅佩荣先生在研究《庄子》之后，得出一个心得：真正看懂《庄子》就会明白，世界上总有路可走。

这句话很朴素，它不是一个学术结论，而是一个人生结论。

庄子的寓言告诉我们，一个人即使外貌丑陋、身体残缺，也可以自食其力，得享天年，这是因为他找到了一条属于自己的人生道路。

在我们当今社会的现实生活中，也有一些人很不幸地成为身体上有残障的人，他们是如何选择自己的人生之路的？而他们的选择又给我们什么样的启示呢？

当今中国的残疾人将近六千万，他们有的是肢体残疾，

> 一个人真正的力量并不表现在他有某种卓越的才华，某种炫耀的技巧，而是一种和缓的凝聚力。
> ——于丹心语

> 人皆知有用之用，而莫知无用之用也。
> ——《人间世》

陈传席 《云龙湖畔》（局部）

有的是智力有障碍。他们的生活比我们普通人要困难得多，他们该怎么生活呢？

有一个非常著名的纪录片，叫作《舟舟的世界》，记录了武汉一个男孩子舟舟的故事。这个孩子先天智障，他的智力水平相当于三四岁的儿童，而且再也没有成长发育。

我们看到这个片子的时候，舟舟已经二十六岁了，但是他的智力水平遗憾地停留在了三四岁的水准上。但是他有一个鲜为人知的世界，那就是他的音乐世界。

舟舟在指挥上是一个天才。这是因为他父亲在武汉歌舞剧院工作，他从小生活在这个环境里。这个环境对他来讲，不是一种知识的学习，不是一种业务的培训，而是一种生命性灵的浸润。他是被音乐滋养大的。

每当有大型的交响乐演出的时候，指挥在前台，他在后台，一个人心醉神迷地指挥。他跟音乐之间有一种超越任何知识的默契。后来，舟舟的这个才能得到了发挥，他获得了指挥乐团演奏的机会。他不仅家喻户晓，在全国成为名人，而且可以走出国门，在国际舞台上参加演奏比赛。

舟舟的这个现象，应该说是一个生命的奇迹。他虽然智力残缺，但他生命里面的一种性灵的天真却得到了开发，这种天真和艺术之间不经意地有了这么一点默契。

在 2005 年中央电视台春节联欢晚会上，大家都记住了《千手观音》这个舞蹈。从领舞邰丽华，到千手观音这个残疾人的表演群体，大家看到的是端庄、肃穆、优美、纯净，是美轮美奂、金碧辉煌。这个表演群体是由聋哑人组成的，他们心神安静，内敛、专注，脸上、身上表现出一种天然的祥瑞之气。这种气质，是健全人绝难表演出来的。

所谓残疾就是身体的某一器官功能受到了损害。但是，人体的器官是有代偿功能的。所以大家经常说，眼睛不好的人耳朵特别灵敏，这就是代偿功能。其实，人体是有很多很多奥秘的，我们有太多太多的能力还没有开发出来。

庄子所说的支离疏也许仅仅是一个意象，但是把这个意象放大，我们会觉得，有很多我们以往觉得是人生遗憾的事情，一样可以获得生命的圆满。

《庄子》里面还有一个故事。

郑国有个叫申徒嘉的人，断了一只脚。他跟郑国的执政大夫子产一起在伯昏无人的门下做学生。子产觉得自己贵为大夫，却和申徒嘉这样的断脚人做同学，心里头总是很不舒服。

有一天，子产对申徒嘉说："我要先出去的时候，你停一下后走；如果你要先出去，我就停下来后走。"其实，就是子产讨厌他，不愿意跟他一起出入。

申徒嘉没有理会子产。第二天，子产觉得忍无可忍了，又一次重申这个要求，并且说："你见了我这个执政大夫都不知道回避，难道你当自己也是执政大夫吗？"

申徒嘉说："有你这样的执政大夫吗？我听说，一个镜子如果它真的明亮，是不落尘埃的；如果真正落上尘埃的话，镜子就不能明亮。人心也是如此啊。我们在这里跟从先生修养德行，你却说这样的话，不觉得过分吗？"

子产有点急了，说："你都是这样的人了，你真应该好好反省自己到底是个什么人？"

申徒嘉说："咱们老师的门下怎么会有你这样的执政大夫？我跟老师之前，听到有很多人耻笑我，笑我两脚不全，笑得我心里很不平衡。我是满怀的怨气。但是我自从跟老师学习之后，我的怨气就四散了。我在老师门下整整学习了十九年，他从来不让我觉得我是一个独脚之人。现在，你用形体标准而不是道德标准来看待我，还说你自己是一个执政大夫，你难道不惭愧吗？"

子产听完，觉得很惭愧。这是一个肢体健全的人在一个肢体不健全的人面前流露出的惭愧。这种惭愧源自于他内心的缺失。他明白了，一个人能否成功，并不靠他的肢体，甚至不靠他的权位，而在于他是不是真的知道自己的努力和自己的位置。

庄子说了这样一个故事。

有一个叫叔山无趾的人，因为早年间犯了过失而被砍去了脚趾。有一天，叔山无趾用脚后跟走路，到孔子的门下求教。孔子正在给学生上课，见叔山无趾来了，就跟他说：你年轻的时候做人不谨慎，犯了过失，招致了祸患，所以落成今天这个样子。尽管你今天还想到我这里来学习，不过你觉得还来得及吗？叔山无趾平静地回答说：我正是因为年轻无知，才会使身体受到伤害。但是我现在知道，生命中有比脚趾更尊贵、更重要的东西，所以我来找你求教。"天无不覆，地无不载"，上天什么东西都能覆盖，大地什么东西都能承载。我把夫子你视为天地，哪里知道你是这样一个人？

孔子顿觉惭愧：我实在是浅陋。请你进来指导指导我的学生吧！

但是，叔山无趾还是离开了。

孔子深感遗憾，回头对学生讲：你们勉励啊！叔山无趾这样一个断了脚趾的人，还知道来学习，还知道生命中有比他的脚趾更尊贵、更值得尊敬的东西，我们这些是全身全德之人，我们孰能不进取呢？

从申徒嘉到叔山无趾，也许在他们的人生经历中都曾经有过污点。他们付出了身体上的代价。他们并不像支离疏那样先天残疾，他们其实背负着双重压力，但是为什么他们能在世界上活得坦然？

因为他们有一种内心的力量。他们敢于正视自己的弱点，勇于改过，对新的生活孜孜以求，仍然能获得人们的尊敬。

无论是申徒嘉还是叔山无趾,他们虽然犯过错误并受到严厉的刑罚,但是他们知耻而改,用一种内心的力量,找到了属于自己的人生道路。在现代社会中,人们的生活压力、工作压力都很大,当心理不堪重负、产生残缺时,将会导致什么样的后果呢?

人有肢体残疾,难道没有心智上的残疾吗?

今天,是一个媒介发达、资讯贯通、科技给了我们无穷力量的时代,但是,这并不意味着每一个人的人格在今天更健康、更明朗。也许,我们在心智上的残缺更多了。

中央电视台的《新闻调查》栏目播出了一期节目,叫作《一只猫的非常死亡》。2006 年 4 月,在网络上发生了一起令人震惊的虐猫事件。当一只高跟鞋踩死一只小猫的整个过程曝光在网上时,激起了一片指责、愤慨。大家一直在搜寻这背后的凶手是谁?

这个事件里面有三个问题,第一,踩死小猫的这个女人是谁?第二,谁拍下了这段录像,并把它挂在网上?第三,这背后是一个什么样的网站?

看完《新闻调查》的这期节目,大家会震惊地发现,踩死小猫的那个人是黑龙江一个医院的药剂师。她平时工作非常认真,对患者负责尽职,从不出错;她把工作环境打扫得干干净净,与人和善,宁可自己吃亏,也从不让他人受委屈,在单位受到一致好评。

但是,她有十七年的婚姻危机,在离异以后,她无处倾吐,心里充满了委屈和愤怒。在电视镜头前,她直言不讳地说,当有人找她做这件事的时候,她一口答应,根本不是为了钱，就是为了一种发泄。

记者问她："你在踩死小猫的时候，脸上的微笑是别人要求你这么做的吗？"她说："不是，没人要求，好像我自己就愿意这样。"

这是一种心灵的扭曲所释放出来的一种反常行为。而把这个全过程拍摄下来并挂在网上的那个网站，是中国恋足前线里的一个分支，叫作踩踏网站。它的主办者说："我和我的群体，生活在一个阴暗的社会角落。由于我们自己特殊的性取向，我们把脚部作为唯一的美的标准。所以，就会希望这种脚部力的释放最大化。让高跟鞋去踩踏，就是这种释放。"国际上也有这样的一批人，他们踩踏的是衣服、水果，是无生命的东西，后来就发展到踩小鱼、小虾，再后来就发展到踩踏小猫、小狗。这种对于生命的践踏是没有止境的。

其实，这个网站背后的群体是一些具有相当知识水平的人。他们有体面的工作，但是，他们在心理上永远有这样一块抹不去的残疾。

当虐猫事件背后的角色——走到我们眼前的时候，我们不仅仅止于一种愤怒，更多的是感到一种悲悯。在今天这样一个高速发展、科学文明的时代，有多少人因为心灵残疾，而不能走到阳光底下？

如果我们都像申徒嘉，都像叔山无趾，我们也许倒幸运了，因为我们可以去解释，可以去认错，可以去追寻，可以获得心灵的拯救。问题是，太多的人不能解释，甚至不可认知。

　　我记得在一次学术沙龙上,一个心理学系的学科负责人,给我们讲过他做过的一个心理诊疗的个案。

　　有一次,一个非常成功的白领小伙子,西装革履来到他的办公室。进来以后,他就四下搜寻,坐下时就抓起一个烟灰缸,从左手倒到右手,再从右手倒到左手。他就一直在那儿倒着,一会儿后才开始说话。

　　他说:"我想跟你咨询一个事。我现在老有一种心理暗示,就是不祥预感。比如,我上班时要走一条路,远远地看见那个地方在挖土,明明我可以绕过去,但突然之间我就觉得要有不祥的事情发生,我就调转车头,改一条可能要拥堵两小时的路,宁可迟到,我绝不再走这条路。这样一些事情不断发生,我已经无法左右我自己了,我总是见到一个细微的征兆就觉得要出事。"他一边说,手里还在不断地倒腾着那个烟灰缸。

　　心理咨询师看了他很久,突然问了他一个问题:"你小时候是跟谁长大的?"他回答说:"我是跟我奶奶长大的。"

　　咨询师就开始跟他聊起遥远的童年,最终揭示了这个心理的秘密。这个秘密令人惊讶,听起来似乎发生在我们每家每户。

　　小孩子不睡觉,老奶奶哄他说:"五分钟之内你要是再不闭上眼睛,狼外婆就来了!"孩子还是没有睡。奶奶说:"三分钟之内,你要是再不睡着的话,大风就把你给卷走了!"孩子还是没有睡。奶奶说:"一分钟以后,妖精就出来了!"

　　小孩因为害怕,睡不着也得闭着眼睛,而闭着眼睛的时候，他就一直在想着，这些狼外婆和妖精来了会怎么样？

咨询师说，就是由于我们大家司空见惯的这种哄孩子睡觉的方式，可能会使那种特别敏感的孩子在某种机遇下得上这种强迫症。

当时，咨询师突然问小伙子："你手里倒腾着这个烟灰缸，这是一种仪式。你告诉我，你现在心里有什么预感？"听了这话，小伙子突然就停住了，说："对啊，你说了我才明白，我现在觉得我妈妈可能要出什么事，我要是不倒腾这个烟灰缸，她就会出事。但是你真说出来，我就觉得没事了。"

心理疾病的治疗远远不是这么一句话就能完成的，这往往是一件很痛苦的事情。这是因为心理上的残疾，不像身体上的残疾这么容易被人看见。这种残疾有可能是在某一个偶然的情况下自己犯的一个错误，也有可能是在某种时刻自己不经意地受到的一个打击，从此不知不觉就积淀下的一种毛病。

在某种意义上讲，心理疾病的治疗更多地要靠自己，真正看见自己的缺失，自己成为自己的心理医生。

庄子告诉我们，在天地之间，如果一个人真的顺应生命形态，那么首先把这些个遗憾和残缺都接受下来吧，不要委屈，不要较劲，而是要想怎么样改良它才能让自己更好。翻开《庄子》，从他第一篇《逍遥游》开始，到他所列举的凡此种种这些人，一直贯穿着一个核心的思想，那就是大与小的区别。大与小绝不是好看与难看之分，真正的外在形态与内心境界有时候相去甚远。

庄子告诉我们，这些表面看起来稀奇古怪的甚至是形貌恐怖的人，他们的内心有一种大境界，是我们这些健全人不能比拟的。有些人，可能由于自己的健全、机敏、矫健，反而使自己受制于心。

看庄子的文章，有时会觉得无边无际，他描述出来的一切奇思异想都超乎我们的生活经验之外。但是，如果换一个角度，从内心来看，我们还是可以对应上庄子所描写的一个又一个形象的。

我们到底有哪些隐疾？我们到底有什么样的心理障碍？我们到底有什么童年的阴影？我们到底有什么人生的缺憾？

这一切一切是不是都像庄子所描述的这些人呢？而这些人以其德行的超越，是不是会给我们一种启发？给我们一种勉励？给我们一些参照？

有一句名言说得好：这个世界上无所谓垃圾和废物，所谓废物，只是放错了地方的财富。有很多财富无非是放错了地方。李白说"天生我材必有用"，大材大用，小材小用，有用和无用之间，只不过是看你自己生命的质地和你所处的环境之间是一种什么样的匹配。

庄子给我们指出，每一个人都应该保有一颗平常心。无论他是后天受刑罚的，还是先天残疾的，无论是肢体上残疾了，还是智力上有缺憾，他们都是我们的一面镜子。

我们没有在他们的残缺里面照出健全，反而在我们自己的健全中照出了残缺。这种残缺靠心智可以补足，靠精

每一个人都应该
保有一颗平常心。
——于丹心语

神与天地之间的遨游可以去完善，这大概就是庄子对于我
们今天的人们一种最好的启发。在这种启发中，我们可以
抵达他那种天地共往共来的逍遥境界。

谈笑论生死

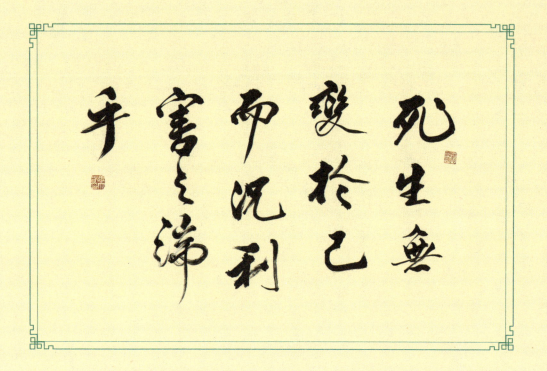

死生無變於己，而況利害之端乎

生与死，是人生起始的两个端点。

人生是一条不归路，当你走到终点时，才会想起途中的遗憾。

只有真正理解了生命的意义，才能正确地面对死亡。

《庄子》里面一个永恒的命题：关于生死。

人生百年，终有一死。对于生死，庄子有很多故事，比如他妻子去世时候的鼓盆而歌，这都是大家熟知的故事了。

庄子说："古之真人，不知说生，不知恶死。"古代真正懂得生命奥秘的人，没有觉得拥有生命有多么可喜，也不觉得死亡来临有多么可怕。

真正的君子对生死的态度从来都是不刻意的，不追问自己从哪里来，也不担忧自己往哪里去。因为，生和死只不过是一个生命形态的变化。

这样的态度说起来潇洒，但是贯穿到每一个凡人的生命里，就不是一件容易的事了。

人的一生都在忙忙碌碌、紧紧张张中度过。在这个匆忙的过程中，对于越来越短的时光，每一个人都心存畏惧。

有一个寓言说得很好。兄弟两个人，他们家住在一座摩天大楼的第 80 层。这天，两个人深夜回家，恰好忘记了看通知，电梯停了。

兄弟俩背着沉重的大背包，在楼底下商量一下，决定一鼓作气，爬楼梯回家。两人抖擞精神，开始爬楼。爬到 20 层的时候，他们开始觉得背包很重了。两人商量，决定把背包存在 20 层，到时候再回过头来取。卸下了背包，两个人觉得很轻松，说说笑笑地继续往上爬。

爬到 40 层的时候，两人已经很累了，就开始互相抱怨指责。哥哥说："你为什么不看通知啊？"弟弟说："我忘了看通知这件事，你怎么不提醒我呢？"两个人就这样吵吵闹闹，一路吵到 60 层。

到了这时候，两人实在疲惫不堪，终于懒得吵了，觉得还是应该安安静静地继续爬楼。当他们终于爬完了最后 20 层，来到了家门口的时候，两个人互相一看，不约而同想起了一件事：钥匙忘在 20 楼了，在背包里。

其实，这说的就是人的一生。

我们假设它是 80 个年头的人的一生。刚刚开始的时候，人人都是意气风发的。我们背负着沉沉的行囊，行囊里装着理想，装着抱负，装着很多很多的愿望。

我们不畏艰险，从脚底下第一个台阶开始上路了。爬到 20 岁，这是人走入社会的时候，开始认同规则了，觉得社会给了我们很多的负担，我们自己奋斗，已经足够疲惫，谁还背着那么多梦想啊？先把它安顿下来吧，等到衣食无忧，有了社会的名分地位，回头来再捡起梦想也不迟。放下以后，顿时有那么一阵轻松，大家又开始往前走。

死生无变于己，
而况利害之端乎！
——《齐物论》

随着人越来越年长，积累的越来越多，争斗越来越猛，内心越来越焦虑，人不免抱怨。这就是到了兄弟互相指责的时候，都觉得社会辜负了自己，都觉得自己付出太多，得到的回报太少，自己内心仓皇犹豫，就这样吵吵闹闹一路走来。

走到 40 岁，所谓年近不惑的时候，所有意气风发的东西都过去了，人开始变得疲惫、颓唐，互相扶持着再走。

走到 60 岁，觉得晚年的时光应该是美好的，是应该珍惜的，让我们安静下来吧，不要再抱怨了。这个时候大概到了孔夫子所谓的"而耳顺"，心顺应了，少了很多指责，终于走到了 80 岁。

站到最后的这个终点上，突然之间怅然若失，想起来这一生最宝贵的东西留在了 20 岁的行囊里，那就是一直还没有打开的梦想，从来没有放飞过，从来没有跟随过自己，孑然一身，走完了一生的历程。但是，20 岁回不去了，这就是一条不归路。

这是一个很有意思的关于人生的寓言。

纵观人的一生，可以提示我们：应该以什么样的态度去面对生与死？

庄子之所以能够笑谈生死，是因为他悟出了生死的真谛。生死之间不过是一种形态的转变。

庄子之所以对死亡旷达，是因为他对生命的顺应，既然人生自古谁无死，那么死亡还有什么可怕，还有什么可悲伤的呢？

庄子在《大宗师》篇里讲了一个这样的故事。

陈传席 《草净云和》（局部）

子桑户、孟子反、子琴张，三个人都是方外之人。他们心意相通，忘怀生死，结伴在一起，成为好朋友。

后来呢，子桑户先死了。孔子听说了，就派自己的学生子贡去帮忙处理丧事。子贡去的时候，看见子琴张和孟子反两个人，一个在编挽歌，另一个在弹琴，正对着子桑户的尸体唱歌呢。他们唱道："子桑户啊子桑户，你现在已经回到本真了，我们还寄迹在人间。"

子贡就非常不理解，说："你们三个人是这么好的手足兄弟，有一个人先走了，你们却对着尸体唱歌，这合乎礼吗？"

子琴张和孟子反两个人却笑了，说："他哪里懂得什么是礼的真意啊？"

子贡回去以后，问老师孔子："他们到底是什么样的人啊？他们到底是什么心思啊？"

孔子当时就说："他们都是一些心游世外的人，而我是一个拘泥于世内的人。我怎么还派你去帮助做丧事呢？这是我的孤陋啊。他们这些人已经没有生和死的边界了，他们完成的是心神跟天地的共同遨游。有没有这个身体形骸对他们来讲是不重要的了。所以，一个朋友走了，两个朋友就像是送一个人远行那样坦坦然然相送。"

这个故事里讲了一个道理，就是在生命之中，每一个人都可以以不同的形态活下去。

庄子在《大宗师》篇里还讲了这样一个故事。

子来生病了，看来将不久于人世，快死了。子犁去看他，看见子来的妻子、儿女都围在那儿大哭。子犁上前对他们说："你们快走开，不要再打搅这样一个马上要有大变化的人。"

子犁靠着门，对子来说："伟大的造物主啊，下面又会把你变成什么呢？是把你变成老鼠的肝呢，还是把你变成虫子的手臂啊？"

子来长长地出了一口气，对他说："夫大块载我以形，劳我以生，佚我以老，息我以死。"

这四句话讲出了人生的历程。天地造化，锻造出了我的生命，赋予我一个形体。我来到世界之初，有了这个生命，就要完成生命的社会化，就要去穿越人生。所以就要"劳我以生"。人的这一生没有不受劳苦的，一辈子要经历很多磨砺。到了晚年，我老了，终于可以让我悠悠闲闲地安享我的晚年。但是，晚年的这个休息也还是有限的，最

在生命之中，每一个人都可以以不同的形态活下去。
——于丹心语

后给我的安顿，叫作"息我以死"，用死亡给了我最长的休息。这就是我的一生。所以，子来说："我相信，善待我生的也一定会善待我死，我是怎样被安排来这个世间走了一回，我还会好好地离去。"

说完这个话以后，子来就安安静静地睡去了。睡了一觉，再醒的时候清清醒醒，身上的大病都远远地走了，子来重新复苏了。

这是一个寓言。其实，一个人当他的内心把生命当作一次穿越的时候，也许死亡在他的心中已经变成生的延续。死亡早已被超越了。

庄子在《养生主》篇里有这样一句话，说："指穷于为薪，火传也，不知其尽也。"油脂在柴火上燃烧，油脂烧完了，柴火燃尽了，但是火却可以传续下去，没有穷尽的时候。

人的身体、人的生命是可以消耗掉的，但是人的思想仍然可以传承。对庄子来讲，思想的传承远远胜于一个生命。

这就是庄子对于生和死这个形态的一种感悟。

当代社会，人的寿命得以延长，已经远远胜于远古。但是，在心理上，对于死亡的畏惧，对于生命的留恋也远远超乎从前。应该说，在今人的生活里，有太多太多的隐私，有太多太多的牵绊，有太多太多让人闭不上眼睛的事情在心头纠缠。

但是，庄子讲了这么多关于自己的、亲人的、朋友的生死故事，他对生死的看法与今人全然不同。在他已经穿

人的身体、人的生命是可以消耗掉的，但是人的思想仍然可以传承。对庄子来讲，思想的传承远远胜于一个生命。
——于丹心语

越的这个生命中，他看重的是火光，而不是柴火的长度。人生的事迹是可以写下来的，但每一个人的判读又是各不相同的。

孔子说过："未知生，焉知死？"也就是说要想知道死，先要懂得生。每个人对生命的解读不同，对事物的看法就会完全不同。我们常常会发现，即使在同一个社会环境中，在同一件事情里，不同的人会产生完全不同的看法。这是为什么呢？

有这样一个故事。

有三个人在路过一个墙角的时候，看到了同样一个情景：一只小蜘蛛在往墙上爬，爬着爬着，前面有一块洇湿了的雨迹。小蜘蛛一爬到潮湿的地方就掉下来了，然后，这只蜘蛛又从墙角开始往上爬，再爬到那个有雨湿的地方又掉下来了。如此一遍一遍，周而复始。

这三个人看到这个场景，都想到了自己的生命。

第一个人想：我看到这个蜘蛛，就像见到了我自己。我和这只蜘蛛是一样的，一生就这样爬上去再掉下来。人的一生碌碌无为，一直周而复始做着徒劳的努力。

第二个人想：我看见蜘蛛这样爬，才知道人生其实有很多误区。我们只看到眼前，以为只有一条路，其实潮湿的那一片地方并不大。如果这个蜘蛛能横着绕过那片潮湿，它很快就可以顺着干墙爬到更高的地方。所以，我要让我的人生变得更聪明，有的时候人生需要绕路走。

第三个人看到蜘蛛以后，被深深地感动了：一个蜘蛛还能够这样不屈不挠，那一个人这一辈子应该有多少能量可以激发？有多少奇迹可以出现？这一切，都酝酿在自己的生命之中。

一个小小的场景，在不同的人心中，可以得出不同的结论，获得不同的人生感悟。

我曾经看到这样一个故事。

有一个秀才去赶考。赶考，对于任何一个书生来讲，都是一生中的大事。这个秀才心里一直很忐忑，一直想自己会考成一个什么样子，会有什么样的结果在等待自己。

在赶考的前一天，他做了三个很奇异的梦。

第一个梦，他梦见自己在墙头上种白菜。第二个梦，他梦见自己在下雨天出门，戴了一顶斗笠，还打了一把伞。第三个梦，他梦见自己和一个非常喜欢的女人背靠背睡在一张床上。

秀才醒来，觉得这三个梦都不同寻常。第二天就要考试了，这一天他就去找一个通灵的人解梦。这个人听了梦境，说："你的人生挺暗淡的。你在墙上种白菜，这不是叫白费劲吗？你戴了斗笠，还打把伞，这不叫多此一举吗？你跟喜欢的女人在一张床上，却还背对背，这不是没戏吗？你也别考了，你收拾行李回去吧。"

秀才听了这些话，回去就收拾行李，准备回家。

这时，旅店的老板问："你怎么不考就走啊？"秀才就把事情告诉了他。这个老板说："唉，我也会解梦，我觉得你这三个梦挺好。你在墙上种白菜，这个就叫作高中。你戴了斗笠，还打了把伞，这个就叫作有备而来。你跟你喜欢的女人已经躺在一张床上了，这就说明你翻身的时候该到了。"

经老板这么一解释，这个秀才信心大增，第二天就去应考，结果高中。

这也是一种对于生命密码的解读。

可能在很多很多的抉择之下，没有人来替我们解梦。我们只有问问自己：我现在处在一个什么样的阶段？我在这个时候内心要做什么样的决断？

儒家与道家关于生死的观念，不尽相同。儒家追求"杀生而取义"，而道家强调"不知说生，不知恶死"。两者殊途同归，都是让生命获得价值。

那么，什么样的生命才真正有价值呢？

庄子在《大宗师》篇推崇真人。他所描述的真人是什么样子的呢？

庄子说："古之真人，不知说生，不知恶死。其出不䜣，其入不距。翛然而往，翛然而来而已矣。不忘其所始，不求其所终。受而喜之，忘而复之。是之谓不以心捐道，不以人助天，是之谓真人。"

古代的真人，不知道喜欢生命，也不知道害怕死亡。出生了他不欣喜，死去他不拒绝。无拘无束地来，无拘无束地走而已。他不会忘记自己从哪里来，也不会追求自己要去的归宿。有事就欣然接受，忘记生死，归于自然。他不会因为心智的欲求而损坏天道，也不会有意做什么去辅助天然。

庄子又说："若然者，其心志，其容寂"，"喜怒通四时，与物有宜而莫知其极"。这些真人都是那些容貌显得宁静淡然，心里能忘怀一切的人。喜怒哀乐的性情能够与四时相通，对生活里的任何事情都能够坦然应对。

庄子借助真人，表达了对于死亡的一种态度，就是第一不怕死，第二也绝不找死。

这种观点跟儒家思想是有不同的。儒家讲仁人志士可以"杀生而取义"，可以舍去自己的生命而维护一个大的道理。

在生命长河中，儒家与道家表现出两种不同的态度。儒家的姿态是烈士，道家的姿态是高士；儒家的姿态是与时间去争抢，抢出来有限的时光去建立，而道家的态度是在流光中顺应，去把握每分每秒，去乐生。

这两种人生观最终殊途同归的是什么呢？那就是让生命获得价值。

但是，人生的价值判断永远都不会相同。

有的人更多地看中历史上的名垂青史，看重社会上的建功立业，让个人生命付出代价，也要去建立一种社会功勋。也有的人更多地看重自己内心的完善、安顿和自己道德上的成全。

如果是前者，他对人生的心有不甘多一点，而后者则淡泊多一点。其实这就是儒与道在作用于我们内心的时候，在我们拥有的相同的光阴中呈现出的不同的态度。

其实，中国人在对待生死的态度上，往往表现出两种不同的态度，一种以屈原为代表，另一种以司马迁为代表。

屈原投江自尽，选择了一种激烈的方式。为什么？

屈原生当战国乱世之中，作为楚王的同姓贵族，作为一个士大夫，当楚国被攻破郢都的时候，当秦将白起把郢都屠城的时候，尽管一个人流落在外，尽管他还有很多国家可以去，但是，他知道，自己的宗庙和自己的国家都已经万劫不复了。他生命最好的终结就是随着这一切一同归去。

屈原之死既是一种殉国，也是一种无奈。用郭沫若先生的话说，屈原是在自己美好的理想和不能实现理想的现实之中被撕碎的。所以，这样一个人，他必须采取这样一种惨烈而决绝的方式来处理生命。

但司马迁在生死关头，采用了另一种方式，他看到了比生死名节更重要的事情。

司马迁有一封著名的信，是写给好朋友任安的，叫作《报任安书》，完整地表达了自己对于生死的态度。

在信里，司马迁回顾了自己下狱、受刑的整个过程。他说自己非常冤枉，以莫须有的罪名被诬陷，满朝文武没有人来救他。这种情况下，他当然可以选择死亡，以维护自己的尊严。

可是，他没有。他接受了作为男人最难以容忍的耻辱：腐刑，就是被割去了生殖器。

他为什么要忍辱偷生呢？因为他有一件更大的事必须完成，就是他亦欲以究天人之际，通古今之变，而成一家之言的《史记》。

从他的父亲司马谈把这样一个史官的大业托付给他的时候，就告诉他，周公死后五百年而有孔子，孔子死后五百年至于今，没有人能够"绍明世""续《春秋》"，来把这样一个时代记录下来，传承历史。所以，司马谈临死之前，把编撰《史记》的重任交给了司马迁。所以，司马迁说，他面对历史托付下来五百年一人的使命，他自己的态度是"小子何敢让焉"。天降大任于斯人，有这么大的事情，那么宁可受辱也绝不轻生，这就是司马迁的态度。

其实这样的态度，跟庄子给我们讲述的生命态度，可以形成一个映衬。

庄子对于生命的态度，第一他不怕死，第二他绝不找死。

但在现实生活中，有这样一些人，他们因为在生活中受到挫折，或者感受到压力，就选择了轻生。

是什么原因使他们害怕生命中的挑战呢？

现在，在大学里的学生都承受着一种压力，大家心情很沉重，就是在这个独生子女时代，轻生的孩子越来越多了。在一些大学里，按年度去统计，大学生、硕士生、博士生的自杀率真是不低啊。

原因无非几种，最多的一种是感情问题，恋爱没处理好，觉得此生无望了，殉情。第二种，工作没找好，觉得自己从小就是一个尖子，上了这么好的学校，社会还不接纳自己，愤而轻生。第三种，觉得学习压力太大了，觉得太压抑，人生没有什么乐趣。

这些轻生的孩子在他们的人生刚刚到达 20 个楼层的时候，把自己连同他们的背包一起从楼上扔了下去。他们的理想还没打开，甚至也没来得及放下，一切就都陨落了。

他们绝大多数都是独生子女，从小就生活在小皇帝的

庄子对于生命的态度，第一他不怕死，第二他绝不找死。

——于丹心语

那种环境之中，四个老人、两个大人供着一个小孩子。这个家庭是个金字塔，孩子永远在塔尖之上。这样长大的孩子，怎么可能不唯我独尊？

但是，社会也是一个金字塔，每一个公民刚刚走进社会，就意味着要做塔的基座。

我们现在有一个悖论，就是每个从家庭的塔尖走出来的独生子女不肯做社会的基座。当不愿意做基座的时候，他面对的不是简单的心理的失衡，走到极致就是对于生死轻易的选择。其实，我们最不希望看到的，就是在今天种种压力下，人由于这种失衡而采取的对生命最草率的一种处理。

轻生的方式在今天有两种，一种明显的轻生方式是果决地把自己像一件破衣服那样从高楼顶上扔下去。

另外，还有一种隐蔽的轻生方式，就是让自己放任自流。在工作岗位上他不思进取了，在一个无望的家庭中不营建感情了，在朋友圈中穷困潦倒、醉生梦死了。这个人成为行尸走肉。他肉体的生命没有寂灭，但是心其实已经死了。他那个痛至极点的心也已经寂灭了。

今天我们讨论生死这个话题，看起来很远，其实离每一个人很近。

我们生命中究竟还有多少肌体在活着？我们的心中到底还有多少梦想在活着？我们的未来到底还有多少希望在活着？人跟人的回答并不相同。

所以，带着自己心里最初的梦想，以庄子的豁达去穿越生死大限，也许在今天要比庄子生活的那个时候更重要。

庄子那个时候物质太贫瘠了,人的选择太少了,所以活下去会变成一个单纯的愿望。

而今天的人可能拥有太多的富足,但是在抉择的迷惑中反而会不堪重负。也就是说,抉择过多,人生之累相对也多。

所以在当下,不仅是抉择生与死这种外在的选择,更重要的是在自己的心灵中让多少有价值的生命能够真正活下去。

《庄子》看似都是一些"谬悠之说,荒唐之言,无端崖之辞",如果真正把它和我们自己的状态联系起来,就会发现庄子的悲天悯人在于他的每个故事都贴近人心。

看见自己内心中生与死的较量,看见我们可以活下去的那个希望,其实我们是可以在有生之年真正做到乐生,做到顺应,做到当下的快乐,活好每分每秒。真正到生死大限来临的时候,有一份微笑的坦然,可以面对死亡说:我此生无憾。

其实这是我们每一个凡人可以企及的境界,这也就是庄子在今天的一个解读。

坚持与顺应

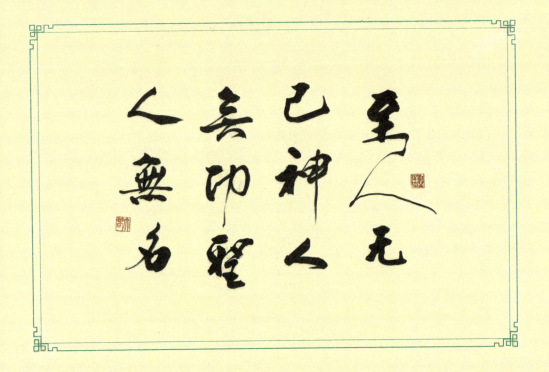

至人无己，神人无功，圣人无名

每个人都是一个独立的个体，但同时也是社会中的一员。庄子认为，在人的内心应该坚持自己的秉性而不要随波逐流，而面对外在的世界，则应该通达和顺应。我们怎样才能做到内心的坚持和外在的顺应呢？

　　庄子在他的书里面提出一种人生的价值观。这一次他是假托孔子之口说的。《知北游》篇中说："仲尼曰：'古之人外化而内不化，今之人内化而外不化。'"

　　这两句话怎么理解呢？

　　"外化而内不化"，字面上的意思是说，外表随物变化，而内心有所坚持，宁静不变。

　　一个人在社会上生存，需要顺应规则，遵从法度，与人交往，这一切都是我们可以叫作外化的东西。一个人在表面上可以非常随和，一切可以放下来，与人融通，这就是一种化境。但是，一个人之所以成为他自己，有他独特的价值观，有他独特的风格，有一个人内心的秉持，就在于他的内心真正有他的"不化"。

　　也就是说，生命应该有所坚持，而生存可以随遇而安。

　　我们真的能够做到这一点吗？其实，这个命题对今人

生命应该有所坚持，而生存可以随遇而安。

——于丹心语

107

来讲更加重要。

我们外在的大千世界每天都在变化，已经进入了信息时代。每天出现的新情况、提出的新规则对每个人来讲都是一种新的尺度、新的坐标。我们是食古不化，坚持自己保守陈旧的、循规蹈矩的、墨守成规的准则，还是与时俱进调整自己呢？

"外化而内不化"，就是说，面对外在的世界，则应该通达和顺应；而人的内心应该坚持自己的秉性而不要随波逐流。

那么，为什么对于外在世界，我们一定要通达和顺应呢？

芸芸众生，大千世界，有太多太多的不得已不是我们能够左右的。人人会在这个世界上遭遇危险，人人都会面临一些困境，人人都会在一些突然而来的变故中遭遇一种内心的挑战。

我们能做到处变而不惊吗？

庄子在《秋水》篇里面讲了这样一个故事。

这个故事的主人公还是假托为孔子。孔子有一次周游卫国匡地的时候，突然之间遭到了卫国人的围攻，大家把他一层一层地包围起来。孔子坐在那里，"弦歌不辍"，在那儿弹着琴，唱着歌，没有停下来的意思。

这时候，他的弟子子路慌慌张张地进来了，一看老师还这样呢，就质问老师说："何夫子之娱也？"外面都要打进来了，咱们有性命之忧了，您怎么还有娱乐的心思啊？

孔子淡淡地说："来，吾语女。"你过来，我告诉你我是怎么想的。

孔子说：子路啊，你看看我这个人，我的道行陷于穷困之境已经很久了，叫作"我讳穷久矣"，这是为什么呢？这是我的命。我希望我的道行通达也已经很久了，但是也没有得到，为什么呢？这是时运不好。在尧舜的时代，政治清明，天下是没有不得志的人的，并不是因为他们智慧高超；在桀纣的时代，暴君当道，天下没有得志的人，也不是因为他们才能低下。这一切都是时势造成的啊！

世界上有很多不同的勇敢，一个人在水中穿行不避蛟龙，这是渔夫的勇敢；一个人在陆地行走不避犀牛、猛虎，这是猎人的勇敢；一个人在白刃相交于前，能够视死若生，这是烈士的勇敢；懂得穷通之道是由于天命时运，遭遇大难而不畏惧，这是圣人的勇敢。

最后，他安慰了子路一句，说"由处矣"，你就少安毋躁，歇歇吧，"吾命有所制矣"，我自己知道我的命是有定数的。

又过了一会儿，果然有个带着兵器的军官进来，对孔子说："对不起，我们弄错人了，我们要围的是一个叫阳虎的人。现在知道你不是阳虎，我们向你道歉，撤兵了。"《论语》里面对这件事也有记载，说阳虎的面貌跟孔子有点相似。

庄子在他的《秋水》篇里为什么要引用这个寓言呢？这是为了告诉人们，只有内心安静、勇敢，在外在的气度

至人无己，神人无功，圣人无名。
——《逍遥游》

只有内心安静、勇敢，在外在的气度上才能表现为处变不惊。
——于丹心语

上才能表现为处变不惊。

这就是内心有所秉持，是为"内不化"。

在今天的世界上，我们太容易受外在言论的干扰了。这样一个物质丰富的时代，只要有几个人跟你说话，三人而成虎，就能够影响人的想法；如果七八个人一起鼓噪，那改变一个人的想法就很容易了。

我读过一个很有意思的小故事。

有一个人，他的朋友跟他打赌，说："你今天在你屋子里面挂一只空鸟笼子，挂一些天之后，你非养鸟不可。"他说："不可能。挂鸟笼子和养鸟，是两回事。"

他朋友说："那我们打个赌吧，你挂一个鸟笼子试试。"

他就真在屋里挂了一个鸟笼子。从他挂上鸟笼子起，到他家来的客人不经意地都要看一眼笼子，然后就问他："你的鸟是死了，还是飞了？你原来养的是什么鸟啊？要不然我给你送一只吧。"

这个人跟人解释。第二天，客人又来了，说："你看看空笼子还挂在这儿，你特伤心吧！你那鸟死了多长时间？你是不是不会养鸟啊？我给你买了一本养鸟的书，看看吧。"

到第三天，有人就开始捧着小鸟来了，说："大伙儿看见了空鸟笼子，鸟死了，挺可惜的。我送你一只鸟吧，还有鸟食，我告诉你怎么养鸟。"拿鸟的，拿食的，拿书的，来的人实在让这个人不堪其扰。

没过一星期，他说："算了，我就养只鸟吧，省得别人成天问这个鸟到底是怎么回事。"所以，这个笼子里真的养上了鸟。

这是一个寓言吗？它多像是我们的生活。

我们在年轻的时候内心都是有所坚持的。但是，日常生活总是在考验我们，外部世界总是在试图改变我们。这其实就跟空笼子终于养上了鸟是一个道理。也就是说，我们为什么会改变一种习惯呢？是因为我们"内不化"的力量太弱了。

庄子所说的"内不化"，是指无论外界如何变化，一个人的内心不要受外界的影响，一定要有所坚持。

庄子所说的外化，则是指在与外界相处时要通达，要使自己的行为与社会相顺应。

但一向超脱的庄子，为什么会提倡顺应外在世界呢？

庄子在他的《人间世》里，假托孔子之口说：人间万事有很多规则，有两种东西你必须遵守，一个是命，一个是义，这是"天下大戒"。什么叫大戒？就是足以为法的最大的戒律。子女事亲，对父母尽孝，这就是命，命定的必须要这么做。人臣事君，对国家尽一份忠诚，这就叫义，是无法逃避的必须做的事。

我们所了解的庄子一直提倡特立独行，遨游天地，心游万仞。在这里，他又提倡遵守这命与义的"天下大戒"，与我们的想象有所不同。

其实，在当今世界，我们哪一个人能够跟他人没有关系呢？我们哪一个人光凭着内心的骄傲，光凭着内心的一种秉持，就可以安身立命呢？

有一个故事说得好。

陈传席　《江山独钓图》（局部）

　　有一个使者考察天堂和地狱。他下到地狱的时候发现，被罚到这里来的人，一个个饿得面黄肌瘦，都像饿死鬼一样，每天非常痛苦。地狱里不给他们吃的吗？不，有吃的，问题是给他们的勺子太难用了。每个人手里都拿着一把一米长的勺子，尽管勺子里面装满了食物，但怎么也放不到自己的嘴里。所以，地狱里的人越想吃到东西，内心就越受煎熬，所以形容枯槁、面黄肌瘦。

　　这个使者又到了天堂。他看到天堂里每一个人都是红光满面、精神焕发。他觉得天堂的日子这么好啊。但是他看到一个现象，大吃一惊。天堂里的人吃的食物跟地狱没有差别，每个人手中拿的也是一米长的长把勺子。

　　为什么天堂里的人能够那么和美欢畅呢？只有一个奥秘，天堂里的人用长把勺子互相喂别人食物，而地狱里的人是用长把勺子往自己的嘴里喂，所以永远挨饿。

其实，这就是我们的社会真相。我们手中可能都拿着一米长的大勺子，这就是社会赋予我们的、你必须接受的一种规矩，就是社会的法则。

为什么要提倡人的外化呢？当你用长勺子给他人喂食物的时候，你内心真正有所坚持的东西才会得以实现。大家互相扶助，才会其乐融融。

庄子提倡顺应外在世界。同时，他进一步认为，人在处世时，有一件更难的事：言语。

说话是人们在社会交往中最基本的工具，我们在说话时，应该注意什么？什么可说？什么不可说？

说话这件事可是个难事，言多语失啊。庄子还是借孔子之口说：那个时候，两国之间的外交，远的地方要有使者传话，近的地方要凭书信保持交往。两国之间，不管书信往来，还是言辞往来，都要可靠，都要忠信。

庄子说：什么样的话最难传？"夫传两喜两怒之言，天下之难者也。"最难传的就是两国国君带有喜怒的言词。两个国君喜欢的言词，传话者往往会添上更多的好话；两国国君愤怒的言词，传话者往往会加上更多的坏话。失真的言词没有人相信，传话者会招惹杀身之祸。

那么，传话者怎么才能做到不失真呢？应该"传其常情，无传其溢言"。也就是说，平平实实传话，千万不要添枝加叶、添油加醋。所以，语言一定要非常慎重。

有这么一个传说。

在非洲的一些部落，老酋长在传位的时候，总要找到

大家互相扶助，才会其乐融融。
——于丹心语

富于智慧的年轻人来继承衣钵。酋长用什么去考验人的智慧呢？

老酋长问一个他看重的年轻人，说："你给我做两顿饭。你一定让我吃得非常舒服，合乎我的胃口，我才能把衣钵传给你。第一顿饭，你去给我找天底下最好最好的东西来给我做。"

这个年轻人做好了，端上来，揭开盖子，老酋长一看，是用舌头做了一餐饭。酋长问："为什么你要找动物的舌头呢？"这个年轻人说："因为天底下最好最好的言辞都是说出来的，再也没有比舌头更美的东西。"老酋长说："说得对。"就把这顿饭吃了。

酋长接着说："第二顿饭，你去找天底下最最难吃的东西，拿来也给我做一顿饭。"

这个年轻人又做好了。老酋长揭开一看，一模一样，还是舌头。

酋长问："你为什么又给我做了一顿舌头啊？"这个年轻人说："这个世界上真正的灾难都是因为舌头造成的，再也没有一样东西比舌头更惹祸的了，天底下最坏的东西就是舌头。"老酋长说："好，你已经洞悉了天下的明理，所以这个酋长之位可以传给你了。"

这样一个传说恰好和庄子所说的"传其常情，无传其溢言"相吻合。

这个舌头怎么能让它不成为天下最巧言令色、最虚妄无聊的东西，也不成为天下灾难的肇端呢？那就是要做到"传其常情"，实实在在传递出事情最真实的部分。

现代人最大的困惑，就是如何面对千变万化的外在世界而内心不变。

如果我们没有内心的定力，就会随波逐流，丧失自我，但如果我行我素，桀骜不驯，又会为社会所不容。

那么，我们如何才能做到内心的安定？我们如何才能达到庄子所提倡的坚持内心而顺应外在的境界？

庄子在《大宗师》里面，讲了这么一个老人的经验。

一个老者，年事已经很高了，却面如孩童。别人很奇怪，问他："为什么这么年轻？"

老人说："我懂得道啊。"要参透圣人之道，必须有所持守。这持守参悟，有七个阶段："吾犹守而告之，参日而后能外天下；已外天下矣，吾又守之，七日而后能外物；已外物矣，吾又守之，九日而后能外生；已外生矣，而后能朝彻；朝彻而后能见独；见独而后能无古今；无古今而后能入于不死不生。"

第一步，要"外天下"，也就是说，忘记天下所有牵绊你的人情世故。比如说住房子，你住得舒服还是不舒服，吃美食是可口还是不可口，所有的这一切，其实是身外之事，不要在心里牵挂太重。如果你把外在的一切，包括社会规则、人际关系等，都排除在你的心外，你就远离了世故，远离了很多外在能约束你的规矩法度，这是第一步。

第二步，叫"外物"，就是把物质世界的东西尽量剥离出去。其实"外物"很不容易。比如人的口腹之欲，要真正忘掉，真难。现在有多少人因为吃河豚而中毒？他们为了河豚的美味，甘愿用生命去冒这个危险。其实，冒险的人有没有想过亲人的牵挂？有没有想过他生命的分量？有没有想一想明天你自己生命中还有哪件事情没做？其实这就是不能做到"外物"。所以，庄子说，外物是第二步，把所有物质的东西，从你的心里拿走。

第三步，有点难了，叫作"外生"，也就是说，超越了生死。超越生死，并不是不看重生命，不重视人生，而是顺应自然规律，从容自在，朴素欢喜，活在当下，享受你生命中的每一个时刻，安详地穿越人生。

第四步，人就要彻悟了，叫作"朝彻"，心境洞明澄澈。当你把外在一切东西都腾空了，你的心灵开始有了虚灵之境。大家知道，只有空旷的屋子可以装下光明，只有真正干净的房间，阳光照进来的时候可以达到"虚室生白"，这是一种温暖欢欣的境界。

第五步，叫作"见独"。独是什么？是指唯一，指的是唯一的大地大道。见独，就是人能够达到洞见天地万物的道理这一精神世界。天下纷扰的万事万物，在你的眼睛里已经不再神秘。你不会再孤立地看很多事了。你的思想会更加通透明了。

第六步，叫作"无古今"，你能够贯穿古今的长河，没有时间的限制和阻隔。我们今天讲庄子，讲孔子，讲先秦的诸子，我们都会有一种温暖的感觉，所谓"道不远人"，他们真正的道理都贴近当下，在今天依然让我们感慨感动。我们今天看古往今来的文人墨客，他们的诗词歌赋依然让我们怦然心动。这就是无古今。

当古人的这些切肤之感、天地之叹都进入我们的生命之中，我们才达到庄子所说的第七重境界，叫作"不死不生"，追求到了一种人生的永恒。

人生不会因为物质生命的陨落而真正寂灭，也不会因为有这个形体存在而忽略了生命的本真，这大概就是庄子所谓的不死不生吧！

不要认为道家永远只提倡精神的自由，而没有规则的顺应。道家并不是只知道吸风饮露、不食五谷、遨游天下，他们也跟我们一样。

庄子所提出来的"外化而内不化"，是要我们的心灵逐渐地腾空，把我们心中的杂念逐渐地排除，让我们心底真正那个内化的依据能够有所秉持。而在外在，本着内心的宽容和洞察的清明，随遇而安，不与世争，这样的话，我们可能会把每一个当下活得更好，会把人生整个的流光以一种从容的姿态安详走过，少了很多的纷争，少了很多矛盾，而我们最后会获得一个圆融的、合乎道的、合乎天地自然的自己的生命境界。

本性与悟性

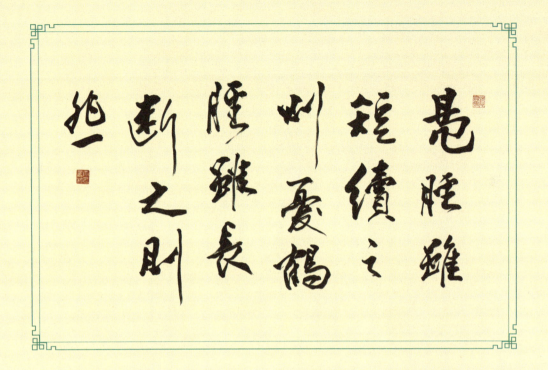

凫胫雖短，续之则忧；鹤胫雖长，断之则悲。

　　庄子认为，人生的最高境界是逍遥游。

　　人的本性是无羁无绊的，只有释放了人的本性，才能达到逍遥游的境界。

　　人的本性，不应该为外物所役使，所左右。顺乎自然，就能获得人生的幸福快乐！

　　读《庄子》，大家都知道有一个最高的境界叫作"逍遥游"。

　　这个"游"字，庄子用过很多。比如，他说在天地之中，要达到"乘万物以游心"的境界。那么，什么是"游"呢？我们每一个人都能够达到"游"的境界吗？

　　《庄子》里有一篇叫《在宥》，这一篇里面，庄子讲了这样一个故事。

　　云将到东边游历，经过扶摇神木之枝的时候，见到了这样一个人，名叫鸿蒙。鸿蒙是自然元气凝聚、混沌未开的老头儿，此刻他正用手拍着大腿，像鸟一样跳来跳去地玩儿，"雀跃而游"，很开心的样子。

　　云将问道："老头儿，你是谁啊？你在干什么呢？"

　　鸿蒙也不停，还在用手拍着大腿，像鸟一样跳着玩儿，回答了一个字："游！"说我在遨游呢。

　　云将说："我有问题想要来问问您。"老头儿天真得像个小孩，仰面看着云将，又回答了一个字："啊！"

云将说："天气不和，地气郁结，六气不调，四时不节。"这样的一个天地万象，没有一样事情是和谐顺利的。云将还说："我愿意合天地所有精华之气来养育芸芸众生，使百姓的生活风调雨顺。我这样一个理想，怎么才能做到呢？"

没想到这个鸿蒙继续拍着大腿蹦来蹦去，嘴里回答说："吾弗知！吾弗知！"我不知道啊！我不知道啊！

云将什么答案也没问出来。

又过了三年，云将又东游，在有宋这个地方恰好又一次碰到了鸿蒙。这一次云将非常认真，快步上前，把鸿蒙尊称为"天"，说："您还认识我吗？我终于又遇到您了。您这一次一定要回答我的问题。"

鸿蒙对他说："我在天地之间浮游，从不知道追求是什么；我随心所欲，自由自在，不知道要到哪里去。我只知道纵游在纷繁的世间，观察天地万物。我哪里知道什么道理啊？"

最后在云将一而再、再而三的坚持之下，鸿蒙终于脱去了一副老顽童的外表，把心里最朴素的真理说了出来。他说了两个字："心养。""心养"，其实也就是"养心"，修养心灵。

现在我们常常提到"养生"，但是很少提到"养心"。让你心中有一些意念，有一些彻悟，有一些天地至理，有一些生命最真纯的愿望，能够真正地自然生成，并且让你看清自己。

其实，小到一个个人的生命，大到自然社会的万物之理，都在乎心养。

鸿蒙告诉云将"堕尔形体，吐尔聪明"，你要忘掉你的肢体，抛开你的聪明，把你所有外在的一切都忘掉，做到"伦与物忘"，人投身到大自然中，用你更多的心智，去体会大自然给你的一切。当你真正能够顺乎自然，让心真正飞翔起来，释放出来，就做到了"解心释神"。

我们怎么样才能像鸿蒙一样，拍着大腿跳来跳去，玩乐天真得像个孩子，逍遥自由？庄子认为，只有释放了人的本性，才能达到逍遥游的境界。

但是，对于我们现代人来说，当我们在生活的压力之下，当我们处于社会所赋予的各种角色之中时，我们想到过自己内心的真正感受吗？我们是不是已经被束缚了本性而全然不知呢？

当我们真正进入社会之中，当我们为一个社会角色所规范的时候，当我们追求名利的时候，我们已经被束缚了。

在这个过程中，没有别人可以帮助自己，只有自己解放自己的心灵、释放自己的魂魄，所有的一切都已经自然顺畅。到这个时候，天下的众生万物会各复其根，人不再矫情了，人不再强制了。去掉了所有的强制，这个世界会是一片葱茏的绿色。

我们大家都有过这样的经验，节假日去逛公园，看到的树木都是被修剪过的。有很多公共场所把树木修剪成一个个动物的形状。每当我看到这样的景观时，心里就非常纳闷儿，植物本身不是动物，我们没有必要逼着动物成为

凫胫虽短，续之则忧。鹤胫虽长，断之则悲。

——《骈拇》

123

植物，我们又何必非逼着植物去做动物呢？

其实，我们今天繁华的物质世界不是不够美好，而是这种美好有了太多人为的痕迹和社会化的标准。我们能够贴近自然的地方已经太少了，所以我们就不再有拍着大腿像鸟儿一样跳来跳去那样的欢欣了。

什么样的人生是至极人生呢？

鸿蒙告诉云将："万物云云，各复其根，各复其根而不知。浑浑沌沌，终身不离。若彼知之，乃是离之。无问其名，无窥其情，物固自生。"

天地万物纷纭，应该各自回归各自的本性。浑然不用心机，其本性才会终身不离。如果使用心机，就会失去本性。不要去追问它们的名称，不必去探究其中的道理，让这个世界上的一切自由生长吧，让各种生命自然蓬勃吧，这才构成了天地和谐。

我们今天距离这个境界已经太远太远了，我们已经有太多的时候习惯于追问，习惯于探究，却忘记了自己的本性。

有一则寓言，说的是青蛙看见蜈蚣行走，非常好奇，就问蜈蚣说："你看我就四条腿，有前后的分工，每次都是一蹦一蹦地前进。你这蜈蚣号称百足之虫，有这么多只脚。我就是不明白，你走路的时候，最先迈的是哪只脚？"

这句话一问，蜈蚣"啪"地就顿在那儿，不会走路了。

蜈蚣说："你不能再问我这个问题，希望你以后也不要问任何蜈蚣这个问题了。我不知道先迈哪只脚。我要一思考，我所有的脚都不会动了，我都不知道该怎么走路了。"

这多像我们的生活。

大家想一想，我们生活中的头绪之多，大概比蜈蚣的脚只多不少吧？你的生活，你的工作，你的交友，从老人到孩子，从领导到同事，当这一切一切顺理成章地成为你生活的组成部分时，我们是无法过多思考的。

大家都知道这句话：人类一思考，上帝就发笑。上帝也许是在笑我们违背了一种顺其自然的真实。

所以，庄子有这样一个观点，叫作"有大物者，不可以物"，也就是说，真正拥有了这个天地世界，就不要为外物所役使、所左右。不要拘泥，不必刻意，顺乎自然，这一直是庄子最根本的观点。

庄子提倡顺乎自然，但在现实生活中，有那么多的社会标准规范着我们的言行，有那么多名利诱惑摆在我们的面前。

那么，我们该怎么样面对诱惑，减少迷惑，让自己保有本性的真实和澄澈呢？

庄子说过一句惊心动魄的话，在我们的这种以圣贤为规矩法度的价值标准中，"自三代以下者，天下莫不以物易其性矣"。

也就是说，从尧、舜、禹大治天下以来，人们无不在以外在的物质标准去改变人的本性。

庄子说，人人都看重自己的一些东西，"小人则以身殉利，士则以身殉名，大夫则以身殉家，圣人则以身殉天下"。

同样是抛弃生命，听起来好像很不一样，小人为了一点点利益，可以丢了性命，大家会不齿。士为了名誉放弃了生命，大家会觉得这是应该的。士大夫为了一个家族的利益，牺牲了自己的生命，大家会觉得很好。而圣人为了天下的安定而抛弃了个人的生命，这叫作崇高。

但是在庄子看来，这一切是一样的，无非是"事业不同，名声异号"，但是"其于伤性以身为殉，一也"，从"以物易性"这一点上来讲，都是一样的，都是不应该的。

庄子说，这个世界上有很多很多的诱惑和迷惑，"小惑易其方，大惑易其性"。小迷惑改变的是人生的方向，大迷惑改变的是人的本性。

这两句话值得我们今天好好地玩味。

今天这个世界，迷惑少吗？诱惑少吗？困惑少吗？疑惑少吗？充天斥地这一个"惑"字，古往今来莫过于 21 世纪如此之多！

在这个惑里面，小惑能改变我们的人生方向。比如说孩子高考，填报志愿。一个孩子说："我想学物理，我对宇宙的奥秘、对天体黑洞感兴趣。"但是家长说："学理论科学能学得出来吗？咱们学金融管理吧，以后能挣钱啊。"一个考文科的孩子说："我想当诗人，我的志愿是念中文系。"家长说："当诗人以后能挣饭吃吗？学法律吧，以后当律师啊，收入高。"其实这就叫"易其方"，为了某种现实的功利的目的，改变心中的理想。

这是小惑，而大惑会"易其性"，也就是说，让一个人做出跟本性相违背的事情来。比如说，这个世界的不忠、不孝、不义。这一切都是因为什么呢？所谓利令智昏，当利能够令智昏掉，心中就不再有洞明清澈的智慧，那么，一切迷惑会让我们改变本初之性。

有这样一个故事。

有一个人得到了一张天下无双的弓。这把弓用多年的紫檀古木制成，沉实、压手，非常好用。

这个人爱不释手，但又觉得它不够华美，太朴素了。于是，他找了一个天下第一的能工巧匠，请他在弓上雕刻一幅行猎图。

这个巧匠尽心施展一身的技艺。行猎图完成了，雕刻在弓上，果然惟妙惟肖，有奔跑的马，有追逐的猎物，有搭弓射箭的勇士，有天上的太阳，地下的土地，还有遍布整张弓的美丽的花纹。

这个人欣赏着这张弓，感觉现在这张弓才真正叫作完美至极。这个时候，他搭弓引箭，用力一拉，"嘣"的一下，弓在他手里断了，恰恰是因为这个木头上承载了过多的美丽的花纹。

弓看起来很美丽，却因为美丽而失去了它成为一柄良弓的可能。我们有多少时候就是为了这种表面的装饰而失去了生命本初的质地。这就叫作"舍本而逐末"。

我们自己又何尝不是这样的一柄弓呢？我们本来可能比现在更好，但是，我们由于没有看见自己真正的生命本初，没有认清未经雕琢的原始面貌和心中的朴素愿望，我们常常会做出损性而伤命的事情。

贪欲往往折损了人的本性，使人成为物质的奴隶。

人的欲望是没有止境的。如果一个人丢失了自己的本性，在疯狂地追求物质利益的同时，灾难也会随之而至。

人心应该是自然的，不应有很多刻意的羁绊和外在的雕琢。只有这样，才不会迷失自我。

有一则传播很广的寓言。

一只小狗问它妈妈："我有一个朋友跟我打赌，说我只要做到一件事，就能够得到最好的幸福、最大的欢乐，就是抓住自己的尾巴。我这一天就跳着蹦着追自己的尾巴，怎么抓也抓不着。妈妈，我这一辈子是不是就达不到幸福和快乐了呢？为什么我连自己身上的东西都抓不着呢？"

小狗妈妈笑了："幸福和快乐就跟你自己的尾巴一样，你没有想着抓住它的时候，你自己往前走，它永远都跟着你。你为什么非要抓住它不可呢？你忘了它吧！"

人永远不要和自己已经获得的东西去较劲。

小狗的尾巴是它身体的一部分，自己往前走，一切都会跟随你的。

人生的幸福快乐，其本身也是人生的一部分，刻意追求，往往得不到。但如果认真地生活，幸福快乐就永远跟随着你。其实，这就叫作无心得。

庄子一向不崇尚人的刻意，一向不崇尚人的矫情。

他希望所有的生命就像天地间蓬勃的植物和快乐的动物一样，真正能够在这个世界上以一种朴素归真的姿态而出现。

庄子有一种观点，说我们每一个人的心应该像一面镜子。

"水静犹明，而况精神！圣人之心静乎！"水什么时候能够照到天地万物呢？只有在一种情况下，就是水是安静的时候。

我们想一想，急流大浪中，水照得到万物的影子吗？当我们的心也像急流澎湃、大浪汹涌的时候，世间万物也照不进我们的心里。

我们应该怎么样去参破世间的至理呢？需要我们心静，静得像一面镜子，成为"天地之鉴也，万物之镜也"。

这样的心对于世间的万物既不逢迎，也不拒绝，安安静静、坦坦然然地去接受、去反射、去照见而已。

当我们的心灵保持这样的状态时，我们会以一种最清明的理性看见世界，也看见自己。

镜子是什么？从镜子表面来讲，无非就是一层玻璃。镜子和玻璃的区别是什么？就在于它里面含有一层薄薄的水银。

没有水银的玻璃，你只能透过它看见外在的世界；当有一层水银膜挡在那里，你就可以通过它看见自己，同时你也可以看见世界。

我们的心里应该拥有这么一层水银，把我们眼前的玻璃化为一面镜子，不仅外视世界，而且自视内心，让这样的一方天地之鉴可以照见自己生命的本真。

庄子一直都提倡人心一定要自然，不要有很多刻意的羁绊和外在的锤炼。

《庄子》中有一篇叫《马蹄》，说："马，蹄可以践霜雪，毛可以御风寒。齕草饮水，翘足而陆，此马之真性也。"马的蹄子可以踏霜雪而飞奔，马的皮毛可以抵御风

陈传席 《黄金难买一生闲》（局部）

寒。它吃草喝水，自由驰骋，蹦蹦跳跳，欢欢畅畅，这就是马的本性。你让马住进高大的殿堂，它不会感兴趣。

但是很不幸，伯乐出现了。伯乐说："我善治马。"他是怎么对待马的呢？他要修剪马的毛发，对马蹄子要烧治、要削刻、要烙印，给这些马勒上马嚼子、捆上脚绊子，关进马槽里拴住。等伯乐做完这些的时候，他的马十有二三都已经死了。

伯乐还要训练呢！他要让这些马饿着、渴着，奔跑、驰骋，编队整齐、步伐一致，前面有马嚼子勒着，后面有鞭子赶着。到这个时候，马已经死伤过半了。

其实，庄子给我们提供了一种与众不同的价值判断。

我们站在社会需要的角度，可以评价伯乐是一个善于发现骏马、训练骏马的优秀人才。但是庄子认为，伯乐恰恰是戕害马天性的最大的凶手。因为他违反了马的先天本性，扼杀了马的欢乐。

在庄子看来，所有这些外在的雕琢治理，实际上都违反了自然本初之意。也就是说，每一个生命都要求得到尊重，也应该得到尊重。每一个生命的本初是什么样的，就应该让它是什么样的。

所以，庄子说："吾所谓聪者，非谓其闻彼也，自闻而已矣；吾所谓明者，非谓其见彼也，自见而已矣。"我所说的耳聪，不是说他能听到世间所有的声音，而是他自己能够听到自己的声音；我所说的目明，不是说他能看见世间所有的事物，而是能看见自己。

一个人真正的聪明，不是作用于外在世界，而是静下心来，发现自己生命中最本初的愿望。

一个小小的婴儿，他的价值观跟我们的是不一样的。

我见过这样的场景：一个六七个月的小婴儿，周围堆着各式各样的玩具，豪华的积木啊，漂亮的绒毛熊啊，电动火车啊。可是他一概不感兴趣，手里拧着一个空瓶子，专心致志地玩儿。

家长会按照自己的判断，热烈地对孩子说："你看这个电动娃娃多漂亮啊！你看看这个小火车可贵了！这个益智玩具设计得多巧妙啊！这个瓶子是个废物，你扔了吧，咱们不玩这个。"

这个空瓶子真的是废物吗？一个孩子在把玩这个瓶子的时候，那是他智力的发现，快乐的享受，而那些所谓昂贵的、华美的、益智的玩具，在他的眼中，可能如粪土。

一个人真正的聪明，不是作用于外在世界，而是静下心来，发现自己生命中最本初的愿望。

——于丹心语

我们想想，身为父母，我们有几个人尊重过我们的婴儿？我们总认为孩子必须接受大人的训导，殊不知在一个小婴儿的心中有自己的快乐。

对一个家长来讲，家里的东西，只要安全和卫生，没有什么不是孩子的玩具。一切一切，他喜欢的就是他的快乐。

在纷繁喧嚣的世间，怎么样才能认清自己的心灵，发现自己的本性呢？

庄子认为，只要保持内心的恬淡清净，以淡漠自然的态度去面对，你就可以保持一颗健康的、恒久的心。

其实，对人，对马，对植物，甚至对自己，我们缺少的就是以一种静观之心去尊重真正的物性。

有这样一个故事。

有一位木匠在干活的时候，手一甩，把手腕上的表给甩掉了。他到处找，但是遍地都是刨花、木屑，一时找不到。徒弟们也来帮着找，人多眼杂，四处翻查，可是房间太乱，地上杂物太多了，怎么都没找到。这时候天黑了，大家说，等明天天亮再找吧。

木匠的小儿子一个人在木工房里玩儿。晚上，他回去对爸爸说："爸爸，我把你的表找回来了。"

木匠大吃一惊，问："天都黑了，你怎么找到的呢？"

小孩子说："你们大家都走了，我一个人坐在那儿，就听见那个秒针嘀嗒嘀嗒的声音。我顺着声音过去，翻开刨花、木屑，就把表找到了。"

这是生活里发生的一件小事，但说明了一个大道理：

当我们身处世间的喧嚣嘈杂时，纷纷扰扰地追求，忙忙乱乱地寻找，往往一无所得。

一颗孩子的心，安静天真地倾听，就能听到最细微的声音。这时候就是我们找到表的依据。

一块巨石，懵懵懂懂、浑浑沌沌放在那里，雕塑家开始工作了。他要雕一个美女头像。

一个小孩子坐在旁边。他惊讶地看着雕塑家用手中的刻刀，把一小块一小块石头凿落下来，一个玉洁冰清的美人，就从石头里一点一点地浮现出来。

浮出她的眼睛，眼睛是顾盼生辉的；浮出她的嘴巴，嘴巴好像能说话似的；浮出她的面颊，面颊上有一层圣洁的光彩。

孩子特别奇怪，问雕刻家："你怎么知道她藏在里面啊？你是怎么把她给找出来的啊？"

雕刻家回答说："我不知道她藏在石头里，她其实藏在我心里。我只不过是把我心中的美人搬到了石头里。"

其实，我们把每天从事着的日常工作仅仅当作一个职业，完成的仅仅是一件器物，而并没有在工作中移植我们心中的愿望和梦想。

我们没有把手中的职业变成一个载体，来实现生命与职业的沟通。

其实，做到生命与职业的沟通，并不是依赖技巧，而是依赖我们心中的愿望和梦想。

这是需要勇敢和自省的。这需要我们每一个人真正能够养心，让自己的心合乎自然。用庄子的话来讲，叫作："汝游心于淡，合气于漠，顺物自然而无容私焉，而天下治矣。"

今天我们说淡漠，似乎是一个贬义词。庄子的淡漠，指的就是恬淡的心境，清净的行为。当这个世界过于喧嚣嘈杂的时候，我们是需要一点点恬淡清净的。当我们的心对世界万物可以淡然处之，很多事情就可以持久了。

有一个小故事说得很有意思。

有一个国王得到了三个进贡来的小金人。这三个小金人形态一模一样，重量分毫不差。国王就问："那这三个小金人哪个更好更贵重呢？"

有一个睿智的大臣告诉国王："拿一根草，从它的耳朵捅进去，看从哪儿出来，就能够知道了。"

第一个小金人，草从左耳朵捅进去，从右耳朵出来了。第二个小金人，草从左耳朵进去，却从嘴里出来了。第三个小金人，草也从左耳朵捅进去，结果掉到肚子里，不出来了。

这个国王恍然大悟，说："我明白了，第三个小金人最贵重！"

为什么呢？其实这就像是我们的生活。

在今天这样一个过于喧嚣的世界里，我们听到的言辞、消息、故事、道理太多太多了，左耳进，右耳出，这是绝大多数人的情形，根本就没有经过大脑。

第二种人，是进了耳朵，从嘴里出来了，听见什么道听途说的消息，信与不信，都去传播。

而第三种人，从耳朵进去，落在肚子里，再不说话了。这是一个沉默的人，但他是一个有辨别的人。他能了解自己的愿望，他能分清世间的真伪，很多东西不热衷，不逢迎，而以一种沉默的姿态让自己"游心于淡，合气于漠"。

我相信，一个真正明朗、健硕的精神世界，是要依赖于我们自然的、朴素的、健康的、富于活力的肢体的。

让我们放下更多的计较，放下更多的喧嚣，放下更多的急功近利，看到长远的未来，以庄子所说的这样一种淡与漠，去保持我们恒久的心。

这种淡与漠不会消除我们生命的激情，却能把我们的情愫变为一种更恒久的、更持续的生命力量。它会让我们终其一生，保有自己的本真。

人生的本性，就是不受到社会的雕琢，不违逆内心的本真，看清晰心中的愿望，真真实实地走自己的人生路。在这样的淡与漠中，在这样的不违真实里，合于天地大道，实现自我修炼，终至大化天成。

心态与状态

达生之情者不务生之所无以为

　　我们常常感叹人生苦短，如何在短暂的人生中将自己的才能发挥到最佳状态呢？

　　庄子告诉我们：一个人的心态，决定了他的生活状态。怎样才能有一个好心态？怎样才能活出生命的最佳状态？

"生年不满百，常怀千岁忧。"

"人生代代无穷已，江月年年只相似。不知江月待何人？但见长江送流水。"

人生百年。我们生命里的这一段光阴，跟整个时间的流程相比，是微不足道的。

用庄子的比喻来讲，"人生天地之间，若白驹之过郤，忽然而已"，好像是一匹白马从门缝里跑过去，那样倏忽一瞬一样。

那么，这么短的流光在我们自己的手里，怎么样才能真正地善待生命？怎么样的生命才是人生最有效的呢？

庄子面对这个问题，给我们提供了一种态度，那就是：达生。

面对生命，我们首先要有一种旷达的态度。这种态度会决定我们生命的质量。心态决定人的状态。

什么是真正的旷达？

面对生命，我们首先要有一种旷达的态度。这种态度会决定我们生命的质量。
——于丹心语

陈传席 《半林霜叶可怜红》(局部)

庄子说:"达生之情者,不务生之所无以为;达命之情者,不务命之所无奈何。"

"达生之情者,不务生之所无以为"是什么意思呢?真正通达生命真相的人,不去追求生命中不必要的东西。也就是说,在生命中没有价值的东西,就不要用此生的光阴去追逐了。

大家会反问,既然我认为没价值,我还会追求吗?当然,有的时候我们为声名所累,有的时候我们趋同于社会的价值,为了人生中"无以为"的事情,我们就为了一口气,去追求得还少吗?

有时候,一个高考生,考上了一个他并不喜欢的专业,仅仅因为这个专业在清华大学,所以,他宁可服从调剂。家长骄傲地说:"我儿子上了清华啦!"孩子说:"我戴着清华的校徽啊！"其实他心中也许会有一种隐痛。他真正喜欢的专业可能在他第二志愿的那个学校。此生，他错过了。

有时候，年轻人，可能为了娶一个绝色的女子，也可能是为了嫁一个富商，也许会舍弃心中真正的爱情，仅仅因为众人的目光和心里的虚荣。此生，他（她）错过了。

如果说真正做到"达生之情"，能够不去追求生命中的"无以为"，这并不是一件容易的事情。

"达命之情者，不务命之所无奈何"是什么意思呢？通达命运真相的人，不去追求命运中无可奈何的东西和命运中达不到的目标。它提醒我们，放下我们心中那点较劲的、执拗的东西。

在艾尔基尔这个地区，山里的猴子经常跑到农田里祸害庄稼。它们的目的很简单，无非是为了自己的一点生计，储备一点粮食。所以，这个地区就发明了一种捕猴子的方法，农民们在家门口放一点米，诱使猴子来。其奥妙在于用什么样的容器来装这点米。

这是一种大口的瓶子，却有细细的瓶颈。瓶颈的尺寸有奥秘，很细小，恰好可以容纳一个猴子的爪子伸进去。但是，一旦猴子抓住一把米，攥上拳头，就拔不出来了。

这个时候，如果"达生"，那么猴子可以放下米，爪子还能拔出来。但是没有一只猴子愿意这么做。

在这个瓶子里面，自然有大把大把诱人的白米，猴子们夜里来偷米的时候，把它细细的爪子，顺着那个瓶颈伸

达生之情者，不务生之所无以为。
——《达生》

141

进去。到了早上，你会看见一只一只猴子在那里跟那个瓶子较劲，手里紧抓着大把的米，但就是拔不出来。

这仅仅是一个群猴图吗？这是一个世相图呢！

听到这个故事，大家都会哑然失笑。但是，我们有多少人，手中抓着一把米不肯放下，因此被连累了一生呢？

庄子说："生之来不能却，其去不能止。悲夫！"

生命这东西来临的时候，父母没有征求我们的同意，就把我们带到世界上了，我们是无法拒绝的。流光要把我们的年华带走的时候，同样不会征得我们的同意，我们阻挡不住，最后，它自然就走了。

来也无奈，走也无助，这是一件多么悲哀的事情啊！关键在于你心中怎么看待你的生命呢？

人们常感叹人生的短暂，希望在短暂的人生中能够获取成功的事业。

那么，当我们在确定人生目标时，如何判断何事可为，何事不可为呢？

庄子用他的寓言故事告诉我们：一个人的见识和阅历，决定了你的能力和胆识。

庄子曾假托孔子说了这样一件事。

孔子最喜欢的学生颜渊对孔子说：我曾经渡过一个名字叫觞深的深渊，看见摆渡的人划船技术太高明了，简直是"操舟若神"，如有神助一般。我就很羡慕地问他：操舟可以学吗？他回答说：可以。但是他又透露了一个秘密，说：如果你要是会游泳的话，你学划船就特别容易；要是你会潜水的话，即使你从来没见过船，你也会划船了。我就问他为什么。他却什么也不说了。请问老师，这是怎么一回事呢？

孔子听了，说："善游者数能，忘水也。"一个真正会游泳的人就不怕水了，甚至把水都忘记了，这样他划船的时候，他不害怕，因为即使船翻了，他生命也有保障。为什么会潜水的人，没见过船都敢划呢？是因为会潜水的人，他可以把波浪看成是陆地上的小山丘，把深渊看作前方的一个高冈，哪怕船翻了，也看作车子后退一样。他连水底都可以潜，还会怕翻船吗？

孔子告诉他的学生，世间的道理就是这样，人如果有大见识，他再去学一种技巧，就容易得多；人如果没有阅历，心中就会忐忑。

孔子甚至还给颜渊举了这样的一个例子：你看看赌博，赌博的时候有下注大的，有下注小的。拿一个瓦片当赌注的人，他赌得自如潇洒，反正他赌的就是个瓦片；拿漂亮昂贵的带钩当赌注的人，他赌起来可能就战战兢兢，他就施展不开，心存恐惧了；拿黄金当赌注的人，一定会神志昏乱。

为什么？这是因为他太看重外物了。技巧都是一样的，"凡外重者内拙"，凡是看重外物的人，内心一定笨拙。

其实，在我们今天的生活里，很多人越是面临重大的抉择，越会失手。他并不是失给了对手，而是失给了自己。

有很多人的失败，真正是败给了内心的"在乎"二字。这种"在乎"会让我们在面临大事的时候，战战兢競，束手束脚，惊慌失措。因为我们心中过分地患得，所以患失。

所以，庄子告诉我们：在这个世界上，在有限的生命中，我们可以去学习很多，我们可以去经历很多，但你心底的在乎与不在乎，你个人的经验系统，会决定你的生命效率。

在生活中，我们会发现，决定成败胜负的，不一定是一个人的技术水平，而是一个人的心态。

当我们患得患失时，当我们心有所虑时，你所有的经验和技巧，都不可能得到最好的发挥。

庄子在《田子方》里面说了这样一个故事。

列御寇，就是那个御风而行的列子，为伯昏无人表演射箭。他射箭的时候，志满意得，满是骄矜之气，拉满了弓弦，然后在自己的胳膊肘上，放了满满的一杯水，弯弓射箭。第一支箭刚刚射出去，第二支箭就紧跟着发射出去了，而第三支箭已经在弦上等着了，手臂上那杯水纹丝不动，而列御寇这个人也正像个木头人一样站在那里，岿然不动。

像列御寇这样的射箭技巧，不可谓不高，但这样的人真正达到大境界了吗？

伯昏无人不以为然，说：你这种箭术，只能算是有心射箭的射术，而不是无心射箭的射术。"是射之射，非不射之射也。"伯昏无人说：我现在要邀请你，我们一同去"登高山、履危石、临百仞之渊"，我看看你射得如何？

伯昏无人就当先走上高高的山冈，脚上踏着风化的危石，身临百丈深渊，然后转过身来，倒退着向深渊退步，一直走到自己的脚掌有一部分已经悬在悬崖之外。站在这个地方，伯昏无人请列御寇上来射箭。

而此时此刻，列御寇只能趴在地上，"汗流至踵"，汗都流到脚后跟了。

这时，伯昏无人说："夫至人者，上窥青天，下潜黄泉，挥斥八极，神气不变。"人世间真正高明的人，向上可以看透苍天，向下可以看清黄泉，世界万象了然于心，在任何时刻都可以神色不变，气定神闲。

他对列御寇说：你现在心惊目眩，再让你射箭，你能射中的可能性就太小太小了。

这个故事说明，在这个世界上，我们永远不要过分相信技巧。也就是说，没有人可以摆脱环境而生存。

当我们都面对恶劣环境的时候，就要看我们内心所酝酿的心境如何。当一个人的心境可以抵消外在恐惧的时候，这个人才成为真正的勇者，这个人的技巧才有发挥的空间。如果在你的心境已经被环境挫败的时候，你做任何事情都将一事无成。

有人做过这样一个实验。

一个教授和十个实验者参与这个实验。在一个黑咕隆咚的屋子里面，铺了一条独木桥。教授对实验者说："这屋子很黑，前面是一座独木桥。现在我领着你们过桥。你们只要跟着我走就行了。"

十个人跟着教授，如履平地，稳稳当当走过了独木桥，来到屋子的另一端。这时，教授打开了一盏灯。这些人定

在这个世界上，我们永远不要过分相信技巧。

——于丹心语

睛一看，顿时吓得趴下了，原来他们刚才走的，不仅仅是一座独木桥，在独木桥下面，是一个巨大的水池，水池里面有十几条鳄鱼，正在来回游着。

这时教授说："来，这就是刚才你们走过的桥。现在我再走回去，你们还有几个人愿意跟着我回去？"

一个人都没有！他们全都趴在那儿不动了。教授说："我要求你们，一定要站出来。真正的勇敢者跟着我过去。"

最后好歹站出了三个人。而这三个人里面，有一个人走到一半儿就哆嗦了，最后蹲着蹭着过桥了。还有一个人，刚走几步就趴下了，最后爬着过去了。只有一个人还算是走着过去了。教授再动员剩下的那七个人，结果他们说什么也不走。

这时，教授又打亮了几盏灯，大家又看到一个事实：在桥和鳄鱼之间，还有一层防护网。教授说："现在还有谁愿意跟着我走这个桥呢？"这回又有五个人站了出来。因为知道有了防护网，所以他们放心地跟着教授走过桥去。

教授问最后剩下的两个人："刚才你们不是从这上面走过来了吗？为什么现在死活都不愿意跟我走回去了呢？"那两个人哆哆嗦嗦地说："我们一直在想，这个网子它就真的安全牢靠吗？"

其实，这可能就是我们所面对的真实的生活。

有的时候，在你看不清生活坎坷的时候，你反而可以闯过去了。在你仅仅看到一些表象的时候，你就被彻底吓晕了。而当你真正看清楚生活中的安与危、利与弊的时候，也许我们会鼓起勇气，心怀恐惧，但还能战胜自我地走过去。

这个时候，行走作为一种技巧，还重要吗？我们内心的判断，才是最重要的。

一个人的心态，决定了他生活的状态。

那么，一个人的内心要达到什么样的状态才最好呢？怎么样才能达到这样的状态呢？

庄子又讲了一个斗鸡的故事。

纪渻子为大王培养斗鸡。大王显然很喜欢斗鸡，希望纪渻子能养出一只雄霸四方的斗鸡，能够尽快出战。

十天过去了，大王就去问这个纪渻子：我那只鸡能斗了吗？

纪渻子回答说：还不行，因为这只鸡"方虚憍而恃气"，大公鸡盛气凌人，羽毛张开，目光炯炯，非常地骄傲，胸中有一股气。

我们一般人认为，这个时候斗鸡不是正好吗？但真正懂得训练鸡的人说，这个时候是根本不行的。

又过了十天，大王又问。纪渻子回答说：还不行。尽管它的气开始收敛了，但别的鸡一有响动，它马上还有反应，还想去争斗，这还不行。

又过了十天，大王第三次去问。纪渻子说：还不行。它现在虽然对外在的反应已经淡了很多，但是它的目光中还有怒气，不行，再等等。

又过了十天，大王来问。纪渻子终于说：这回鸡差不多可以了。别的鸡有一些响动鸣叫，它已经不应答了。现在它像个什么样子呢？这就引出我们生活中常用的一个成语，叫作"呆若木鸡"。纪渻子说，这只鸡现在已经训练得看起来像个木头鸡一样，"其德全矣"，就是精神内聚，它的德性已经内化了，内敛了。所以，这只鸡往那儿一站，任何鸡一看见它，马上会落荒而逃。这个时候的鸡可以去参加斗鸡了。

在《庄子》里面，有很多寓言是发人深省的，因为它提供了与我们常人大相径庭的判断系统。

我们认为，一只鸡如果去争斗的时候，就像一个将士上阵三通鼓一样，需要趾高气扬，需要踌躇满志，需要有必胜之心张扬显露。

而庄子给我们的境界是，当它一层一层把外在的锋芒全都消除了，把一切的锐气纳于内心时，这并不是说，它没有真正的斗志了，而是斗志内敛。这种时候，才可以叫全德。

真正的争斗，取得胜利，不在于勇猛，不在于技巧，而在于德行。

庄子在《达生》篇里，讲了一个木匠的故事。

这是一个鲁国的木匠，名叫梓庆。他"削木为鐻"。

这鐻，是悬挂钟鼓的架子两侧的柱子，上面雕饰着猛兽。这鐻还有一种解释，说它是一种乐器，上面雕成老虎的样子。

这木匠把鐻做成了"见者惊犹鬼神"，看见的人都惊讶无比，以为鬼斧神工啊！怎么会做得这么好？那上面的猛兽栩栩如生。

梓庆的名声传了出去，传着传着就传到国君那里了，所以鲁侯召见这个木匠梓庆，要问一问他其中的奥秘。

梓庆很谦虚，说：我一个木匠，我哪有什么诀窍？根本没有什么技巧啊！

他对鲁侯说：我准备做这个镰的时候，我都不敢损耗自己丝毫的力气，而要用心去斋戒。斋戒的目的是"静心"，让自己的内心真正安静下来。

在斋戒的过程中，斋戒到第三天的时候，我就可以忘记"庆赏爵禄"了，也就是说，我成功以后可以得到的封功啊，受赏啊，庆贺啊，等等，这些东西都可以扔掉了。也就是说，斋戒到三天，我可以忘利。

斋戒到第五天的时候，我就可以忘记"非誉巧拙"了，也就是说，我已经不在乎别人对我是毁是誉、是是是非，大家说我做得好也罢，做得不好也罢，我都已经不在乎了，也就是忘记名声了。

还要继续斋戒。到第七天的时候，我可以忘却我这个人的"四枝形体"，也就是说，到第七天，达到忘我之境。这个时候，我可以忘记我是在为朝廷做事了。大家知道，为朝廷做事心有惴惴，有了杂念，就做不好了。

这个时候，我就进山了。进山以后，静下心来，寻找我要的木材，观察树木的质地，看到形态合适的，仿佛一个成形的镰就在眼前。然后我就把这个最合适的木材砍回来，顺手一加工，它就成为现在的样子了。

梓庆最后说：我做的事情无非叫作"以天合天"，这就是我的奥秘。

木匠的故事让我们认识到,有一个坦荡的好心态,就能达到最佳的状态,做到"以天合天",才能把事情做到最好。

那么,到底什么叫"以天合天"呢?怎样才能做到"以天合天"呢?所谓的斋戒具有什么样的意义呢?

这四个字值得我们记住:"以天合天"。

人就应该用那些本身最合乎规律的事情去应对规律,也就是说,人永远不要和规律较劲,不要违背规律,不要做徒劳的努力,而应该用自己澄净清明的心,用一种世间大智慧,看到哪些事情可以"以天合天"。这就是人生的效率,木匠斋戒七天,其实是穿越了三个阶段:第一个阶段,忘记利益,不再想着用我的事情,去博取一个世间的大利;第二个阶段,忘记名誉,不再想着大家的是非毁誉对我们有多么重要;第三个境界,忘记自己,人其实只有达到忘我之境,才可以做到最好。

在今天这样一个资讯时代,真正能够打动人心的新闻,来自什么地方?来自那种最前沿的现场。那里一定有一批舍生忘死的记者,他们已经忘记自我的存在,而仅仅把新闻的传递当成他的天职。他们发回的报道才是最好的。

如果一个记者在现场还在想:我妆化得好不好?我哪个角度照出来最好看?我该怎么提问?那么,他是一定不会采访到好新闻的。所以,真正好的职业状态,是要达到忘我。

所以,这个木匠告诉我们一个朴素而又玄妙的道理,就是人做事要做得好，要穿越三个阶段：忘利、忘名、忘我。如果能做到这三点，你就会知道世间大道的规则，做到"以天合天"。

想一想，这个道理很难吗？并不难！这只是需要我们在心中，把很多朴素的东西重新捡回来，这就是所谓的"见素而抱朴"。把人世间很多很多世故的规则打破，打破之后，我们就能品尝到生活本初的滋味。

有一个故事说得好。

一个普通的园丁，他致力于种各种各样的瓜果。

一个夏天，他收获了满满一架葡萄，这是他一直用心栽培的成果，葡萄又大又甜。他高兴极了，希望大家都能够分享葡萄的滋味。他就抱着一串串葡萄，站在家门口，只要有来往的路人，他就要递上去，让人家尝尝。

有一个富商路过。园丁抱着葡萄上去说："你尝尝我的葡萄好不好？"这个富商吃了，说："这个葡萄这么好，你要多少钱？我一定得付给你钱。"园丁说："我不要钱，我就想让你尝尝味道怎么样。"富商说："你凭什么白给我葡萄呢？你给我葡萄，肯定得要钱啊！你不要不好意思，来来，我先把钱给你，这个葡萄，我买回去再慢慢尝。"商人硬塞给他一笔钱，捧着葡萄走了。

园丁特别失落。这个时候，过来一个官员，他又捧了一抱葡萄递过去，说："你尝尝葡萄味道怎么样？"官员一尝，太好了，说："你是不是有什么事求我啊？你看见我穿官服了吧？有什么事你就开口，我也不能白拿你的葡萄。你快说说，你有什么事？"园丁说："我什么事都没有，我就是想让你尝尝这葡萄的味道啊！"官员说："你还是让我帮你点什么忙吧，否则，我白拿你的葡萄，也不合适。要不我给你放下吧！"官员放下葡萄，走了。

这个园丁就更失落了。接着，他看见一对恩恩爱爱的小两口走过来了。他就想，这个年轻女孩子肯定爱吃这个新鲜水果。他就很殷勤地对那个少妇说："你赶紧尝尝我的葡萄怎么样？"那少妇接过来吃了，喜笑颜开，还没说话呢，她丈夫就虎视眈眈地盯着园丁，说："你什么意思？"园丁一看，转身就跑了，也顾不上问滋味怎么样了。

他太郁闷了。有一天，郁闷的园丁看见一个穿着破衣烂衫的老头儿过来了。他也捧了一大抱葡萄过去，说："你想尝尝我的葡萄吗？"这老头儿接过来，一颗一颗地吃，一边吃一边赞美，说："这是天底下最好的滋味了。这个葡萄又多汁，又甜美，这个味道，跟所有的葡萄都不一样。"他高高兴兴把葡萄吃完了以后，扬长而去。

这个园丁特别高兴，觉得一天下来，只有最后的这个老头儿真正懂了葡萄的滋味。

其实，在我们的生活中，有多少葡萄就在眼前，但是我们已经失去了认真品尝它的心愿，我们认为这个葡萄的背后，一定有着某种寓意，要么为利，要么为名，要么为色，人怎么能没点目的呢？所以在我们计较内心的时候，我们就失去了葡萄的美味。

其实，这样的寓言，跟庄子给我们的启发不是一样吗？

两千多年的道理，庄子告诉我们的是什么呢？也就是说，人只有打破了一切的世俗心，用你自己本初的那种愿望，去遇合这个世界，这时候你才能够体会到世界的真意。

在这样的一个世界上，摆在我们眼前的机遇和美味是一样的，只不过要求我们，要以什么样的生存状态去解读它。

生命只是一段流光。流光在我们手中，绝对的时长不会太多。我们每个人，再善养生也不过活出百岁。

但是，流光在手中的质量却因人而异。

这种质量并不一定像我们想象的知识越多、财富越丰、官位越高，他就一定有更高的品质。恰恰相反，很多时候返璞归真，用一颗天真的心去面对世界，让我们的生命回到赤子的烂漫状态，我们的情怀才可能开放，我们的心才真正像通过斋戒一样，可以破名破利，达到浑然忘我，而忘我之境视为天成。

当一个人个体的生命，与大道自然合乎一体，我们会在天成之境中，体会到生命至真至纯的欢欣。

大道与自然

天地
之大美
而不言

《庄子》中讲了许多寓言故事，其中所有的道理，都是非常朴素而合乎自然的。其中的奥秘只有一个，那就是："大道合乎自然。"

那么，我们应该如何理解庄子的"大道合乎自然"呢？

综观整部《庄子》，所有的理论，所有的寓言，其实只有一个奥秘，那就是：大道合乎自然。

在道家的理论中，人以大地为法，地以苍天为法，天以道为法，而道法自然。可以说，世间万象，合乎规律为最好。也就是说，每一个人之间、每一件事之间，没有单纯的技巧高下之分，只有境界的优劣之辨。那么，境界的优劣取决于什么？只有一个标准：大道合乎自然。

庄子在他的《知北游》篇里，托一个名字就叫"知"的人去追问，什么才是人间的道？知，读作"智"，实际就是有大智慧的人。

知向北游历到玄水之上，见到了一个高人，名叫"无为谓"，问这个人："何思何虑则知道？何处何服则安道？何从何道则得道？"

这个问题是人间至问：人怎么样才能知道大道呢？怎么样才能安于大道呢？又怎么样才能获得大道呢？

这个无为谓不说话，什么都没告诉他。

知于是离开了玄水，又回到白水的南岸，登狐阕之丘，见到了另外一个高人，名叫"狂屈"。他又问他这样一段话。

狂屈说："我知道，正要告诉你，可是我却忘了我要说什么。"

知得不到回答，又去问黄帝。黄帝给他的回答是："无思无虑始知道，无处无服始安道，无从无道始得道。"

"无思无虑始知道"，不要思考你才能懂得大道。"无处无服始安道"，不要考虑怎么样安身处世，你才能安于大道。"无从无道始得道"，不想途径、不问方法，你才能真正获得大道。也就是说，当我们忘却了一个一个人生坐标的参照，真正洞明自己的内心，我们才会把握住人生独一无二的自己。

在这个世界上，我们花费太多太多的时间来羡慕他人。所以，庄子在他的《秋水》篇里讲了这样一个故事。

这个世界上有一种一条腿的神兽叫作夔。夔特别羡慕蚿，因为蚿比它脚多能够行走。蚿是一种长了很多条腿的虫子。蚿又羡慕蛇，因为蛇没有脚，却比蚿行走得还要快。蛇又羡慕风，因为风比蛇要移动得更快，却连形状都没有。风又羡慕什么呢？风羡慕人的眼睛，因为目光所及，风还没到，人的目光已经到了。目光是不是最快的呢？目光最终羡慕一样东西，就是人心。当人的目光未及的时候，人心可以到。我们的心中一动，有所思而心意已达。

当我们忘却了一个一个人生坐标的参照，真正洞明自己的内心，我们才会把握住人生独一无二的自己。

——于丹心语

这就是庄子所说的："夔怜蚿，蚿怜蛇，蛇怜风，风怜目，目怜心。"这个怜，怜爱的怜，也就是羡慕、喜欢，觉得别人的境界比自己高。

在我们每一个人的生命中，都曾经有过榜样的力量。过去叫榜样，今天叫偶像，也就是说，总会有一些人比我们完美，总让我们羡慕，我们总想要成为像榜样、偶像一样的人。

我们真的能成为别人吗？有这样一个寓言：小老鼠觉得自己太渺小了，一直希望找到最大的东西。抬头一看，什么大啊？莫大于天。所以，小老鼠说："我人生的境界就是要找到天的真谛。天无所畏惧，它太辽阔了，笼盖四野。"小老鼠问天："天哪，你什么都不怕，我却这么渺小，你能给我勇气吗？"

天告诉它说："我也有怕的，我怕云。因为云是可以遮天蔽日的，太阳和天空都可以被云彩密密地遮住。"

小老鼠觉得云更了不起，就去找云，说："你能遮天蔽日，你是天地之间最大的力量吧？"

云彩说："不，我怕风。我好不容易把天遮得密密的，哗，大风一吹，云开雾散，风过云飘。所以我还是有怕的东西。"

小老鼠又跑去找风，说："你力量太大了，天空上万物都抵挡不住你，你没有什么怕的吧？"

风说："我也有怕的啊，我怕墙。天上的云彩我能吹散，但是地上有堵墙我就绕不过去了，所以墙比我厉害。"

天地有大美而不言。

——《知北游》

159

小老鼠就跑去找墙，说："你连风都挡得住，你是不是天下最强大的？"

墙却说了一句令小老鼠非常惊诧的话，墙说："我最怕的就是老鼠。因为老鼠会在我的根基上一点一点咬出很多墙洞，总有一天，我这面伟岸高大的大墙，会因为这些老鼠洞而轰然倒塌。"

在这个时候，小老鼠恍然大悟：原来这个世界上最了不起的就是它自己。其实，这样一番寻找，难道不是我们从小到大膜拜偶像、崇尚榜样，一生追逐而最终发现自己内心的一个过程吗？

每一个生命的个体虽然表面各异，但本质却是相同的。

每个人的一生都是独特的，崇拜偶像不如认清自己，因为我们自己永远不可能成为别人。

虽然我们的人生道路上会有坎坷和不平，但无论是荣誉还是困苦，一切都会成为过去。

在这个世界上，人会遭遇太多太多的事情，一切机遇会来，一切风波会走，在每一个机遇中把握自己，这就是道家所说的合乎天地大道。

庄子最终要提醒世人的，叫作："丧己于物，失性于俗者，谓之倒置之民。"一个人如果把自己迷失在物质世界中，一个人如果把自己的性情流失在世俗之中，这个人叫作倒置之民，就是说，整个人本末彻底颠倒了。

我们真正要辨清的是外在的两个障碍，一是物质，二是世俗。物质往往是一种利益，可以迷惑我们的判断；而世俗往往是一种言论，一种眼光，可以扰乱我们的价值观。

虽然我们的人生道路上会有坎坷和不平，但无论是荣誉还是困苦，一切都会成为过去。

——于丹心语

如果一个人丧己于物，失性于俗，那么他就会彻底找不到自己内心真正的价值与力量。

人怎么样才能不丧失？怎么样才能不迷惑？就在于我们应该明白：眼前遭遇的每一件事情，最终都将被穿越。有太多美好的东西，我们享受当下，但这美好总会过去；有很多苦难的事情，我们要把它扛过去，这苦难也会过去。

有这样一个故事。

一个国王曾经在梦中得到了一句箴言，可以行之终身。有人告诉他："在世界上你只要记住这句话，那么这一生你都将忘怀得失，能够安然度过任何的大宠大辱。"

但是，当国王醒来，竟然把这句话给忘了。有一言可以行之终身，这么重要的一句话，到底是什么呢？国王百思不得。他就倾宫中所有的钱财打造了一枚巨大的钻戒，对自己所有的大臣们说："你们去给我找这句话。谁把这话找回来，我就把这枚钻戒给谁。"

有一天，一位最聪明的老臣对国王说："把你的钻戒先给我吧！"

国王说："你找到了吗？"

老臣不说话，拿过钻戒来，在钻戒的戒环上刻了一句话，把钻戒又还给了国王，扬长而去。

国王一看，恍然记起了梦里正是这句话，一句淡淡的话，叫作："一切都会过去。"

这一句话是我们每个人都会记住的。光荣会过去，耻辱会过去，辉煌会过去，苦难会过去。我们身边的一切都只是过往。就在我们的生命穿越其中的时候，我们要追究每一个当下的质量。

庄子说，"大道合乎自然"。

那么，什么是真正的天地大道呢？大道无非是一种规则。

我们每一个人年龄不同，境遇不同，学养不同，出身不同，走过的道路不同，经历的沧桑各异，所以每一个人要符合天地大道之法，只有看自己的，而不能去看别人的。别人的经验也许你可以借鉴，但是真正要了解、要懂得的，只有自己的心。

庄子说，在天地之间，真正了解自己内心的人叫作善养生者。那么，什么人是真正了解自己内心的人呢？

庄子说，真正的善养生者，若牧羊人，就好像是放羊的人。牧羊人虽然挥着鞭子，但他对整个羊群都很和善。他的鞭子会落在谁的身上？"视其后者而鞭之"，一定要落在最后的那只羊身上。前面的羊你都不用打，让最后的一只羊加快脚步，整个羊群就前进了。

这恰好映照了现代管理学一个家喻户晓的理论，叫作木桶理论。一个桶是用很多块木板箍起来的，木板有的长，有的短。这个木桶能够盛多少水，不取决于最长的一块板子，而取决于最短的一块板子。

羊群也罢，木桶也罢，总有最后一只羊，总有最短一块板。只有我们自己可以看清，你的羊群里最后一只羊是哪一只，你的木桶上最短的一块板是哪一块。

什么样的人生是没有效率的呢？是那种损不足以益有

余的人生。有些人的眼睛永远只看着自己最长的一块板，永远只看见领头的头羊。他总有资本去炫耀，他总可以说："我人生的最高分在那里。"

当头羊依然威风凛凛，但是后面的羊群已经在山坡上散落，丢失了不知多少的时候，他还在看着头羊沾沾自喜。当他看着最长的一块板超过常人，却不知道木桶中的水因为那块最短的板子流失了。

所以，我们要经常问一问：我人生的最后那头羊是什么？我最短的那块板在哪里？

人生的大智慧是，为自己雪中送炭，而不要总是锦上添花。锦上添花是给别人看的，而雪中送炭是为自己的。

用这样的道理来看这个世界，庄子说："道德不废，安取仁义！性情不离，安用礼乐！"这个世界上，如果每一个人的道德都固守在心中，用得着外在礼仪规范吗？！每一个人的性情如果不离散，不违背人的本真，用得着外在的礼乐吗？！

我们现在看一看，媒体上经常宣传弘扬的很多道德观念，很多正面的褒奖，实际上已经低于道德的底线。比如说，很多地方在选孝子，表彰说孝子在父母的病榻旁伺候，孝顺老人。实际上这用得着媒体表扬吗？孝敬父母已经是做人的一个最基本的底线了。

庄子认为，在人世间，最朴素的就是人心中的本真，而不应该由外在嘈杂的声音去刻意地提倡弘扬。

庄子认为，所有的道理法规，无非就是人心中最自然的本真，是用不着任何外在的形式去刻意而为的。

人生的大智慧是，为自己雪中送炭，而不要总是锦上添花。

——于丹心语

163

陈传席　《平生心事》（局部）

　　但孔子却认为，礼仪对于一个人，乃至一个国家都是非常重要的。

　　庄子与孔子，到底孰是孰非？我们又应该如何理解儒家与道家的不同？

　　在这里，我们可以看到，道家与儒家的真正的不同。

　　儒家是提倡礼仪的，让每一个人遵守外在的行为规范，以礼义去应对他人，投身社会，用外在的规矩准则来缔造世界的和谐。而道家，提倡每一个人遵循内心的道德，听从自在的声音，而不必有外在的任何的刻意。

　　可以说，儒道相生相济，孕育了中国人的人格。

　　儒家教给我们入世，一个人的自我实现，必须扎根于这块土地。道家教给我们出世，实现人格的超越，让我们在天空上有飞翔的翅膀。

儒家教给我们的，是在土地上践行的能力，所以人与人之间要有礼仪。而道家告诉我们的，是天空中飞翔的理想，所以每一个人要遵守内心的道德。

其实这两者以我们今人的眼光来看，并不偏废。尽管儒道之间有些冲突，有些观点之间看起来是矛盾的，但是当应用于每一个人的时候，就形成了一种互补。

在这个世界上，真正重要的莫过于认知自己，以自己的生命合乎大道，这会让我们少走很多很多弯路。

很多时候我们不是输在自己奔跑的速度上，而是输在自己的智商上。

有这么一则寓言。

羚羊是最灵巧、最机敏的动物，它欺负乌龟，跟乌龟赛跑。你想想，这比赛的胜负不是明摆在那儿的吗？羚羊要胜一场肯定要赢的比赛。可是乌龟居然就答应了，说第二天早晨咱们开始比赛赛跑。

第二天一早，羚羊跟乌龟站在同一个起跑线上。比赛一开始，羚羊看都没看乌龟，就箭一般地蹿出去了。它急匆匆地奔跑了一段，停下来，很得意地叫了一声："小乌龟，你在哪儿呢？"突然，它听见在前面不远的草丛里面，乌龟慢吞吞地说："我在这儿呢。你接着跑吧。"

羚羊吓了一大跳，怎么乌龟在自己之前呢？这羚羊撒腿就跑。又跑了一段，羚羊又停下来，叫道："小乌龟，你跟上我了吗？"突然它又听见比它远几步的草丛里面，小乌龟慢悠悠地说："我已经超过你了，你赶紧跑吧。"

羚羊开始惶惑了。它又跑一段，再问。乌龟应声而答，还要比它快几步。羚羊最后在极度沮丧之中跑到了终点，发现乌龟早已经在终点线外等着了。羚羊承认，自己失败了，自己的速度毫无用处。

事情真的是这样吗？其实，在头一天晚上乌龟答应和羚羊赛跑之后，就把它整个家族都调动起来了，在比赛要经过的路上，隔不远就埋伏一只乌龟。无论羚羊跑到哪儿，都有一只乌龟等在它前面。而在终点，早有乌龟以胜利者的姿态迎接羚羊。可怜的羚羊就败给了这样一个假象，它真心地承认自己失败了。

这则寓言讲述了一个什么样的道理？它告诉我们，在这个世界上，智力比速度更重要，判断力比技巧更高明。

庄子认为，这个世界应当返璞归真，也就是说，外在的道德少一点，不要过分相信技巧，让我们回到最朴素、最本初的状态。

现代社会竞争激烈，甚至有人不择手段获取利益和名誉。庄子对于我们现代人的意义就在于，多一些内心朴素自然的淡泊，少一些投机取巧的刻意行为，否则，我们则有可能在这个大千世界里迷失了自己。

但是，我们怎么样才能让自己有限的生命，真正进入自然的大道之中呢？

庄子说："虚无恬惔，乃合天德。"一个人自己的行为做到虚无恬淡了，让心真正静下来，不慌乱，不迷茫，这就合乎天德。

在很多时候，生命是会陷入绝境的。陷入绝境之后，只有依靠我们明确的判断和心底的冷静，才能使我们真正走出绝境。在这个时候，究竟是谁引领了我们的心？

有一个真实的故事。

有一批地质学系的学生，跟随他们的教授去一个千年古洞考察。在这个古洞中，传说有珍贵的水晶石，所以他们一直想进去看一看。但是这个古洞非常幽深，很多人进去了就出不来，大家把这个地方视为绝境。

学生们带了很多的装备，照明灯啊，火把啊，指南针啊，全都准备好了，在教授的引领下，进入了这个洞。这个洞果然峰回路转，曲径通幽。他们一洞一洞地探寻，一层一层地跨越，最后终于走到了洞的最深处，找到了梦寐以求的水晶石，惊为奇观，觉得真是不枉此行。大家兴奋地惊叹啊，观察啊，取样啊。等工作结束，准备返回时，忽然发现，这么多的洞口几乎一样，几乎每一个洞口都深不可测，大家已经不辨来时的路了。

这个时候，他们的教授淡淡地说："这里头还有前人留下来的标志。你们看，这个路口有石灰石画的印记，我们顺着这里走出去。"然后大家就往外走，教授拿着一盏灯，领着大家走。每走一段，他就惊呼说："这里还有前人的印记！"他总是第一个发现印记的人。

顺着一个又一个石灰石的印记，大家终于走出了这千年古洞，终于又看见阳光。学生们一下子就瘫在地上，有人甚至大哭起来。有人说："真是绝境逢生啊！如果没有前人的引导，我们根本就走不出来了。"

这个时候，教授默默地从兜儿里面掏出来只剩下一小点的石灰石。其实，所有的标志都是这个教授一路画的。

本来他们探的就是一处绝境，本来他们就有走不出去的危险，本来就没有前人的指引。但是，靠自己的用心，顺着自己的心路，教授把学生们带出了绝境。

其实，这就好像是人一生的历练。当我们追寻一个辉煌的目标，获得一个诱人的物质利益时，我们都有可能忘记风险，在一路上不做标记就一头扎进去，结果到最后，我们会发现没有了退路，"回顾所来径，苍苍横翠微"。

当我们不辨来时路的时候，还有能力回到本初、重见阳光吗？在这个时候，我们才想到，来的时候为什么只凭着一腔激情，盯着一个目标，而忘记给自己的退路做一点记号呢？这是我们在大千世界中的真正的迷失。

庄子在《天道》篇里面，讲了这样一个故事。

尧和舜一起探讨治理天下的问题，两个人代表了两种不同的态度。

舜问尧：请问你是用什么样的心面对世界、治理天下的？

尧回答说：我"不敖无告"，对无依无靠的人，我从来不轻视；"不废穷民"，对穷苦贫困的人，我从来不抛弃；"苦死者"，对死去的人，我怀有悲悯之心；"嘉孺子而哀妇人"，我喜欢小孩子，同情妇女。这就是我的用心了。

尧的回答其实代表了儒家的观点，以宽和、悲悯的态度对待整个世界，尤其是同情弱势群体。

舜给了尧一个评价，说："美则美矣，而未大也。"你的这番心意对于这个世界来讲，是善良的，是美好的，但是境界不够阔大。那么尧就问他："然则何如？"你所说的大又是什么样呢？

舜说："天德而出宁，日月照而四时行，若昼夜之有经，云行而雨施矣！"他说天就生成在那里，大地宁静，太阳、月亮轮番照耀着世间，四时周行不惰，整个世界就这样一直运转着，好像是白天结束了就有黑夜一样，好像是天空有云才会下雨一样，有它的变幻常规。也就是说，世界的一切自然而然，这就是我所谓的大。

听完了舜的话，尧说："我明白了，我所说的那番用心合乎的只是人之道，而你说的这番用心合乎的是天之道。天之道才是大道。"

可以说，整个的外在世界就是人生最好的老师。只有你自己浸淫其中，真正去感知这一花一世界，一叶一菩提，在这一花一叶上有所彻悟，那么我们就洞悉了万物之理。

有一个寓言，说的是一位老酋长，对他部落里的年轻人说："你们去远行吧，闯荡你的一生。这一生我只要给你六个字就够了。我先给你们每个人一张纸条，写着前三个字，你们到世界上历练，等到你们建功立业以后，回来找我取后三个字。"

这些年轻人拿着一个小小的纸条走向了天地四海。他们经历了各自的荣辱磨难，在每一个时刻他们会看纸条上的这三个字，简简单单地写着："不要怕"。人只要"不要怕"，任何磨难都能闯过去。

等到他们人过中年，已经穿越了太多太多错失的机遇，或者跨越了太多太多坎坷的时候，他们带着或是风霜，或是荣耀，回来找老酋长要后三个字。他们看到的是："不

> 整个的外在世界就是人生最好的老师。
> ——于丹心语

169

要悔"。

人的前半生不要怕，后半生不要悔。在这个世界上，我们无所畏惧，也无所懊悔。其实人生无非是尽心尽力，如此而已。西方的哲言，东方的至理，天地大道合于此理。

有一个寓言，说一个年轻人跟睿智的老者打赌。他手里握着一只小小的雏鸟，说："智者，既然你能够洞悉一切，你现在告诉我，我手中的这只弱小的鸟它是死还是活？"这个年轻人认为他胜券在握，他想，老人如果说鸟是活的，他轻轻一动就能把小鸟掐死；如果老人说小鸟已经死了，他手心一张小鸟就会放飞，老人一定会输了。老人淡淡地对他说了一句话："生命就在你的手中。"

每一个人的生命无异于这样一只小鸟。生命可生可死，它取决于我们的天地之心。

生命有限，流光苦短，而在天地之间，我们每一个人的心合乎自然大道，最终每一个生命的成全就是这一句话：每一个人的生命在我们自己的手中。

附录

《庄子》原文

庄子·内篇·逍遥游第一

北冥有鱼，其名为鲲。鲲之大，不知其几千里也。化而为鸟，其名为鹏。鹏之背，不知其几千里也。怒而飞，其翼若垂天之云。是鸟也，海运则将徙于南冥。南冥者，天池也。

《齐谐》者，志怪者也。《谐》之言曰："鹏之徙于南冥也，水击三千里，抟扶摇而上者九万里，去以六月息者也。"野马也，尘埃也，生物之以息相吹也。天之苍苍，其正色邪？其远而无所至极邪？其视下也，亦若是则已矣。

且夫水之积也不厚，则其负大舟也无力。覆杯水于坳堂之上，则芥为之舟。置杯焉则胶，水浅而舟大也。风之积也不厚，则其负大翼也无力。故九万里则风斯在下矣，而后乃今培风；背负青天而莫之夭阏者，而后乃今将图南。

蜩与学鸠笑之曰："我决起而飞，抢榆枋，时则不至而控于地而已矣，奚以之九万里而南为？"适莽苍者，三飡而反，腹犹果然；适百里者，宿春粮；适千里者，三月聚粮。之二虫又何知！

小知不及大知，小年不及大年。奚以知其然也？朝菌不知晦朔，蟪蛄不知春秋，此小年也。楚之南有冥灵者，以五百岁为春，五百岁为秋；上古有大椿者，以八千岁为春，八千岁为秋。而彭祖乃今以久特闻，众人匹之，不亦悲乎！

汤之问棘也是已:穷发之北,有冥海者,天池也。有鱼焉,其广数千里,未有知其修者,其名为鲲。有鸟焉,其名为鹏,背若太山,翼若垂天之云,抟扶摇羊角而上者九万里,绝云气,负青天,然后图南,且适南冥也。

斥鴳笑之曰:"彼且奚适也?我腾跃而上,不过数仞而下,翱翔蓬蒿之间,此亦飞之至也,而彼且奚适也?"此大小之辩也。

故夫知效一官,行比一乡,德合一君,而徵一国者,其自视也,亦若此矣。而宋荣子犹然笑之。且举世而誉之而不加劝,举世而非之而不加沮,定乎内外之分,辩乎荣辱之境,斯已矣。彼其于世,未数数然也。虽然,犹有未树也。

夫列子御风而行,泠然善也,旬有五日而后反。彼于致福者,未数数然也。此虽免乎行,犹有所待者也。

若夫乘天地之正,而御六气之辩,以游无穷者,彼且恶乎待哉!故曰:至人无己,神人无功,圣人无名。

尧让天下于许由,曰:"日月出矣,而爝火不息,其于光也,不亦难乎!时雨降矣,而犹浸灌,其于泽也,不亦劳乎!夫子立而天下治,而我犹尸之,吾自视缺然。请致天下。"许由曰:"子治天下,天下既已治也,而我犹代子,吾将为名乎?名者,实之宾也,吾将为宾乎?鹪鹩巢于深林,不过一枝;偃鼠饮河,不过满腹。归休乎君,予无所用天下为!庖人虽不治庖,尸祝不越樽俎而代之矣。"

肩吾问于连叔曰:"吾闻言于接舆,大而无当,往而不反。吾惊怖其言犹河汉而无极也,大有径庭,不近人情焉。"连叔曰:"其言谓何哉?""曰'藐姑射之山,有神人居焉。肌肤若冰雪,淖约若处子;不食五谷,吸风饮露;乘云气,御飞龙,而游乎四海之外;其神凝,使物不疵疬而年谷熟'。吾以是狂而不信也。"连叔曰:"然,瞽者无以与乎文章之观,聋者无以与乎钟鼓之声。岂唯形骸有聋盲哉?夫知亦有之。是其言也,犹时女也。之人也,之德也,将旁礴万物以为一,世蕲乎乱,孰弊弊焉以天下为事!之人也,物莫之伤,大浸稽天而不溺,大旱金石流、土山焦而不热。是其尘垢秕糠,将犹陶铸尧舜者也,孰肯以物为事!"

宋人资章甫而适诸越,越人断发文身,无所用之。

尧治天下之民,平海内之政。往见四子藐姑射之山,汾水之阳,窅然丧其天下焉。

惠子谓庄子曰:"魏王贻我大瓠之种,我树之成而实五石。以盛水浆,其坚不能自举也。剖之以为瓢，则瓠落无所容。非不呺然大也，吾为其无用而掊之。"庄子曰：
"夫子固拙于用大矣。宋人有善为不龟手之药者，世世以洴澼絖为事。客闻之，请买
其方百金。聚族而谋曰：'我世世为洴澼絖，不过数金。今一朝而鬻技百金，请与之。'
客得之，以说吴王。越有难，吴王使之将。冬，与越人水战，大败越人，裂地而封之。
能不龟手一也，或以封，或不免于洴澼絖，则所用之异也。今子有五石之瓠，何不虑
以为大樽而浮乎江湖，而忧其瓠落无所容？则夫子犹有蓬之心也夫！"

惠子谓庄子曰："吾有大树，人谓之樗。其大本拥肿而不中绳墨，其小枝卷曲而不
中规矩。立之涂，匠者不顾。今子之言，大而无用，众所同去也。"庄子曰："子独不
见狸狌乎？卑身而伏，以候敖者；东西跳梁，不避高下；中于机辟，死于罔罟。今夫
斄牛，其大若垂天之云。此能为大矣，而不能执鼠。今子有大树，患其无用，何不树
之于无何有之乡，广莫之野，彷徨乎无为其侧，逍遥乎寝卧其下。不夭斤斧，物无害
者，无所可用，安所困苦哉！"

庄子·内篇·齐物论第二

南郭子綦隐机而坐，仰天而嘘，荅焉似丧其耦。颜成子游立侍乎前，曰："何居
乎？形固可使如槁木，而心固可使如死灰乎？今之隐机者，非昔之隐机者也？"子綦
曰："偃，不亦善乎而问之也！今者吾丧我，汝知之乎？女闻人籁而未闻地籁，女闻地
籁而未闻天籁夫！"

子游曰："敢问其方。"子綦曰："夫大块噫气，其名为风。是唯无作，作则万窍
怒呺。而独不闻之翏翏乎？山林之畏佳，大木百围之窍穴，似鼻，似口，似耳，似枅，
似圈，似臼，似洼者，似污者。激者、謞者、叱者、吸者、叫者、譹者、宎者、咬者，
前者唱于而随者唱喁，泠风则小和，飘风则大和，厉风济则众窍为虚。而独不见之调
调之刁刁乎？"

子游曰："地籁则众窍是已，人籁则比竹是已，敢问天籁。"子綦曰："夫吹万不
同，而使其自己也。咸其自取，怒者其谁邪？"

大知闲闲，小知间间。大言炎炎，小言詹詹。其寐也魂交，其觉也形开。与接为

拘,日以心斗。缦者、窖者、密者。小恐惴惴,大恐缦缦。其发若机栝,其司是非之谓也;其留如诅盟,其守胜之谓也;其杀若秋冬,以言其日消也;其溺之所为之,不可使复之也;其厌也如缄,以言其老洫也;近死之心,莫使复阳也。喜怒哀乐,虑叹变热,姚佚启态——乐出虚,蒸成菌。日夜相代乎前而莫知其所萌。已乎,已乎!旦暮得此,其所由以生乎!

非彼无我,非我无所取。是亦近矣,而不知其所为使。若有真宰,而特不得其眹。可行己信,而不见其形,有情而无形。百骸、九窍、六藏,赅而存焉,吾谁与为亲?汝皆说之乎?其有私焉?如是皆有为臣妾乎?其臣妾不足以相治乎?其递相为君臣乎?其有真君存焉!如求得其情与不得,无益损乎其真。一受其成形,不亡以待尽。与物相刃相靡,其行尽如驰而莫之能止,不亦悲乎!终身役役而不见其成功,苶然疲役而不知其所归,可不哀邪!人谓之不死,奚益!其形化,其心与之然,可不谓大哀乎?人之生也,固若是芒乎?其我独芒,而人亦有不芒者乎?

夫随其成心而师之,谁独且无师乎?奚必知代而心自取者有之?愚者与有焉!未成乎心而有是非,是今日适越而昔至也。是以无有为有。无有为有,虽有神禹且不能知,吾独且奈何哉!

夫言非吹也,言者有言。其所言者特未定也。果有言邪?其未尝有言邪?其以为异于鷇音,亦有辩乎?其无辩乎?道恶乎隐而有真伪?言恶乎隐而有是非?道恶乎往而不存?言恶乎存而不可?道隐于小成,言隐于荣华。故有儒墨之是非,以是其所非而非其所是。欲是其所非而非其所是,则莫若以明。

物无非彼,物无非是。自彼则不见,自知则知之。故曰:彼出于是,是亦因彼。彼是方生之说也。虽然,方生方死,方死方生;方可方不可,方不可方可;因是因非,因非因是。是以圣人不由而照之于天,亦因是也。是亦彼也,彼亦是也。彼亦一是非,此亦一是非,果且有彼是乎哉?果且无彼是乎哉?彼是莫得其偶,谓之道枢。枢始得其环中,以应无穷。是亦一无穷,非亦一无穷也。故曰:莫若以明。

以指喻指之非指,不若以非指喻指之非指也;以马喻马之非马,不若以非马喻马之非马也。天地一指也,万物一马也。

可乎可,不可乎不可。道行之而成,物谓之而然。恶乎然?然于然。恶乎不然?不然于不然。物固有所然,物固有所可。无物不然,无物不可。故为是举莛与楹,厉与西施，恢恑憰怪，道通为一。

其分也，成也；其成也，毁也。凡物无成与毁，复通为一。唯达者知通为一，为是不用而寓诸庸。庸也者，用也；用也者，通也；通也者，得也。适得而几矣。因是已，已而不知其然谓之道。劳神明为一而不知其同也，谓之"朝三"。何谓"朝三"？狙公赋芧，曰："朝三而暮四。"众狙皆怒。曰："然则朝四而暮三。"众狙皆悦。名实未亏而喜怒为用，亦因是也。是以圣人和之以是非而休乎天钧，是之谓两行。

古之人，其知有所至矣。恶乎至？有以为未始有物者，至矣，尽矣，不可以加矣！其次以为有物矣，而未始有封也。其次以为有封焉，而未始有是非也。是非之彰也，道之所以亏。道之所以亏，爱之所以成。果且有成与亏乎哉？果且无成与亏乎哉？有成与亏，故昭氏之鼓琴也；无成与亏，故昭氏之不鼓琴也。昭文之鼓琴也，师旷之枝策也，惠子之据梧也，三子之知几乎皆其盛者也，故载之末年。唯其好之也以异于彼，其好之也欲以明之。彼非所明而明之，故以坚白之昧终。而其子又以文之纶终，终身无成。若是而可谓成乎，虽我亦成也；若是而不可谓成乎，物与我无成也。是故滑疑之耀，圣人之所图也。为是不用而寓诸庸，此之谓"以明"。

今且有言于此，不知其与是类乎？其与是不类乎？类与不类，相与为类，则与彼无以异矣。虽然，请尝言之：有始也者，有未始有始也者，有未始有夫未始有始也者；有有也者，有无也者，有未始有无也者，有未始有夫未始有无也者。俄而有无矣，而未知有无之果孰有孰无也。今我则已有谓矣，而未知吾所谓之其果有谓乎？其果无谓乎？

天下莫大于秋豪之末，而大山为小；莫寿于殇子，而彭祖为夭。天地与我并生，而万物与我为一。既已为一矣，且得有言乎？既已谓之一矣，且得无言乎？一与言为二，二与一为三。自此以往，巧历不能得，而况其凡乎！故自无适有，以至于三，而况自有适有乎？无适焉，因是已！

夫道未始有封，言未始有常，为是而有畛也。请言其畛：有左有右，有伦有义，有分有辩，有竞有争，此之谓八德。六合之外，圣人存而不论；六合之内，圣人论而不议；春秋经世先王之志，圣人议而不辩。

故分也者，有不分也；辩也者，有不辩也。曰："何也？""圣人怀之，众人辩之以相示也。故曰：辩也者，有不见也。"夫大道不称，大辩不言，大仁不仁，大廉不嗛，大勇不忮。道昭而不道，言辩而不及，仁常而不成，廉清而不信，勇忮而不成。五者圆而几向方矣！故知止其所不知，至矣。孰知不言之辩，不道之道？若有能知，此之谓天府。注焉而不满，酌焉而不竭，而不知其所由来，此之谓葆光。

故昔者尧问于舜曰："我欲伐宗脍、胥、敖，南面而不释然。其何故也？"舜曰："夫三子者，犹存乎蓬艾之间。若不释然何哉！昔者十日并出，万物皆照，而况德之进乎日者乎！"

啮缺问乎王倪曰："子知物之所同是乎？"曰："吾恶乎知之！""子知子之所不知邪？"曰："吾恶乎知之！""然则物无知邪？"曰："吾恶乎知之！虽然，尝试言之：庸讵知吾所谓知之非不知邪？庸讵知吾所谓不知之非知邪？且吾尝试问乎女：民湿寝则腰疾偏死，鰍然乎哉？木处则惴栗恂惧，猨猴然乎哉？三者孰知正处？民食刍豢，麋鹿食荐，蝍蛆甘带，鸱鸦耆鼠，四者孰知正味？猿猵狙以为雌，麋与鹿交，鰍与鱼游。毛嫱丽姬，人之所美也；鱼见之深入，鸟见之高飞，麋鹿见之决骤，四者孰知天下之正色哉？自我观之，仁义之端，是非之涂，樊然淆乱，吾恶能知其辩！"啮缺曰："子不知利害，则至人固不知利害乎？"王倪曰："至人神矣！大泽焚而不能热，河汉冱而不能寒，疾雷破山、飘风振海而不能惊。若然者，乘云气，骑日月，而游乎四海之外，死生无变于己，而况利害之端乎！"

瞿鹊子问乎长梧子曰："吾闻诸夫子：圣人不从事于务，不就利，不违害，不喜求，不缘道，无谓有谓，有谓无谓，而游乎尘垢之外。夫子以为孟浪之言，而我以为妙道之行也。吾子以为奚若？"

长梧子曰："是黄帝之所听荧也，而丘也何足以知之！且女亦大早计，见卵而求时夜，见弹而求鸮炙。予尝为女妄言之，女以妄听之。奚旁日月，挟宇宙，为其吻合，置其滑涽，以隶相尊？众人役役，圣人愚芚，参万岁而一成纯。万物尽然，而以是相蕴。予恶乎知说生之非惑邪！予恶乎知恶死之非弱丧而不知归者邪！

丽之姬，艾封人之子也。晋国之始得之也，涕泣沾襟。及其至于王所，与王同筐床，食刍豢，而后悔其泣也。予恶乎知夫死者不悔其始之蕲生乎？梦饮酒者，旦而哭泣；梦哭泣者，旦而田猎。方其梦也，不知其梦。梦之中又占其梦焉，觉而后知其梦也。且有大觉而后知此其大梦也，而愚者自以为觉，窃窃然知之。'君乎！牧乎！'固哉！丘也与女皆梦也，予谓女梦亦梦也。是其言也，其名为吊诡。万世之后而一遇大圣知其解者，是旦暮遇之也。

既使我与若辩矣，若胜我，我不若胜，若果是也？我果非也邪？我胜若，若不吾胜，我果是也？而果非也邪？其或是也？其或非也邪？其俱是也？其俱非也邪？我与若不能相知也。则人固受其黮闇，吾谁使正之？使同乎若者正之，既与若同矣，恶能正之？使同乎我者正之，既同乎我矣，恶能正之？使异乎我与若者正之，既异乎我与若矣，恶能正之？使同乎我与若者正之，既同乎我与若矣，恶能正之？然则我与若与人俱不能相知也，而待彼也邪？

"何谓和之以天倪？"曰："是不是，然不然。是若果是也，则是之异乎不是也亦无辩；然若果然也，则然之异乎不然也亦无辩。化声之相待，若其不相待。和之以天倪，因之以曼衍，所以穷年也。忘年忘义，振于无竟，故寓诸无竟。"

罔两问景曰："曩子行，今子止；曩子坐，今子起。何其无特操与？"景曰："吾有待而然者邪？吾所待又有待而然者邪？吾待蛇蚹蜩翼邪？恶识所以然？恶识所以不然？"

昔者庄周梦为胡蝶，栩栩然胡蝶也。自喻适志与！不知周也。俄然觉，则蘧蘧然周也。不知周之梦为胡蝶与？胡蝶之梦为周与？周与胡蝶则必有分矣。此之谓物化。

庄子·内篇·养生主第三

吾生也有涯，而知也无涯。以有涯随无涯，殆已！已而为知者，殆而已矣！为善无近名，为恶无近刑，缘督以为经，可以保身，可以全生，可以养亲，可以尽年。

庖丁为文惠君解牛，手之所触，肩之所倚，足之所履，膝之所踦，砉然响然，奏刀騞然，莫不中音，合于桑林之舞，乃中经首之会。

文惠君曰："嘻，善哉！技盖至此乎？"庖丁释刀对曰："臣之所好者道也，进乎技矣。始臣之解牛之时，所见无非全牛者；三年之后，未尝见全牛也；方今之时，臣以神遇而不以目视，官知止而神欲行。依乎天理，批大郤，导大窾，因其固然。技经肯綮之未尝，而况大軱乎！良庖岁更刀，割也；族庖月更刀，折也；今臣之刀十九年矣，所解数千牛矣，而刀刃若新发于硎。彼节者有间而刀刃者无厚，以无厚入有间，恢恢乎其于游刃必有余地矣。是以十九年而刀刃若新发于硎。虽然，每至于族，吾见其难为，怵然为戒，视为止，行为迟，动刀甚微，謋然已解，如土委地。提刀而立，为之四顾，为之踌躇满志，善刀而藏之。"文惠君曰："善哉！吾闻庖丁之言，得养生焉。"

公文轩见右师而惊曰："是何人也？恶乎介也？天与？其人与？"曰："天也，非人也。天之生是使独也，人之貌有与也。以是知其天也，非人也。"

泽雉十步一啄，百步一饮，不蕲畜乎樊中。神虽王，不善也。

老聃死，秦失吊之，三号而出。弟子曰："非夫子之友邪？"曰："然。""然则吊焉若此可乎？"曰："然。始也吾以为其人也，而今非也。向吾入而吊焉，有老者哭之，如哭其子；少者哭之，如哭其母。彼其所以会之，必有不蕲言而言，不蕲哭而哭者。是遁天倍情，忘其所受，古者谓之遁天之刑。适来，夫子时也；适去，夫子顺也。安时而处顺，哀乐不能入也，古者谓是帝之县解。"

指穷于为薪，火传也，不知其尽也。

庄子·内篇·人间世第四

颜回见仲尼，请行。曰："奚之？"曰："将之卫。"曰："奚为焉？"曰："回闻卫君，其年壮，其行独。轻用其国而不见其过。轻用民死，死者以国量，乎泽若蕉，民其无如矣！回尝闻之夫子曰：'治国去之，乱国就之。医门多疾。'愿以所闻思其则，庶几其国有瘳乎！"

仲尼曰："嘻，若殆往而刑耳。夫道不欲杂，杂则多，多则扰，扰则忧，忧而不救。古之至人，先存诸己而后存诸人。所存于己者未定，何暇至于暴人之所行！且若亦知夫德之所荡而知之所为出乎哉？德荡乎名，知出乎争。名也者，相轧也；知也者，争之器也。二者凶器，非所以尽行也。

且德厚信矼，未达人气；名闻不争，未达人心。而强以仁义绳墨之言術暴人之前者，是以人恶有其美也，命之曰菑人。菑人者，人必反菑之。若殆为人菑夫。

且苟为悦贤而恶不肖，恶用而求有以异？若唯无诏，王公必将乘人而斗其捷。

而目将荧之，而色将平之，口将营之，容将行之，心且成之。是以火救火，以水救水，名之曰益多。顺始无穷，若殆以不信厚言，必死于暴人之前矣！"

"且昔者桀杀关龙逢，纣杀王子比干，是皆修其身以下伛拊人之民，以下拂其上者也，故其君因其修以挤之。是好名者也。

昔者尧攻丛枝、胥、敖，禹攻有扈。国为虚厉，身为刑戮。其用兵不止，其求实无已，是皆求名实者也，而独不闻之乎？名实者，圣人之所不能胜也，而况若乎！虽然，若必有以也，尝以语我来。"

颜回曰："端而虚，勉而一，则可乎？"曰："恶！恶可！夫以阳为充孔扬，采色不定，常人之所不违，因案人之所感，以求容与其心，名之曰日渐之德不成，而况大德乎！将执而不化，外合而内不訾，其庸讵可乎！"

"然则我内直而外曲，成而上比。内直者，与天为徒。与天为徒者，知天子之与己，皆天之所子，而独以己言蕲乎而人善之，蕲乎而人不善之邪？若然者，人谓之童子，是之谓与天为徒。外曲者，与人为徒也。擎跽曲拳，人臣之礼也。人皆为之，吾敢不为邪？为人之所为者，人亦无疵焉，是之谓与人为徒。成而上比者，与古为徒。其言虽教，谪之实也，古之有也，非吾有也。若然者，虽直而不病，是之谓与古为徒。若是则可乎？"仲尼曰："恶！恶可！大多政法而不谍。虽固，亦无罪。虽然，止是耳矣，夫胡可以及化！犹师心者也。"

颜回曰："吾无以进矣，敢问其方。"仲尼曰："斋，吾将语若。有心而为之，其易邪？易之者，皞天不宜。"颜回曰："回之家贫，唯不饮酒不茹荤者数月矣。如此则可以为斋乎？"曰："是祭祀之斋，非心斋也。"

回曰："敢问心斋。"仲尼曰："若一志，无听之以耳而听之以心；无听之以心而听之以气。听止于耳，心止于符。气也者，虚而待物者也。唯道集虚。虚者，心斋也。"

颜回曰："回之未始得使，实自回也；得使之也，未始有回也，可谓虚乎？"夫子曰："尽矣！吾语若：若能入游其樊而无感其名，入则鸣，不入则止。无门无毒，一宅而寓于不得已则几矣。绝迹易，无行地难。为人使易以伪，为天使难以伪。闻以有翼飞者矣，未闻以无翼飞者也；闻以有知知者矣，未闻以无知知者也。瞻彼阒者，虚室生白，吉祥止止。夫且不止，是之谓坐驰。夫徇耳目内通而外于心知，鬼神将来舍，而况人乎！是万物之化也，禹、舜之所纽也，伏戏、几蘧之所行终，而况散焉者乎！"

叶公子高将使于齐，问于仲尼曰："王使诸梁也甚重。齐之待使者，盖将甚敬而不急。匹夫犹未可动，而况诸侯乎！吾甚栗之。子常语诸梁也曰：'凡事若小若大，寡不道以欢成。事若不成，则必有人道之患；事若成，则必有阴阳之患。若成若不成而后无患者，唯有德者能之。'吾食也执粗而不臧，爨无欲清之人。今吾朝受命而夕饮冰，我其内热与！吾未至乎事之情而既有阴阳之患矣！事若不成，必有人道之患，是两也。为人臣者不足以任之，子其有以语我来！"

仲尼曰："天下有大戒二：其一命也，其一义也。子之爱亲，命也，不可解于心；臣之事君，义也，无适而非君也，无所逃于天地之间。是之谓大戒。是以夫事其亲者，不择地而安之，孝之至也；夫事其君者，不择事而安之，忠之盛也；自事其心者，哀乐不易施乎前，知其不可奈何而安之若命，德之至也。为人臣子者，固有所不得已。行事之情而忘其身，何暇至于悦生而恶死！夫子其行可矣！

"丘请复以所闻：凡交近则必相靡以信，远则必忠之以言。言必或传之。夫传两喜两怒之言，天下之难者也。夫两喜必多溢美之言，两怒必多溢恶之言。凡溢之类妄，妄则其信之也莫，莫则传言者殃。故法言曰：'传其常情，无传其溢言，则几乎全。'

"且以巧斗力者，始乎阳，常卒乎阴，泰至则多奇巧；以礼饮酒者，始乎治，常卒乎乱，泰至则多奇乐。凡事亦然，始乎谅，常卒乎鄙；其作始也简，其将毕也必巨。言者，风波也；行者，实丧也。夫风波易以动，实丧易以危。故忿设无由，巧言偏辞。兽死不择音，气息茀然，于是并生心厉。剋核大至，则必有不肖之心应之而不知其然也。苟为不知其然也，孰知其所终！故法言曰：'无迁令，无劝成。过度益也。'迁令劝成殆事。美成在久，恶成不及改，可不慎与！且夫乘物以游心，托不得已以养中，至矣。何作为报也！莫若为致命，此其难者？"

颜阖将傅卫灵公太子，而问于蘧伯玉曰："有人于此，其德天杀。与之为无方则危吾国，与之为有方则危吾身。其知适足以知人之过，而不知其所以过。若然者，吾奈之何？"蘧伯玉曰："善哉问乎！戒之，慎之，正女身也哉！形莫若就，心莫若和。虽然，之二者有患。就不欲入，和不欲出。形就而入，且为颠为灭，为崩为蹶；心和而出，且为声为名，为妖为孽。彼且为婴儿，亦与之为婴儿；彼且为无町畦，亦与之为无町畦；彼且为无崖，亦与之为无崖；达之，入于无疵。"

"汝不知夫螳螂乎？怒其臂以当车辙，不知其不胜任也，是其才之美者也。戒之，慎之，积伐而美者以犯之，几矣！

汝不知夫养虎者乎？不敢以生物与之，为其杀之之怒也；不敢以全物与之，为其决之之怒也。时其饥饱，达其怒心。虎之与人异类，而媚养己者，顺也；故其杀者，逆也。

夫爱马者，以筐盛矢，以蜄盛溺。适有蚊虻仆缘，而拊之不时，则缺衔毁首碎胸。意有所至而爱有所亡，可不慎邪！"

匠石之齐，至于曲辕，见栎社树。其大蔽数千牛，絜之百围，其高临山十仞而后有枝，其可以为舟者旁十数。观者如市，匠伯不顾，遂行不辍。弟子厌观之，走近匠石，曰："自吾执斧斤以随夫子，未尝见材如此其美也。先生不肯视，行不辍，何邪？"曰："已矣，勿言之矣！散木也，以为舟则沉，以为棺椁则速腐，以为器则速毁，以为门户则液樠，以为柱则蠹，是不材之木也。无所可用，故能若是之寿。"

匠石归，栎社见梦曰："女将恶乎比予哉？若将比予于文木邪？夫柤梨橘柚果蓏之属，实熟则剥，剥则辱。大枝折，小枝泄。此以其能苦其生者也。故不终其天年而中道夭，自掊击于世俗者也。物莫不若是。且予求无所可用久矣！几死，乃今得之，为予大用。使予也而有用，且得有此大也邪？且也若与予也皆物也，奈何哉其相物也？而几死之散人，又恶知散木！"匠石觉而诊其梦。弟子曰："趣取无用，则为社何邪？"曰："密！若无言！彼亦直寄焉！以为不知己者诟厉也。不为社者，且几有翦乎！且也彼其所保与众异，而以义喻之，不亦远乎！"

南伯子綦游乎商之丘，见大木焉，有异：结驷千乘，隐，将芘其所藾。子綦曰："此何木也哉！此必有异材夫！"仰而视其细枝，则拳曲而不可以为栋梁；俯而视其大根，则轴解而不可以为棺椁；咶其叶，则口烂而为伤；嗅之，则使人狂酲三日而不已。子綦曰："此果不材之木也，以至于此其大也。嗟乎，神人以此不材。"

宋有荆氏者，宜楸柏桑。其拱把而上者，求狙猴之杙者斩之；三围四围，求高名之丽者斩之；七围八围，贵人富商之家求禅傍者斩之。故未终其天年而中道之夭于斧斤，此材之患也。故解之以牛之白颡者，与豚之亢鼻者，与人有痔病者，不可以适河。此皆巫祝以知之矣，所以为不祥也。此乃神人之所以为大祥也。

支离疏者,颐隐于脐,肩高于顶,会撮指天,五管在上,两髀为胁。挫针治繲,足以餬口;鼓筴播精,足以食十人。上征武士,则支离攘臂而游于其间;上有大役,则支离以有常疾不受功;上与病者粟,则受三锺与十束薪。夫支离其形者,犹足以养身,终其天年,又况支离其德者乎!

孔子适楚,楚狂接舆游其门曰:"凤兮凤兮,何如德之衰也。来世不可待,往世不可追也。天下有道,圣人成焉;天下无道,圣人生焉。方今之时,仅免刑焉!福轻乎羽,莫之知载;祸重乎地,莫之知避。已乎,已乎!临人以德。殆乎,殆乎!画地而趋。迷阳迷阳,无伤吾行。吾行郤曲,无伤吾足。"

山木,自寇也;膏火,自煎也。桂可食,故伐之;漆可用,故割之。人皆知有用之用,而莫知无用之用也。

庄子·内篇·德充符第五

鲁有兀者王骀,从之游者与仲尼相若。常季问于仲尼曰:"王骀,兀者也,从之游者与夫子中分鲁。立不教,坐不议。虚而往,实而归。固有不言之教,无形而心成者邪?是何人也?"仲尼曰:"夫子,圣人也,丘也直后而未往耳!丘将以为师,而况不若丘者乎!奚假鲁国,丘将引天下而与从之。"

常季曰:"彼兀者也,而王先生,其与庸亦远矣。若然者,其用心也,独若之何?"仲尼曰:"生死亦大矣,而不得与之变;虽天地覆坠,亦将不与之遗;审乎无假而不与物迁,命物之化而守其宗也。"

常季曰:"何谓也?"仲尼曰:"自其异者视之,肝胆楚越也;自其同者视之,万物皆一也。夫若然者,且不知耳目之所宜,而游心乎德之和。物视其所一而不见其所丧,视丧其足犹遗土也。"

常季曰:"彼为己,以其知得其心,以其心得其常心。物何为最之哉?"仲尼曰:"人莫鉴于流水而鉴于止水。唯止能止众止。受命于地,唯松柏独也正,在冬夏青青;受命于天,唯尧、舜独也正,在万物之首。幸能正生,以正众生。夫保始之徵,不惧之实,勇士一人,雄入于九军。将求名而能自要者而犹若是,而况官天地、府万物、直寓六骸、象耳目、一知之所知而心未尝死者乎！彼且择日而登假，人则从是也。彼且何肎以物为事乎！"

申徒嘉，兀者也，而与郑子产同师于伯昏无人。子产谓申徒嘉曰："我先出则子止，子先出则我止。"明其日，又与合堂同席而坐。子产谓申徒嘉曰："我先出则子止，子先出则我止。今将我出，子可以止乎？其未邪？且子见执政而不违，子齐执政乎？"申徒嘉曰："先生之门固有执政焉如此哉？子而说子之执政而后人者也。闻之曰：'鉴明则尘垢不止，止则不明也。久与贤人处则无过。'今子之所取大者，先生也，而犹出言若是，不亦过乎！"

子产曰："子既若是矣，犹与尧争善。计子之德，不足以自反邪？"申徒嘉曰："自状其过以不当亡者众；不状其过以不当存者寡。知不可奈何而安之若命，唯有德者能之。游于羿之彀中。中央者，中地也；然而不中者，命也。人以其全足笑吾不全者多矣，我怫然而怒，而适先生之所，则废然而反。不知先生之洗我以善邪？吾之自寤邪？吾与夫子游十九年矣，而未尝知吾兀者也。今子与我游于形骸之内，而子索我于形骸之外，不亦过乎！"子产蹴然改容更貌曰："子无乃称！"

鲁有兀者叔山无趾，踵见仲尼。仲尼曰："子不谨，前既犯患若是矣。虽今来，何及矣！"无趾曰："吾唯不知务而轻用吾身，吾是以亡足。今吾来也，犹有尊足者存，吾是以务全之地。夫天无不覆，地无不载，吾以夫子为天地，安知夫子之犹若是也！"孔子曰："丘则陋矣！夫子胡不入乎？请讲以所闻。"无趾出。孔子曰："弟子勉之！夫无趾，兀者也，犹务学以复补前行之恶，而况全德之人乎！"

无趾语老聃曰："孔丘之于至人，其未邪？彼何宾宾以学子为？彼且蕲以諔诡幻怪之名闻，不知至人之以是为己桎梏邪？"老聃曰："胡不直使彼以死生为一条，以可不可为一贯者，解其桎梏，其可乎？"无趾曰："天刑之，安可解！"

鲁哀公问于仲尼曰："卫有恶人焉，曰哀骀它。丈夫与之处者，思而不能去也；妇人见之。请于父母曰：'与为人妻，宁为夫子妾'者，十数而未止也。未尝有闻其唱者也，常和人而已矣。无君人之位以济乎人之死，无聚禄以望人之腹，又以恶骇天下，和而不唱，知不出乎四域，且而雌雄合乎前，是必有异乎人者也。寡人召而观之，果以恶骇天下。与寡人处，不至以月数，而寡人有意乎其为人也；不至乎期年，而寡人信之。国无宰，寡人传国焉。闷然而后应，氾若辞。寡人丑乎，卒授之国。无几何也，去寡人而行。寡人恤焉若有亡也，若无与乐是国也。是何人者也！"

仲尼曰："丘也尝使于楚矣，适见狗子食于其死母者，少焉眴若，皆弃之而走。不见己焉尔，不得类焉尔。所爱其母者，非爱其形也，爱使其形者也。战而死者，其人之葬也不以翣资；刖者之屦，无为爱之。皆无其本矣。为天子之诸御：不爪剪，不穿耳；取妻者止于外，不得复使。形全犹足以为尔，而况全德之人乎！今哀骀它未言而信，无功而亲，使人授己国，唯恐其不受也，是必才全而德不形者也。"

哀公曰："何谓才全？"仲尼曰："死生、存亡、穷达、贫富、贤与不肖、毁誉、饥渴、寒暑，是事之变、命之行也。日夜相代乎前，而知不能规乎其始者也。故不足以滑和，不可入于灵府。使之和豫，通而不失于兑。使日夜无郤，而与物为春，是接而生时于心者也。是之谓才全。""何谓德不形？"曰："平者，水停之盛也。其可以为法也，内保之而外不荡也。德者，成和之修也。德不形者，物不能离也。"

哀公异日以告闵子曰："始也吾以南面而君天下，执民之纪而忧其死，吾自以为至通矣。今吾闻至人之言，恐吾无其实，轻用吾身而亡其国。吾与孔丘非君臣也，德友而已矣！"

闉跂支离无脤说卫灵公，灵公说之，而视全人：其脰肩肩。瓮㼜大瘿说齐桓公，桓公说之，而视全人：其脰肩肩。故德有所长而形有所忘。人不忘其所忘而忘其所不忘，此谓诚忘。

故圣人有所游，而知为孽，约为胶，德为接，工为商。圣人不谋，恶用知？不斲，恶用胶？无丧，恶用德？不货，恶用商？四者，天鬻也。天鬻者，天食也。既受食于天，又恶用人！

有人之形，无人之情。有人之形，故群于人；无人之情，故是非不得于身。眇乎小哉，所以属于人也；謷乎大哉，独成其天。

惠子谓庄子曰："人故无情乎？"庄子曰："然。"惠子曰："人而无情，何以谓之人？"庄子曰："道与之貌，天与之形，恶得不谓之人？"惠子曰："既谓之人，恶得无情？"庄子曰："是非吾所谓情也。吾所谓无情者，言人之不以好恶内伤其身，常因自然而不益生也。"惠子曰："不益生，何以有其身？"庄子曰："道与之貌，天与之形，无以好恶内伤其身。今子外乎子之神，劳乎子之精，倚树而吟，据槁梧而瞑。天选子之形，子以坚白鸣。"

庄子·内篇·大宗师第六

知天之所为，知人之所为者，至矣！知天之所为者，天而生也；知人之所为者，以其知之所知以养其知之所不知，终其天年而不中夭者，是知之盛也。虽然，有患：夫知有所待而后当，其所待者特未定也。唐诩知吾所谓天之非人乎？所谓人之非天乎？且有真人而后有真知。

何谓真人？古之真人，不逆寡，不雄成，不谟士。若然者，过而弗悔，当而不自得也。若然者，登高不栗，入水不濡，入火不热，是知之能登假于道者也若此。

古之真人，其寝不梦，其觉无忧，其食不甘，其息深深。真人之息以踵，众人之息以喉。屈服者，其嗌言若哇。其耆欲深者，其天机浅。

古之真人，不知说生，不知恶死。其出不䜣，其入不距。翛然而往，翛然而来而已矣。不忘其所始，不求其所终。受而喜之，忘而复之。是之谓不以心捐道，不以人助天，是之谓真人。若然者，其心志，其容寂，其颡頯。凄然似秋，暖然似春，喜怒通四时，与物有宜而莫知其极。故圣人之用兵也，亡国而不失人心。利泽施乎万世，不为爱人。故乐通物，非圣人也；有亲，非仁也；天时，非贤也；利害不通，非君子也；行名失己，非士也；亡身不真，非役人也。若狐不偕、务光、伯夷、叔齐、箕子、胥馀、纪他、申徒狄，是役人之役，适人之适，而不自适其适者也。

古之真人，其状义而不朋，若不足而不承；与乎其觚而不坚也，张乎其虚而不华也；邴邴乎其似喜乎，崔崔乎其不得已也，滀乎进我色也，与乎止我德也，广乎其似世乎，謷乎其未可制也，连乎其似好闭也，悗乎忘其言也。以刑为体，以礼为翼，以知为时，以德为循。以刑为体者，绰乎其杀也；以礼为翼者，所以行于世也；以知为时者，不得已于事也；以德为循者，言其与有足者至于丘也，而人真以为勤行者也。故其好之也一，其弗好之也一。其一也一，其不一也一。其一与天为徒，其不一与人为徒，天与人不相胜也，是之谓真人。

死生，命也；其有夜旦之常，天也。人之有所不得与，皆物之情也。彼特以天为父，而身犹爱之，而况其卓乎！人特以有君为愈乎己，而身犹死之，而况其真乎！

泉涸，鱼相与处于陆，相呴以湿，相濡以沫，不如相忘于江湖。与其誉尧而非桀也，不如两忘而化其道。

夫大块载我以形,劳我以生,佚我以老,息我以死。故善吾生者,乃所以善吾死也。夫藏舟于壑,藏山于泽,谓之固矣!然而夜半有力者负之而走,昧者不知也。藏小大有宜,犹有所遯。若夫藏天下于天下而不得所遯,是恒物之大情也。特犯人之形而犹喜之。若人之形者,万化而未始有极也,其为乐可胜计邪?故圣人将游于物之所不得遯而皆存。善妖善老,善始善终,人犹效之,又况万物之所系而一化之所待乎!

夫道有情有信,无为无形;可传而不可受,可得而不可见;自本自根,未有天地,自古以固存;神鬼神帝,生天生地;在太极之先而不为高,在六极之下而不为深,先天地生而不为久,长于上古而不为老。豨韦氏得之,以挈天地;伏戏氏得之,以袭气母;维斗得之,终古不忒;日月得之,终古不息;堪坏得之,以袭昆仑;冯夷得之,以游大川;肩吾得之,以处大山;黄帝得之,以登云天;颛顼得之,以处玄宫;禺强得之,立乎北极;西王母得之,坐乎少广,莫知其始,莫知其终;彭祖得之,上及有虞,下及五伯;傅说得之,以相武丁,奄有天下,乘东维、骑箕尾而比于列星。

南伯子葵问乎女偊曰:"子之年长矣,而色若孺子,何也?"曰:"吾闻道矣。"南伯子葵曰:"道可得学邪?"曰:"恶!恶可!子非其人也。夫卜梁倚有圣人之才而无圣人之道,我有圣人之道而无圣人之才,吾欲以教之,庶几其果为圣人乎?不然,以圣人之道告圣人之才,亦易矣。吾犹守而告之,参日而后能外天下;已外天下矣,吾又守之,七日而后能外物,已外物矣,吾又守之,九日而后能外生;已外生矣,而后能朝彻;朝彻而后能见独;见独而后能无古今;无古今而后能入于不死不生。杀生者不死,生生者不生。其为物无不将也,无不迎也,无不毁也,无不成也。其名为撄宁。撄宁也者,撄而后成者也。"

南伯子葵曰:"子独恶乎闻之?"曰:"闻诸副墨之子,副墨之子闻诸洛诵之孙,洛诵之孙闻之瞻明,瞻明闻之聂许,聂许闻之需役,需役闻之于讴,于讴闻之玄冥,玄冥闻之参寥,参寥闻之疑始。"

子祀、子舆、子犁、子来四人相与语曰:"孰能以无为首,以生为脊、以死为尻;孰知死生存亡之一体者,吾与之友矣!"四人相视而笑,莫逆于心,遂相与为友。俄而子舆有病,子祀往问之,曰:"伟哉,夫造物者将以予为此拘拘也。"曲偻发背,上有五管，颐隐于齐，肩高于顶，句赘指天，阴阳之气有沴，其心闲而无事，跰𧿹而鉴于井，曰："嗟乎！夫造物者又将以予为此拘拘也。"

子祀曰："女恶之乎？"曰："亡，予何恶！浸假而化予之左臂以为鸡，予因以求时夜；浸假而化予之右臂以为弹，予因以求鸮炙；浸假而化予之尻以为轮，以神为马，予因以乘之，岂更驾哉！且夫得者，时也；失者，顺也。安时而处顺，哀乐不能入也，此古之所谓县解也，而不能自解者，物有结之。且夫物不胜天久矣，吾又何恶焉！"

俄而子来有病。喘喘然将死。其妻子环而泣之。子犁往问之，曰："叱！避！无怛化！"倚其户与之语曰："伟哉造化！又将奚以汝为？将奚以汝适？以汝为鼠肝乎？以汝为虫臂乎？"子来曰："父母于子，东西南北，唯命之从，阴阳于人，不翅于父母。彼近吾死而我不听，我则悍矣，彼何罪焉？夫大块载我以形，劳我以生，佚我以老，息我以死。故善吾生者，乃所以善吾死也。今大冶铸金，金踊跃曰：'我且必为镆铘！'大冶必以为不祥之金。今一犯人之形而曰'人耳！人耳！'夫造化者必以为不祥之人。今一以天为大炉，以造化为大冶，恶乎往而不可哉！"成然寐，蘧然觉。

子桑户、孟子反、子琴张三人相与友，曰："孰能相与于无相与，相为于无相为？孰能登天游雾，挠挑无极，相忘以生，无所终穷？"三人相视而笑，莫逆于心。遂相与为友。

莫然有间，而子桑户死，未葬。孔子闻之，使子贡往侍事焉。或编曲，或鼓琴，相和而歌曰："嗟来桑户乎！嗟来桑户乎！而已反其真，而我犹为人猗！"子贡趋而进曰："敢问临尸而歌，礼乎？"二人相视而笑："是恶知礼意！"子贡反，以告孔子曰："彼何人邪？修行无有而外其形骸，临尸而歌，颜色不变，无以命之。彼何人者邪？"孔子曰："彼游方之外者也，而丘游方之内者也。外内不相及，而丘使女往吊之，丘则陋矣！彼方且与造物者为人，而游乎天地之一气。彼以生为附赘县疣，以死为决疣溃痈。夫若然者，又恶知死生先后之所在！假于异物，托于同体；忘其肝胆，遗其耳目；反复终始，不知端倪；芒然彷徨乎尘垢之外，逍遥乎无为之业，彼又恶能愦愦然为世俗之礼，以观众人之耳目哉！"

子贡曰："然则夫子何方之依？"孔子曰："丘，天之戮民也。虽然，吾与汝共之。"子贡曰："敢问其方？"孔子曰："鱼相造乎水，人相造乎道。相造乎水者，穿池而养给;相造乎道者,无事而生定。故曰:鱼相忘乎江湖,人相忘乎道术。"子贡曰:"敢问畸人。"曰:"畸人者,畸于人而侔于天。故曰:天之小人,人之君子;人之君子,天之小人也。"

颜回问仲尼曰:"孟孙才,其母死,哭泣无涕,中心不戚,居丧不哀。无是三者,以善处丧盖鲁国,固有无其实而得其名者乎?回壹怪之。"仲尼曰:"夫孟孙氏尽之矣,进于知矣。唯简之而不得,夫已有所简矣。孟孙氏不知所以生,不知所以死。不知就先,不知就后。若化为物,以待其所不知之化已乎。且方将化,恶知不化哉?方将不化,恶知已化哉?吾特与汝,其梦未始觉者邪!且彼有骇形而无损心,有旦宅而无情死。孟孙氏特觉,人哭亦哭,是自其所以乃。且也相与'吾之'耳矣,庸讵知吾所谓'吾之'乎?且汝梦为鸟而厉乎天,梦为鱼而没于渊。不识今之言者,其觉者乎?其梦者乎?造适不及笑,献笑不及排,安排而去化,乃入于寥天一。"

意而子见许由,许由曰:"尧何以资汝?"意而子曰:"尧谓我:汝必躬服仁义而明言是非。"许由曰:"而奚来为轵?夫尧既已黥汝以仁义,而劓汝以是非矣。汝将何以游夫遥荡恣睢转徙之涂乎?"

意而子曰:"虽然,吾愿游于其藩。"许由曰:"不然。夫盲者无以与乎眉目颜色之好,瞽者无以与乎青黄黼黻之观。"意而子曰:"夫无庄之失其美,据梁之失其力,黄帝之亡其知,皆在炉捶之间耳。庸讵知夫造物者之不息我黥而补我劓,使我乘成以随先生邪?"许由曰:"噫!未可知也。我为汝言其大略:吾师乎!吾师乎!齑万物而不为义,泽及万世而不为仁,长于上古而不为老,覆载天地、刻雕众形而不为巧。此所游已!"

颜回曰:"回益矣。"仲尼曰:"何谓也?"曰:"回忘仁义矣。"曰:"可矣,犹未也。"他日复见,曰:"回益矣。"曰:"何谓也?"曰:"回忘礼乐矣!"曰:"可矣,犹未也。"他日复见,曰:"回益矣!"曰:"何谓也?"曰:"回坐忘矣。"仲尼蹴然曰:"何谓坐忘?"颜回曰:"堕肢体,黜聪明,离形去知,同于大通,此谓坐忘。"仲尼曰:"同则无好也,化则无常也。而果其贤乎!丘也请从而后也。"

子舆与子桑友。而霖雨十日,子舆曰:"子桑殆病矣!"裹饭而往食之。至子桑之门,则若歌若哭,鼓琴曰:"父邪!母邪!天乎!人乎!"有不任其声而趋举其诗焉。子舆入,曰:"子之歌诗,何故若是?"曰:"吾思夫使我至此极者而弗得也。父母岂欲吾贫哉？天无私覆，地无私载。天地岂私贫我哉？求其为之者而不得也！然而至此极者，命也夫！"

庄子·内篇·应帝王第七

啮缺问于王倪，四问而四不知。啮缺因跃而大喜，行以告蒲衣子。蒲衣子曰："而乃今知之乎？有虞氏不及泰氏。有虞氏其犹藏仁以要人，亦得人矣，而未始出于非人。泰氏其卧徐徐，其觉于于。一以己为马，一以己为牛。其知情信，其德甚真，而未始入于非人。"

肩吾见狂接舆。狂接舆曰："日中始何以语女？"肩吾曰："告我：君人者以己出经式义度，人孰敢不听而化诸！"狂接舆曰："是欺德也。其于治天下也，犹涉海凿河而使蚊负山也。夫圣人之治也，治外乎？正而后行，确乎能其事者而已矣。且鸟高飞以避矰弋之害，鼷鼠深穴乎神丘之下以避熏凿之患，而曾二虫之无知？"

天根游于殷阳，至蓼水之上，适遭无名人而问焉，曰："请问为天下。"无名人曰："去！汝鄙人也，何问之不豫也！予方将与造物者为人，厌则又乘夫莽眇之鸟，以出六极之外，而游无何有之乡，以处圹埌之野。汝又何帛以治天下感予之心为？"又复问，无名人曰："汝游心于淡，合气于漠，顺物自然而无容私焉，而天下治矣。"

阳子居见老聃，曰："有人于此，向疾强梁，物彻疏明，学道不勤。如是者，可比明王乎？"老聃曰："是於圣人也，胥易技系，劳形怵心者也。且也虎豹之文来田，猿狙之便执嫠之狗来藉。如是者，可比明王乎？"阳子居蹴然曰："敢问明王之治。"老聃曰："明王之治：功盖天下而似不自己，化贷万物而民弗恃。有莫举名，使物自喜。立乎不测，而游于无有者也。"

郑有神巫曰季咸，知人之死生、存亡、祸福、寿夭，期以岁月旬日若神。郑人见之，皆弃而走。列子见之而心醉，归，以告壶子，曰："始吾以夫子之道为至矣，则又有至焉者矣。"壶子曰："吾与汝既其文，未既其实。而固得道与？众雌而无雄，而又奚卵焉！而以道与世亢，必信，夫故使人得而相汝。尝试与来，以予示之。"

明日，列子与之见壶子。出而谓列子曰："嘻！子之先生死矣！弗活矣！不以旬数矣！吾见怪焉，见湿灰焉。"列子入，泣涕沾襟以告壶子。壶子曰："乡吾示之以地文，萌乎不震不正，是殆见吾杜德机也，尝又与来。"明日，又与之见壶子。出而谓列子曰："幸矣！子之先生遇我也，有瘳矣！全然有生矣！吾见其杜权矣！"列子入，以告壶子。壶子曰："乡吾示之以天壤，名实不入，而机发于踵。是殆见吾善者机也。尝又与来。"明日，又与之见壶子。出而谓列子曰："子之先生不齐，吾无得而相焉。试齐，且复相之。"列子入，以告壶子。壶子曰："吾乡示之以太冲莫胜，是殆见吾衡气机也，鲵桓之审为渊，止水之审为渊，流水之审为渊。渊有九名，此处三焉。尝又与来。"明日，又与之见壶子。立未定，自失而走。壶子曰："追之！"列子追之不及。反，以报壶子曰："已灭矣，已失矣，吾弗及已。"壶子曰："乡吾示之以未始出吾宗。吾与之虚而委蛇，不知其谁何，因以为弟靡，因以为波流，故逃也。"然后列子自以为未始学而归。三年不出，为其妻爨，食豕如食人，于事无与亲。雕琢复朴，块然独以其形立。纷而封哉，一以是终。

无为名尸，无为谋府，无为事任，无为知主。体尽无穷，而游无朕。尽其所受乎天而无见得，亦虚而已！至人之用心若镜，不将不迎，应而不藏，故能胜物而不伤。

南海之帝为儵，北海之帝为忽，中央之帝为浑沌。儵与忽时相与遇于浑沌之地，浑沌待之甚善。儵与忽谋报浑沌之德，曰："人皆有七窍以视听食息。此独无有，尝试凿之。"日凿一窍，七日而浑沌死。

庄子·外篇·骈拇第八

骈拇枝指出乎性哉，而侈于德；附赘县疣出乎形哉，而侈于性；多方乎仁义而用之者，列于五藏哉，而非道德之正也。是故骈于足者，连无用之肉也；枝于手者，树无用之指也；多方骈枝于五藏之情者，淫僻于仁义之行，而多方于聪明之用也。

是故骈于明者，乱五色，淫文章，青黄黼黻之煌煌非乎？而离朱是已！多于聪者，乱五声，淫六律，金石丝竹黄钟大吕之声非乎？而师旷是已！枝于仁者，擢德塞性以收名声，使天下簧鼓以奉不及之法非乎？而曾、史是已！骈于辩者，累瓦结绳窜句，游心于坚白同异之间，而敝跬誉无用之言非乎？而杨、墨是已！故此皆多骈旁枝之道，非天下之至正也。

彼正正者，不失其性命之情。故合者不为骈，而枝者不为跂；长者不为有余，短者不为不足。是故凫胫虽短，续之则忧；鹤胫虽长，断之则悲。故性长非所断，性短非所续，无所去忧也。

意仁义其非人情乎！彼仁人何其多忧也。且夫骈于拇者，决之则泣；枝于手者，龁之则啼。二者或有余于数，或不足于数，其于忧一也。今世之仁人，蒿目而忧世之患；不仁之人，决性命之情而饕贵富。故意仁义其非人情乎！自三代以下者，天下何其嚣嚣也。

且夫待钩绳规矩而正者，是削其性者也；待绳约胶漆而固者，是侵其德者也；屈折礼乐，呴俞仁义，以慰天下之心者，此失其常然也。天下有常然。常然者，曲者不以钩，直者不以绳，圆者不以规，方者不以矩，附离不以胶漆，约束不以缠索。故天下诱然皆生，而不知其所以生；同焉皆得，而不知其所以得。故古今不二，不可亏也。则仁义又奚连连如胶漆缠索而游乎道德之间为哉！使天下惑也！

夫小惑易方，大惑易性。何以知其然邪？自虞氏招仁义以挠天下也，天下莫不奔命于仁义。是非以仁义易其性与？

故尝试论之：自三代以下者，天下莫不以物易其性矣！小人则以身殉利；士则以身殉名；大夫则以身殉家；圣人则以身殉天下。故此数子者，事业不同，名声异号，其于伤性以身为殉，一也。

臧与谷，二人相与牧羊而俱亡其羊。问臧奚事，则挟筴读书；问谷奚事，则博塞以游。二人者，事业不同，其于亡羊均也。

伯夷死名于首阳之下，盗跖死利于东陵之上。二人者，所死不同，其于残生伤性均也。奚必伯夷之是而盗跖之非乎？

天下尽殉也：彼其所殉仁义也，则俗谓之君子；其所殉货财也，则俗谓之小人。其殉一也，则有君子焉，有小人焉。若其残生损性，则盗跖亦伯夷已，又恶取君子小人于其间哉！

且夫属其性乎仁义者，虽通如曾、史，非吾所谓臧也；属其性于五味，虽通如俞儿，非吾所谓臧也；属其性乎五声，虽通如师旷，非吾所谓聪也；属其性乎五色，虽通如离朱，非吾所谓明也。吾所谓臧者，非仁义之谓也，臧于其德而已矣；吾所谓臧者，非所谓仁义之谓也，任其性命之情而已矣；吾所谓聪者，非谓其闻彼也，自闻而已矣；吾所谓明者，非谓其见彼也，自见而已矣。夫不自见而见彼，不自得而得彼者，是得人之得而不自得其得也，适人之适而不自适其适者也。夫适人之适而不自适其适，虽盗跖与伯夷，是同为淫僻也。余愧乎道德，是以上不敢为仁义之操，而下不敢为淫僻之行也。

庄子·外篇·马蹄第九

马，蹄可以践霜雪，毛可以御风寒。龁草饮水，翘足而陆，此马之真性也。虽有义台路寝，无所用之。及至伯乐，曰："我善治马。"烧之，剔之，刻之，雒之。连之以羁絷，编之以皂栈，马之死者十二三矣！饥之渴之，驰之骤之，整之齐之，前有橛饰之患，而后有鞭荚之威，而马之死者已过半矣！陶者曰："我善治埴。"圆者中规，方者中矩。匠人曰："我善治木。"曲者中钩，直者应绳。夫埴木之性，岂欲中规矩钩绳哉！然且世世称之曰："伯乐善治马，而陶匠善治埴木。"此亦治天下者之过也。

吾意善治天下者不然。彼民有常性，织而衣，耕而食，是谓同德。一而不党，命曰天放。故至德之世，其行填填，其视颠颠。当是时也，山无蹊隧，泽无舟梁；万物群生，连属其乡；禽兽成群，草木遂长。是故禽兽可系羁而游，乌鹊之巢可攀援而窥。夫至德之世，同与禽兽居，族与万物并。恶乎知君子小人哉！同乎无知，其德不离；同乎无欲，是谓素朴。素朴而民性得矣。及至圣人，蹩躠为仁，踶跂为义，而天下始疑矣。澶漫为乐，摘僻为礼，而天下始分矣。故纯朴不残，孰为牺尊！白玉不毁，孰为珪璋！道德不废，安取仁义！性情不离，安用礼乐！五色不乱，孰为文采！五声不乱，孰应六律！

夫残朴以为器，工匠之罪也；毁道德以为仁义，圣人之过也。夫马陆居则食草饮水，喜则交颈相靡，怒则分背相踶。马知已此矣！夫加之以衡扼，齐之以月题，而马知介倪闉扼鸷曼诡衔窃辔。故马之知而态至盗者，伯乐之罪也。夫赫胥氏之时，民居不知所为，行不知所之，含哺而熙，鼓腹而游。民能以此矣！及至圣人，屈折礼乐以匡天下之形，县跂仁义以慰天下之心，而民乃始踶跂好知，争归于利，不可止也。此亦圣人之过也。

庄子·外篇·胠箧第十

将为胠箧探囊发匮之盗而为守备，则必摄缄縢，固扃鐍，此世俗之所谓知也。然而巨盗至，则负匮揭箧担囊而趋，唯恐缄縢扃鐍之不固也。然则乡之所谓知者，不乃为大盗积者也？

故尝试论之：世俗之所谓知者，有不为大盗积者乎？所谓圣者，有不为大盗守者乎？何以知其然邪？昔者齐国邻邑相望，鸡狗之音相闻，罔罟之所布，耒耨之所刺，方二千余里。阖四竟之内，所以立宗庙社稷，治邑屋州闾乡曲者，曷尝不法圣人哉？然而田成子一旦杀齐君而盗其国，所盗者岂独其国邪？并与其圣知之法而盗之，故田成子有乎盗贼之名，而身处尧舜之安。小国不敢非，大国不敢诛，十二世有齐国，则是不乃窃齐国并与其圣知之法以守其盗贼之身乎？

尝试论之：世俗之所谓至知者，有不为大盗积者乎？所谓至圣者，有不为大盗守者乎？何以知其然邪？昔者龙逢斩，比干剖，苌弘胣，子胥靡。故四子之贤而身不免乎戮。故跖之徒问于跖曰："盗亦有道乎？"跖曰："何适而无有道邪？夫妄意室中之藏，圣也；入先，勇也；出后，义也；知可否，知也；分均，仁也。五者不备而能成大盗者，天下未之有也。"由是观之，善人不得圣人之道不立，跖不得圣人之道不行。天下之善人少而不善人多，则圣人之利天下也少而害天下也多。故曰：唇竭则齿寒，鲁酒薄而邯郸围，圣人生而大盗起。掊击圣人，纵舍盗贼，而天下始治矣。

夫川竭而谷虚，丘夷而渊实。圣人已死，则大盗不起，天下平而无故矣！圣人不死，大盗不止。虽重圣人而治天下，则是重利盗跖也。为之斗斛以量之，则并与斗斛而窃之；为之权衡以称之，则并与权衡而窃之；为之符玺以信之，则并与符玺而窃之；为之仁义以矫之，则并与仁义而窃之。何以知其然邪？彼窃钩者诛，窃国者为诸侯，诸侯之门而仁义存焉，则是非窃仁义圣知邪？故逐于大盗，揭诸侯，窃仁义并斗斛权衡符玺之利者，虽有轩冕之赏弗能劝，斧钺之威弗能禁。此重利盗跖而使不可禁者，乃是圣人之过也。

故曰："鱼不可脱于渊，国之利器不可以示人。"彼圣人者，天下之利器也，非所以明天下也。故绝圣弃知，大盗乃止；擿玉毁珠，小盗不起；焚符破玺，而民朴鄙；掊斗折衡，而民不争；殚残天下之圣法，而民始可与论议；擢乱六律，铄绝竽瑟，塞瞽旷之耳，而天下始人含其聪矣；灭文章，散五采，胶离朱之目，而天下始人含其明矣；毁绝钩绳而弃规矩，攦工倕之指，而天下始人有其巧矣。故曰："大巧若拙。"削曾、史之行，钳杨、墨之口，攘弃仁义，而天下之德始玄同矣。彼人含其明，则天下不铄矣；人含其聪，则天下不累矣；人含其知，则天下不惑矣；人含其德，则天下不僻矣。彼曾、史、杨、墨、师旷、工倕、离朱，皆外立其德而以爚乱天下者也，法之所无用也。

子独不知至德之世乎？昔者容成氏、大庭氏、伯皇氏、中央氏、栗陆氏、骊畜氏、轩辕氏、赫胥氏、尊卢氏、祝融氏、伏牺氏、神农氏，当是时也，民结绳而用之。甘其食，美其服，乐其俗，安其居，邻国相望，鸡狗之音相闻，民至老死而不相往来。若此之时，则至治已。今遂至使民延颈举踵，曰"某所有贤者"，赢粮而趣之，则内弃其亲而外去其主之事，足迹接乎诸侯之境，车轨结乎千里之外。则是上好知之过也！

上诚好知而无道，则天下大乱矣！何以知其然邪？夫弓弩毕弋机变之知多，则鸟乱于上矣；钩饵罔罟罾笱之知多，则鱼乱于水矣；削格罗落罝罘之知多，则兽乱于泽矣；知诈渐毒、颉滑坚白、解垢同异之变多，则俗惑于辩矣。故天下每每大乱，罪在于好知。故天下皆知求其所不知而莫知求其所已知者，皆知非其所不善而莫知非其所已善者，是以大乱。故上悖日月之明，下烁山川之精，中堕四时之施，惴耎之虫，肖翘之物，莫不失其性。甚矣夫，好知之乱天下也！自三代以下者是已！舍夫种种之民而悦夫役役之佞；释夫恬淡无为而悦夫啍啍之意，啍啍已乱天下矣！

庄子·外篇·在宥第十一

闻在宥天下，不闻治天下也。在之也者，恐天下之淫其性也；宥之也者，恐天下之迁其德也。天下不淫其性，不迁其德，有治天下者哉？昔尧之治天下也，使天下欣欣焉人乐其性，是不恬也；桀之治天下也，使天下瘁瘁焉人苦其性，是不愉也。夫不恬不愉，非德也；非德也而可长久者，天下无之。

人大喜邪，毗于阳；大怒邪，毗于阴。阴阳并毗，四时不至，寒暑之和不成，其反伤人之形乎！使人喜怒失位，居处无常，思虑不自得，中道不成章。于是乎天下始乔诘卓鸷，而后有盗跖、曾、史之行。故举天下以赏其善者不足，举天下以罚其恶者不给。故天下之大不足以赏罚。自三代以下者，匈匈焉终以赏罚为事，彼何暇安其性命之情哉！

而且说明邪，是淫于色也；说聪邪，是淫于声也；说仁邪，是乱于德也；说义邪，是悖于理也；说礼邪，是相于技也；说乐邪，是相于淫也；说圣邪，是相于艺也；说知邪，是相于疵也。天下将安其性命之情，之八者，存可也，亡可也。天下将不安其性命之情，之八者，乃始脔卷狯囊而乱天下也。而天下乃始尊之惜之。甚矣，天下之惑也！岂直过也而去之邪！乃齐戒以言之，跪坐以进之，鼓歌以儛之。吾若是何哉！

故君子不得已而临莅天下，莫若无为。无为也，而后安其性命之情。故贵以身于为天下，则可以托天下；爱以身于为天下，则可以寄天下。故君子苟能无解其五藏，无擢其聪明，尸居而龙见，渊默而雷声，神动而天随，从容无为而万物炊累焉。吾又何暇治天下哉！

崔瞿问于老聃曰："不治天下，安藏人心？"老聃曰："女慎，无撄人心。人心排下而进上，上下囚杀，淖约柔乎刚彊，廉刿雕琢，其热焦火，其寒凝冰，其疾俯仰之间而再抚四海之外。其居也，渊而静；其动也，县而天。偾骄而不可系者，其唯人心乎！昔者黄帝始以仁义撄人之心，尧、舜于是乎股无胈，胫无毛，以养天下之形。愁其五藏以为仁义，矜其血气以规法度。然犹有不胜也。尧于是放讙兜于崇山，投三苗于三峗，流共工于幽都，此不胜天下也。夫施及三王，而天下大骇矣。下有桀、跖，上有曾、史，而儒墨毕起。于是乎喜怒相疑，愚知相欺，善否相非，诞信相讥，而天下衰矣；大德不同，而性命烂漫矣；天下好知，而百姓求竭矣。于是乎斤锯制焉，绳墨杀焉，椎凿决焉。天下脊脊大乱，罪在撄人心。故贤者伏处大山嵁岩之下，而万乘之君忧栗乎庙堂之上。今世殊死者相枕也，桁杨者相推也，刑戮者相望也，而儒墨乃始离跂攘臂乎桎梏之间。意，甚矣哉！其无愧而不知耻也甚矣！吾未知圣知之不为桁杨椄槢也，仁义之不为桎梏凿枘也，焉知曾、史之不为桀、跖嚆矢也！故曰：绝圣弃知，而天下大治。"

黄帝立为天子十九年，令行天下，闻广成子在于空同之山，故往见之，曰："我闻吾子达于至道，敢问至道之精。吾欲取天地之精，以佐五谷，以养民人。吾又欲官阴阳以遂群生，为之奈何？"广成子曰："而所欲问者，物之质也；而所欲官者，物之残也。自而治天下，云气不待族而雨，草木不待黄而落，日月之光益以荒矣，而佞人之心翦翦者，又奚足以语至道！"黄帝退，捐天下，筑特室，席白茅，闲居三月，复往邀之。广成子南首而卧，黄帝顺下风膝行而进，再拜稽首而问曰："闻吾子达于至道，敢问：治身奈何而可以长久？"广成子蹶然而起，曰："善哉问乎！来，吾语女至道：至道之精，窈窈冥冥；至道之极，昏昏默默。无视无听，抱神以静，形将自正。必静必清，无劳女形，无摇女精，乃可以长生。目无所见，耳无所闻，心无所知，女神将守形，形乃长生。慎女内，闭女外，多知为败。我为女遂于大明之上矣，至彼至阳之原也；为女入于窈冥之门矣，至彼至阴之原也。天地有官，阴阳有藏。慎守女身，物将自壮。我守其一以处其和。故我修身千二百岁矣，吾形未常衰。"黄帝再拜稽首曰："广成子之谓天矣！"广成子曰："来！余语女：彼其物无穷，而人皆以为有终；彼其物无测，而人皆以为有极。得吾道者，上为皇而下为王；失吾道者，上见光而下为土。今夫百昌皆生于土而反于土。故余将去女，入无穷之门，以游无极之野。吾与日月参光，吾与天地为常。当我缗乎，远我昏乎！人其尽死，而我独存乎！"

云将东游，过扶摇之枝而适遭鸿蒙。鸿蒙方将拊脾雀跃而游。云将见之，倘然止，贽然立，曰："叟何人邪？叟何为此？"鸿蒙拊脾雀跃不辍，对云将曰："游！"云将曰："朕愿有问也。"鸿蒙仰而视云将曰："吁！"云将曰："天气不和，地气郁结，六气不调，四时不节。今我愿合六气之精以育群生，为之奈何？"鸿蒙拊脾雀跃掉头曰："吾弗知！吾弗知！"云将不得问。又三年，东游，过有宋之野，而适遭鸿蒙。云将大喜，行趋而进曰："天忘朕邪？天忘朕邪？"再拜稽首，愿闻于鸿蒙。鸿蒙曰："浮游不知所求，猖狂不知所往，游者鞅掌，以观无妄。朕又何知！"云将曰："朕也自以为猖狂，而民随予所往；朕也不得已于民，今则民之放也！愿闻一言。"鸿蒙曰："乱天之经，逆物之情，玄天弗成，解兽之群而鸟皆夜鸣，灾及草木，祸及止虫。意！治人之过也。"云将曰："然则吾奈何？"鸿蒙曰："意！毒哉！僊僊乎归矣！"云将曰："吾遇天难，愿闻一言。"鸿蒙曰："意！心养！汝徒处无为，而物自化。堕尔形体，吐尔聪明，伦与物忘，大同乎涬溟。解心释神，莫然无魂。万物云云，各复其根，各复其根而不知，浑浑沌沌，终身不离。若彼知之，乃是离之。无问其名，无窥其情，物固自生。"云将曰："天降朕以德，示朕以默。躬身求之，乃今也得。"再拜稽首，起辞而行。

世俗之人，皆喜人之同乎己而恶人之异于己也。同于己而欲之，异于己而不欲者，以出乎众为心也。夫以出乎众为心者，曷常出乎众哉？因众以宁所闻，不如众技众矣。而欲为人之国者，此揽乎三王之利而不见其患者也。此以人之国侥幸也。几何侥幸而不丧人之国乎？其存人之国也，无万分之一；而丧人之国也，一不成而万有余丧矣！悲夫，有土者之不知也！夫有土者，有大物也。有大物者，不可以物。物而不物，故能物物。明乎物物者之非物也，岂独治天下百姓而已哉！出入六合，游乎九州，独往独来，是谓独有。独有之人，是谓至贵。

大人之教，若形之于影，声之于响。有问而应之，尽其所怀，为天下配。处乎无响。行乎无方。挈汝适复之挠挠，以游无端，出入无旁，与日无始。颂论形躯，合乎大同。大同而无己。无己，恶乎得有有。睹有者，昔之君子；睹无者，天地之友。

贱而不可不任者，物也；卑而不可不因者，民也；匿而不可不为者，事也；粗而不可不陈者，法也；远而不可不居者，义也；亲而不可不广者，仁也；节而不可不积者，礼也；中而不可不高者，德也；一而不可不易者，道也；神而不可不为者，天也。故圣人观于天而不助，成于德而不累，出于道而不谋，会于仁而不恃，薄于义而不积，应于礼而不讳，接于事而不辞，齐于法而不乱，恃于民而不轻，因于物而不去。物者莫足为也，而不可不为。不明于天者，不纯于德；不通于道者，无自而可；不明于道者，悲夫！何谓道？有天道，有人道。无为而尊者，天道也；有为而累者，人道也。主者，天道也；臣者，人道也。天道之与人道也，相去远矣，不可不察也。

庄子·外篇·天地第十二

天地虽大，其化均也；万物虽多，其治一也；人卒虽众，其主君也。君原于德而成于天。故曰：玄古之君天下，无为也，天德而已矣。以道观言而天下之君正；以道观分而君臣之义明；以道观能而天下之官治；以道泛观而万物之应备。故通于天地者，德也；行于万物者，道也；上治人者，事也；能有所艺者，技也。技兼于事，事兼于义，义兼于德，德兼于道，道兼于天。故曰：古之畜天下者，无欲而天下足，无为而万物化，渊静而百姓定。《记》曰："通于一而万事毕，无心得而鬼神服。"

夫子曰："夫道，覆载万物者也，洋洋乎大哉！君子不可以不刳心焉。无为为之之谓天，无为言之之谓德，爱人利物之谓仁，不同同之之谓大，行不崖异之谓宽，有万不同之谓富。故执德之谓纪，德成之谓立，循于道之谓备，不以物挫志之谓完。君子明于此十者，则韬乎其事心之大也，沛乎其为万物逝也。若然者，藏金于山，藏珠于渊；不利货财，不近贵富；不乐寿，不哀夭；不荣通，不丑穷。不拘一世之利以为己私分，不以王天下为己处显。显则明。万物一府，死生同状。"

夫子曰："夫道，渊乎其居也，漻乎其清也。金石不得无以鸣。故金石有声，不考不鸣。万物孰能定之！夫王德之人，素逝而耻通于事，立之本原而知通于神，故其德广。其心之出，有物采之。故形非道不生，生非德不明。存形穷生，立德明道，非王德者邪？荡荡乎！忽然出，勃然动，而万物从之乎？此谓王德之人。视乎冥冥，听乎无声。冥冥之中，独见晓焉；无声之中，独闻和焉。故深之又深而能物焉；神之又神而能精焉。故其与万物接也，至无而供其求，时骋而要其宿，大小、长短、修远。"

黄帝游乎赤水之北，登乎昆仑之丘而南望。还归，遗其玄珠。使知索之而不得，使离朱索之而不得，使喫诟索之而不得也。乃使象罔，象罔得之。黄帝曰："异哉，象罔乃可以得之乎？"

尧之师曰许由，许由之师曰齧缺，齧缺之师曰王倪，王倪之师曰被衣。尧问于许由曰："齧缺可以配天乎？吾藉王倪以要之。"许由曰："殆哉，圾乎天下！齧缺之为人也，聪明睿知，给数以敏，其性过人，而又乃以人受天。彼审乎禁过，而不知过之所由生。与之配天乎？彼且乘人而无天。方且本身而异形，方且尊知而火驰，方且为绪使，方且为物絯，方且四顾而物应，方且应众宜，方且与物化而未始有恒。夫何足以配天乎！虽然，有族有祖，可以为众父而不可以为众父父。治，乱之率也，北面之祸也，南面之贼也。"

尧观乎华，华封人曰："嘻，圣人！请祝圣人，使圣人寿。"尧曰："辞。""使圣人富。"尧曰："辞。""使圣人多男子。"尧曰："辞。"封人曰："寿，富，多男子，人之所欲也。女独不欲，何邪？"尧曰："多男子则多惧，富则多事，寿则多辱。是三者，非所以养德也，故辞。"封人曰："始也我以女为圣人邪，今然君子也。天生万民，必授之职。多男子而授之职，则何惧之有？富而使人分之，则何事之有？夫圣人，鹑居而鷇食，鸟行而无彰。天下有道，则与物皆昌；天下无道，则修德就闲。千岁厌世，去而上仙，乘彼白云，至于帝乡。三患莫至，身常无殃，则何辱之有？"封人去之，尧随之曰："请问。"封人曰："退已！"

尧治天下，伯成子高立为诸侯。尧授舜，舜授禹，伯成子高辞为诸侯而耕。禹往见之，则耕在野。禹趋就下风，立而问焉，曰："昔尧治天下，吾子立为诸侯。尧授舜，舜授予，而吾子辞为诸侯而耕。敢问其故何也？"子高曰："昔尧治天下，不赏而民劝，不罚而民畏。今子赏罚而民且不仁，德自此衰，刑自此立，后世之乱自此始矣！夫子阖行邪？无落吾事！"俋俋乎耕而不顾。

泰初有无，无有无名。一之所起，有一而未形。物得以生谓之德；未形者有分，且然无间谓之命；留动而生物，物成生理谓之形；形体保神，各有仪则谓之性；性修反德，德至同于初。同乃虚，虚乃大。合喙鸣。喙鸣合，与天地为合。其合缗缗，若愚若昏，是谓玄德，同乎大顺。

夫子问于老聃曰："有人治道若相放，可不可，然不然。辩者有言曰：'离坚白，若县寓。'若是则可谓圣人乎？"老聃曰："是胥易技系，劳形怵心者也。执留之狗成思，猿狙之便自山林来。丘，予告若，而所不能闻与而所不能言：凡有首有趾、无心无耳者众；有形者与无形无状而皆存者尽无。其动止也，其死生也，其废起也，此又非其所以也。有治在人。忘乎物，忘乎天，其名为忘己。忘己之人，是之谓入于天。"

将闾葂见季彻曰："鲁君谓葂也曰：'请受教。'辞不获命。既已告矣，未知中否。请尝荐之。吾谓鲁君曰：'必服恭俭，拔出公忠之属而无阿私，民孰敢不辑！'"季彻局局然笑曰："若夫子之言，于帝王之德，犹螳蜋之怒臂以当车轶，则必不胜任矣！且若是，则其自为处危，其观台多物，将往投迹者众。"将闾葂觋觋然惊曰："葂也汒若于夫子之所言矣！虽然，愿先生之言其风也。"季彻曰："大圣之治天下也，摇荡民心，使之成教易俗，举灭其贼心而皆进其独志。若性之自为，而民不知其所由然。若然者，岂兄尧、舜之教民溟涬然弟之哉？欲同乎德而心居矣！"

子贡南游于楚，反于晋，过汉阴，见一丈人方将为圃畦，凿隧而入井，抱瓮而出灌，搰搰然用力甚多而见功寡。子贡曰："有械于此，一日浸百畦，用力甚寡而见功多，夫子不欲乎？"为圃者卬而视之曰："奈何？"曰："凿木为机，后重前轻，挈水若抽,数如洪汤,其名为槔。"为圃者忿然作色而笑曰:"吾闻之吾师,有机械者必有机事,有机事者必有机心。机心存于胸中则纯白不备。纯白不备则神生不定,神生不定者,道之所不载也。吾非不知,羞而不为也。"子贡瞒然惭,俯而不对。有间,为圃者曰:"子奚为者邪?"曰:"孔丘之徒也。"为圃者曰:"子非夫博学以拟圣,於于以盖众,独弦哀歌以卖名声于天下者乎?汝方将忘汝神气,堕汝形骸,而庶几乎!而身之不能治,而何暇治天下乎!子往矣,无乏吾事。"

子贡卑陬失色,顼顼然不自得,行三十里而后愈。其弟子曰:"向之人何为者邪?夫子何故见之变容失色,终日不自反邪?"曰:"始吾以为天下一人耳,不知复有夫人也。吾闻之夫子:事求可,功求成,用力少,见功多者,圣人之道。今徒不然。执道者德全,德全者形全,形全者神全。神全者,圣人之道也。托生与民并行而不知其所之,汒乎淳备哉!功利机巧必忘夫人之心。若夫人者,非其志不之,非其心不为。虽以天下誉之,得其所谓,謷然不顾;以天下非之,失其所谓,傥然不受。天下之非誉无益损焉,是谓全德之人哉!我之谓风波之民。"反于鲁,以告孔子。孔子曰:"彼假修浑沌氏之术者也。识其一,不识其二;治其内而不治其外。夫明白入素,无为复朴,体性抱神,以游世俗之间,汝将固惊邪?且浑沌氏之术,予与汝何足以识之哉!"

谆芒将东之大壑,适遇苑风于东海之滨。苑风曰:"子将奚之?"曰:"将之大壑。"曰:"奚为焉?"曰:"夫大壑之为物也,注焉而不满,酌焉而不竭。吾将游焉!"苑风曰:"夫子无意于横目之民乎?愿闻圣治。"谆芒曰:"圣治乎?官施而不失其宜,拔举而不失其能,毕见其情事而行其所为,行言自为而天下化。手挠顾指,四方之民莫不俱至,此之谓圣治。""愿闻德人。"曰:"德人者,居无思,行无虑,不藏是非美恶。四海之内共利之之谓悦,共给之之谓安。怊乎若婴儿之失其母也,傥乎若行而失其道也。财用有余而不知其所自来,饮食取足而不知其所从,此谓德人之容。""愿闻神人。"曰:"上神乘光,与形灭亡,是谓照旷。致命尽情,天地乐而万事销亡,万物复情,此之谓混冥。"

门无鬼与赤张满稽观于武王之师,赤张满稽曰:"不及有虞氏乎!故离此患也。"门无鬼曰:"天下均治而有虞氏治之邪?其乱而后治之与?"赤张满稽曰:"天下均治之为愿,而何计以有虞氏为!有虞氏之药疡也,秃而施髢,病而求医。孝子操药以修慈父,其色燋然,圣人羞之。至德之世,不尚贤,不使能,上如标枝,民如野鹿。端正而不知以为义，相爱而不知以为仁，实而不知以为忠，当而不知以为信，蠢动而相使不以为赐。是故行而无迹，事而无传。"

孝子不谀其亲，忠臣不谄其君，臣、子之盛也。亲之所言而然，所行而善，则世俗谓之不肖子；君之所言而然，所行而善，则世俗谓之不肖臣。而未知此其必然邪？世俗之所谓然而然之，所谓善而善之，则不谓之道谀之人也！然则俗故严于亲而尊于君邪？谓己道人，则勃然作色；谓己谀人，则怫然作色。而终身道人也，终身谀人也，合譬饰辞聚众也，是终始本末不相坐。垂衣裳，设采色，动容貌，以媚一世，而不自谓道谀；与夫人之为徒，通是非，而不自谓众人，愚之至也。知其愚者，非大愚也；知其惑者，非大惑也。大惑者，终身不解，大愚者，终身不灵。三人行而一人惑，所适者，犹可致也，惑者少也；二人惑则劳而不至，惑者胜也。而今也以天下惑，予虽有祈向，不可得也。不亦悲夫！大声不入于里耳，折杨、皇荂，则嗑然而笑。是故高言不止于众人之心；至言不出，俗言胜也。以二缶钟惑，而所适不得矣。而今也以天下惑，予虽有祈向，其庸可得邪！知其不可得也而强之，又一惑也！故莫若释之而不推。不推，谁其比忧！厉之人，夜半生其子，遽取火而视之，汲汲然唯恐其似己也。

百年之木，破为牺尊，青黄而文之，其断在沟中。比牺尊于沟中之断，则美恶有间矣，其于失性一也。跖与曾、史，行义有间矣，然其失性均也。且夫失性有五：一曰五色乱目，使目不明；二曰五声乱耳，使耳不聪；三曰五臭熏鼻，困惾中颡；四曰五味浊口，使口厉爽；五曰趣舍滑心，使性飞扬。此五者，皆生之害也。而杨、墨乃始离跂自以为得，非吾所谓得也。夫得者困，可以为得乎？则鸠鸮之在于笼也，亦可以为得矣。且夫趣舍声色以柴其内，皮弁鹬冠搢笏绅修以约其外。内支盈于柴栅，外重缠缴，睆睆然在缠缴之中而自以为得，则是罪人交臂历指而虎豹在于囊槛，亦可以为得矣！

庄子·外篇·天道第十三

天道运而无所积，故万物成；帝道运而无所积，故天下归；圣道运而无所积，故海内服。明于天，通于圣，六通四辟于帝王之德者，其自为也，昧然无不静者矣！圣人之静也，非曰静也善，故静也。万物无足以铙心者，故静也。水静则明烛须眉，平中准，大匠取法焉。水静犹明，而况精神！圣人之心静乎！天地之鉴也，万物之镜也。夫虚静恬淡寂漠无为者，天地之平而道德之至也，故帝王圣人休焉。休则虚，虚则实，实则伦矣。虚则静，静则动，动则得矣。静则无为，无为也，则任事者责矣。无为则俞俞。俞俞者，忧患不能处，年寿长矣。夫虚静恬淡寂漠无为者，万物之本也。明此以南乡，尧之为君也；明此以北面，舜之为臣也。以此处上，帝王天子之德也；以此处下，玄圣素王之道也。以此退居而闲游，江海山林之士服；以此进为而抚世，而功大名显而天下一也。静而圣，动而王，无为也而尊，朴素而天下莫能与之争美。夫明白于天地之德者，此之谓大本大宗，与天和者也。所以均调天下，与人和者也。与人和者，谓之人乐；与天和者，谓之天乐。庄子曰："吾师乎，吾师乎！齑万物而不为戾；泽及万世而不为仁；长于上古而不为寿；覆载天地、刻雕众形而不为巧。"此之谓天乐。故曰：知天乐者，其生也天行，其死也物化。静而与阴同德，动而与阳同波。故知天乐者，无天怨，无人非，无物累，无鬼责。故曰：其动也天，其静也地，一心定而王天下；其鬼不祟，其魂不疲，一心定而万物服。言以虚静推于天地，通于万物，此之谓天乐。天乐者，圣人之心以畜天下也。

夫帝王之德，以天地为宗，以道德为主，以无为为常。无为也，则用天下而有余；有为也，则为天下用而不足。故古之人贵夫无为也。上无为也，下亦无为也，是下与上同德。下与上同德则不臣。下有为也，上亦有为也，是上与下同道。上与下同道则不主。上必无为而用天下，下必有为为天下用，此不易之道也。

故古之王天下者，知虽落天地，不自虑也；辩虽雕万物，不自说也；能虽穷海内，不自为也。天不产而万物化，地不长而万物育，帝王无为而天下功。故曰：莫神于天，莫富于地，莫大于帝王。故曰，帝王之德配天地。此乘天地，驰万物，而用人群之道也。

本在于上，末在于下；要在于主，详在于臣。三军五兵之运，德之末也；赏罚利害，五刑之辟，教之末也；礼法度数，形名比详，治之末也；钟鼓之音，羽旄之容，乐之末也；哭泣衰经，隆杀之服，哀之末也。此五末者，须精神之运，心术之动，然后从之者也。末学者，古人有之，而非所以先也。君先而臣从，父先而子从，兄先而弟从，长先而少从，男先而女从，夫先而妇从。夫尊卑先后，天地之行也，故圣人取象焉。天尊地卑，神明之位也；春夏先，秋冬后，四时之序也；万物化作，萌区有状，盛衰之杀，变化之流也。夫天地至神矣，而有尊卑先后之序，而况人道乎！宗庙尚亲，朝廷尚尊，乡党尚齿，行事尚贤，大道之序也。语道而非其序者，非其道也。语道而非其道者，安取道哉！

是故古之明大道者，先明天而道德次之，道德已明而仁义次之，仁义已明而分守次之，分守已明而形名次之，形名已明而因任次之，因任已明而原省次之，原省已明而是非次之，是非已明而赏罚次之，赏罚已明而愚知处宜，贵贱履位，仁贤不肖袭情。必分其能，必由其名。以此事上，以此畜下，以此治物，以此修身，知谋不用，必归其天。此之谓大平，治之至也。故书曰："有形有名。"形名者，古人有之，而非所以先也。古之语大道者，五变而形名可举，九变而赏罚可言也。骤而语形名，不知其本也；骤而语赏罚，不知其始也。倒道而言，迕道而说者，人之所治也，安能治人？骤而语形名赏罚，此有知治之具，非知治之道。可用于天下，不足以用天下。此之谓辩士，一曲之人也。礼法度数，形名比详，古人有之。此下之所以事上，非上之所以畜下也。

昔者舜问于尧曰："天王之用心何如？"尧曰："吾不敖无告，不废穷民，苦死者，嘉孺子而哀妇人，此吾所以用心已。"舜曰："美则美矣，而未大也。"尧曰："然则何如？"舜曰："天德而出宁，日月照而四时行，若昼夜之有经，云行而雨施矣！"尧曰："胶胶扰扰乎！子，天之合也；我，人之合也。"夫天地者，古之所大也，而黄帝、尧、舜之所共美也。故古之王天下者，奚为哉？天地而已矣！

孔子西藏书于周室，子路谋曰："由闻周之征藏史有老聃者，免而归居，夫子欲藏书，则试往因焉。"孔子曰："善。"往见老聃，而老聃不许，于是繙十二经以说。老聃中其说，曰："大谩，愿闻其要。"孔子曰："要在仁义。"老聃曰："请问：仁义，人之性邪？"孔子曰："然，君子不仁则不成，不义则不生。仁义，真人之性也，又将奚为矣？"老聃曰："请问：何谓仁义？"孔子曰："中心物恺，兼爱无私，此仁义之情也。"老聃曰："意，几乎后言！夫兼爱，不亦迂乎！无私焉，乃私也。夫子若欲使天下无失其牧乎？则天地固有常矣，日月固有明矣，星辰固有列矣，禽兽固有群矣，树木固有立矣。夫子亦放德而行，遁道而趋，已至矣！又何偈偈乎揭仁义，若击鼓而求亡子焉！意，夫子乱人之性也。"

士成绮见老子而问曰："吾闻夫子圣人也。吾固不辞远道而来愿见，百舍重趼而不敢息。今吾观子非圣人也，鼠壤有余蔬而弃妹，不仁也！生熟不尽于前，而积无崖。"老子漠然不应。士成绮明日复见，曰："昔者吾有刺于子，今吾心正郤矣，何故也？"老子曰："夫巧知神圣之人，吾自以为脱焉。昔者子呼我牛也而谓之牛；呼我马也而谓之马。苟有其实，人与之名而弗受，再受其殃。吾服也恒服，吾非以服有服。"士成绮雁行避影，履行遂进，而问修身若何。老子曰："而容崖然，而目冲然，而颡颒然，而口阚然，而状义然。似系马而止也，动而持，发也机，察而审，知巧而睹于泰，凡以为不信。边竟有人焉，其名为窃。"

夫子曰："夫道，于大不终，于小不遗，故万物备。广广乎其无不容也，渊渊乎其不可测也。形德仁义，神之末也，非至人孰能定之！夫至人有世，不亦大乎，而不足以为之累；天下奋棅而不与之偕；审乎无假而不与利迁；极物之真，能守其本。故外天地，遗万物，而神未尝有所困也。通乎道，合乎德，退仁义，宾礼乐，至人之心有所定矣！"

世之所贵道者，书也。书不过语，语有贵也。语之所贵者，意也，意有所随。意之所随者，不可以言传也，而世因贵言传书。世虽贵之，我犹不足贵也，为其贵非其贵也。故视而可见者，形与色也；听而可闻者，名与声也。悲夫！世人以形色名声为足以得彼之情。夫形色名声，果不足以得彼之情，则知者不言，言者不知，而世岂识之哉！

桓公读书于堂上，轮扁斫轮于堂下，释椎凿而上，问桓公曰："敢问：公之所读者，何言邪？"公曰："圣人之言也。"曰："圣人在乎？"公曰："已死矣。"曰："然则君之所读者，古人之糟魄已夫！"桓公曰："寡人读书，轮人安得议乎！有说则可，无说则死！"轮扁曰："臣也以臣之事观之。斫轮，徐则甘而不固，疾则苦而不入，不徐不疾，得之于手而应于心，口不能言，有数存乎其间。臣不能以喻臣之子，臣之子亦不能受之于臣，是以行年七十而老斫轮。古之人与其不可传也死矣，然则君之所读者，古人之糟魄已夫！"

庄子·外篇·天运第十四

"天其运乎？地其处乎？日月其争于所乎？孰主张是？孰维纲是？孰居无事推而行是？意者其有机缄而不得已邪？意者其运转而不能自止邪？云者为雨乎？雨者

为云乎？孰隆施是？孰居无事淫乐而劝是？风起北方，一西一东，有上彷徨。孰嘘吸是？孰居无事而披拂是？敢问何故？"巫咸袑曰："来，吾语女。天有六极五常，帝王顺之则治，逆之则凶。九洛之事，治成德备，监照下土，天下戴之，此谓上皇。"

商大宰荡问仁于庄子。庄子曰："虎狼，仁也。"曰："何谓也？"庄子曰："父子相亲，何为不仁！"曰："请问至仁。"庄子曰："至仁无亲。"太宰曰："荡闻之，无亲则不爱，不爱则不孝。谓至仁不孝，可乎？"庄子曰："不然，夫至仁尚矣，孝固不足以言之。此非过孝之言也，不及孝之言也。夫南行者至于郢，北面而不见冥山，是何也？则去之远也。故曰：以敬孝易，以爱孝难；以爱孝易，以忘亲难；忘亲易，使亲忘我难；使亲忘我易，兼忘天下难；兼忘天下易，使天下兼忘我难。夫德遗尧、舜而不为也，利泽施于万世，天下莫知也，岂直大息而言仁孝乎哉！夫孝悌仁义，忠信贞廉，此皆自勉以役其德者也，不足多也。故曰：至贵，国爵并焉；至富，国财并焉；至愿，名誉并焉。是以道不渝。"

北门成问于黄帝曰："帝张咸池之乐于洞庭之野，吾始闻之惧，复闻之怠，卒闻之而惑，荡荡默默，乃不自得。"帝曰："汝殆其然哉！吾奏之以人，征之以天，行之以礼义，建之以大清。四时迭起，万物循生。一盛一衰，文武伦经。一清一浊，阴阳调和，流光其声。蛰虫始作，吾惊之以雷霆。其卒无尾，其始无首。一死一生，一偾一起，所常无穷，而一不可待。汝故惧也。吾又奏之以阴阳之和，烛之以日月之明。其声能短能长，能柔能刚，变化齐一，不主故常。在谷满谷，在阬满阬。涂郤守神，以物为量。其声挥绰，其名高明。是故鬼神守其幽，日月星辰行其纪。吾止之于有穷，流之于无止。子欲虑之而不能知也，望之而不能见也，逐之而不能及也。傥然立于四虚之道，倚于槁梧而吟：'目知穷乎所欲见，力屈乎所欲逐，吾既不及，已夫！'形充空虚，乃至委蛇。汝委蛇，故怠。吾又奏之以无怠之声，调之以自然之命。故若混逐丛生，林乐而无形，布挥而不曳，幽昏而无声。动于无方，居于窈冥。或谓之死，或谓之生；或谓之实，或谓之荣。行流散徙，不主常声。世疑之，稽于圣人。圣也者，达于情而遂于命也。天机不张而五官皆备。此之谓天乐，无言而心悦。故有焱氏为之颂曰：'听之不闻其声，视之不见其形，充满天地，苞裹六极。'汝欲听之而无接焉，而故惑也。乐也者，始于惧，惧故祟；吾又次之以怠，怠故遁；卒之于惑，惑故愚；

愚故道，道可载而与之俱也。"

孔子西游于卫，颜渊问师金曰："以夫子之行为奚如？"师金曰："惜乎！而夫子其穷哉！"颜渊曰："何也？"师金曰："夫刍狗之未陈也，盛以箧衍，巾以文绣，尸祝齐戒以将之。及其已陈也，行者践其首脊，苏者取而爨之而已。将复取而盛以箧衍，巾以文绣，游居寝卧其下，彼不得梦，必且数眯焉。今而夫子亦取先生已陈刍狗，聚弟子游居寝卧其下。故伐树于宋，削迹于卫，穷于商周，是非其梦邪？围于陈蔡之间，七日不火食，死生相与邻，是非其眯邪？夫水行莫如用舟，而陆行莫如用车。以舟之可行于水也，而求推之于陆，则没世不行寻常。古今非水陆与？周鲁非舟车与？今蕲行周于鲁，是犹推舟于陆也！劳而无功，身必有殃。彼未知夫无方之传，应物而不穷者也。且子独不见夫桔槔者乎？引之则俯，舍之则仰。彼，人之所引，非引人者也。故俯仰而不得罪于人。故夫三皇五帝之礼义法度，不矜于同而矜于治。故譬三皇五帝之礼义法度，其犹柤梨橘柚邪！其味相反而皆可于口。故礼义法度者，应时而变者也。今取猨狙而衣以周公之服，彼必龁啮挽裂，尽去而后慊。观古今之异，犹猨狙之异乎周公也。故西施病心而矉其里，其里之丑人见而美之，归亦捧心而矉其里。其里之富人见之，坚闭门而不出；贫人见之，挈妻子而去走。彼知矉美而不知矉之所以美。惜乎，而夫子其穷哉！"

孔子行年五十有一而不闻道，乃南之沛见老聃。老聃曰："子来乎？吾闻子，北方之贤者也！子亦得道乎？"孔子曰："未得也。"老子曰："子恶乎求之哉？"曰："吾求之于度数，五年而未得也。"老子曰："子又恶乎求之哉？"曰："吾求之于阴阳，十有二年而未得也。"老子曰："然，使道而可献，则人莫不献之于其君；使道而可进，则人莫不进之于其亲；使道而可以告人，则人莫不告其兄弟；使道而可以与人，则人莫不与其子孙。然而不可者，无佗也，中无主而不止，外无正而不行。由中出者，不受于外，圣人不出；由外入者，无主于中，圣人不隐。名，公器也，不可多取。仁义，先王之蘧庐也，止可以一宿而不可久处。觏而多责。古之至人，假道于仁，托宿于义，以游逍遥之虚，食于苟简之田，立于不贷之圃。逍遥，无为也；苟简，易养也；不贷，无出也。古者谓是采真之游。以富为是者，不能让禄；以显为是者，不能让名。亲权者，不能与人柄，操之则栗，舍之则悲，而一无所鉴，以窥其所不休者，是天之戮民也。怨、恩、取、与、谏、教、生、杀八者，正之器也，唯循大变无所湮者为能用之。

故曰：正者，正也。其心以为不然者，天门弗开矣。"

孔子见老聃而语仁义。老聃曰："夫播穅眯目，则天地四方易位矣；蚊虻噆肤，则通昔不寐矣。夫仁义憯然，乃愤吾心，乱莫大焉。吾子使天下无失其朴，吾子亦放风而动，总德而立矣！又奚杰杰然若负建鼓而求亡子者邪！夫鹄不日浴而白，乌不日黔而黑。黑白之朴，不足以为辩；名誉之观，不足以为广。泉涸，鱼相与处于陆，相呴以湿，相濡以沫，不若相忘于江湖。"

孔子见老聃归，三日不谈。弟子问曰："夫子见老聃，亦将何规哉？"孔子曰："吾乃今于是乎见龙。龙，合而成体，散而成章，乘云气而养乎阴阳。予口张而不能嗋。予又何规老聃哉？"子贡曰："然则人固有尸居而龙见，雷声而渊默，发动如天地者乎？赐亦可得而观乎？"遂以孔子声见老聃。老聃方将倨堂而应，微曰："予年运而往矣，子将何以戒我乎？"子贡曰："夫三皇五帝之治天下不同，其系声名一也。而先生独以为非圣人，如何哉？"老聃曰："小子少进！子何以谓不同？"对曰："尧授舜，舜授禹。禹用力而汤用兵，文王顺纣而不敢逆，武王逆纣而不肯顺，故曰不同。"老聃曰："小子少进，余语汝三皇五帝之治天下：黄帝之治天下，使民心一。民有其亲死不哭而民不非也。尧之治天下，使民心亲。民有为其亲杀其服而民不非也。舜之治天下，使民心竞。民孕妇十月生子，子生五月而能言，不至乎孩而始谁，则人始有夭矣。禹之治天下，使民心变，人有心而兵有顺，杀盗非杀人。自为种而'天下'耳。是以天下大骇，儒墨皆起。其作始有伦，而今乎妇女，何言哉！余语汝：三皇五帝之治天下，名曰治之，而乱莫甚焉。三皇之知，上悖日月之明，下睽山川之精，中堕四时之施。其知憯于蛎虿之尾，鲜规之兽，莫得安其性命之情者，而犹自以为圣人，不可耻乎？其无耻也！"子贡蹴蹴然立不安。

孔子谓老聃曰："丘治《诗》、《书》、《礼》、《乐》、《易》、《春秋》六经，自以为久矣，孰知其故矣，以奸者七十二君，论先王之道而明周、召之迹，一君无所钩用。甚矣！夫人之难说也？道之难明邪？"老子曰："幸矣，子之不遇治世之君也！夫六经，先王之陈迹也，岂其所以迹哉！今子之所言，犹迹也。夫迹，履之所出，而迹岂履哉！夫白鶂之相视，眸子不运而风化；虫，雄鸣于上风，雌应于下风而风化。类自为雄雌，故风化。性不可易，命不可变，时不可止，道不可壅。苟得于道，无自而不可；失焉者，无自而可。"孔子不出三月，复见，曰："丘得之矣。乌鹊孺，鱼傅沫，细要者化，有弟而兄啼。久矣，夫丘不与化为人！不与化为人，安能化人。"老子曰："可，丘得之矣！"

庄子·外篇·刻意第十五

刻意尚行，离世异俗，高论怨诽，为亢而已矣。此山谷之士，非世之人，枯槁赴渊者之所好也。语仁义忠信，恭俭推让，为修而已矣。此平世之士，教诲之人，游居学者之所好也。语大功，立大名，礼君臣，正上下，为治而已矣。此朝廷之士，尊主强国之人，致功并兼者之所好也。就薮泽，处闲旷，钓鱼闲处，无为而已矣。此江海之士，避世之人，闲暇者之所好也。吹呴呼吸，吐故纳新，熊经鸟申，为寿而已矣。此道引之士，养形之人，彭祖寿考者之所好也。若夫不刻意而高，无仁义而修，无功名而治，无江海而闲，不道引而寿，无不忘也，无不有也。淡然无极而众美从之。此天地之道，圣人之德也。

故曰：夫恬惔寂漠，虚无无为，此天地之平而道德之质也。故曰：圣人休休焉则平易矣。平易则恬惔矣。平易恬惔，则忧患不能入，邪气不能袭，故其德全而神不亏。故曰：圣人之生也天行，其死也物化。静而与阴同德，动而与阳同波。不为福先，不为祸始。感而后应，迫而后动，不得已而后起。去知与故，循天之理。故无天灾，无物累，无人非，无鬼责。其生若浮，其死若休。不思虑，不豫谋。光矣而不耀，信矣而不期。其寝不梦，其觉无忧。其神纯粹，其魂不罢。虚无恬惔，乃合天德。故曰：悲乐者，德之邪也；喜怒者，道之过也；好恶者，德之失也。故心不忧乐，德之至也；一而不变，静之至也；无所于忤，虚之至也；不与物交，惔之至也；无所于逆，粹之至也。故曰：形劳而不休则弊，精用而不已则劳，劳则竭。水之性，不杂则清，莫动则平；郁闭而不流，亦不能清；天德之象也。故曰：纯粹而不杂，静一而不变，惔而无为，动而以天行，此养神之道也。

夫有干越之剑者，柙而藏之，不敢用也，宝之至也。精神四达并流，无所不极，上际于天，下蟠于地，化育万物，不可为象，其名为同帝。纯素之道，唯神是守。守而勿失，与神为一。一之精通，合于天伦。野语有之曰："众人重利，廉士重名，贤士尚志，圣人贵精。"故素也者，谓其无所与杂也；纯也者，谓其不亏其神也。能体纯素，谓之真人。

庄子·外篇·缮性第十六

缮性于俗学，以求复其初；滑欲于俗思，以求致其明：谓之蔽蒙之民。

古之治道者，以恬养知。生而无以知为也，谓之以知养恬。知与恬交相养，而和理出其性。夫德，和也；道，理也。德无不容，仁也；道无不理，义也；义明而物亲，忠也；中纯实而反乎情，乐也；信行容体而顺乎文，礼也。礼乐遍行，则天下乱矣。彼正而蒙已德，德则不冒，冒则物必失其性也。古之人，在混芒之中，与一世而得淡漠焉。当是时也，阴阳和静，鬼神不扰，四时得节，万物不伤，群生不夭，人虽有知，无所用之，此之谓至一。当是时也，莫之为而常自然。

逮德下衰，及燧人、伏羲始为天下，是故顺而不一。德又下衰，及神农、黄帝始为天下，是故安而不顺。德又下衰，及唐、虞始为天下，兴治化之流，澆淳散朴，离道以善，险德以行，然后去性而从于心。心与心识知，而不足以定天下，然后附之以文，益之以博。文灭质，博溺心，然后民始惑乱，无以反其性情而复其初。由是观之，世丧道矣，道丧世矣，世与道交相丧也。道之人何由兴乎世，世亦何由兴乎道哉！道无以兴乎世，世无以兴乎道，虽圣人不在山林之中，其德隐矣。隐故不自隐。古之所谓隐士者，非伏其身而弗见也，非闭其言而不出也，非藏其知而不发也，时命大谬也。当时命而大行乎天下，则反一无迹；不当时命而大穷乎天下，则深根宁极而待：此存身之道也。古之存身者，不以辩饰知，不以知穷天下，不以知穷德，危然处其所而反其性，己又何为哉！道固不小行，德固不小识。小识伤德，小行伤道。故曰：正己而已矣。乐全之谓得志。

古之所谓得志者，非轩冕之谓也，谓其无以益其乐而已矣。今之所谓得志者，轩冕之谓也。轩冕在身，非性命也，物之傥来，寄者也。寄之，其来不可圉，其去不可止。故不为轩冕肆志，不为穷约趋俗，其乐彼与此同，故无忧而已矣！今寄去则不乐。由是观之，虽乐，未尝不荒也。故曰：丧己于物，失性于俗者，谓之倒置之民。

庄子·外篇·秋水第十七

秋水时至，百川灌河。泾流之大，两涘渚崖之间，不辩牛马。于是焉河伯欣然自喜，以天下之美为尽在己。顺流而东行，至于北海，东面而视，不见水端。于是焉河伯始旋其面目，望洋向若而叹曰："野语有之曰：'闻道百，以为莫己若者。'我之谓也。且夫我尝闻少仲尼之闻而轻伯夷之义者，始吾弗信。今我睹子之难穷也，吾非至于子之门则殆矣，吾长见笑于大方之家。"北海若曰："井蛙不可以语于海者，拘于虚也；夏虫不可以语于冰者，笃于时也；曲士不可以语于道者，束于教也。今尔出于崖涘，观于大海，乃知尔丑，尔将可与语大理矣。天下之水，莫大于海：万川归之，不知何时止而不盈；尾闾泄之，不知何时已而不虚；春秋不变，水旱不知。此其过江河之流，不可为量数。而吾未尝以此自多者，自以比形于天地，而受气于阴阳，吾在于天地之间，犹小石小木之在大山也。方存乎见小，又奚以自多！计四海之在天地之间也，不似礨空之在大泽乎？计中国之在海内，不似稊米之在大仓乎？号物之数谓之万，人处一焉；人卒九州，谷食之所生，舟车之所通。此其比万物也，不似豪末之在于马体乎？五帝之所连，三王之所争，仁人之所忧，任士之所劳，尽此矣！伯夷辞之以为名，仲尼语之以为博。此其自多也，不似尔向之自多于水乎？"

河伯曰："然则吾大天地而小毫末，可乎？"北海若曰："否。夫物，量无穷，时无止，分无常，终始无故。是故大知观于远近，故小而不寡，大而不多：知量无穷。证曏今故，故遥而不闷，掇而不跂：知时无止。察乎盈虚，故得而不喜，失而不忧：知分之无常也。明乎坦涂，故生而不说，死而不祸：知终始之不可故也。计人之所知，不若其所不知；其生之时，不若未生之时；以其至小，求穷其至大之域，是故迷乱而不能自得也。由此观之，又何以知毫末之足以定至细之倪，又何以知天地之足以穷至大之域！"

河伯曰："世之议者皆曰：'至精无形，至大不可围。'是信情乎？"北海若曰："夫自细视大者不尽，自大视细者不明。夫精，小之微也；垺，大之殷也：故异便。此势之有也。夫精粗者，期于有形者也；无形者，数之所不能分也；不可围者，数之所不能穷也。可以言论者，物之粗也；可以意致者，物之精也；言之所不能论，意之所不能察致者，不期精粗焉。是故大人之行：不出乎害人，不多仁恩；动不为利，不贱门隶；货财弗争，不多辞让；事焉不借人，不多食乎力，不贱贪污；行殊乎俗，不多辟异；为在从众，不贱佞谄；世之爵禄不足以为劝，戮耻不足以为辱；知是非之不可为分，细大之不可为倪。闻曰：'道人不闻，至德不得，大人无己。'约分之至也。"

河伯曰："若物之外，若物之内，恶至而倪贵贱？恶至而倪小大？"北海若曰："以道观之，物无贵贱；以物观之，自贵而相贱；以俗观之，贵贱不在己。以差观之，因其所大而大之，则万物莫不大；因其所小而小之，则万物莫不小。知天地之为稊米也，知毫末之为丘山也，则差数睹矣。以功观之，因其所有而有之，则万物莫不有；因其所无而无之，则万物莫不无。知东西之相反而不可以相无，则功分定矣。以趣观之，因其所然而然之，则万物莫不然；因其所非而非之，则万物莫不非。知尧、桀之自然而相非，则趣操睹矣。昔者尧、舜让而帝，之、哙让而绝；汤、武争而王，白公争而灭。由此观之，争让之礼，尧、桀之行，贵贱有时，未可以为常也。梁丽可以冲城而不可以窒穴，言殊器也；骐骥骅骝一日而驰千里，捕鼠不如狸狌，言殊技也；鸱鸺夜撮蚤，察豪末，昼出瞋目而不见丘山，言殊性也。故曰：盖师是而无非，师治而无乱乎？是未明天地之理，万物之情者也。是犹师天而无地，师阴而无阳，其不可行明矣！然且语而不舍，非愚则诬也！帝王殊禅，三代殊继。差其时，逆其俗者，谓之篡夫；当其时，顺其俗者，谓之义之徒。默默乎河伯，女恶知贵贱之门，小大之家！"

河伯曰："然则我何为乎？何不为乎？吾辞受趣舍，吾终奈何？"北海若曰："以道观之，何贵何贱，是谓反衍；无拘而志，与道大蹇。何少何多，是谓谢施；无一而行，与道参差。严乎若国之有君，其无私德；繇繇乎若祭之有社，其无私福；泛泛乎其若四方之无穷，其无所畛域。兼怀万物，其孰承翼？是谓无方。万物一齐，孰短孰长？道无终始，物有死生，不恃其成。一虚一满，不位乎其形。年不可举，时不可止。消息盈虚，终则有始。是所以语大义之方，论万物之理也。物之生也，若骤若驰。无动而不变，无时而不移。何为乎，何为不乎？夫固将自化。"

河伯曰："然则何贵于道邪？"北海若曰："知道者必达于理，达于理者必明于权，明于权者不以物害己。至德者，火弗能热，水弗能溺，寒暑弗能害，禽兽弗能贼。非谓其薄之也，言察乎安危，宁于祸福，谨于去就，莫之能害也。故曰：'天在内，人在外，德在乎天。'知天人之行，本乎天，位乎得，蹢躅而屈伸，反要而语极。"曰："何谓天？何谓人？"北海若曰："牛马四足，是谓天；落马首，穿牛鼻，是谓人。故曰：

'无以人灭天，无以故灭命，无以得殉名。谨守而勿失，是谓反其真。'"

夔怜蚿，蚿怜蛇，蛇怜风，风怜目，目怜心。夔谓蚿曰："吾以一足趻踔而行，予无如矣。今子之使万足，独奈何？"蚿曰："不然。子不见夫唾者乎？喷则大者如珠，小者如雾，杂而下者不可胜数也。今予动吾天机，而不知其所以然。"蚿谓蛇曰："吾以众足行，而不及子之无足，何也？"蛇曰："夫天机之所动，何可易邪？吾安用足哉！"蛇谓风曰："予动吾脊胁而行，则有似也。今子蓬蓬然起于北海，蓬蓬然入于南海，而似无有，何也？"风曰："然，予蓬蓬然起于北海而入于南海也，然而指我则胜我，鳅我亦胜我。虽然，夫折大木，蜚大屋者，唯我能也。"故以众小不胜为大胜也。为大胜者，唯圣人能之。

孔子游于匡，宋人围之数匝，而弦歌不惙。子路入见，曰："何夫子之娱也？"孔子曰："来，吾语女。我讳穷久矣，而不免，命也；求通久矣，而不得，时也。当尧、舜而天下无穷人，非知得也；当桀、纣而天下无通人，非知失也：时势适然。夫水行不避蛟龙者，渔父之勇也；陆行不避兕虎者，猎夫之勇也；白刃交于前，视死若生者，烈士之勇也；知穷之有命，知通之有时，临大难而不惧者，圣人之勇也。由，处矣！吾命有所制矣！"无几何，将甲者进，辞曰："以为阳虎也，故围之；今非也，请辞而退。"

公孙龙问于魏牟曰："龙少学先王之道，长而明仁义之行；合同异，离坚白；然不然，可不可；困百家之知，穷众口之辩：吾自以为至达已。今吾闻庄子之言，汒然异之。不知论之不及与？知之弗若与？今吾无所开吾喙，敢问其方。"公子牟隐机大息，仰天而笑曰："子独不闻夫坎井之蛙乎？谓东海之鳖曰：'吾乐与！出跳梁乎井干之上，入休乎缺甃之崖。赴水则接腋持颐，蹶泥则没足灭跗。还虾蟹与科斗，莫吾能若也。且夫擅一壑之水，而跨跱坎井之乐，此亦至矣。夫子奚不时来入观乎？'东海之鳖左足未入，而右膝已絷矣。于是逡巡而却，告之海曰：'夫千里之远，不足以举其大；千仞之高，不足以极其深。禹之时，十年九潦，而水弗为加益；汤之时，八年七旱，而崖不为加损。夫不为顷久推移，不以多少进退者，此亦东海之大乐也。'于是坎井之蛙闻之，适适然惊，规规然自失也。且夫知不知是非之竟，而犹欲观于庄子之言，是犹使蚊负山，商蚷驰河也，必不胜任矣。且夫知不知论极妙之言，而自适一时之利者，是非坎井之蛙与？且彼方跐黄泉而登大皇，无南无北，奭然四解，沦于不测；无东无西，始于玄冥，反于大通。子乃规规然而求之以察，索之以辩，是直用管窥天，用锥指地也，不亦小乎？子往矣！且子独不闻夫寿陵余子之学行于邯郸与？未得国能，又失其故行矣，直匍匐而归耳。今子不去，将忘子之故，失子之业。"公孙龙口呿而不合，舌举而不下，乃逸而走。

庄子钓于濮水。楚王使大夫二人往先焉，曰："愿以境内累矣！"庄子持竿不顾，曰："吾闻楚有神龟，死已三千岁矣。王巾笥而藏之庙堂之上。此龟者，宁其死为留骨而贵乎？宁其生而曳尾于涂中乎？"二大夫曰："宁生而曳尾涂中。"庄子曰："往矣！吾将曳尾于涂中。"

惠子相梁，庄子往见之。或谓惠子曰："庄子来，欲代子相。"于是惠子恐，搜于国中三日三夜。庄子往见之，曰："南方有鸟，其名为鹓鶵子知之乎？夫鹓鶵发于南海而飞于北海，非梧桐不止，非练实不食，非醴泉不饮。于是鸱得腐鼠，鹓鶵过之，仰而视之曰：'吓！'今子欲以子之梁国而吓我邪？"

庄子与惠子游于濠梁之上。庄子曰："儵鱼出游从容，是鱼之乐也。"惠子曰："子非鱼，安知鱼之乐？"庄子曰："子非我，安知我不知鱼之乐？"惠子曰："我非子，固不知子矣；子固非鱼也，子之不知鱼之乐，全矣！"庄子曰："请循其本。子曰'汝安知鱼乐'云者，既已知吾知之而问我。我知之濠上也。"

庄子·外篇·至乐第十八

天下有至乐无有哉？有可以活身者无有哉？今奚为奚据？奚避奚处？奚就奚去？奚乐奚恶？夫天下之所尊者，富贵寿善也；所乐者，身安厚味美服好色音声也；所下者，贫贱夭恶也；所苦者，身不得安逸，口不得厚味，形不得美服，目不得好色，耳不得音声。若不得者，则大忧以惧，其为形也亦愚哉！夫富者，苦身疾作，多积财而不得尽用，其为形也亦外矣！夫贵者，夜以继日，思虑善否，其为形也亦疏矣！人之生也，与忧俱生。寿者惛惛，久忧不死，何苦也！其为形也亦远矣！烈士为天下见善矣，未足以活身。吾未知善之诚善邪？诚不善邪？若以为善矣，不足活身；以为不善矣，足以活人。故曰："忠谏不听，蹲循勿争。"故夫子胥争之，以残其形；不争，名亦不成。诚有善无有哉？今俗之所为与其所乐，吾又未知乐之果乐邪？果不乐邪？吾观夫俗之所乐，举群趣者，诓诓然如将不得已，而皆曰乐者，吾未之乐也，亦未之不乐也。果有乐无有哉？吾以无为诚乐矣，又俗之所大苦也。故曰："至乐无乐，至誉无誉。"天下是非果未可定也。虽然，无为可以定是非。至乐活身，唯无为几存。请尝试言之：天无为以之清，地无为以之宁。故两无为相合，万物皆化生。芒乎芴乎，而无从出乎！芴乎芒乎，而无有象乎！万物职职，皆从无为殖。故曰："天地无为也而无不为也。"人也孰能得无为哉！

庄子妻死，惠子吊之，庄子则方箕踞鼓盆而歌。惠子曰："与人居，长子、老、身死，不哭亦足矣，又鼓盆而歌，不亦甚乎！"庄子曰："不然。是其始死也，我独何能无概！然察其始而本无生；非徒无生也，而本无形；非徒无形也，而本无气。杂乎芒芴之间，变而有气，气变而有形，形变而有生，今又变而之死。是相与为春秋冬夏四时行也。人且偃然寝于巨室，而我噭噭然随而哭之，自以为不通乎命，故止也。"

支离叔与滑介叔观于冥伯之丘，昆仑之虚，黄帝之所休。俄而柳生其左肘，其意蹶蹶然恶之。支离叔曰："子恶之乎？"滑介叔曰："亡，予何恶！生者，假借也。假之而生生者，尘垢也。死生为昼夜。且吾与子观化而化及我，我又何恶焉！"

庄子之楚，见空髑髅，髐然有形。撽以马捶，因而问之，曰："夫子贪生失理而为此乎？将子有亡国之事，斧钺之诛而为此乎？将子有不善之行，愧遗父母妻子之丑而为此乎？将子有冻馁之患而为此乎？将子之春秋故及此乎？"于是语卒，援髑髅，枕而卧。夜半，髑髅见梦曰："向子之谈者似辩士，视子所言，皆生人之累也，死则无此矣。子欲闻死之说乎？"庄子曰："然。"髑髅曰："死，无君于上，无臣于下，亦无四时之事，从然以天地为春秋，虽南面王乐，不能过也。"庄子不信，曰："吾使司命复生子形，为子骨肉肌肤，反子父母、妻子、闾里、知识，子欲之乎？"髑髅深矉蹙頞曰："吾安能弃南面王乐而复为人间之劳乎！"

颜渊东之齐，孔子有忧色。子贡下席而问曰："小子敢问：回东之齐，夫子有忧色，何邪？"孔子曰："善哉汝问。昔者管子有言，丘甚善之，曰：'褚小者不可以怀大，绠短者不可以汲深。'夫若是者，以为命有所成而形有所适也，夫不可损益。吾恐回与齐侯言尧、舜、黄帝之道，而重以燧人、神农之言。彼将内求于己而不得，不得则惑，人惑则死。且女独不闻邪？昔者海鸟止于鲁郊，鲁侯御而觞之于庙，奏九韶以为乐，具太牢以为膳。鸟乃眩视忧悲，不敢食一脔，不敢饮一杯，三日而死。此以己养养鸟也，非以鸟养养鸟也。夫以鸟养养鸟者，宜栖之深林，游之坛陆，浮之江湖，食之鳅鲦，随行列而止，委蛇而处。彼唯人言之恶闻，奚以夫谈谈为乎！咸池九韶之乐，张之洞庭之野，鸟闻之而飞，兽闻之而走，鱼闻之而下入，人卒闻之，相与还而观。鱼处水而生，人处水而死。彼必相与异，其好恶故异也。故先圣不一其能，不同其事。名止于实，义设于适，是之谓条达而福持。"

列子行，食于道，从见百岁髑髅，攓蓬而指之曰："唯予与汝知而未尝死、未尝生也。若果养乎？予果欢乎？"种有几，得水则为鳖，得水土之际则为蛙蠙之衣，生于陵屯则为陵舄，陵舄得郁栖则为乌足，乌足之根为蛴螬，其叶为胡蝶。胡蝶胥也化而为虫，生于灶下，其状若脱，其名为鸲掇。鸲掇千日为鸟，其名为干余骨。干余骨之沫为斯弥，斯弥为食醯。颐辂生乎食醯，黄軦九猷，瞀芮生乎腐蠸，羊奚比乎不箰，久竹生青宁，青宁生程，程生马，马生人，人又反入于机。万物皆出于机，皆入于机。

庄子·外篇·达生第十九

达生之情者，不务生之所无以为；达命之情者，不务知之所无奈何。养形必先之以物，物有余而形不养者有之矣。有生必先无离形，形不离而生亡者有之矣。生之来不能却，其去不能止。悲夫！世之人以为养形足以存生，而养形果不足以存生，则世奚足为哉！虽不足为而不可不为者，其为不免矣！夫欲免为形者，莫如弃世。弃世则无累，无累则正平，正平则与彼更生，更生则几矣！事奚足弃而生奚足遗？弃事则形不劳，遗生则精不亏。夫形全精复，与天为一。天地者，万物之父母也。合则成体，散则成始。形精不亏，是谓能移。精而又精，反以相天。

子列子问关尹曰："至人潜行不窒，蹈火不热，行乎万物之上而不栗。请问何以至于此？"关尹曰："是纯气之守也，非知巧果敢之列。居，予语女。凡有貌象声色者，皆物也，物与物何以相远！夫奚足以至乎先！是色而已。则物之造乎不形，而止乎无所化。夫得是而穷之者，物焉得而止焉！彼将处乎不淫之度，而藏乎无端之纪，游乎万物之所终始。壹其性，养其气，合其德，以通乎物之所造。夫若是者，其天守全，其神无郤，物奚自入焉！夫醉者之坠车，虽疾不死。骨节与人同而犯害与人异，其神全也。乘亦不知也，坠亦不知也，死生惊惧不入乎其胸中，是故遻物而不慴。彼得全于酒而犹若是，而况得全于天乎？圣人藏于天，故莫之能伤也。复仇者，不折镆干；虽有忮心者，不怨飘瓦，是以天下平均。故无攻战之乱，无杀戮之刑者，由此道也。不开人之天，而开天之天。开天者德生，开人者贼生。不厌其天，不忽于人，民几乎以其真。”

仲尼适楚，出于林中，见痀偻者承蜩，犹掇之也。仲尼曰："子巧乎，有道邪？"曰："我有道也。五六月累丸二而不坠，则失者锱铢；累三而不坠，则失者十一；累五而不坠，犹掇之也。吾处身也，若厥株拘；吾执臂也，若槁木之枝。虽天地之大，万物之多，而唯蜩翼之知。吾不反不侧，不以万物易蜩之翼，何为而不得！"孔子顾谓弟子曰："用志不分，乃凝于神。其痀偻丈人之谓乎！"

颜渊问仲尼曰："吾尝济乎觞深之渊，津人操舟若神。吾问焉曰：'操舟可学邪？'曰：'可。善游者数能。若乃夫没人，则未尝见舟而便操之也。'吾问焉而不吾告，敢问何谓也？"仲尼曰："善游者数能，忘水也；若乃夫没人之未尝见舟而便操之也，彼视渊若陵，视舟之覆，犹其车却也。覆却万方陈乎前而不得入其舍，恶往而不暇！以瓦注者巧，以钩注者惮，以黄金注者殙。其巧一也，而有所矜，则重外也。凡外重者内拙。"

田开之见周威公，威公曰："吾闻祝肾学生，吾子与祝肾游，亦何闻焉？"田开之曰："开之操拔篲以侍门庭，亦何闻于夫子！"威公曰："田子无让，寡人愿闻之。"开之曰："闻之夫子曰：'善养生者，若牧羊然，视其后者而鞭之。'"威公曰："何谓也？"田开之曰："鲁有单豹者，岩居而水饮，不与民共利，行年七十而犹有婴儿之色。不幸遇饿虎，饿虎杀而食之。有张毅者，高门县薄，无不走也，行年四十而有内热之病以死。豹养其内而虎食其外，毅养其外而病攻其内。此二子者，皆不鞭其后者也。"仲尼曰："无入而藏，无出而阳，柴立其中央。三者若得，其名必极。夫畏涂者，十杀一人，则父子兄弟相戒也，必盛卒徒而后敢出焉，不亦知乎！人之所取畏者，衽席之上，饮食之间，而不知为之戒者，过也！"

祝宗人玄端以临牢筴说彘，曰："汝奚恶死！吾将三月豢汝，十日戒，三日齐，藉白茅，加汝肩尻乎雕俎之上，则汝为之乎？"为彘谋曰："不知食以糠糟而错之牢筴之中。"自为谋，则苟生有轩冕之尊，死得于腞楯之上、聚偻之中则为之。为牺谋则去之，自为谋则取之，所异牺者何也！

桓公田于泽，管仲御，见鬼焉。公抚管仲之手曰："仲父何见？"对曰："臣无所见。"公反，诶诒为病，数日不出。齐士有皇子告敖者，曰："公则自伤，鬼恶能伤公！夫忿滀之气，散而不反，则为不足；上而不下，则使人善怒；下而不上，则使人善忘；不上不下，中身当心，则为病。"桓公曰："然则有鬼乎？"曰："有。沈有履。灶有髻。户内之烦壤，雷霆处之；东北方之下者倍阿、鲑蠪跃之；西北方之下者，则泆阳处之。水有罔象，丘有峷，山有夔，野有彷徨，泽有委蛇。"公曰："请问委蛇之状何如？"皇子曰："委蛇，其大如毂，其长如辕，紫衣而朱冠。其为物也恶，闻雷车之声则捧其首而立。见之者殆乎霸。"桓公囅然而笑曰："此寡人之所见者也。"于是正衣冠与之坐，不终日而不知病之去也。

纪渻子为王养斗鸡。十日而问："鸡已乎？"曰："未也，方虚憍而恃气。"十日又问，曰："未也，犹应向景。"十日又问，曰："未也，犹疾视而盛气。"十日又问，曰："几矣，鸡虽有鸣者，已无变矣，望之似木鸡矣，其德全矣。异鸡无敢应者，反走矣。"

孔子观于吕梁，县水三十仞，流沫四十里，鼋鼍鱼鳖之所不能游也。见一丈夫游之，以为有苦而欲死也。使弟子并流而拯之。数百步而出，被发行歌而游于塘下。孔子从而问焉，曰："吾以子为鬼，察子则人也。请问：蹈水有道乎？"曰："亡，吾无道。吾始乎故，长乎性，成乎命。与齐俱入，与汩偕出，从水之道而不为私焉。此吾所以蹈之也。"孔子曰："何谓始乎故，长乎性，成乎命？"曰："吾生于陵而安于陵，故也；长于水而安于水，性也；不知吾所以然而然，命也。"

梓庆削木为鐻，鐻成，见者惊犹鬼神。鲁侯见而问焉，曰："子何术以为焉？"对曰："臣，工人，何术之有！虽然，有一焉：臣将为鐻，未尝敢以耗气也，必齐以静心。齐三日，而不敢怀庆赏爵禄；齐五日，不敢怀非誉巧拙；齐七日，辄然忘吾有四枝形体也。当是时也，无公朝。其巧专而外骨消，然后入山林，观天性形躯，至矣，然后成见鐻，然后加手焉，不然则已。则以天合天，器之所以疑神者，其是与！"

东野稷以御见庄公，进退中绳，左右旋中规。庄公以为文弗过也。使之钩百而反。颜阖遇之，入见曰："稷之马将败。"公密而不应。少焉，果败而反。公曰："子何以知之？"曰："其马力竭矣而犹求焉，故曰败。"

工倕旋而盖规矩，指与物化而不以心稽，故其灵台一而不桎。忘足，履之适也；忘要，带之适也；知忘是非，心之适也；不内变，不外从，事会之适也；始乎适而未尝不适者，忘适之适也。

有孙休者，踵门而诧子扁庆子曰："休居乡不见谓不修，临难不见谓不勇。然而田原不遇岁，事君不遇世，宾于乡里，逐于州部，则胡罪乎天哉？休恶遇此命也？"扁子曰："子独不闻夫至人之自行邪？忘其肝胆，遗其耳目，芒然彷徨乎尘垢之外，逍遥乎无事之业，是谓为而不恃，长而不宰。今汝饰知以惊愚，修身以明污，昭昭乎若揭日月而行也。汝得全而形躯，具而九窍，无中道夭于聋盲跛蹇而比于人数亦幸矣，又何暇乎天之怨哉！子往矣！"孙子出，扁子入。坐有间，仰天而叹。弟子问曰："先生何为叹乎？"扁子曰："向者休来，吾告之以至人之德，吾恐其惊而遂至于惑也。"弟子曰："不然。孙子之所言是邪，先生之所言非邪，非固不能惑也；孙子所言非邪，先生所言是邪，彼固惑而来矣，又奚罪焉！"扁子曰："不然。昔者有鸟止于鲁郊，鲁君说之，为具太牢以飨之，奏九韶以乐之。鸟乃始忧悲眩视，不敢饮食。此之谓以己养养鸟也。若夫以鸟养养鸟者，宜栖之深林，浮之江湖，食之以委蛇，则安平陆而已矣。今休，款启寡闻之民也，吾告以至人之德，譬之若载鼷以车马，乐鴳以钟鼓也，彼又恶能无惊乎哉！"

庄子·外篇·山木第二十

庄子行于山中，见大木，枝叶盛茂。伐木者止其旁而不取也。问其故，曰："无所可用。"庄子曰："此木以不材得终其天年。"夫子出于山，舍于故人之家。故人喜，命竖子杀雁而烹之。竖子请曰："其一能鸣，其一不能鸣，请奚杀？"主人曰："杀不能鸣者。"明日，弟子问于庄子曰："昨日山中之木，以不材得终其天年；今主人之雁，以不材死。先生将何处？"庄子笑曰："周将处乎材与不材之间。材与不材之间，似之而非也，故未免乎累。若夫乘道德而浮游则不然，无誉无訾，一龙一蛇，与时俱化，而无肯专为。一上一下，以和为量，浮游乎万物之祖。物物而不物于物，则胡可得而累邪！此神农、黄帝之法则也。若夫万物之情，人伦之传则不然：合则离，成则毁，廉则挫，尊则议，有为则亏，贤则谋，不肖则欺。胡可得而必乎哉！悲夫，弟子志之，其唯道德之乡乎！"

市南宜僚见鲁侯，鲁侯有忧色。市南子曰："君有忧色，何也？"鲁侯曰："吾学先王之道，修先君之业；吾敬鬼尊贤，亲而行之，无须臾离。居然不免于患，吾是以忧。"市南子曰："君之除患之术浅矣！夫丰狐文豹，栖于山林，伏于岩穴，静也；夜行昼居，戒也；虽饥渴隐约，犹且胥疏于江湖之上而求食焉，定也。然且不免于罔罗机辟之患，是何罪之有哉？其皮为之灾也。今鲁国独非君之皮邪？吾愿君刳形去皮，洒心去欲，而游于无人之野。南越有邑焉，名为建德之国。其民愚而朴，少私而寡欲；知作而不知藏，与而不求其报；不知义之所适，不知礼之将。猖狂妄行，乃蹈乎大方。其生可乐，其死可葬。吾愿君去国捐俗，与道相辅而行。"君曰："彼其道远而险，又有江山，我无舟车，奈何？"市南子曰："君无形倨，无留居，以为君车。"君曰："彼其道幽远而无人，吾谁与为邻？吾无粮，我无食，安得而至焉？"市南子曰："少君之费，寡君之欲，虽无粮而乃足。君其涉于江而浮于海，望之而不见其崖，愈往而不知其所穷。送君者皆自崖而反。君自此远矣！故有人者累，见有于人者忧。故尧非有人，非见有于人也。吾愿去君之累，除君之忧，而独与道游于大莫之国。方舟而济于河，有虚船来触舟，虽有惼心之人不怒。有一人在其上，则呼张歙之。一呼而不闻，再呼而不闻，于是三呼邪，则必以恶声随之。向也不怒而今也怒，向也虚而今也实。人能虚己以游世，其孰能害之！"

北宫奢为卫灵公赋敛以为钟，为坛乎郭门之外。三月而成上下之县。王子庆忌见而问焉，曰："子何术之设？"奢曰："一之间，无敢设也。奢闻之：'既雕既琢，复归于朴。'侗乎其无识，傥乎其怠疑。萃乎芒乎，其送往而迎来。来者勿禁，往者勿止。从其强梁，随其曲傅，因其自穷。故朝夕赋敛而毫毛不挫，而况有大途者乎！"

孔子围于陈蔡之间，七日不火食。大公任往吊之，曰："子几死乎？"曰："然。""子恶死乎？"曰："然。"任曰："予尝言不死之道。东海有鸟焉，其名曰意怠。其为鸟也，翂翂翐翐，而似无能；引援而飞，迫胁而栖；进不敢为前，退不敢为后；食不敢先尝，必取其绪。是故其行列不斥，而外人卒不得害，是以免于患。直木先伐，甘井先竭。子其意者饰知心惊愚，修身以明污，昭昭乎如揭日月而行，故不免也。昔吾闻之大成之人曰:'自伐者无功,功成者堕,名成者亏。'孰能去功与名而还与众人!道流而不明居,得行而不名处;纯纯常常,乃比于狂;削迹捐势,不为功名。是故无责于人,人亦不责焉。至人不闻,子何喜哉!"孔子曰:"善哉!"辞其交游,去其弟子,逃于大泽,衣裘褐,食杼栗,入兽不乱群,入鸟不乱行。鸟兽不恶,而况人乎!

孔子问子桑雽曰:"吾再逐于鲁,伐树于宋,削迹于卫,穷不商周,围于陈蔡之间。吾犯此数患,亲交益疏,徒友益散,何与?"子桑雽曰:"子独不闻假人之亡与?林回弃千金之璧,负赤子而趋。或曰:'为其布与?赤子之布寡矣;为其累与?赤子之累多矣。弃千金之璧,负赤子而趋,何也?'林回曰:'彼以利合,此以天属也。'夫以利合者,迫穷祸患害相弃也;以天属者,迫穷祸患害相收也。夫相收之与相弃亦远矣,且君子之交淡若水,小人之交甘若醴。君子淡以亲,小人甘以绝,彼无故以合者,则无故以离。"孔子曰:"敬闻命矣!"徐行翔佯而归,绝学捐书,弟子无挹于前,其爱益加进。异日,桑雽又曰:"舜之将死,真泠禹曰:'汝戒之哉!形莫若缘,情莫若率。'缘则不离,率则不劳。不离不劳,则不求文以待形。不求文以待形,固不待物。"

庄子衣大布而补之,正緳系履而过魏王。魏王曰:"何先生之惫邪?"庄子曰:"贫也,非惫也。士有道德不能行,惫也;衣弊履穿,贫也,非惫也,此所谓非遭时也。王独不见夫腾猿乎?其得楠梓豫章也,揽蔓其枝而王长其间,虽羿、蓬蒙不能眄睨也。及其得柘棘枳枸之间也,危行侧视,振动悼栗,此筋骨非有加急而不柔也,处势不便,未足以逞其能也。今处昏上乱相之间而欲无惫,奚可得邪?此比干之见剖心,征也夫!"

孔子穷于陈蔡之间,七日不火食。左据槁木,右击槁枝,而歌焱氏之风,有其具而无其数,有其声而无宫角。木声与人声,犁然有当于人之心。颜回端拱还目而窥之。仲尼恐其广己而造大也,爱己而造哀也,曰:"回,无受天损易,无受人益难。无始而非卒也,人与天一也。夫今之歌者其谁乎!"回曰:"敢问无受天损易。"仲尼曰:"饥渴寒暑,穷桎不行,天地之行也,运物之泄也,言与之偕逝之谓也。为人臣者,不敢去之。执臣之道犹若是,而况乎所以待天乎?""何谓无受人益难?"仲尼曰:"始用四达,爵禄并至而不穷。物之所利,乃非己也,吾命其在外者也。君子不为盗,贤人不为窃，吾若取之何哉？故曰：鸟莫知于鹍鹕，目之所不宜处不给视，虽落其实，弃之而走。其畏人也而袭诸人间。社稷存焉尔！""何谓无始而非卒？"仲尼曰："化其万物而不知其禅之者，焉知其所终？焉知其所始？正而待之而已耳。""何谓人与天一邪？"仲尼曰："有人，天也；有天，亦天也。人之不能有天，性也。圣人晏然体逝而终矣！"

庄周游于雕陵之樊，睹一异鹊自南方来者。翼广七尺，目大运寸，感周之颡，而集于栗林。庄周曰："此何鸟哉！翼殷不逝，目大不睹。"蹇裳躩步，执弹而留之。睹一蝉方得美荫而忘其身。螳螂执翳而搏之，见得而忘其形。异鹊从而利之，见利而忘其真。庄周怵然曰："噫！物固相累，二类相召也。"捐弹而反走，虞人逐而谇之。庄周反入，三日不庭。蔺且从而问之："夫子何为顷间甚不庭乎？"庄周曰："吾守形而忘身，观于浊水，而迷于清渊。且吾闻诸夫子曰：'入其俗，从其令。'今吾游于雕陵而忘吾身，异鹊感吾颡，游于栗林而忘真。栗林虞人以吾为戮，吾所以不庭也。"

阳子之宋，宿于逆旅。逆旅人有妾二人，其一人美，其一人恶。恶者贵而美者贱。阳子问其故，逆旅小子对曰："其美者自美，吾不知其美也；其恶者自恶，吾不知其恶也。"阳子曰："弟子记之：行贤而去自贤之行，安往而不爱哉！"

庄子·外篇·田子方第二十一

田子方侍坐于魏文侯，数称谿工。文侯曰："谿工，子之师邪？"子方曰："非也，无择之里人也。称道数当，故无择称之。"文侯曰："然则子无师邪？"子方曰："有。"曰："子之师谁邪？"子方曰："东郭顺子。"文侯曰："然则夫子何故未尝称之？"子方曰："其为人也真。人貌而天虚，缘而葆真，清而容物。物无道，正容以悟之，使人之意也消。无择何足以称之！"子方出，文侯傥然，终日不言。召前立臣而语之曰："远矣，全德之君子！始吾以圣知之言、仁义之行为至矣。吾闻子方之师，吾形解而不欲动，口钳而不欲言。吾所学者，直土埂耳！夫魏真为我累耳！"

温伯雪子适齐，舍于鲁。鲁人有请见之者，温伯雪子曰："不可。吾闻中国之君子，明乎礼义而陋于知人心。吾不欲见也。"至于齐，反舍于鲁，是人也又请见。温伯雪子曰:"往也蕲见我,今也又蕲见我,是必有以振我也。"出而见客,入而叹。明日见客,又入而叹。其仆曰:"每见之客也,必入而叹,何耶?"曰:"吾固告子矣:中国之民,明乎礼义而陋乎知人心。昔之见我者,进退一成规、一成矩,从容一若龙、一若虎。其谏我也似子,其道我也似父,是以叹也。"仲尼见之而不言。子路曰:"吾子欲见温伯雪子久矣。见之而不言,何邪?"仲尼曰:"若夫人者,目击而道存矣,亦不可以容声矣!"

颜渊问于仲尼曰:"夫子步亦步,夫子趋亦趋,夫子驰亦驰,夫子奔逸绝尘,而回瞠若乎后矣!"夫子曰:"回,何谓邪?"曰:"夫子步亦步也,夫子言亦言也;夫子趋亦趋也,夫子辩亦辩也;夫子驰亦驰也,夫子言道,回亦言道也;及奔逸绝尘而回瞠若乎后者,夫子不言而信,不比而周,无器而民滔乎前,而不知所以然而已矣。"仲尼曰:"恶!可不察与!夫哀莫大于心死,而人死亦次之。日出东方而入于西极,万物莫不比方,有目有趾者,待是而后成功。是出则存,是入则亡。万物亦然,有待也而死,有待也而生。吾一受其成形,而不化以待尽。效物而动,日夜无隙,而不知其所终。薰然其成形,知命不能规乎其前。丘以是日徂。吾终身与汝交一臂而失之,可不哀与?女殆著乎吾所以著也。彼已尽矣,而女求之以为有,是求马于唐肆也。吾服,女也甚忘;女服,吾也亦甚忘。虽然,女奚患焉!虽忘乎故吾,吾有不忘者存。"

孔子见老聃,老聃新沐,方将被发而干,慹然似非人。孔子便而待之。少焉见,曰:"丘也眩与?其信然与?向者先生形体掘若槁木,似遗物离人而立于独也。"老聃曰:"吾游心于物之初。"孔子曰:"何谓邪?"曰:"心困焉而不能知,口辟焉而不能言。尝为汝议乎其将:至阴肃肃,至阳赫赫。肃肃出乎天,赫赫发乎地。两者交通成和而物生焉,或为之纪而莫见其形。消息满虚,一晦一明,日改月化,日有所为而莫见其功。生有所乎萌,死有所乎归,始终相反乎无端,而莫知乎其所穷。非是也,且孰为之宗!"孔子曰:"请问游是。"老聃曰:"夫得是至美至乐也。得至美而游乎至乐,谓之至人。"孔子曰:"愿闻其方。"曰:"草食之兽,不疾易薮;水生之虫,不疾易水。行小变而不失其大常也,喜怒哀乐不入于胸次。夫天下也者,万物之所一也。得其所一而同焉,则四支百体将为尘垢,而死生终始将为昼夜,而莫之能滑,而况得丧祸福之所介乎!弃隶者若弃泥涂,知身贵于隶也。贵在于我而不失于变。且万化而未始有极也，夫孰足以患心！已为道者解乎此。"孔子曰："夫子德配天地，而犹假至言以修心。古之君子，孰能脱焉！"老聃曰："不然。夫水之于汋也，无为而才自然矣；至人之于德也，不修而物不能离焉。若天之自高，地之自厚，日月之自明，夫何修焉！"孔子出，以告颜回曰："丘之于道也，其犹醯鸡与！微夫子之发吾覆也，吾不知天地之大全也。"

庄子见鲁哀公，哀公曰："鲁多儒士，少为先生方者。"庄子曰："鲁少儒。"哀公曰："举鲁国而儒服，何谓少乎？"庄子曰："周闻之：儒者冠圜冠者知天时，履句屦者知地形，缓佩玦者事至而断。君子有其道者，未必为其服也；为其服者，未必知其道也。公固以为不然，何不号于国中曰：'无此道而为此服者，其罪死！'"于是哀公号之五日，而鲁国无敢儒服者。独有一丈夫，儒服而立乎公门。公即召而问以国事，千转万变而不穷。庄子曰："以鲁国而儒者一人耳，可谓多乎？"

百里奚爵禄不入于心，故饭牛而牛肥，使秦穆公忘其贱，与之政也。有虞氏死生不入于心，故足以动人。

宋元君将画图，众史皆至，受揖而立，舐笔和墨，在外者凌半。有一史后至者，儃儃然不趋，受揖不立，因之舍。公使人视之，则解衣般礴臝。君曰："可矣，是真画者也。"

文王观于臧，见一丈夫钓，而其钓莫钓。非持其钓有钓者也，常钓也。文王欲举而授之政，而恐大臣父兄之弗安也；欲终而释之，而不忍百姓之无天也。于是旦而属之大夫曰："昔者寡人梦见良人，黑色而髯，乘驳马而偏朱蹄，号曰：'寓而政于臧丈人，庶几乎民有瘳乎！'"诸大夫蹴然曰："先君王也。"文王曰："然则卜之。"诸大夫曰："先君之命，王其无它，又何卜焉。"遂迎臧丈人而授之政。典法无更，偏令无出。三年，文王观于国，则列士坏植散群，长官者不成德，斔斛不敢入于四竟。列士坏植散群，则尚同也；长官者不成德，则同务也，斔斛不敢入于四竟，则诸侯无二心也。文王于是焉以为大师，北面而问曰："政可以及天下乎？"臧丈人昧然而不应，泛然而辞，朝令而夜遁，终身无闻。颜渊问于仲尼曰："文王其犹未邪？又何以梦为乎？"仲尼曰："默，汝无言！夫文王尽之也，而又何论刺焉！彼直以循斯须也。"

列御寇为伯昏无人射，引之盈贯，措杯水其肘上，发之，适矢复沓，方矢复寓。当是时，犹象人也。伯昏无人曰："是射之射，非不射之射也。尝与汝登高山，履危石，临百仞之渊，若能射乎？"于是无人遂登高山，履危石，临百仞之渊，背逡巡，足二分垂在外，揖御寇而进之。御寇伏地，汗流至踵。伯昏无人曰："夫至人者，上窥青天，下潜黄泉，挥斥八极，神气不变。今汝怵然有恂目之志，尔于中也殆矣夫！"

肩吾问于孙叔敖曰："子三为令尹而不荣华，三去之而无忧色。吾始也疑子，今视子之鼻间栩栩然，子之用心独奈何？"孙叔敖曰："吾何以过人哉！吾以其来不可却也，其去不可止也。吾以为得失之非我也，而无忧色而已矣。我何以过人哉！且不知其在彼乎？其在我乎？其在彼邪亡乎我，在我邪亡乎彼。方将踌躇，方将四顾，何暇至乎人贵人贱哉！"仲尼闻之曰："古之真人，知者不得说，美人不得滥，盗人不得劫，伏戏、黄帝不得友。死生亦大矣，而无变乎己，况爵禄乎！若然者，其神经乎大山而无介，入乎渊泉而不濡，处卑细而不惫，充满天地，既以与人己愈有。"

楚王与凡君坐，少焉，楚王左右曰"凡亡"者三。凡君曰："凡之亡也，不足以丧吾存。夫凡之亡不足以丧吾存，则楚之存不足以存存。由是观之，则凡未始亡而楚未始存也。"

庄子·外篇·知北游第二十二

知北游于玄水之上，登隐弅之丘，而适遭无为谓焉。知谓无为谓曰："予欲有问乎若：何思何虑则知道？何处何服则安道？何从何道则得道？"三问而无为谓不答也。非不答，不知答也。知不得问，反于白水之南，登狐阕之上，而睹狂屈焉。知以之言也问乎狂屈。狂屈曰："唉！予知之，将语若。"中欲言而忘其所欲言。知不得问，反于帝宫，见黄帝而问焉。黄帝曰："无思无虑始知道，无处无服始安道，无从无道始得道。"知问黄帝曰："我与若知之，彼与彼不知也，其孰是邪？"黄帝曰："彼无为谓真是也，狂屈似之，我与汝终不近也。夫知者不言，言者不知，故圣人行不言之教。道不可致，德不可至。仁可为也，义可亏也，礼相伪也。故曰：'失道而后德，失德而后仁，失仁而后义，失义而后礼。'礼者，道之华而乱之首也。故曰：'为道者日损，损之又损，以至于无为。无为而无不为也。'今已为物也，欲复归根，不亦难乎！其易也其唯大人乎！生也死之徒，死也生之始，孰知其纪！人之生，气之聚也。聚则为生，散则为死。若死生为徒，吾又何患！故万物一也。是其所美者为神奇，其所恶者为臭腐。臭腐复化为神奇，神奇复化为臭腐。故曰：'通天下一气耳。'圣人故贵一。"知谓黄帝曰："吾问无为谓，无为谓不应我，非不我应，不知应我也；吾问狂屈，狂屈中欲告我而不我告，非不我告，中欲告而忘之也；今予问乎若，若知之，奚故不近？"黄帝曰："彼其真是也，以其不知也；此其似之也，以其忘之也；予与若终不近也，以其知之也。"狂屈闻之，以黄帝为知言。

天地有大美而不言，四时有明法而不议，万物有成理而不说。圣人者，原天地之美而达万物之理。是故至人无为，大圣不作，观于天地之谓也。今彼神明至精，与彼百化。物已死生方圆，莫知其根也。扁然而万物，自古以固存。六合为巨，未离其内；秋豪为小，待之成体；天下莫不沉浮，终身不故；阴阳四时运行，各得其序；惛然若亡而存；油然不形而神；万物畜而不知：此之谓本根，可以观于天矣！

齧缺问道乎被衣，被衣曰："若正汝形，一汝视，天和将至；摄汝知，一汝度，神将来舍。德将为汝美，道将为汝居。汝瞳焉如新生之犊而无求其故。"言未卒，齧缺睡寐。被衣大说，行歌而去之，曰："形若槁骸，心若死灰，真其实知，不以故自持。媒媒晦晦，无心而不可与谋。彼何人哉！"

舜问乎丞曰："道可得而有乎？"曰："汝身非汝有也，汝何得有夫道！"舜曰："吾身非吾有也，孰有之哉？"曰："是天地之委形也；生非汝有，是天地之委和也；性命非汝有，是天地之委顺也；子孙非汝有，是天地之委蜕也。故行不知所往，处不知所持，食不知所味。天地之强阳气也，又胡可得而有邪！"

孔子问于老聃曰："今日晏闲，敢问至道。"老聃曰："汝齐戒，疏瀹而心，澡雪而精神，掊击而知。夫道，窅然难言哉！将为汝言其崖略：夫昭昭生于冥冥，有伦生于无形，精神生于道，形本生于精，而万物以形相生。故九窍者胎生，八窍者卵生。其来无迹，其往无崖，无门无房，四达之皇皇也。邀于此者，四肢彊，思虑恂达，耳目聪明。其用心不劳，其应物无方，天不得不高，地不得不广，日月不得不行，万物不得不昌，此其道与！且夫博之不必知，辩之不必慧，圣人以断之矣！若夫益之而不加益，损之而不加损者，圣人之所保也。渊渊乎其若海，魏魏乎其终则复始也。运量万物而不遗。则君子之道，彼其外与！万物皆往资焉而不匮。此其道与！

"中国有人焉，非阴非阳，处于天地之间，直且为人，将反于宗。自本观之，生者，暗醷物也。虽有寿夭，相去几何？须臾之说也，奚足以为尧、桀之是非！果蓏有理，人伦虽难，所以相齿。圣人遭之而不违，过之而不守。调而应之，德也；偶而应之，道也。帝之所兴，王之所起也。

"人生天地之间，若白驹之过郤，忽然而已。注然勃然，莫不出焉；油然漻然，莫不入焉。已化而生，又化而死。生物哀之，人类悲之。解其天弢，堕其天帙。纷乎宛乎，魂魄将往，乃身从之。乃大归乎！不形之形，形之不形，是人之所同知也，非将至之所务也，此众人之所同论也。彼至则不论，论则不至；明见无值，辩不若默；道不可闻，闻不若塞：此之谓大得。"

东郭子问于庄子曰："所谓道，恶乎在？"庄子曰："无所不在。"东郭子曰："期而后可。"庄子曰："在蝼蚁。"曰："何其下邪？"曰："在稊稗。"曰："何其愈下邪？"曰："在瓦甓。"曰："何其愈甚邪？"曰："在屎溺。"东郭子不应。庄子曰："夫子之问也，固不及质。正、获之问于监市履狶也，'每下愈况'。汝唯莫必，无乎逃物。至道若是，大言亦然。周遍咸三者，异名同实，其指一也。尝相与游乎无何有之宫，同合而论，无所终穷乎？尝相与无为乎？澹而静乎！漠而清乎！调而闲乎！寥已吾志，吾往焉而不知其所至，去而来而不知其所止。吾已往来焉而不知其所终，彷徨乎冯闳，大知入焉而不知其所穷。物物者与物无际，而物有际者，所谓物际者也。不际之际，际之不际者也。谓盈虚衰杀，彼为盈虚非盈虚，彼为衰杀非衰杀，彼为本末非本末，彼为积散非积散也。"

妸荷甘与神农同学于老龙吉。神农隐几，阖户昼瞑。妸荷甘日中奓户而入，曰："老龙死矣！"神农隐几拥杖而起，嚗然放杖而笑，曰："天知予僻陋慢訑，故弃予而死。已矣，夫子无所发予之狂言而死矣夫！"弇堈吊闻之，曰："夫体道者，天下之君子所系焉。今于道，秋豪之端万分未得处一焉，而犹知藏其狂言而死，又况夫体道者乎！视之无形，听之无声，于人之论者，谓之冥冥，所以论道而非道也。"

于是泰清问乎无穷，曰："子知道乎？"无穷曰："吾不知。"又问乎无为，无为曰："吾知道。"曰："子之知道，亦有数乎？"曰："有。"曰："其数若何？"无为曰："吾知道之可以贵、可以贱、可以约、可以散，此吾所以知道之数也。"泰清以之言也问乎无始，曰："若是，则无穷之弗知与无为之知，孰是而孰非乎？"无始曰：

"不知深矣，知之浅矣；弗知内矣，知之外矣。"于是泰清中而叹曰："弗知乃知乎，知乃不知乎！孰知不知之知？"无始曰："道不可闻，闻而非也；道不可见，见而非也；道不可言，言而非也！知形形之不形乎？道不当名。"无始曰："有问道而应之者，不知道也；虽问道者，亦未闻道。道无问，问无应。无问问之，是问穷也；无应应之，是无内也。以无内待问穷，若是者，外不观乎宇宙，内不知乎大初。是以不过乎昆仑，不游乎太虚。"

光曜问乎无有曰："夫子有乎？其无有乎？"光曜不得问而孰视其状貌：窅然空然。终日视之而不见，听之而不闻，搏之而不得也。光曜曰："至矣，其孰能至此乎！予能有无矣，而未能无无也。及为无有矣，何从至此哉！"

大马之捶钩者，年八十矣，而不失豪芒。大马曰："子巧与！有道与？"曰："臣有守也。臣之年二十而好捶钩，于物无视也，非钩无察也。"是用之者假不用者也，以长得其用，而况乎无不用者乎！物孰不资焉。

冉求问于仲尼曰："未有天地可知邪？"仲尼曰："可。古犹今也。"冉求失问而退。明日复见，曰："昔者吾问：'未有天地可知乎？'夫子曰：'可。古犹今也。'昔日吾昭然，今日吾昧然。敢问何谓也？"仲尼曰："昔之昭然也，神者先受之；今之昧然也，且又为不神者求邪！无古无今，无始无终。未有子孙而有子孙可乎？"冉求未对。仲尼曰："已矣，未应矣！不以生生死，不以死死生。死生有待邪？皆有所一体。有先天地生者物邪？物物者非物，物出不得先物也，犹其有物也。犹其有物也无已！圣人之爱人也终无已者，亦乃取于是者也。"

颜渊问乎仲尼曰："回尝闻诸夫子曰：'无有所将，无有所迎。'回敢问其游。"仲尼曰："古之人外化而内不化，今之人内化而外不化。与物化者，一不化者也。安化安不化？安与之相靡？必与之莫多。狶韦氏之囿，黄帝之圃，有虞氏之宫，汤武之室。君子之人，若儒墨者师，故以是非相赍也，而况今之人乎！圣人处物不伤物。不伤物者，物亦不能伤也。唯无所伤者，为能与人相将迎。山林与，皋壤与，使我欣欣然而乐与！乐未毕也，哀又继之。哀乐之来，吾不能御，其去弗能止。悲夫，世人直为物逆旅耳！夫知遇而不知所不遇，能能而不能所不能。无知无能者，固人之所不免也。夫务免乎人之所不免者，岂不亦悲哉！至言去言，至为去为。齐知之，所知则浅矣！"

庄子·杂篇·庚桑楚第二十三

老聃之役有庚桑楚者，偏得老聃之道，以北居畏垒之山。其臣之画然知者去之，其妾之挈然仁者远之。拥肿之与居，鞅掌之为使。居三年，畏垒大壤。畏垒之民相与言曰："庚桑子之始来，吾洒然异之。今吾日计之而不足，岁计之而有余。庶几其圣人乎！子胡不相与尸而祝之，社而稷之乎？"庚桑子闻之，南面而不释然。弟子异之。庚桑子曰："弟子何异于予？夫春气发而百草生，正得秋而万宝成。夫春与秋，岂无得而然哉？天道已行矣。吾闻至人，尸居环堵之室，而百姓猖狂，不知所如往。今以畏垒之细民，而窃窃焉欲俎豆予于贤人之间，我其杓之人邪？吾是以不释于老聃之言。"弟子曰："不然。夫寻常之沟，巨鱼无所还其体，而鲵鳅为之制；步仞之丘陵，巨兽无所隐其躯，而孽狐为之祥。且夫尊贤授能，先善与利，自古尧、舜以然，而况畏垒之民乎！夫子亦听矣！"庚桑子曰："小子来！夫函车之兽，介而离山，则不免于网罟之患；吞舟之鱼，砀而失水，则蚁能苦之。故鸟兽不厌高，鱼鳖不厌深。夫全其形生之人，藏其身也，不厌深眇而已矣！且夫二子者，又何足以称扬哉！是其于辩也，将妄凿垣墙而殖蓬蒿也，简发而栉，数米而炊，窃窃乎又何足以济世哉！举贤则民相轧，任知则民相盗。之数物者，不足以厚民。民之于利甚勤，子有杀父，臣有杀君；正昼为盗，日中穴阫。吾语女：大乱之本，必生于尧、舜之间，其末存乎千世之后。千世之后，其必有人与人相食者也。"

南荣趎蹴然正坐曰："若趎之年者已长矣，将恶乎托业以及此言邪？"庚桑子曰："全汝形，抱汝生，无使汝思虑营营。若此三年，则可以及此言矣！"南荣趎曰："目之与形，吾不知其异也，而盲者不能自见；耳之与形，吾不知其异也，而聋者不能自闻；心之与形，吾不知其异也，而狂者不能自得。形之与形亦辟矣，而物或间之邪？欲相求而不能相得。今谓趎曰：'全汝形，抱汝生，勿使汝思虑营营。'趎勉闻道达耳矣！"庚桑子曰："辞尽矣，奔蜂不能化藿蠋，越鸡不能伏鹄卵，鲁鸡固能矣！鸡之与鸡，其德非不同也。有能与不能者，其才固有巨小也。今吾才小，不足以化子。子胡不南见老子！"南荣趎赢粮，七日七夜至老子之所。老子曰："子自楚之所来乎？"南荣趎曰："唯。"老子曰："子何与人偕来之众也？"南荣趎惧然顾其后。老子曰："子不知吾所谓乎？"南荣趎俯而惭，仰而叹，曰："今者吾忘吾答，因失吾问。"老子曰："何谓也？"南荣趎曰："不知乎人谓我朱愚，知乎反愁我躯；不仁则害人，仁则反愁我身；不义则伤彼，义则反愁我已。我安逃此而可？此三言者，趎之所患也。愿因楚而问之。"老子曰："向吾见若眉睫之间，吾因以得汝矣。今汝又言而信之。若规规然若丧父母，揭竿而求诸海也，女亡人哉！惘惘乎，汝欲反汝情性而无由入，可怜哉！"南荣趎请入就舍，召其所好，去其所恶。十日自愁，复见老子。老子曰："汝自洒濯，熟哉郁郁乎！然而其中津津乎犹有恶也。夫外韄者不可繁而捉，将内揵；内韄者不可缪而捉，将外揵；外内揵者，道德不能持，而况放道而行者乎！"南荣趎曰："里人有病，里人问之，病者能言其病，病者犹未病也。若趎之闻大道，譬犹饮药以加病也。趎愿闻卫生之经而已矣。"老子曰："卫生之经，能抱一乎！能勿失乎！能无卜筮而知吉凶乎！能止乎！能已乎！能舍诸人而求诸己乎！能翛然乎！能侗然乎！能儿子乎！儿子终日嗥而嗌不嗄，和之至也；终日握而手不掜，共其德也；终日视而目不瞚，偏不在外也。行不知所之，居不知所为，与物委蛇而同其波。是卫生之经已。"南荣趎曰："然则是至人之德已乎？"曰："非也。是乃所谓冰解冻释者，能乎？夫至人者，相与交食乎地而交乐乎天，不以人物利害相撄，不相与为怪，不相与为谋，不相与为事，翛然而往，侗然而来。是谓卫生之经已。"曰："然则是至乎？"曰："未也。吾固告汝曰：'能儿子乎！'儿子动不知所为，行不知所之，身若槁木之枝而心若死灰。若是者，祸亦不至，福亦不来。祸福无有，恶有人灾也！"

宇泰定者，发乎天光。发乎天光者，人见其人，物见其物。人有修者，乃今有恒。有恒者，人舍之，天助之。人之所舍，谓之天民；天之所助，谓之天子。

学者，学其所不能学也？行者，行其所不能行也？辩者，辩其所不能辩也？知止乎其所不能知，至矣！若有不即是者，天钧败之。备物以将形，藏不虞以生心，敬中以达彼。若是而万恶至者，皆天也，而非人也，不足以滑成，不可内于灵台。灵台者有持，而不知其所持而不可持者也。不见其诚己而发，每发而不当；业入而不舍，每更为失。为不善乎显明之中者，人得而诛之；为不善乎幽间之中者，鬼得而诛之。明乎人、明乎鬼者，然后能独行。券内者，行乎无名；券外者，志乎期费。行乎无名者，唯庸有光；志乎期费者，唯贾人也。人见其跂，犹之魁然。与物穷者，物入焉；与物且者，其身之不能容，焉能容人！不能容人者无亲，无亲者尽人。兵莫憯于志，镆铘为下；寇莫大于阴阳，无所逃于天地之间。非阴阳贼之，心则使之也。

道通其分也，其成也毁也。所恶乎分者，其分也以备。所以恶乎备者？其有以备。故出而不反，见其鬼。出而得，是谓得死。灭而有实，鬼之一也。以有形者象无形者而定矣！出无本，入无窍，有实而无乎处，有长而无乎本剽，有所出而无窍者有实。有实而无乎处者，宇也；有长而无本剽者，宙也。有乎生，有乎死；有乎出，有乎入，入出而无见其形，是谓天门。天门者，无有也。万物出乎无有。有不能以有为有，必出乎无有，而无有一无有。圣人藏乎是。

古之人，其知有所至矣。恶乎至？有以为未始有物者，至矣，尽矣，弗可以加矣！其次以为有物矣，将以生为丧也，以死为反也，是以分已。其次曰始无有，既而有生，生俄而死。以无有为首，以生为体，以死为尻。孰知有无死生之一守者，吾与之为友。是三者虽异，公族也。昭景也，著戴也；甲氏也，著封也：非一也。

有生黬也，披然曰"移是"。尝言"移是"，非所言也。虽然，不可知者也。腊者之有膍胲，可散而不可散也；观室者周于寝庙，又适其偃焉！为是举"移是"。请尝言"移是"：是以生为本，以知为师，因以乘是非。果有名实，因以己为质，使人以为己节，因以死偿节。若然者，以用为知，以不用为愚；以彻为名，以穷为辱。"移是"，今之人也，是蜩与学鸠同于同也。

蹍市人之足，则辞以放骜，兄则以妪，大亲则已矣。故曰：至礼有不人，至义不物，至知不谋，至仁无亲，至信辟金。彻志之勃，解心之谬，去德之累，达道之塞。贵富显严名利六者，勃志也；容动色理气意六者，谬心也；恶欲喜怒哀乐六者，累德也；去就取与知能六者，塞道也。此四六者不荡胸中则正，正则静，静则明，明则虚，虚则无为而无不为也。

道者，德之钦也；生者，德之光也；性者，生之质也。性之动谓之为，为之伪谓之失。知者，接也；知者，谟也。知者之所不知，犹睨也。动以不得已之谓德，动无非我之谓治，名相反而实相顺也。羿工乎中微而拙乎使人无己誉；圣人工乎天而拙乎人；夫工乎天而俍乎人者，唯全人能之。虽虫能虫，虽虫能天。全人恶天，恶人之天，而况吾天乎人乎！一雀适羿，羿必得之，或也。以天下为之笼，则雀无所逃。是故汤以胞人笼伊尹，秦穆公以五羊之皮笼百里奚。是故非以其所好笼之而可得者，无有也。介者拸画，外非誉也。胥靡登高而不惧，遗死生也。夫复謵不馈而忘人，忘人，因以为天人矣！故敬之而不喜，侮之而不怒者，唯同乎天和者为然。出怒不怒，则怒出于不怒矣；出为无为，则为出于无为矣！欲静则平气，欲神则顺心。有为也欲当，则缘于不得已。不得已之类，圣人之道。

庄子·杂篇·徐无鬼第二十四

徐无鬼因女商见魏武侯，武侯劳之曰："先生病矣，苦于山林之劳，故乃肯见于寡人。"徐无鬼曰："我则劳于君，君有何劳于我！君将盈耆欲，长好恶，则性命之情病矣；君将黜耆欲，挈好恶，则耳目病矣。我将劳君，君有何劳于我！"武侯超然不对。少焉，徐无鬼曰："尝语君吾相狗也：下之质，执饱而止，是狸德也；中之质，若视日；上之质，若亡其一。吾相狗又不若吾相马也。吾相马：直者中绳，曲者中钩，方者中矩，圆者中规。是国马也，而未若天下马也。天下马有成材，若卹若失，若丧其一。若是者，超轶绝尘，不知其所。"武侯大悦而笑。徐无鬼出，女商曰："先生独何以说吾君乎？吾所以说吾君者，横说之则以《诗》、《书》、《礼》、《乐》，从说之则以《金板》、《六弢》，奉事而大有功者不可为数，而吾君未尝启齿。今先生何以说吾君？使吾君说若此乎？"徐无鬼曰："吾直告之吾相狗马耳。"女商曰："若是乎？"曰："子不闻夫越之流人乎？去国数日，见其所知而喜；去国旬月，见所尝见于国中者喜；及期年也，见似人者而喜矣。不亦去人滋久思人滋深乎？夫逃虚空者，藜藋柱乎鼪鼬之径，踉位其空，闻人足音跫然而喜矣，又况乎昆弟亲戚之謦欬其侧者乎！久矣夫，莫以真人之言謦欬吾君之侧乎！"

徐无鬼见武侯，武侯曰："先生居山林，食芧栗，厌葱韭，以宾寡人，久矣夫！今老邪？其欲干酒肉之味邪？其寡人亦有社稷之福邪？"徐无鬼曰："无鬼生于贫贱，未尝敢饮食君之酒肉，将来劳君也。"君曰："何哉！奚劳寡人？"曰："劳君之神与形。"武侯曰："何谓邪？"徐无鬼曰："天地之养也一，登高不可以为长，居下不可以为短。君独为万乘之主，以苦一国之民，以养耳目鼻口，夫神者不自许也。夫神者，好和而恶奸。夫奸，病也，故劳之。唯君所病之何也？"武侯曰："欲见先生久矣！吾欲爱民而为义偃兵，其可乎？"徐无鬼曰："不可。爱民，害民之始也；为义偃兵，造兵之本也。君自此为之，则殆不成。凡成美，恶器也。君虽为仁义，几且伪哉！形固造形，成固有伐，变固外哉。君亦必无盛鹤列于丽谯之间，无徒骥于锱坛之宫，无藏逆于得，无以巧胜人，无以谋胜人，无以战胜人。夫杀人之士民，兼人之土地，以养吾私与吾神者，其战不知孰善？胜之恶乎在？君若勿已矣！修胸中之诚以应天地之情而勿撄。夫民死已脱矣，君将恶乎用夫偃兵哉！"

黄帝将见大隗乎具茨之山，方明为御，昌寓骖乘，张若、諝朋前马，昆阍、滑稽后车。至于襄城之野，七圣皆迷，无所问涂。适遇牧马童子，问涂焉，曰："若知具茨之山乎？"曰："然。""若知大隗之所存乎？"曰："然。"黄帝曰："异哉小童！非徒知具茨之山，又知大隗之所存。请问为天下。"小童曰："夫为天下者，亦若此而已矣，又奚事焉！予少而自游于六合之内，予适有瞀病，有长者教予曰：'若乘日之车而游于襄城之野。'今予病少痊，予又且复游于六合之外。夫为天下亦若此而已。予又奚事焉！"黄帝曰："夫为天下者，则诚非吾子之事，虽然，请问为天下。"小童辞。黄帝又问。小童曰："夫为天下者，亦奚以异乎牧马者哉！亦去其害马者而已矣！"黄帝再拜稽首，称天师而退。

知士无思虑之变则不乐；辩士无谈说之序则不乐；察士无凌谇之事则不乐：皆囿于物者也。招世之士兴朝；中民之士荣官；筋力之士矜难；勇敢之士奋患；兵革之士乐战；枯槁之士宿名；法律之士广治；礼教之士敬容；仁义之士贵际。农夫无草莱之事则不比；商贾无市井之事则不比；庶人有旦暮之业则劝；百工有器械之巧则壮。钱财不积则贪者忧，权势不尤则夸者悲，势物之徒乐变。遭时有所用，不能无为也，此皆顺比于岁，不物于易者也。驰其形性，潜之万物，终身不反，悲夫！

庄子曰："射者非前期而中谓之善射，天下皆羿也，可乎？"惠子曰："可。"庄子曰："天下非有公是也，而各是其所是，天下皆尧也，可乎？"惠子曰："可。"庄子曰："然则儒墨杨秉四，与夫子为五，果孰是邪？或者若鲁遽者邪？其弟子曰：'我得夫子之道矣！吾能冬爨鼎而夏造冰矣！'鲁遽曰：'是直以阳召阳，以阴召阴，非吾所谓道也。吾示子乎吾道。'于是为之调瑟，废一于堂，废一于室，鼓宫宫动，鼓角角动，音律同矣！夫或改调一弦，于五音无当也，鼓之，二十五弦皆动，未始异于声而音之君已！且若是者邪！"惠子曰："今乎儒墨杨秉，且方与我以辩，相拂以辞，相镇以声，而未始吾非也，则奚若矣？"庄子曰："齐人蹢子于宋者，其命阍也不以完；其求钘钟也以束缚；其求唐子也而未始出域：有遗类矣！夫楚人寄而蹢閽者；夜半于无人之时而与舟人斗，未始离于岑而足以造于怨也。"

庄子送葬，过惠子之墓，顾谓从者曰："郢人垩慢其鼻端若蝇翼，使匠石斲之。匠石运斤成风，听而斲之，尽垩而鼻不伤，郢人立不失容。宋元君闻之，召匠石曰：'尝试为寡人为之。'匠石曰：'臣则尝能斲之。虽然，臣之质死久矣！'自夫子之死也，吾无以为质矣，吾无与言之矣！"

管仲有病，桓公问之曰："仲父之病病矣，可不讳云，至于大病，则寡人恶乎属国而可？"管仲曰："公谁欲与？"公曰："鲍叔牙。"曰："不可。其为人洁廉，善士也；其于不己若者不比之；又一闻人之过，终身不忘。使之治国，上且钩乎君，下且逆乎民。其得罪于君也将弗久矣！"公曰："然则孰可？"对曰："勿已则隰朋可。其为人也，上忘而下畔，愧不若黄帝，而哀不己若者。以德分人谓之圣；以财分人谓之贤。以贤临人，未有得人者也；以贤下人，未有不得人者也。其于国有不闻也，其于家有不见也。勿已则隰朋可。"

吴王浮于江，登乎狙之山，众狙见之，恂然弃而走，逃于深蓁。有一狙焉，委蛇攫搔，见巧乎王。王射之，敏给搏捷矢。王命相者趋射之，狙执死。王顾谓其友颜不疑曰："之狙也，伐其巧、恃其便以敖予，以至此殛也。戒之哉！嗟乎！无以汝色骄人哉？"颜不疑归而师董梧，以锄其色，去乐辞显，三年而国人称之。

南伯子綦隐几而坐，仰天而嘘。颜成子入见曰："夫子，物之尤也。形固可使若槁骸，心固可使若死灰乎？"曰："吾尝居山穴之中矣。当是时也，田禾一睹我而齐国之众三贺。我必先之，彼故知之；我必卖之，彼故鬻之。若我而不有之，彼恶得而知之？若我而不卖之，彼恶得而鬻之？嗟乎！我悲人之自丧者；吾又悲夫悲人者；吾又悲夫悲人之悲者；其后而日远矣！"

仲尼之楚，楚王觞之。孙叔敖执爵而立。市南宜僚受酒而祭，曰："古之人乎！于此言已。"曰："丘也闻不言之言矣，未之尝言，于此乎言之：市南宜僚弄丸而两家之难解；孙叔敖甘寝秉羽而郢人投兵；丘愿有喙三尺。"彼之谓不道之道，此之谓不言之辩。故德总乎道之所一，而言休乎知之所不知，至矣。道之所一者，德不能同也。知之所不能知者，辩不能举也。名若儒墨而凶矣。故海不辞东流，大之至也。圣人并包天地，泽及天下，而不知其谁氏。是故生无爵，死无谥，实不聚，名不立，此之谓大人。狗不以善吠为良，人不以善言为贤，而况为大乎！夫为大不足以为大，而况为德乎！夫大备矣，莫若天地。然奚求焉，而大备矣！知大备者，无求，无失，无弃，不以物易己也。反己而不穷，循古而不摩，大人之诚！

子綦有八子，陈诸前，召九方歅曰："为我相吾子，孰为祥。"九方歅曰："梱也为祥。"子綦瞿然喜曰："奚若？"曰："梱也，将与国君同食以终其身。"子綦索然出涕曰："吾子何为以至于是极也？"九方歅曰："夫与国君同食，泽及三族，而况父母乎！今夫子闻之而泣，是御福也。子则祥矣，父则不祥。"子綦曰："歅，汝何足以识之。而梱祥邪？尽于酒肉，入于鼻口矣，而何足以知其所自来！吾未尝为牧而牂生于奥，未尝好田而鹑生于宎，若勿怪，何邪？吾所与吾子游者，游于天地，吾与之邀乐于天，吾与之邀食于地。吾不与之为事，不与之为谋，不与之为怪。吾与之乘天地之诚而不以物与之相撄，吾与之一委蛇而不与之为事所宜。今也然有世俗之偿焉？凡有怪征者必有怪行，殆乎！非我与吾子之罪，几天与之也！吾是以泣也。"无几何而使梱之于燕，盗得之于道，全而鬻之则难，不若刖之则易，于是乎刖而鬻之于齐，适当渠公之街，然身食肉而终。

啮缺遇许由曰："子将奚之？"曰："将逃尧。"曰："奚谓邪？"曰："夫尧畜畜然仁，吾恐其为天下笑。后世其人与人相食与！夫民不难聚也，爱之则亲，利之则至，誉之则劝，致其所恶则散。爱利出乎仁义，捐仁义者寡，利仁义者众。夫仁义之行，唯且无诚，且假乎禽贪者器。是以一人之断制天下，譬之犹一觐也。夫尧知贤人之利天下也，而不知其贼天下也。夫唯外乎贤者知之矣。"

有暖姝者，有濡需者，有卷娄者。所谓暖姝者，学一先生之言，则暖暖姝姝而私自说也，自以为足矣，而未知未始有物也。是以谓暖姝者也。濡需者，豕虱是也，择疏鬣长毛，自以为广宫大囿。奎蹏曲隈，乳间股脚，自以为安室利处。不知屠者之一旦鼓臂布草操烟火，而己与豕俱焦也。此以域进，此以域退，此其所谓濡需者也。卷娄者，舜也。羊肉不慕蚁，蚁慕羊肉，羊肉膻也。舜有膻行，百姓悦之，故三徙成都，至邓之虚而十有万家。尧闻舜之贤，举之童土之地，曰："冀得其来之泽。"舜举乎童土之地，年齿长矣，聪明衰矣，而不得休归，所谓卷娄者也。是以神人恶众至，众至则不比，不比则不利也。故无所甚亲，无所甚疏，抱德炀和，以顺天下，此谓真人。于蚁弃知，于鱼得计，于羊弃意。以目视目，以耳听耳，以心复心。若然者，其平也绳，其变也循。古之真人！以天待人，不以人入天，古之真人！

得之也生，失之也死；得之也死，失之也生：药也。其实堇也，桔便也，鸡痹也，豕零也，是时为帝者也，何可胜言！

句践也以甲楯三千栖于会稽，唯种也能知亡之所以存，唯种也不知其身之所以愁。故曰：鸱目有所适，鹤胫有所节，解之也悲。故曰：风之过，河也有损焉；日之过，河也有损焉；请只风与日相与守河，而河以为未始其撄也，恃源而往者也。故水之守土也审，影之守人也审，物之守物也审。故目之于明也殆，耳之于聪也殆，心之于殉也殆，凡能其于府也殆，殆之成也不给改。祸之长也兹萃，其反也缘功，其果也待久。而人以为己宝，不亦悲乎！故有亡国戮民无已，不知问是也。故足之于地也践，虽践，恃其所不蹍而后善博也；人之于知也少，虽少，恃其所不知而后知天之所谓也。知大一，知大阴，知大目，知大钧，知大方，知大信，知大定，至矣！大一通之，大阴解之，大目视之，大均缘之，大方体之，大信稽之，大定持之。尽有天，循有照，冥有枢，始有彼。则其解之也似不解之者，其知之也似不知之也，不知而后知之。其问之也，不可以有崖，而不可以无崖。颉滑有实，古今不代，而不可以亏，则可不谓有大扬摧乎！阖不亦问是已，奚惑然为！以不惑解惑，复于不惑，是尚大不惑。

庄子·杂篇·则阳第二十五

则阳游于楚，夷节言之于王，王未之见。夷节归。彭阳见王果曰："夫子何不谭我于王？"王果曰："我不若公阅休。"彭阳曰："公阅休奚为者邪？"曰："冬则擉鳖于江，夏则休乎山樊。有过而问者，曰：'此予宅也。'夫夷节已不能，而况我乎！吾又不若夷节。夫夷节之为人也，无德而有知，不自许，以之神其交，固颠冥乎富贵之地。非相助以德，相助消也。夫冻者假衣于春，暍者反冬乎冷风。夫楚王之为人也，形尊而严。其于罪也，无赦如虎。非夫佞人正德，其孰能挠焉！故圣人其穷也，使家人忘其贫；其达也，使王公忘爵禄而化卑；其于物也，与之为娱矣；其于人也，乐物之通而保己焉。故或不言而饮人以和，与人并立而使人化，父子之宜。彼其乎归居，而一闲其所施。其于人心者，若是其远也。故曰'待公阅休'。"

圣人达绸缪，周尽一体矣，而不知其然，性也。复命摇作而以天为师，人则从而命之也。忧乎知，而所行恒无几时，其有止也，若之何！生而美者，人与之鉴，不告则不知其美于人也。若知之，若不知之，若闻之，若不闻之，其可喜也终无已，人之好之亦无已，性也。圣人之爱人也，人与之名，不告则不知其爱人也。若知之，若不知之，若闻之，若不闻之，其爱人也终无已，人之安之亦无已，性也。旧国旧都，望之畅然。虽使丘陵草木之缗入之者十九，犹之畅然，况见见闻闻者也，以十仞之台县众间者也。冉相氏得其环中以随成，与物无终无始，无几无时。日与物化者，一不化者也。阖尝舍之！夫师天而不得师天，与物皆殉。其以为事也，若之何！夫圣人未始有天，未始有人，未始有始，未始有物，与世偕行而不替，所行之备而不洫，其合之也，若之何！

汤得其司御，门尹登恒为之傅之。从师而不囿，得其随成。为之司其名之名嬴法得其两见。仲尼之尽虑，为之傅之。容成氏曰："除日无岁，无内无外。"

魏莹与田侯牟约，田侯牟背之，魏莹怒，将使人刺之。犀首公孙衍闻而耻之，曰："君为万乘之君也，而以匹夫从仇。衍请受甲二十万，为君攻之，虏其人民，系其牛马，使其君内热发于背，然后拔其国。忌也出走，然后抶其背，折其脊。"季子闻而耻之，曰："筑十仞之城，城者既十仞矣，则又坏之，此胥靡之所苦也。今兵不起七年矣，此王之基也。衍，乱人也，不可听也。"华子闻而丑之，曰："善言伐齐者，乱人也；善言勿伐者，亦乱人也；谓'伐之与不伐乱人也'者，又乱人也。"君曰："然则若何？"曰："君求其道而已矣。"惠子闻之，而见戴晋人。戴晋人曰："有所谓蜗者，君知之乎？"曰："然。""有国于蜗之左角者，曰触氏；有国于蜗之右角者，曰蛮氏。时相与争地而战，伏尸数万，逐北旬有五日而后反。"君曰："噫！其虚言与？"曰："臣请为君实之。君以意在四方上下有穷乎？"君曰："无穷。"曰："知游心于无穷，而反在通达之国，若存若亡乎？"君曰："然。"曰："能达之中有魏，于魏中有梁，于梁中有王，王与蛮氏有辩乎？"君曰："无辩。"客出而君惝然若有亡也。客出，惠子见。君曰："客，大人也，圣人不足以当之。"惠子曰："夫吹管也，犹有嗃也；吹剑首者，吷而已矣。尧、舜，人之所誉也。道尧、舜于戴晋人之前，譬犹一吷也。"

孔子之楚，舍于蚁丘之浆。其邻有夫妻臣妾登极者，子路曰："是稷稷何为者邪？"仲尼曰："是圣人仆也。是自埋于民，自藏于畔。其声销，其志无穷，其口虽言，其心未尝言。方且与世违，而心不屑与之俱。是陆沈者也，是其市南宜僚邪？"子路请往召之。孔子曰："已矣！彼知丘之著于己也，知丘之适楚也，以丘为必使楚王之召己也。彼且以丘为佞人也。夫若然者，其于佞人也，羞闻其言，而况亲见其身乎！而何以为存！"子路往视之，其室虚矣。

长梧封人问子牢曰："君为政焉勿卤莽，治民焉勿灭裂。昔予为禾，耕而卤莽之，则其实亦卤莽而报予；芸而灭裂之，其实亦灭裂而报予。予来年变齐，深其耕而熟耰之，其禾蘩以滋，予终年厌飧。"庄子闻之曰："今人之治其形，理其心，多以似封人之所谓：遁其天，离其性，灭其情，亡其神，以众为。故卤莽其性者，欲恶之孽为性，萑苇蒹葭始萌，以扶吾形，寻擢吾性。并溃漏发，不择所出，漂疽疥痈，内热溲膏是也。"

柏矩学于老聃，曰："请之天下游。"老聃曰："已矣！天下犹是也。"又请之，老聃曰："汝将何始？"曰："始于齐。"至齐，见辜人焉，推而强之，解朝服而幕之，号天而哭之，曰："子乎！子乎！天下有大菑，子独先离之。曰'莫为盗，莫为杀人'。荣辱立然后睹所病，货财聚然后睹所争。今立人之所病，聚人之所争，穷困人之身，使无休时。欲无至此得乎？古之君人者，以得为在民，以失为在己；以正为在民，以枉为在己。故一形有失其形者，退而自责。今则不然，匿为物而愚不识，大为难而罪不敢，重为任而罚不胜，远其涂而诛不至。民知力竭，则以伪继之。日出多伪，士民安取不伪。夫力不足则伪，知不足则欺，财不足则盗。盗窃之行，于谁责而可乎？"

蘧伯玉行年六十而六十化，未尝不始于是之，而卒诎之以非也。未知今之所谓是之非五十九非也。万物有乎生而莫见其根，有乎出而莫见其门。人皆尊其知之所知，而莫知恃其知之所不知而后知，可不谓大疑乎！已乎！已乎！且无所逃。此所谓然与然乎！

仲尼问于大史大弢、伯常骞、狶韦曰："夫卫灵公饮酒湛乐，不听国家之政；田猎毕弋，不应诸侯之际：其所以为灵公者何邪？"大弢曰："是因是也。"伯常骞曰："夫灵公有妻三人，同滥而浴。史鳅奉御而进所，搏币而扶翼。其慢若彼之甚也，见贤人若此其肃也，是其所以为灵公也。"狶韦曰："夫灵公也，死，卜葬于故墓，不吉；卜葬于沙丘而吉。掘之数仞，得石椁焉，洗而视之，有铭焉，曰：'不冯其子，灵公夺而里之。'夫灵公之为灵也久矣！之二人何足以识之。"

少知问于大公调曰："何谓丘里之言？"大公调曰："丘里者，合十姓百名而以为风俗也，合异以为同，散同以为异。今指马之百体而不得马，而马系于前者，立其百体而谓之马也。是故丘山积卑而为高，江河合水而为大，大人合并而为公。是以自外入者，有主而不执；由中出者，有正而不距。四时殊气，天不赐，故岁成；五官殊职，君不私，故国治；文武殊材，大人不赐，故德备；万物殊理，道不私，故无名。无名故无为，无为而无不为。时有终始，世有变化，祸福淳淳，至有所拂者而有所宜，自殉殊面；有所正者有所差，比于大宅，百材皆度；观于大山，木石同坛。此之谓丘里之言。"少知曰："然则谓之道足乎？"大公调曰："不然，今计物之数，不止于万，而期曰万物者，以数之多者号而读之也。是故天地者，形之大者也；阴阳者，气之大者也；道者为之公。因其大以号而读之则可也，已有之矣，乃将得比哉！则若以斯辩，譬犹狗马，其不及远矣。"少知曰："四方之内，六合之里，万物之所生恶起？"大公调曰："阴阳相照相盖相治，四时相代相生相杀。欲恶去就，于是桥起。雌雄片合，于是庸有。安危相易，祸福相生，缓急相摩，聚散以成。此名实之可纪，精微之可志也。随序之相理，桥运之相使，穷则反，终则始，此物之所有。言之所尽，知之所至，极物而已。睹道之人，不随其所废，不原其所起，此议之所止。"少知曰："季真之莫为，接子之或使。二家之议，孰正于其情，孰偏于其理？"大公调曰："鸡鸣狗吠，是人之所知。虽有大知，不能以言读其所自化，又不能以意其所将为。斯而析之，精至于无伦，大至于不可围。或之使，莫之为，未免于物而终以为过。或使则实，莫为则虚。有名有实，是物之居；无名无实，在物之虚。可言可意，言而愈疏。未生不可忌，已死不可阻。死生非远也，理不可睹。或之使，莫之为，疑之所假。吾观之本，其往无穷；吾求之末，其来无止。无穷无止，言之无也，与物同理。或使莫为，言之本也，与物终始。道不可有，有不可无。道之为名，所假而行。或使莫为，在物一曲，夫胡为于大方！言而足，则终日言而尽道；言而不足，则终日言而尽物。道，物之极，言默不足以载。非言非默，议有所极。"

庄子·杂篇·外物第二十六

外物不可必，故龙逢诛，比干戮，箕子狂，恶来死，桀、纣亡。人主莫不欲其臣之忠，而忠未必信，故伍员流于江，苌弘死于蜀，藏其血，三年而化为碧。人亲莫不欲其子之孝，而孝未必爱，故孝己忧而曾参悲。木与木相摩则然，金与火相守则流，阴阳错行，则天地大绞，于是乎有雷有霆，水中有火，乃焚大槐。有甚忧两陷而无所逃。螴蜳不得成，心若县于天地之间，慰暋沈屯，利害相摩，生火甚多，众人焚和，月固不胜火，于是乎有僓然而道尽。

庄周家贫，故往贷粟于监河侯。监河侯曰："诺。我将得邑金，将贷子三百金，可乎？"庄周忿然作色曰："周昨来，有中道而呼者，周顾视车辙，中有鲋鱼焉。周问之曰：'鲋鱼来！子何为者耶？'对曰：'我，东海之波臣也。君岂有斗升之水而活我哉！'周曰：'诺，我且南游吴越之王，激西江之水而迎子，可乎？'鲋鱼忿然作色曰：'吾失我常与，我无所处。我得斗升之水然活耳。君乃言此，曾不如早索我于枯鱼之肆。'"

任公子为大钩巨缁，五十犗以为饵，蹲于会稽，投竿东海，旦旦而钓，期年不得鱼。已而大鱼食之，牵巨钩，錎没而下骛，扬而奋鬐，白波若山，海水震荡，声侔鬼神，惮赫千里。任公子得若鱼，离而腊之，自制河以东，苍梧已北，莫不厌若鱼者。已而后世辁才讽说之徒，皆惊而相告也。夫揭竿累，趣灌渎，守鲵鲋，其于得大鱼难矣！饰小说以干县令，其于大达亦远矣。是以未尝闻任氏之风俗，其不可与经于世亦远矣！

儒以《诗》、《礼》发冢，大儒胪传曰："东方作矣，事之何若？"小儒曰："未解裙襦，口中有珠。《诗》固有之曰：'青青之麦，生于陵陂。生不布施，死何含珠为？'""接其鬓，压其顪，儒以金椎控其颐，徐别其颊，无伤口中珠。"

老莱子之弟子出薪，遇仲尼，反以告，曰："有人于彼，修上而趋下，末偻而后耳，视若营四海，不知其谁氏之子。"老莱子曰："是丘也，召而来。"仲尼至。曰："丘，去汝躬矜与汝容知，斯为君子矣。"仲尼揖而退，蹙然改容而问曰："业可得进乎？"老莱子曰："夫不忍一世之伤，而骜万世之患。抑固窭邪？亡其略弗及邪？惠以欢为，骜终身之丑，中民之行易进焉耳！相引以名，相结以隐。与其誉尧而非桀，不如两忘而闭其所誉。反无非伤也，动无非邪也，圣人踌躇以兴事，以每成功。奈何哉，其载焉终矜尔！"

宋元君夜半而梦人被发窥阿门，曰："予自宰路之渊，予为清江使河泊之所，渔者余且得予。"元君觉，使人占之，曰："此神龟也。"君曰："渔者有余且乎？"左右曰："有。"君曰："令余且会朝。"明日，余且朝。君曰："渔何得？"对曰："且之网得白龟焉，其圆五尺。"君曰："献若之龟。"龟至，君再欲杀之，再欲活之。心疑，卜之。曰："杀龟以卜吉。"乃刳龟，七十二钻而无遗筴。仲尼曰："神龟能见梦于元君，而不能避余且之网；知能七十二钻而无遗筴，不能避刳肠之患。如是则知有所困，神有所不及也。虽有至知，万人谋之。鱼不畏网而畏鹈鹕。去小知而大知明，去善而自善矣。婴儿生，无硕师而能言，与能言者处也。"

惠子谓庄子曰："子言无用。"庄子曰："知无用而始可与言用矣。天地非不广且大也，人之所用容足耳，然则厕足而垫之致黄泉，人尚有用乎？"惠子曰："无用。"庄子曰："然则无用之为用也亦明矣。"

庄子曰："人有能游，且得不游乎！人而不能游，且得游乎！夫流遁之志，决绝之行，噫，其非至知厚德之任与！覆坠而不反，火驰而不顾。虽相与为君臣，时也。易世而无以相贱。故曰：至人不留行焉。夫尊古而卑今，学者之流也。且以狶韦氏之流观今之世，夫孰能不波！唯至人乃能游于世而不僻，顺人而不失己。彼教不学，承意不彼。目彻为明，耳彻为聪，鼻彻为颤，口彻为甘，心彻为知，知彻为德。凡道不欲壅，壅则哽，哽而不止则跈，跈则众害生。物之有知者恃息。其不殷，非天之罪。天之穿之，日夜无降，人则顾塞其窦。胞有重阆，心有天游。室无空虚，则妇姑勃豀；心无天游，则六凿相攘。大林丘山之善于人也，亦神者不胜。德溢乎名，名溢乎暴，谋稽乎誸，知出乎争，柴生乎守，官事果乎众宜。春雨日时，草木怒生，铫鎒于是乎始修，草木之倒植者过半而不知其然。静然可以补病，眦搣可以沐老，宁可以止遽。虽然，若是劳者之务也，非佚者之所未尝过而问焉；圣人之所以骇天下，神人未尝过而问焉；贤人所以骇世，圣人未尝过而问焉；君子所以骇国，贤人未尝过而问焉；小人所以合时，君子未尝过而问焉。

演门有亲死者，以善毁爵为官师，其党人毁而死者半。尧与许由天下，许由逃之；汤与务光，务光怒之；纪他闻之，帅弟子而踆于窾水，诸侯吊之。三年，申徒狄因以蹈河。

荃者所以在鱼，得鱼而忘荃；蹄者所以在兔，得兔而忘蹄；言者所以在意，得意而忘言。吾安得夫忘言之人而与之言哉！"

庄子·杂篇·寓言第二十七

寓言十九，重言十七，卮言日出，和以天倪。寓言十九，藉外论之。亲父不为其子媒。亲父誉之，不若非其父者也。非吾之罪也，人之罪也。与己同则应，不与己同则反。同于己为是之，异于己为非之。重言十七，所以已言也。是为耆艾，年先矣，而无经纬本末以期来者，是非先也。人而无以先人，无人道也。人而无人道，是之谓陈人。卮言日出，和以天倪，因以曼衍，所以穷年。不言则齐，齐与言不齐，言与齐不齐也。故曰："言无言。"言无言：终身言，未尝言；终身不言，未尝不言。有自也而可，有自也而不可；有自也而然，有自也而不然。恶乎然？然于然；恶乎不然？不然于不然。恶乎可？可于可；恶乎不可？不可于不可。物固有所然，物固有所可。无物不然，无物不可。非卮言日出，和以天倪，孰得其久！万物皆种也，以不同形相禅，始卒若环，莫得其伦，是谓天均。天均者，天倪也。

庄子谓惠子曰："孔子行年六十而六十化。始时所是，卒而非之。未知今之所谓是之非五十九非也。"惠子曰："孔子勤志服知也。"庄子曰："孔子谢之矣，而其未之言也。孔子云：夫受才乎大本，复灵以生。鸣而当律，言而当法。利义陈乎前，而好恶是非直服人之口而已矣。使人乃以心服而不敢蘁，立定天下之定。已乎，已乎！吾且不得及彼乎！"

曾子再仕而心再化，曰："吾及亲仕，三釜而心乐；后仕，三千锺而不洎，吾心悲。"弟子问于仲尼曰："若参者，可谓无所县其罪乎？"曰："既已县矣！夫无所县者，可以有哀乎？彼视三釜、三千锺，如观雀蚊虻相过乎前也。"

颜成子游谓东郭子綦曰："自吾闻子之言，一年而野，二年而从，三年而通，四年而物，五年而来，六年而鬼入，七年而天成，八年而不知死、不知生，九年而大妙。生有为，死也。劝公以其私，死也有自也，而生阳也，无自也。而果然乎？恶乎其所适，恶乎其所不适？天有历数，地有人据，吾恶乎求之？莫知其所终，若之何其无命也？莫知其所始，若之何其有命也？有以相应也，若之何其无鬼邪？无以相应也，若之何其有鬼邪？"

众罔两问于景曰："若向也俯而今也仰，向也括撮而今也被发；向也坐而今也起；向也行而今也止：何也？"景曰："搜搜也，奚稍问也！予有而不知其所以。予，蜩甲也，蛇蜕也，似之而非也。火与日，吾屯也；阴与夜，吾代也。彼，吾所以有待邪，而况乎以无有待者乎！彼来则我与之来，彼往则我与之往，彼强阳则我与之强阳。强阳者，又何以有问乎！"

阳子居南之沛，老聃西游于秦。邀于郊，至于梁而遇老子。老子中道仰天而叹曰："始以汝为可教，今不可也。"阳子居不答。至舍，进盥漱巾栉，脱屦户外，膝行而前，曰："向者弟子欲请夫子，夫子行不闲，是以不敢；今闲矣，请问其过。"老子曰："而睢睢盱盱，而谁与居！大白若辱，盛德若不足。"阳子居蹴然变容曰："敬闻命矣！"其往也，舍者迎将其家，公执席，妻执巾栉，舍者避席，炀者避竈。其反也，舍者与之争席矣！

庄子·杂篇·让王第二十八

尧以天下让许由，许由不受。又让于子州支父，子州支父曰："以我为天子，犹之可也。虽然，我适有幽忧之病，方且治之，未暇治天下也。"夫天下至重也，而不以害其生，又况他物乎！唯无以天下为者可以托天下也。舜让天下于子州支伯，子州支伯曰："予适有幽忧之病，方且治之，未暇治天下也。"故天下大器也，而不以易生。此有道者之所以异乎俗者也。舜以天下让善卷，善卷曰："余立于宇宙之中，冬日衣皮毛，夏日衣葛絺。春耕种，形足以劳动；秋收敛，身足以休食。日出而作，日入而息，逍遥于天地之间，而心意自得。吾何以天下为哉！悲夫，子之不知余也。"遂不受。于是去而入深山，莫知其处。舜以天下让其友石户之农。石户之农曰："捲捲乎，后之为人，葆力之士也。"以舜之德为未至也。于是夫负妻戴，携子以入于海，终身不反也。

大王亶父居邠，狄人攻之。事之以皮帛而不受，事之以犬马而不受，事之以珠玉而不受。狄人之所求者土地也。大王亶父曰："与人之兄居而杀其弟，与人之父居而杀其子，吾不忍也。子皆勉居矣！为吾臣与为狄人臣奚以异。且吾闻之：不以所用养害所养。"因杖筴而去之。民相连而从之。遂成国于岐山之下。夫大王亶父可谓能尊生矣。能尊生者，虽贵富不以养伤身，虽贫贱不以利累形。今世之人居高官尊爵者，皆重失之。见利轻亡其身，岂不惑哉！

越人三世弑其君，王子搜患之，逃乎丹穴，而越国无君。求王子搜不得，从之丹穴。王子搜不肯出，越人熏之以艾。乘以王舆。王子搜援绥登车，仰天而呼曰："君乎，君乎，独不可以舍我乎！"王子搜非恶为君也，恶为君之患也。若王子搜者，可谓不以国伤生矣！此固越人之所欲得为君也。

韩魏相与争侵地，子华子见昭僖侯，昭僖侯有忧色。子华子曰："今使天下书铭于君之前，书之言曰：'左手攫之则右手废，右手攫之则左手废。然而攫之者必有天下。'君能攫之乎？"昭僖侯曰："寡人不攫也。"子华子曰："甚善！自是观之，两臂重于天下也。身亦重于两臂。韩之轻于天下亦远矣！今之所争者，其轻于韩又远。君固愁身伤生以忧戚不得也。"僖侯曰："善哉！教寡人者众矣，未尝得闻此言也。"子华子可谓知轻重矣！

鲁君闻颜阖得道之人也，使人以币先焉。颜阖守陋闾，苴布之衣，而自饭牛。鲁君之使者至，颜阖自对之。使者曰："此颜阖之家与？"颜阖对曰："此阖之家也。"使者致币。颜阖对曰："恐听者谬而遗使者罪，不若审之。"使者还，反审之，复来求之，则不得已！故若颜阖者，真恶富贵也。

故曰：道之真以治身，其绪余以为国家，其土苴以治天下。由此观之，帝王之功，圣人之余事也，非所以完身养生也。今世俗之君子，多危身弃生以殉物，岂不悲哉！凡圣人之动作也，必察其所以之与其所以为。今且有人于此，以随侯之珠，弹千仞之雀，世必笑之。是何也？则其所用者重而所要者轻也。夫生者岂特随侯之重哉！

子列子穷，容貌有饥色。客有言之于郑子阳，曰："列御寇，盖有道之士也，居君之国而穷，君无乃为不好士乎？"郑子阳即令官遗之粟。子列子见使者，再拜而辞。使者去，子列子入，其妻望之而拊心曰："妾闻为有道者之妻子，皆得佚乐。今有饥色，君过而遗先生食，先生不受，岂不命邪？"子列子笑，谓之曰："君非自知我也，以人之言而遗我粟；至其罪我也，又且以人之言，此吾所以不受也。"其卒，民果作难而杀子阳。

楚昭王失国，屠羊说走而从于昭王。昭王反国，将赏从者。及屠羊说。屠羊说曰："大王失国，说失屠羊。大王反国，说亦反屠羊。臣之爵禄已复矣，又何赏之有。"王曰："强之。"屠羊说曰："大王失国，非臣之罪，故不敢伏其诛；大王反国，非臣之功，故不敢当其赏。"王曰："见之。"屠羊说曰："楚国之法，必有重赏大功而后得见。今臣之知不足以存国，而勇不足以死寇。吴军入郢，说畏难而避寇，非故随大王也。今大王欲废法毁约而见说，此非臣之所以闻于天下也。"王谓司马之綦曰："屠羊说居处卑贱而陈义甚高，子綦为我延之以三旌之位。"屠羊说曰："夫三旌之位，吾知其贵于屠羊之肆也；万锺之禄，吾知其富于屠羊之利也。然岂可以贪爵禄而使吾君有妄施之名乎？说不敢当，愿复反吾屠羊之肆。"遂不受也。

原宪居鲁，环堵之室，茨以生草，蓬户不完，桑以为枢而瓮牖，二室，褐以为塞，上漏下湿，匡坐而弦歌。子贡乘大马，中绀而表素，轩车不容巷，往见原宪。原宪华冠縰履，杖藜而应门。子贡曰："嘻！先生何病？"原宪应之曰："宪闻之，无财谓之贫，学而不能行谓之病。今宪贫也，非病也。"子贡逡巡而有愧色。原宪笑曰："夫希世而行，比周而友，学以为人，教以为己，仁义之慝，舆马之饰，宪不忍为也。"

曾子居卫，缊袍无表，颜色肿哙，手足胼胝，三日不举火，十年不制衣。正冠而缨绝，捉衿而肘见，纳屦而踵决。曳縰而歌《商颂》，声满天地，若出金石。天子不得臣，诸侯不得友。故养志者忘形，养形者忘利，致道者忘心矣。

孔子谓颜回曰："回，来！家贫居卑，胡不仕乎？"颜回对曰："不愿仕。回有郭外之田五十亩，足以给饘粥；郭内之田十亩，足以为丝麻；鼓琴足以自娱；所学夫子之道者足以自乐也。回不愿仕。"孔子愀然变容，曰："善哉，回之意！丘闻之，'知足者，不以利自累也；审自得者，失之而不惧；行修于内者，无位而不怍。'丘诵之久矣，今于回而后见之，是丘之得也。"

中山公子牟谓瞻子曰："身在江海之上，心居乎魏阙之下，奈何？"瞻子曰："重生。重生则利轻。"中山公子牟曰："虽知之，未能自胜也。"瞻子曰："不能自胜则从，神无恶乎！不能自胜而强不从者，此之谓重伤。重伤之人，无寿类矣！"魏牟，万乘之公子也，其隐岩穴也，难为于布衣之士，虽未至乎道，可谓有其意矣！

孔子穷于陈蔡之间，七日不火食，藜羹不糁，颜色甚惫，而弦歌于室。颜回择菜，子路、子贡相与言曰："夫子再逐于鲁，削迹于卫，伐树于宋，穷于商周，围于陈蔡。杀夫子者无罪，藉夫子者无禁。弦歌鼓琴，未尝绝音，君子之无耻也若此乎？"颜回无以应，入告孔子。孔子推琴，喟然而叹曰："由与赐，细人也。召而来，吾语之。"子路、子贡入。子路曰："如此者，可谓穷矣！"孔子曰："是何言也！君子通于道之谓通，穷于道之谓穷。今丘抱仁义之道以遭乱世之患，其何穷之为？故内省而不穷于道，临难而不失其德。天寒既至，霜雪既降，吾是以知松柏之茂也。陈蔡之隘，于丘其幸乎。"孔子削然反琴而弦歌，子路扢然执干而舞。子贡曰："吾不知天之高也，地之下也。"古之得道者，穷亦乐，通亦乐，所乐非穷通也。道德于此，则穷通为寒暑风雨之序矣。故许由娱于颍阳，而共伯得乎丘首。

舜以天下让其友北人无择，北人无择曰："异哉，后之为人也，居于畎亩之中，而游尧之门。不若是而已，又欲以其辱行漫我。吾羞见之。"因自投清泠之渊。

汤将伐桀，因卞随而谋，卞随曰："非吾事也。"汤曰："孰可？"曰："吾不知也。"汤又因瞀光而谋，瞀光曰："非吾事也。"汤曰："孰可？"曰："吾不知也。"汤曰："伊尹何如？"曰："强力忍垢，吾不知其他也。"汤遂与伊尹谋伐桀，剋之。以让卞随，卞随辞曰："后之伐桀也谋乎我，必以我为贼也；胜桀而让我，必以我为贪也。吾生乎乱世，而无道之人再来漫我以其辱行，吾不忍数闻也！"乃自投椆水而死。汤又让瞀光，曰："知者谋之，武者遂之，仁者居之，古之道也。吾子胡不立乎？"瞀光辞曰："废上，非义也；杀民，非仁也；人犯其难，我享其利，非廉也。吾闻之，'非其义者，不受其禄；无道之世，不践其土。'况尊我乎！吾不忍久见也。"乃负石而自沈于庐水。

昔周之兴，有士二人处于孤竹，曰伯夷、叔齐。二人相谓曰："吾闻西方之人，似有道者，试往观焉。"至于岐阳，武王闻之，使叔旦往见之。与盟曰："加富二等，就官一列。"血牲而埋之。二人相视而笑，曰："嘻，异哉！此非吾所谓道也。昔者神农之有天下也，时祀尽敬而不祈喜；其于人也，忠信尽治而无求焉。乐与政为政，乐与治为治。不以人之坏自成也，不以人之卑自高也，不以遭时自利也。今周见殷之乱而遽为政，上谋而行货，阻兵而保威，割牲而盟以为信，扬行以说众，杀伐以要利。是推乱以易暴也。吾闻古之士，遭治世不避其任，遇乱世不为苟存。今天下闇，殷德衰，其并乎周以涂吾身也，不如避之，以絜吾行。"二子北至于首阳之山，遂饿而死焉。若伯夷、叔齐者，其于富贵也，苟可得已，则必不赖高节戾行，独乐其志，不事于世。此二士之节也。

庄子·杂篇·盗跖第二十九

孔子与柳下季为友，柳下季之弟名曰盗跖。盗跖从卒九千人，横行天下，侵暴诸侯。穴室枢户，驱人牛马，取人妇女。贪得忘亲，不顾父母兄弟，不祭先祖。所过之邑，大国守城，小国入保，万民苦之。孔子谓柳下季曰："夫为人父者，必能诏其子；为人兄者，必能教其弟。若父不能诏其子，兄不能教其弟，则无贵父子兄弟之亲矣。今先生，世之才士也，弟为盗跖，为天下害，而弗能教也，丘窃为先生羞之。丘请为先生说往说之。"柳下季曰："先生言为人父者必能诏其子，为人兄者必能教其弟，若子不听父之诏，弟不受兄之教，虽今先生之辩，将奈之何哉？且跖之为人也，心如涌泉，意如飘风，强足以距敌，辩足以饰非。顺其心则喜，逆其心则怒，易辱人以言。先生必无往。"孔子不听，颜回为驭，子贡为右，往见盗跖。

盗跖乃方休卒徒大山之阳，脍人肝而铺之。孔子下车而前，见谒者曰："鲁人孔丘，闻将军高义，敬再拜谒者。"谒者入通。盗跖闻之大怒，目如明星，发上指冠，曰："此夫鲁国之巧伪人孔丘非邪？为我告之：尔作言造语，妄称文、武，冠枝木之冠，带死牛之胁，多辞缪说，不耕而食，不织而衣，摇唇鼓舌，擅生是非，以迷天下之主，使天下学士不反其本，妄作孝弟，而侥幸于封侯富贵者也。子之罪大极重，疾走归！不然，我将以子肝益昼铺之膳。"

孔子复通曰："丘得幸于季，愿望履幕下。"谒者复通。盗跖曰："使来前！"孔子趋而进，避席反走，再拜盗跖。盗跖大怒，两展其足，案剑瞋目，声如乳虎，曰："丘来前！若所言顺吾意则生，逆吾心则死。"

孔子曰："丘闻之，凡天下有三德：生而长大，美好无双，少长贵贱见而皆说之，此上德也；知维天地，能辩诸物，此中德也；勇悍果敢，聚众率兵，此下德也。凡人有此一德者，足以南面称孤矣。今将军兼此三者，身长八尺二寸，面目有光，唇如激丹，齿如齐贝，音中黄钟，而名曰盗跖，丘窃为将军耻不取焉。将军有意听臣，臣请南使吴越，北使齐鲁，东使宋卫，西使晋楚，使为将军造大城数百里，立数十万户之邑，尊将军为诸侯，与天下更始，罢兵休卒，收养昆弟，共祭先祖。此圣人才士之行，而天下之愿也。"

盗跖大怒曰："丘来前！夫可规以利而可谏以言者，皆愚陋恒民之谓耳。今长大美好，人见而悦之者，此吾父母之遗德也。丘虽不吾誉，吾独不自知邪？且吾闻之，好面誉人者，亦好背而毁之。今丘告我以大城众民，是欲规我以利而恒民畜我也，安可久长也！城之大者，莫大乎天下矣。尧、舜有天下，子孙无置锥之地；汤、武立为天子，而后世绝灭。非以其利大故邪？且吾闻之，古者禽兽多而人少，于是民皆巢居以避之。昼拾橡栗，暮栖木上，故命之曰'有巢氏之民'。古者民不知衣服，夏多积薪，冬则炀之，故命之曰'知生之民'。神农之世，卧则居居，起则于于。民知其母，不知其父，与麋鹿共处，耕而食，织而衣，无有相害之心。此至德之隆也。然而黄帝不能致德，与蚩尤战于涿鹿之野，流血百里。尧、舜作，立群臣，汤放其主，武王杀纣。自是之后，以强陵弱，以众暴寡。汤、武以来，皆乱人之徒也。今子修文、武之道，掌天下之辩，以教后世。缝衣浅带，矫言伪行，以迷惑天下之主，而欲求富贵焉。盗莫大于子，天下何故不谓子为盗丘，而乃谓我为盗跖？子以甘辞说子路而使从之，使子路去其危冠，解其长剑，而受教于子。天下皆曰'孔丘能止暴禁非'，其卒之也，子路欲杀卫君而事不成，身菹于卫东门之上，是子教之不至也。子自谓才士圣人邪，则再逐于鲁，削迹于卫，穷于齐，围于陈蔡，不容身于天下。子教子路菹。此患，上无以为身，下无以为人，子之道岂足贵邪？世之所高，莫若黄帝。黄帝尚不能全德，而战涿鹿之野，流血百里。尧不慈，舜不孝，禹偏枯，汤放其主，武王代纣，文王拘羑里。此六子者，世之所高也。孰论之，皆以利惑其真而强反其情性，其行乃甚可羞也。世之所谓贤士：伯夷、叔齐。伯夷、叔齐辞孤竹之君，而饿死于首阳之山，骨肉不葬。鲍焦饰行非世，抱木而死。申徒狄谏而不听，负石自投于河，为鱼鳖所食。介子推至忠也，自割其股以食文公。文公后背之，子推怒而去，抱木而燔死。尾生与女子期于梁下，女子不来，水至不去，抱梁柱而死。此六子者，无异于磔犬流豕、操瓢而乞者，皆离名轻死，不念本养寿命者也。世之所谓忠臣者，莫若王子比干、伍子胥。子胥沉江，比干剖心。此二子者，世谓忠臣也，然卒为天下笑。自上观之，至于子胥、比干，皆不足贵也。丘之所以说我者，若告我以鬼事，则我不能知也；若告我以人事者，不过此矣，皆吾所闻知也。今吾告子以人之情：目欲视色，耳欲听声，口欲察味，志气欲盈。人上寿百岁，中寿八十，下寿六十，除病瘦死丧忧患，其中开口而笑者，一月之中不过四五日而已矣。天与地无穷，人死者有时。操有时之具，而托于无穷之间，忽然无异骐骥之驰过隙也。不能说其志意、养其寿命者，皆非通道者也。丘之所言，皆吾之所弃也。亟去走归，无复言之！子之道狂狂汲汲，诈巧虚伪事也，非可以全真也，奚足论哉！"

孔子再拜趋走，出门上车，执辔三失，目芒然无见，色若死灰，据轼低头，不能出气。

归到鲁东门外，适遇柳下季。柳下季曰："今者阙然，数日不见，车马有行色，得微往见跖邪？"孔子仰天而叹曰："然！"柳下季曰："跖得逆汝意若前乎？"孔子曰："然。丘所谓无病而自灸也。疾走料虎头，编虎须，几不免虎口哉！"

子张问于满苟得曰："盍不为行？无行则不信，不信则不任，不任则不利。故观之名，计之利，而义真是也。若弃名利，反之于心，则夫士之为行，不可一日不为乎！"满苟得曰："无耻者富，多信者显。夫名利之大者，几在无耻而信。故观之名，计之利，而信真是也。若弃名利，反之于心，则夫士之为行，抱其天乎！"子张曰："昔者桀、纣贵为天子，富有天下。今谓臧聚曰：'汝行如桀、纣。'则有怍色，有不服之心者，小人所贱也。仲尼、墨翟，穷为匹夫，今谓宰相曰，'子行如仲尼、墨翟。'则变容易色，称不足者，士诚贵也。故势为天子，未必贵也；穷为匹夫，未必贱也。贵贱之分，在行之美恶。"满苟得曰："小盗者拘，大盗者为诸侯。诸侯之门，义士存焉。昔者桓公小白杀兄入嫂，而管仲为臣；田成子常杀君窃国，而孔子受币。论则贱之，行则下之，则是言行之情悖战于胸中也，不亦拂乎！故《书》曰：'孰恶孰美，成者为首，不成者为尾。'"子张曰："子不为行，即将疏戚无伦，贵贱无义，长幼无序。五纪六位，将何以为别乎？"满苟得曰："尧杀长子，舜流母弟，疏戚有伦乎？汤放桀，武王杀纣，贵贱有义乎？王季为适，周公杀兄，长幼有序乎？儒者伪辞，墨子兼爱，五纪六位，将有别乎？且子正为名，我正为利。名利之实，不顺于理，不监于道。吾日与子讼于无约，曰：'小人殉财，君子殉名，其所以变其情、易其性则异矣；乃至于弃其所为而殉其所不为则一也。'故曰：无为小人，反殉而天；无为君子，从天之理。若枉若直，相而天极。面观四方，与时消息。若是若非，执而圆机。独成而意，与道徘徊。无转而行，无成而义，将失而所为。无赴而富，无殉而成，将弃其天。比干剖心，子胥抉眼，忠之祸也；直躬证父，尾生溺死，信之患也；鲍子立干，申子不自理，廉之害也；孔子不见母，匡子不见父，义之失也。此上世之所传、下世之所语以为士者，正其言，必其行，故服其殃、离其患也。"

无足问于知和曰："人卒未有不兴名就利者。彼富则人归之，归则下之，下则贵之。夫见下贵者，所以长生安体乐意之道也。今子独无意焉，知不足邪？意知而力不能行邪？故推正不妄邪？"知和曰："今夫此人，以为与己同时而生，同乡而处者，以为夫绝俗过世之士焉，是专无主正，所以览古今之时、是非之分也。与俗化世，去至重，弃至尊，以为其所为也。此其所以论长生安体乐意之道，不亦远乎！惨怛之疾，恬愉之安，不监于体；怵惕之恐，欣欢之喜，不监于心。知为为而不知所以为。是以贵为天子，富有天下，而不免于患也。"无足曰："夫富之于人，无所不利。穷美究埶，至人之所不得逮，贤人之所不得及。侠人之勇力而以为威强，秉人之知谋以为明察，因人之德以为贤良，非享国而严若君父。且夫声色滋味权势之于人，心不待学而乐之，体不待象而安之。夫欲恶避就，固不待师，此人之性也。天下虽非我，孰能辞之！"知和曰："知者之为，故动以百姓，不违其度，是以足而不争，无以为故不求。不足故求之，争四处而不自以为贪；有余故辞之，弃天下而不自以为廉。廉贪之实，非以迫外也，反监之度。势为天子，而不以贵骄人；富有天下，而不以财戏人。计其患，虑其反，以为害于性，故辞而不受也，非以要名誉也。尧、舜为帝而雍，非仁天下也，不以美害生；善卷、许由得帝而不受，非虚辞让也，不以事害己。此皆就其利、辞其害，而天下称贤焉，则可以有之，彼非以兴名誉也。"无足曰："必持其名，苦体绝甘，约养以持生，则亦久病长厄而不死者也。"知和曰："平为福，有余为害者，物莫不然，而财其甚者也。今富人，耳营钟鼓管籥之声，口嗛于刍豢醪醴之味，以感其意，遗忘其业，可谓乱矣；侅溺于冯气，若负重行而上阪，可谓苦矣；贪财而取慰，贪权而取竭，静居则溺，体泽则冯，可谓疾矣；为欲富就利，故满若堵耳而不知避，且冯而不舍，可谓辱矣；财积而无用，服膺而不舍，满心戚醮，求益而不止，可谓忧矣；内则疑劫请之贼，外则畏寇盗之害，内周楼疏，外不敢独行，可谓畏矣。此六者，天下之至害也，皆遗忘而不知察。及其患至，求尽性竭财单以反一日之无故而不可得也。故观之名则不见，求之利则不得。缭意绝体而争此，不亦惑乎！"

庄子·杂篇·说剑第三十

　　昔赵文王喜剑，剑士夹门而客三千余人，日夜相击于前，死伤者岁百余人。好之不厌。如是三年，国衰。诸侯谋之。太子悝患之，募左右曰："孰能说王之意止剑士者，赐之千金。"左右曰："庄子当能。"太子乃使人以千金奉庄子。庄子弗受，与使者俱往见太子，曰："太子何以教周，赐周千金？"太子曰："闻夫子明圣，谨奉千金以币从者。夫子弗受，悝尚何敢言。"庄子曰："闻太子所欲用周者，欲绝王之喜好也。使臣上说大王而逆王意，下不当太子，则身刑而死，周尚安所事金乎？使臣上说大王，下当太子，赵国何求而不得也！"太子曰："然。吾王所见，唯剑士也。"庄子曰："诺。周善为剑。"太子曰："然吾王所见剑士，皆蓬头突鬓，垂冠，曼胡之缨，短后之衣，瞋目而语难，王乃说之。今夫子必儒服而见王，事必大逆。"庄子曰："请治剑服。"治剑服三日，乃见太子。太子乃与见王。王脱白刃待之。庄子入殿门不趋，见王不拜。王曰："子欲何以教寡人，使太子先。"曰："臣闻大王喜剑，故以剑见王。"王曰："子之剑何能禁制？"曰："臣之剑十步一人，千里不留行。"王大悦之，曰："天下无敌矣。"庄子曰："夫为剑者，示之以虚，开之以利，后之以发，先之以至。愿得试之。"王曰："夫子休，就舍待命，令设戏请夫子。"王乃校剑士七日，死伤者六十余人，得五六人，使奉剑于殿下，乃召庄子。王曰："今日试使士敦剑。"庄子曰："望之久矣！"王曰："夫子所御杖，长短何如？"曰："臣之所奉皆可。然臣有三剑，唯王所用。请先言而后试。"王曰："愿闻三剑。"曰："有天子剑，有诸侯剑，有庶人剑。"王曰："天子之剑何如？"曰："天子之剑，以燕谿石城为锋，齐岱为锷，晋魏为脊，周宋为镡，韩魏为夹，包以四夷，裹以四时，绕以渤海，带以常山，制以五行，论以刑德，开以阴阳，持以春夏，行以秋冬。此剑直之无前，举之无上，案之无下，运之无旁。上决浮云，下绝地纪。此剑一用，匡诸侯，天下服矣。此天子之剑也。"文王芒然自失，曰："诸侯之剑何如？"曰："诸侯之剑，以知勇士为锋，以清廉士为锷，以贤良士为脊，以忠圣士为镡，以豪桀士为夹。此剑直之亦无前，举之亦无上，案之亦无下，运之亦无旁。上法圆天，以顺三光；下法方地，以顺四时；中和民意，以安四乡。此剑一用，如雷霆之震也，四封之内，无不宾服而听从君命者矣。此诸侯之剑也。"王曰："庶人之剑何如？"曰："庶人之剑，蓬头突鬓，垂冠，曼胡之缨，短后之衣，瞋目而语难，相击于前，上斩颈领，下决肝肺。此庶人之剑，无异于斗鸡，一旦命已绝矣，无所用于国事。今大王有天子之位而好庶人之剑，臣窃为大王薄之。"王乃牵而上殿，宰人上食，王三环之。庄子曰："大王安坐定气，剑事已毕奏矣！"于是文王不出宫三月，剑士皆服毙其处也。

庄子·杂篇·渔父第三十一

孔子游乎缁帷之林，休坐乎杏坛之上。弟子读书，孔子弦歌鼓琴。奏曲未半，有渔父者，下船而来，须眉交白，被发揄袂，行原以上，距陆而止，左手据膝，右手持颐以听。曲终而招子贡、子路二人俱对。客指孔子曰："彼何为者也？"子路对曰："鲁之君子也。"客问其族。子路对曰："族孔氏。"客曰："孔氏者何治也？"子路未应，子贡对曰："孔氏者，性服忠信，身行仁义，饰礼乐，选人伦。上以忠于世主，下以化于齐民，将以利天下。此孔氏之所治也。"又问曰："有土之君与？"子贡曰："非也。""侯王之佐与？"子贡曰："非也。"客乃笑而还行，言曰："仁则仁矣，恐不免其身。苦心劳形以危其真。呜呼！远哉，其分于道也。"

子贡还，报孔子。孔子推琴而起，曰："其圣人与？"乃下求之，至于泽畔，方将杖拏而引其船，顾见孔子，还乡而立。孔子反走，再拜而进。客曰："子将何求？"孔子曰："曩者先生有绪言而去，丘不肖，未知所谓，窃待于下风，幸闻咳唾之音，以卒相丘也。"客曰："嘻！甚矣，子之好学也！"孔子再拜而起，曰："丘少而修学，以至于今，六十九岁矣，无所得闻至教，敢不虚心！"客曰："同类相从，同声相应，固天之理也。吾请释吾之所有而经子之所以。子之所以者，人事也。天子诸侯大夫庶人，此四者自正，治之美也；四者离位而乱莫大焉。官治其职，人忧其事，乃无所陵。故田荒室露，衣食不足，征赋不属，妻妾不和，长少无序，庶人之忧也；能不胜任，官事不治，行不清白，群下荒怠，功美不有，爵禄不持，大夫之忧也；廷无忠臣，国家昏乱，工技不巧，贡职不美，春秋后伦，不顺天子，诸侯之忧也；阴阳不和，寒暑不时，以伤庶物，诸侯暴乱，擅相攘伐，以残民人，礼乐不节，财用穷匮，人伦不饬，百姓淫乱，天子有司之忧也。今子既上无君侯有司之势，而下无大臣职事之官，而擅饰礼乐，选人伦，以化齐民，不泰多事乎？且人有八疵，事有四患，不可不察也。非其事而事之，谓之摠；莫之顾而进之，谓之佞；希意道言，谓之谄；不择是非而言，谓之谀；好言人之恶，谓之谗；析交离亲，谓之贼；称誉诈伪以败恶人，谓之慝；不择善否，两容颊适，偷拔其所欲，谓之险。此八疵者，外以乱人，内以伤身，君子不友，明君不臣。所谓四患者：好经大事，变更易常，以挂功名，谓之叨；专知擅事，侵人自用，谓之贪；见过不更，闻谏愈甚，谓之很；人同于己则可，不同于己，虽善不善，谓之矜。此四患也。能去八疵，无行四患，而始可教已。"

孔子愀然而叹，再拜而起，曰："丘再逐于鲁，削迹于卫，伐树于宋，围于陈蔡。丘不知所失，而离此四谤者何也？"客凄然变容曰："甚矣，子之难悟也！人有畏影恶迹而去之走者，举足愈数而迹愈多，走愈疾而影不离身，自以为尚迟，疾走不休，绝力而死。不知处阴以休影，处静以息迹，愚之甚矣！子审仁义之间，察同异之际，观动静之变，适受与之度，理好恶之情，和喜怒之节，而几于不免矣。谨修而身，慎守其真，还以物与人，则无所累矣。今不修之身而求之人，不亦外乎！"

孔子愀然曰："请问何谓真？"客曰："真者，精诚之至也。不精不诚，不能动人。故强哭者，虽悲不哀；强怒者，虽严不威；强亲者，虽笑不和。真悲无声而哀，真怒未发而威，真亲未笑而和。真在内者，神动于外，是所以贵真也。其用于人理也，事亲则慈孝，事君则忠贞，饮酒则欢乐，处丧则悲哀。忠贞以功为主，饮酒以乐为主，处丧以哀为主，事亲以适为主。功成之美，无一其迹矣；事亲以适，不论所以矣；饮酒以乐，不选其具矣；处丧以哀，无问其礼矣。礼者，世俗之所为也；真者，所以受于天也，自然不可易也。故圣人法天贵真，不拘于俗。愚者反此。不能法天而恤于人，不知贵真，禄禄而受变于俗，故不足。惜哉，子之蚤湛于人伪而晚闻大道也！"

孔子又再拜而起曰："今者丘得遇也，若天幸然。先生不羞而比之服役而身教之。敢问舍所在，请因受业而卒学大道。"客曰："吾闻之，可与往者，与之至于妙道；不可与往者，不知其道。慎勿与之，身乃无咎。子勉之，吾去子矣，吾去子矣！"乃刺船而去，延缘苇间。

颜渊还车，子路授绥，孔子不顾，待水波定，不闻拏音而后敢乘。子路旁车而问曰："由得为役久矣，未尝见夫子遇人如此其威也。万乘之主，千乘之君，见夫子未尝不分庭伉礼，夫子犹有倨敖之容。今渔父杖拏逆立，而夫子曲要磬折，言拜而应，得无太甚乎！门人皆怪夫子矣，渔人何以得此乎！"孔子伏轼而叹，曰："甚矣，由之难化也！湛于礼仪有间矣，而朴鄙之心至今未去。进，吾语汝：夫遇长不敬，失礼也；见贤不尊，不仁也。彼非至人，不能下人。下人不精，不得其真，故长伤身。惜哉！不仁之于人也，祸莫大焉，而由独擅之。且道者，万物之所由也。庶物失之者死，得之者生。为事逆之则败，顺之则成。故道之所在，圣人尊之。今渔父之于道，可谓有矣，吾敢不敬乎！"

庄子·杂篇·列御寇第三十二

列御寇之齐，中道而反，遇伯昏瞀人。伯昏瞀人曰："奚方而反？"曰："吾惊焉。"曰："恶乎惊？"曰："吾尝食于十浆而五浆先馈。"伯昏瞀人曰："若是则汝何为惊已？"曰："夫内诚不解，形谍成光，以外镇人心，使人轻乎贵老，而齑其所患。夫浆人特为食羹之货，无多余之赢，其为利也薄，其为权也轻，而犹若是，而况于万乘之主乎！身劳于国而知尽于事。彼将任我以事，而效我以功。吾是以惊。"伯昏瞀人曰："善哉观乎！女处已，人将保汝矣！"无几何而往，则户外之屦满矣。伯昏瞀人北面而立，敦杖蹙之乎颐。立有间，不言而出。宾者以告列子，列子提屦，跣而走，暨乎门，曰："先生既来，曾不发药乎？"曰："已矣，吾固告汝曰：人将保汝。果保汝矣！非汝能使人保汝，而汝不能使人无保汝也，而焉用之感豫出异也。必且有感，摇而本性，又无谓也。与汝游者，又莫汝告也。彼所小言，尽人毒也。莫觉莫悟，何相孰也。巧者劳而知者忧，无能者无所求，饱食而敖游，汎若不系之舟，虚而敖游者也！"

"郑人缓也，呻吟裘氏之地。祗三年而缓为儒。河润九里，泽及三族，使其弟墨。儒墨相与辩，其父助翟。十年而缓自杀。其父梦之曰：'使而子为墨者'予也，阖尝视其良？既为秋柏之实矣。"夫造物者之报人也，不报其人而报其人之天，彼故使彼。夫人以己为有以异于人，以贱其亲。齐人之井饮者相捽也。故曰：今之世皆缓也。自是有德者以不知也，而况有道者乎！古者谓之遁天之刑。圣人安其所安，不安其所不安；众人安其所不安，不安其所安。

"庄子曰：'知道易，勿言难。知而不言，所以之天也。知而言之，所以之人也。

古之人，天而不人。'朱泙漫学屠龙于支离益，单千金之家，三年技成而无所用其巧。圣人以必不必，故无兵；众人以不必必之，故多兵。顺于兵，故行有求。兵，恃之则亡。小夫之知，不离苞苴竿牍，敝精神乎蹇浅，而欲兼济道物，太一形虚。若是者，迷惑于宇宙，形累不知太初。彼至人者，归精神乎无始，而甘冥乎无何有之乡。水流乎无形，发泄乎太清。悲哉乎！汝为知在毫毛而不知大宁。"

宋人有曹商者，为宋王使秦。其往也，得车数乘。王说之，益车百乘。反于宋，见庄子，曰："夫处穷闾厄巷，困窘织屦，槁项黄馘者，商之所短也；一悟万乘之主而从车百乘者，商之所长也。"庄子曰："秦王有病召医。破痈溃痤者得车一乘，舐痔者得车五乘，所治愈下，得车愈多。子岂治其痔邪？何得车之多也？子行矣！"

鲁哀公问乎颜阖曰："吾以仲尼为贞幹，国其有瘳乎？"曰："殆哉圾乎！仲尼方且饰羽而画，从事华辞。以支为旨，忍性以视民，而不知不信。受乎心，宰乎神，夫何足以上民！彼宜女与予颐与，误而可矣！今使民离实学伪，非所以视民也。为后世虑，不若休之。难治也！"施于人而不忘，非天布也，商贾不齿。虽以事齿之，神者弗齿。为外刑者，金与木也；为内刑者，动与过也。宵人之离外刑者，金木讯之；离内刑者，阴阳食之。夫免乎外内之刑者，唯真人能之。

孔子曰："凡人心险于山川，难于知天。天犹有春秋冬夏旦暮之期，人者厚貌深情。故有貌愿而益，有长若不肖，有慎懁而达，有坚而缦，有缓而钎。故其就义若渴者，其去义若热。故君子远使之而观其忠，近使之而观其敬，烦使之而观其能，卒然问焉而观其知，急与之期而观其信，委之以财而观其仁，告之以危而观其节，醉之以酒而观其则，杂之以处而观其色。九征至，不肖人得矣。"

正考父一命而伛，再命而偻，三命而俯，循墙而走，孰敢不轨！如而夫者，一命而吕钜，再命而于车上儛，三命而名诸父。孰协唐许？贼莫大乎德有心而心有睫，及其有睫也而内视，内视而败矣！凶德有五，中德为首。何谓中德？中德也者，有以自好也而吡其所不为者也。穷有八极，达有三必，形有六府。美、髯、长、大、壮、丽、勇、敢，八者俱过人也，因以是穷；缘循、偃佚、困畏，不若人三者俱通达；智慧外通，勇动多怨，仁义多责，六者所以相刑也。达生之情者傀，达于知者肖，达大命者随，达小命者遭。

人有见宋王者，锡车十乘。以其十乘骄稚庄子。庄子曰："河上有家贫恃纬萧而食者，其子没于渊，得千金之珠。其父谓其子曰：'取石来锻之！夫千金之珠，必在九重之渊而骊龙颔下。子能得珠者，必遭其睡也。使骊龙而寤，子尚奚微之有哉！'今宋国之深，非直九重之渊也；宋王之猛，非直骊龙也。子能得车者，必遭其睡也；使宋王而寤，子为齑粉夫。"

或聘于庄子，庄子应其使曰："子见夫牺牛乎？衣以文绣，食以刍叔。及其牵而入于大庙，虽欲为孤犊，其可得乎！"

庄子将死，弟子欲厚葬之。庄子曰："吾以天地为棺椁，以日月为连璧，星辰为珠玑，万物为赍送。吾葬具岂不备邪？何以加此！"弟子曰："吾恐乌鸢之食夫子也。"庄子曰："在上为乌鸢食，在下为蝼蚁食，夺彼与此，何其偏也。"以不平平，其平也不平；以不征征，其征也不征。明者唯为之使，神者征之。夫明之不胜神也久矣，而愚者恃其所见入于人，其功外也，不亦悲乎！

庄子·杂篇·天下第三十三

天下之治方术者多矣，皆以其有为不可加矣！古之所谓道术者，果恶乎在？曰："无乎不在。"曰："神何由降？明何由出？""圣有所生，王有所成，皆原于一。"不离于宗，谓之天人；不离于精，谓之神人；不离于真，谓之至人。以天为宗，以德为本，以道为门，兆于变化，谓之圣人；以仁为恩，以义为理，以礼为行，以乐为和，薰然慈仁，谓之君子；以法为分，以名为表，以参为验，以稽为决，其数一二三四是也，百官以此相齿；以事为常，以衣食为主，蕃息畜藏，老弱孤寡为意，皆有以养，民之理也。古之人其备乎！配神明，醇天地，育万物，和天下，泽及百姓，明于本数，系于末度，六通四辟，小大精粗，其运无乎不在。其明而在数度者，旧法、世传之史尚多有之；其在于《诗》、《书》、《礼》、《乐》者，邹鲁之士、搢绅先生多能明之。《诗》以道志，《书》以道事，《礼》以道行，《乐》以道和，《易》以道阴阳，《春秋》以道名分。其数散于天下而设于中国者，百家之学时或称而道之。

天下大乱，贤圣不明，道德不一。天下多得一察焉以自好。譬如耳目鼻口，皆有所明，不能相通。犹百家众技也，皆有所长，时有所用。虽然，不该不遍，一曲之士也。

判天地之美，析万物之理，察古人之全。寡能备于天地之美，称神明之容。是故内圣外王之道，闇而不明，郁而不发，天下之人各为其所欲焉以自为方。悲夫！百家往而不反，必不合矣！后世之学者，不幸不见天地之纯，古人之大体。道术将为天下裂。

不侈于后世，不靡于万物，不晖于数度，以绳墨自矫，而备世之急。古之道术有在于是者，墨翟、禽滑厘闻其风而说之。为之大过，已之大顺。作为《非乐》，命之曰《节用》。生不歌，死无服。墨子泛爱兼利而非斗，其道不怒。又好学而博，不异，不与先王同，毁古之礼乐。黄帝有《咸池》，尧有《大章》，舜有《大韶》，禹有《大夏》，汤有《大濩》，文王有辟雍之乐，武王、周公作《武》。古之葬礼，贵贱有仪，上下有等。天子棺椁七重，诸侯五重，大夫三重，士再重。今墨子独生不歌，死不服，桐棺三寸而无椁，以为法式。以此教人，恐不爱人；以此自行，固不爱己。未败墨子道。虽然，歌而非歌，哭而非哭，乐而非乐，是果类乎？其生也勤，其死也薄，其道大觳。使人忧，使人悲，其行难为也。恐其不可以为圣人之道，反天下之心。天下不堪。墨子虽独能任，奈天下何！离于天下，其去王也远矣！墨子称道曰："昔禹之湮洪水，决江河而通四夷九州也。名山三百，支川三千，小者无数。禹亲自操橐耜而九杂天下之川。腓无胈，胫无毛，沐甚雨，栉疾风，置万国。禹大圣也，而形劳天下也如此。"使后世之墨者，多以裘褐为衣，以跂𫏋为服，日夜不休，以自苦为极，曰："不能如此，非禹之道也，不足谓墨。"相里勤之弟子，五侯之徒，南方之墨者若获、已齿、邓陵子之属，俱诵《墨经》，而倍谲不同，相谓别墨。以坚白同异之辩相訾，以觭偶不仵之辞相应，以巨子为圣人。皆愿为之尸，冀得为其后世，至今不决。墨翟、禽滑厘之意则是，其行则非也。将使后世之墨者，必自苦以腓无胈、胫无毛相进而已矣。乱之上也，治之下也。虽然，墨子真天下之好也，将求之不得也，虽枯槁不舍也，才士也夫！

不累于俗，不饰于物，不苟于人，不忮于众，愿天下之安宁以活民命，人我之养，毕足而止，以此白心。古之道术有在于是者，宋钘、尹文闻其风而悦之。作为华山之冠以自表，接万物以别宥为始。语心之容，命之曰"心之行"。以聏合欢，以调海内。请欲置之以为主。见侮不辱，救民之斗，禁攻寝兵，救世之战。以此周行天下，上说下教。虽天下不取，强聒而不舍者也。故曰：上下见厌而强见也。虽然，其为人太多，其自为太少，曰："请欲固置五升之饭足矣。"先生恐不得饱，弟子虽饥，不忘天下，日夜不休。曰："我必得活哉！"图傲乎救世之士哉！曰："君子不为苛察，不以身假物。"以为无益于天下者，明之不如已也。以禁攻寝兵为外，以情欲寡浅为内。其小大精粗，其行适至是而止。

公而不党，易而无私，决然无主，趣物而不两，不顾于虑，不谋于知，于物无择，与之俱往。古之道术有在于是者，彭蒙、田骈、慎到闻其风而悦之。齐万物以为首，曰："天能覆之而不能载之，地能载之而不能覆之，大道能包之而不能辩之。"知万物皆有所可，有所不可。故曰："选则不遍，教则不至，道则无遗者矣。"是故慎到弃知去己，而缘不得已。泠汰于物，以为道理。曰："知不知，将薄知而后邻伤之者也。"謑髁无任，而笑天下之尚贤也；纵脱无行，而非天下之大圣；椎拍辁断，与物宛转；舍是与非，苟可以免。不师知虑，不知前后，魏然而已矣。推而后行，曳而后往。若飘风之还，若羽之旋，若磨石之隧，全而无非，动静无过，未尝有罪。是何故？夫无知之物，无建己之患，无用知之累，动静不离于理，是以终身无誉。故曰："至于若无知之物而已，无用贤圣。夫块不失道。"豪桀相与笑之曰："慎到之道，非生人之行，而至死人之理。"适得怪焉。田骈亦然，学于彭蒙，得不教焉。彭蒙之师曰："古之道人，至于莫之是、莫之非而已矣。其风窢然，恶可而言。"常反人，不见观，而不免于魭断。其所谓道非道，而所言之韪不免于非。彭蒙、田骈、慎到不知道。虽然，概乎皆尝有闻者也。

以本为精，以物为粗，以有积为不足，澹然独与神明居。古之道术有在于是者，关尹、老聃闻其风而悦之。建之以常无有，主之以太一。以濡弱谦下为表，以空虚不毁万物为实。关尹曰："在己无居，形物自著。"其动若水，其静若镜，其应若响。芴乎若亡，寂乎若清。同焉者和，得焉者失。未尝先人而常随人。老聃曰："知其雄，守其雌，为天下溪；知其白，守其辱，为天下谷。"人皆取先，己独取后。曰："受天下之垢。"人皆取实，己独取虚。"无藏也故有余。"岿然而有余。其行身也，徐而不费，无为也而笑巧。人皆求福，己独曲全。曰："苟免于咎。"以深为根，以约为纪。曰："坚则毁矣，锐则挫矣。"常宽容于物，不削于人。虽未至于极，关尹、老聃乎，古之博大真人哉！

寂漠无形，变化无常，死与？生与？天地并与？神明往与？芒乎何之？忽乎何适？万物毕罗，莫足以归。古之道术有在于是者，庄周闻其风而悦之。以谬悠之说，荒唐之言，无端崖之辞，时恣纵而傥，不以觭见之也。以天下为沈浊，不可与庄语。以卮言为曼衍，以重言为真，以寓言为广。独与天地精神往来，而不敖倪于万物。不谴是非，以与世俗处。其书虽瑰玮，而连犿无伤也。其辞虽参差，而諔诡可观。彼其充实，不可以已。上与造物者游，而下与外死生、无终始者为友。其于本也，弘大而辟，深闳而肆；其于宗也，可谓稠适而上遂矣。虽然，其应于化而解于物也，其理不竭，其来不蜕，芒乎昧乎，未之尽者。

惠施多方，其书五车，其道舛驳，其言也不中。历物之意，曰："至大无外，谓之大一；至小无内，谓之小一。无厚，不可积也，其大千里。天与地卑，山与泽平。日方中方睨，物方生方死。大同而与小同异，此之谓'小同异'；万物毕同毕异，此之谓'大同异'。南方无穷而有穷。今日适越而昔来。连环可解也。我知天之中央，燕之北、越之南是也。泛爱万物，天地一体也。"惠施以此为大，观于天下而晓辩者，天下之辩者相与乐之。卵有毛。鸡三足。郢有天下。犬可以为羊。马有卵。丁子有尾。火不热。山出口。轮不蹍地。目不见。指不至，至不绝。龟长于蛇。矩不方，规不可以为圆。凿不围枘。飞鸟之景未尝动也。镞矢之疾，而有不行、不止之时。狗非犬。黄马骊牛三。白狗黑。孤驹未尝有母。一尺之捶，日取其半，万世不竭。辩者以此与惠施相应，终身无穷。桓团、公孙龙辩者之徒，饰人之心，易人之意，能胜人之口，不能服人之心，辩者之囿也。惠施日以其知与之辩，特与天下之辩者为怪，此其柢也。然惠施之口谈，自以为最贤，曰："天地其壮乎，施存雄而无术。"南方有倚人焉，曰黄缭，问天地所以不坠不陷，风雨雷霆之故。惠施不辞而应，不虑而对，遍为万物说。说而不休，多而无已，犹以为寡，益之以怪，以反人为实，而欲以胜人为名，是以与众不适也。弱于德，强于物，其涂隩矣。由天地之道观惠施之能，其犹一蚊一虻之劳者也。其于物也何庸！夫充一尚可，曰愈贵，道几矣！惠施不能以此自宁，散于万物而不厌，卒以善辩为名。惜乎！惠施之才，骀荡而不得，逐万物而不反，是穷响以声，形与影竞走也，悲夫！

　　于丹是我的师姐，也是我的老师。1995 年，我刚到北京师范大学中文系读书时，于丹正在艺术系任教。在校时，我常听艺术系的同学谈起于丹，但一直没见过。后来我从事出版工作，于老师也因为在《百家讲坛》的精彩讲演，成了被整个出版行业追捧的明星作家，这才有了真正的交集。于老师出于对我的信任，将她 2012 年为中央电视台春节特别讲座《丹韵词音》所写作的原稿交给磨铁图书策划出版，名为《于丹：重温最美古诗词》。

　　对我而言，于丹畅销书作家的身份固然重要，但母校老师的身份更让我不敢有丝毫怠慢。为了做好于丹新书的出版工作，我又重读于丹在《百家讲坛》热播时期出版的三本最重要的图书：《于丹〈论语〉心得》《于丹〈论语〉感悟》和《于丹〈庄子〉心得》。距离《百家讲坛》时期的那种全民于丹热，已经过去五六年了，这时的阅读，恐怕也才更能读出真实的味道，因此感触良深。

　　于丹讲《论语》也好，讲《庄子》也好，为什么能讲得那么亲切，能有那么高的收视率和图书销量？我在当年看《百家讲坛》时，曾经将此归功于于丹的演讲能力。还曾表达过这样一个看法：《百家讲坛》的成功，是教师这个行业的胜利，是高校里讲课讲得好的教师们千锤百炼的讲课艺术的胜利。但再读于丹这几本书时，有了更真切的阅读感受，才意识到当年这一看法的偏颇。之所以于丹能把《论语》和《庄子》讲得那么亲切和生动，是因为于丹心中装着一个鲜活的孔子，一个鲜活的庄子。她在书中，真是做到了把孔子和庄子还原成了真实的人。我尤其喜欢于丹对《论语》的阅读体会，她反复强调《论语》的朴素和温暖，她在书中讲述了一个朴素而温暖的孔子。

《于丹〈论语〉心得》也好，《于丹〈论语〉感悟》也好，都只是心得和感悟，并不是学术研究，是作为一个人在体会另一个人，是于丹在体会孔子的体温，从孔子的言论里，体会孔子这个人。与其说《论语》是朴素和温暖的，不如说孔子是朴素和温暖的。什么是朴素？朴素就是坚持最根本的道理。什么是温暖？温暖就是对这个世界有爱，对人有爱，对生活有爱。于丹的这种对孔子的还原，于我心有戚戚焉。也正是这种将孔子还原成一个朴素和温暖的人的感悟和心得，才会让读者读起来觉得生动和亲切，觉得自己的人生可以遵循《论语》中所说的那些根本的为人道理。更何况于丹在书中还几乎尽了最大努力，试图做到深入浅出，将《论语》中那些根本的道理尽量还原到现代人的日常生活情景中。

同样，于丹对《庄子》的阅读，也是贴着庄子这个人而生发感受。所以在她的笔下，庄子是一个充满人生进取心的人，只不过庄子的追求，并非常人所追求的功名利禄，而是在追求精神的自由，追求对人生的超越，追求思想和真理。在于丹看来，《庄子》一书中，之所以很多时候在讨论生死问题时，都显得那么坦然、天真，将生死视为一体，视为自然，是因为庄子理解生命的本质，尊重和热爱活着的过程，并相信和追求精神之自由和无垠。庄子在《秋水》中说"往矣，吾将曳尾于涂中"，普遍的解释当然都是，宁可拖着尾巴活在烂泥中，也不愿意装模作样，失去自由地站在朝堂上。而于丹却从中读出了"曳尾于涂中"另一重意思：哪怕是拖着尾巴活在烂泥中，毕竟也是自由地活着啊。于丹读出了庄子对自由的渴望，也读出了庄子对活着和生命本身的尊重和热爱。我也很喜欢于丹这样的心得和体会。

《论语》是儒家思想的发源，《庄子》是道家思想的发端之一。因此中国人在谈到《论语》和《庄子》时，几乎同时也在指称儒家和道家。中国人没有普遍信奉的宗教，儒家思想和道家思想代替宗教，构成了几千年来中国人的基本人生哲学。对于中国一代代知识分子而言，他们的人生态度往往非儒即道，时儒时道，儒道交融……但儒家也好，道家也好，都是经过后世无数知识分子的各种解读、注述和集成，而形成了复杂广大的思想体系。有时我们在讲"儒"时，还能回到《论语》的朴素和温暖吗？我们在讲"道"时，还能感受到庄子对真理的追求和对自由精神的向往吗？

我还想起了中国历史上最伟大的两个诗人：杜甫和李白。杜甫苦难的一生中，有一种大天真，一种对世界，对生活，对人的根本的热爱，这种热爱，令他即使活在泥淖里，活在哀号中，活在惨烈中，也是一种有温度的，有人生进取心的，有内心根本的活着，最好的那个杜甫是"儒"的！而李白对超拔精神的追求，对自由意志的追求，又岂是"未就丹砂愧葛洪"式的求仙问道可以概括的？他真是"逍遥游"的信徒，追求的是更超拔的，更无拘的精神遨游式的活着，最好的那个李白是"道"的！一个孔子，一个庄子；一个杜甫，一个李白，几乎是传统中国人的基本灵魂构造。

正是因为有了这样一些对于丹前述几本书的阅读感受，当我得知于丹老师的《于丹〈论语〉感悟》和《于丹〈庄子〉心得》这两本书的版权即将到期时，我再次找到于老师，提出了一个想法，由磨铁图书来完成这两本书的再版工作。感谢于丹老师，再次选择了对我的信任。

磨铁图书　沈浩波

国学经典 书目

磨铁图书

中华优秀传统文化是中华民族的突出优势，是我们最深厚的文化软实力

目录

王蒙

  王蒙，河北南皮人，祖籍河北沧州，1934 年 10 月 15 日生于北京。中共第十二届、十三届中央委员，第八、九、十届全国政协常委。中国当代作家、学者，文化部原部长、中国作家协会名誉主席，任解放军艺术学院、南京大学、浙江大学、上海师范大学、华中师范大学、新疆大学、新疆师范学院、中国海洋大学、安徽师范大学教授、名誉教授、顾问，中国海洋大学文新学院院长。著有长篇小说《青春万岁》、《活动变人形》等近百部小说，其作品反映了中国人民在前进道路上的坎坷历程。曾获意大利蒙德罗文学奖、日本创价学会和平与文化奖、俄罗斯科学院远东研究所与澳门大学荣誉博士学位、约旦作家协会名誉会员等荣衔。作品翻译为二十多种语言在各国发行。

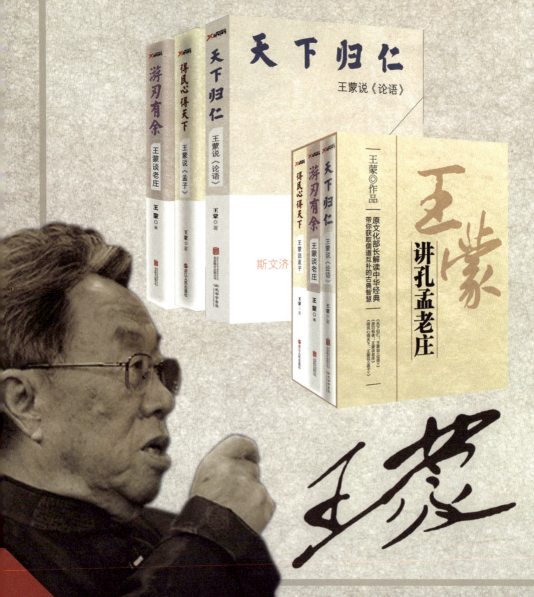

王蒙先生 **国学作品**

原文化部长解读孔孟老庄
四本书看懂中国传统文化智慧

《王蒙讲孔孟老庄》

原文化部长解读儒道经典，
带你看懂传统文化智慧。
本书从儒和道的经典源头，
将国学最精华的部分分享给大家。

北京联合出版公司
定价：174.00元
作者：王蒙
ISBN 978721307670101

《得民心得天下：王蒙说《孟子》》

王蒙八十余岁高龄逐字反复批改，
深度挖掘孟子的智慧。
《孟子》是儒家的重要经典之一，
阅读传统文化经典的必读书目。

浙江人民出版社
定价：58.00元
作者：王蒙
ISBN 9787213076701

《天下归仁》

王蒙七年心血之作，
再现《论语》微言大义。
在本书中，王蒙先生对儒家经典《论语》
进行了精彩睿智的"王解"与"评点"。

北京联合出版公司
定价：58.00元
作者：王蒙
ISBN 9787550243088

《游刃有余》

王蒙以八十年的人生阅历为基础，以六十年
的写作功底，对道家文化之源的老庄文化进
行了风趣而深刻的解读，力图将老庄智慧中
具有现实意义的精华部分带给读者。

北京联合出版公司
定价：58.00元
作者：王蒙
ISBN 9787550278882

周国平，中国社会科学院哲学研究所研究员，中国当代著名学者、散文家、哲学研究者、作家，是中国研究哲学家尼采的著名学者之一。

1945 年生于上海，1967 年毕业于北京大学哲学系，1981 年毕业于中国社会科学院研究生院哲学系。

《风中的纸屑（精装）》

《风中的纸屑》是继《人与永恒》之后作者的第二本随感集。思想恰如风中的纸屑，其中有一些落在了幸运的手上，大部分都随风飘散了。

浙江人民出版社
定价：36.00元
作者：周国平
ISBN 9787213064746

《善良丰富高贵（精装）》

对市场经济和文化生活的关系进行了多方面的考查，涉及性爱自由、金钱观、电视文化等等问题。

浙江人民出版社
定价：39.80元
作者：周国平
ISBN 9787213064784

《人与永恒（精装）》

《人与永恒》是作家周国平的第一本随笔集，也是出版后最受读者欢迎的作品之一。当人们为了生活忙碌，忘记了思考，作者却将他经过深思熟虑的生活感悟呈现出来。

浙江人民出版社
定价：36.00元
作者：周国平
ISBN 9787213064777

《守望的距离（精装）》

《守望的距离》是作家周国平的第一本散文集，收集了作者1983年至1995年4月的散文作品。

浙江人民出版社
定价：39.80元
作者：周国平
ISBN 9787213064807

《把心安顿好（精装）》

人最宝贵的东西是生命和心灵，把命照看好，把心安顿好，人生即是圆满。

浙江人民出版社
定价：36.00元
作者：周国平
ISBN 9787213064739

《各自的朝圣路（精装）》

作者将自己定位于"守望者"，并与时代潮流保持着适当的距离，以守护人生那些永恒的价值， 望和关心人类精神生活的基本走向。

浙江人民出版社
定价：39.80元
作者：周国平
ISBN 9787213064753

《安静（精装）》

《安静》是周国平从1999年到现在所发表的文章的结集。本书在写作时间上与那两种书衔接，是作者的散文的第三个完整结集。

浙江人民出版社
定价：39.80元
作者：周国平
ISBN 9787213064722

《内在的从容（精装）》

《内在的从容》代表了作者近些年特别愿意保持的一种状态，在今天的世界上，大家都很忙，作者似乎也不例外。

浙江人民出版社
定价：36.00元
作者：周国平
ISBN 9787213064760

《生命的品质（精装）》

在一定意义上，人生觉悟就在于透过这些社会堆积物去发现你的自然的生命，又透过肉身生命去发现你的内在的生命，灵魂一旦敞亮，你的全部人生就有了明灯和方向。

浙江人民出版社
定价：39.80元
作者：周国平
ISBN 9787213064791

《觉醒的力量》

觉醒是一种巨大的内在力量，拥有了这个力量，一切外来的负面力量都不能真正把人打败。

浙江人民出版社
定价：39.80元
作者：周国平
ISBN 9787213074721

《人生不较劲》

所谓"人生不较劲"，是不和自己、他人、老天较劲之意。在作者看来，盲目较劲往往是人世间痛苦的根源，唯有具备不较劲的智慧，才能把劲儿节省和积聚起来，使在正确的方向上，从而实现自我的价值，得到真正的幸福。

浙江人民出版社
定价：36.00元
作者：周国平
ISBN 9787213074738

于丹，是一位中国当代知名文化女学者。北京师范大学教授、博士生导师、北京师范大学文化创新与传播研究院院长，北京师范大学艺术与传媒学院副院长，国务院参事室特约研究员。著名电视策划人，被誉为中国电视业的"军师"。中共党员，北京市政协委员，中共十八大代表。

先后担纲《在共和国史册上》、《太阳照常升起》、《香港沧桑》等 20 余部大型电视专题片撰稿人；《正大综艺》、《环球》等电视栏目撰稿人；大型专题节目《非凡抗击》总撰稿，2001 年中华人民共和国申奥片策划。

国学大家 于丹

带你一同找回心灵深处的宁静之美

于丹 著

于丹 重温最美古诗词

于丹 趣品人生

于丹 《庄子》心得

于丹 《论语》感悟

于丹——重温最美古诗词

于丹·国学四品

《于丹：国学四品》

存孔子之志，养庄子之风，读诗词之美，品人生之趣。本书为于丹国学系列套装，目的是立足当下、激活中国人的古典文化基因。

北京联合出版公司
定价：161.40元
作者：于丹
ISBN 9787559601957

《于丹：读论语，品庄子》

存孔子之志，养庄子之风，读诗词之美，品人生之趣。本书为于丹国学系列套装，目的是立足当下、激活中国人的古典文化基因。

北京联合出版公司
定价：79.60元
作者：于丹
ISBN 9787559601872

《于丹：中国人的生活之美》

读一首诗，捧一盏茶，体味中国人的雅致与风度，诗词歌赋，琴棋书画，山鸣林啸，煮酒烹茶，这是一个中国人应有的样子和风度。

北京联合出版公司
定价：81.80元
作者：于丹
ISBN 9787559602114

《于丹：重温最美古诗词(再版)》

从解读儒家经典《论语》到赏析中国传统文化最源远流长、普及率最高的古诗词，于丹回归古典文学专业。

北京联合出版公司
定价：42.00元
作者：于丹
ISBN 9787550273238

《于丹趣品人生》

于丹是让人钦佩的，她深厚的古文学功底，在《于丹趣品人生》一段段的文字中表现的淋漓尽致。

北京联合出版公司
定价：39.80元
作者：于丹
ISBN 9787550278271

《于丹《庄子》心得》

和于丹一起，在庄子的汪洋恣肆中，感受自然人格的自我超越，心灵邀游。

北京联合出版公司
定价：39.80元
作者：于丹
ISBN 9787550291799

《于丹《论语》感悟》

《论语》的朴素和温暖，就在于里面不仅有天下大道之志，更重要的是它永远不失去脚下朴素的起点。也就是说，它告诉我们修养身心的道理，并且还会给出一条脚下的路，让我们抵达自己的理想。

北京联合出版公司
定价：39.80元
作者：于丹
ISBN 9787550292154

季羡林

　　季羡林（1911 年 8 月 6 日—2009 年 7 月 11 日），中国山东省聊城市临清人，字希逋，又字齐奘。国际著名东方学大师、语言学家、文学家、国学家、佛学家、史学家、教育家和社会活动家。历任中国科学院哲学社会科学部委员、聊城大学名誉校长、北京大学副校长、中国社会科学院南亚研究所所长，是北京大学的终身教授。

《季羡林谈人生(精装珍藏版)》

一个从黑暗时期走过的人，还能葆有对一切美好事物的追求和热爱，是一件令人肃然起敬的事。

浙江人民出版社
定价： 46.00元
作者：季羡林
ISBN 9787213069666

《我的心是一面镜子（精装珍藏版）》

本书是季羡林对自己百年学问人生的回忆与记述，他将自己的心比作一面镜子，是一位百岁老人对中国近一个世纪的真实见证。

浙江人民出版社
定价： 42.00元
作者：季羡林
ISBN 9787213069734

《牛棚杂忆（精装珍藏版）》

《牛棚杂忆》是季羡林对文革时期经历的一本回忆录，他以幽默甚至是调侃的笔调讲述自己在"文革"中的不幸遭遇。

浙江人民出版社
定价： 38.00元
作者：季羡林
ISBN 9787213069758

《季羡林谈佛（精装珍藏版）》

本书既是佛教入门经典，也是季羡林学术著作中影响巨大的代表作。

浙江人民出版社
定价： 46.00元
作者：季羡林
ISBN 9787213069710

《季羡林谈国学（精装珍藏版）》

面对"国学热"，季羡林晚年提出了"大国学"的概念，主张以开放宏观的视角看待国学。

浙江人民出版社
定价： 38.00元
作者：季羡林
ISBN 9787213069680

《一生的远行（精装珍藏版）》

本书集中收录了季羡林的系列游记也成为作者生命本身的一种记录。

浙江人民出版社
定价： 38.00元
作者：季羡林
ISBN 9787213069741

《读书·治学·写作（精装珍藏本）》

本书集结了季羡林关于读书、治学和写作方面的心得，另收录了他对陈寅恪、胡适等人治学理论的论述。做了一辈子学术研究的季羡林，将自己的实践经验坦诚地拿出来与人分享，于广大学生和学者而言，都是很有益处的。

浙江人民出版社
定价： 42.00元
作者：季羡林
ISBN 9787213069635

《风风雨雨一百年（精装珍藏版）》

本书收录了近百幅独家珍贵照片，可以说是季羡林从私塾孩童到百岁老人的全记录。

浙江人民出版社
定价： 46.00元
作者：季羡林
ISBN 9787213069703

《赋得永久的悔（精装珍藏本）》

无论是写凡常小事还是忆跌宕人生，季羡林总能表现出观察事物、认识世事的独特眼光和深刻思想。

浙江人民出版社
定价： 38.00元
作者：季羡林
ISBN 9787213069697

《季羡林谈东西方文化（精装珍藏版）》

作者主张文化起源多元论、文化交流论，认为东方文化的综合思维方式可以弥补西方文化的分析思维方式。

浙江人民出版社
定价：38.00元
作者：季羡林
ISBN 9787213069673

《红（精装珍藏版）》

一朵海棠花、一颗枸杞树、一件黄色军衣、一阵夜来香花开的气味……都是往昔，都是心事。

浙江人民出版社
定价：42.00元
作者：季羡林
ISBN 9787213069642

《象牙塔日记：精装珍藏版》

本书分上下两卷，收录了季羡林两个重要人生阶段的日记，上卷即引起巨大关注的《清华园日记》。

浙江人民出版社
定价：46.00元
作者：季羡林
ISBN 9787213069833

《悼念忆：师友回忆录（精装珍藏版）》

本书收录作者怀念一生重要师友的文章，勾绘出一幅20世纪中国知识分子的群像，而贯穿其间的则是时代变迁和个人命运的轨迹。

浙江人民出版社浙
定价：38.00元
作者：季羡林
ISBN 9787213069659

《彼岸印迹（精装珍藏版）》

德国，季羡林生活十年、视之为第二故乡的地方，他在这里选定印度学为主修方向，奠定了毕生学术研究的根基；印度，作者用了半个多世纪在书卷、思考和怀想中无数次与之相遇的国家。

浙江人民出版社
定价：42.00元
作者：季羡林
ISBN 9787213069727

余秋雨

　　余秋雨，1946 年 8 月 23 日出生于浙江省余姚县，中国著名文化学者，理论家、文化史学家、作家、散文家。

　　1966 年毕业于上海戏剧学院戏剧文学系。1980 年陆续出版了《戏剧理论史稿》《中国戏剧文化史述》《戏剧审美心理学》。1985 年成为中国大陆最年轻的文科教授。1986 年被授予上海十大学术精英。1987 年被授予国家级突出贡献专家的荣誉称号。

余秋雨

文采、学问、哲思、演讲皆臻高位的当代巨匠

一部课堂实录，初版后竟然即畅销海峡两岸，成为**马英九先生巡视台北书市时的首购之书**，而参加课程的各位学生，全都成为社会各界竞相招聘的对象——**这就是本书创造的奇迹**

解开中国文化的灵魂之匙

阅遍文化，行尽千里，跨越千年的人格理想，

《君子之道》　　《君子之道（精装）》

了解君子之道，是在追踪中国人的精神家园和人格世界的底蕴。余秋雨耗费十几年探索，阅遍文化，行尽千里，撼动亿万华人读者，终成总结性成果。

北京联合出版公司
定价：38.00元
作者：余秋雨
ISBN　9787550233034

北京联合出版公司
定价：58.00元
作者：余秋雨
ISBN　9787550277199

《北大授课：中华文化四十七讲》　　《北大授课：中华文化四十七讲（精装）》

一门独特的中华文化史课程，一部畅销海峡两岸的学术著作！全书包括"闪问"与"课程"两部分：最才思敏捷的课堂讨论，最诚恳的生命应答，最难以忘怀的47堂课。

北京联合出版公司
定价：32.80元
作者：余秋雨
ISBN　9787550210875

北京联合出版公司
定价：58.00元
作者：余秋雨
ISBN　9787550216600

《冰河》　　《冰河（精装）》

遇冰雪，被冰封在前后无援的河中，船上的考生金河凿冰救人，却因冻伤无法赶考。孟河为报恩代考，却中了状元，引出一连串扑朔迷离的意外和磨难，也留下一段沉香般的爱情传说。

北京联合出版公司
定价：38.00元
作者：余秋雨
ISBN　9787550233430

北京联合出版公司
定价：58.00元
作者：余秋雨
ISBN　9787550283022

《"君子三讲"文集套装》

余秋雨亲笔题写书名，修身卷《君子之道》+问学卷《北大授课》+传奇卷《冰河》精装套装，三卷本深入浅出，深情饱学的笔触，解读勾动整个民族内心的文化基因，弘扬君子正气，教你如何做一个合格、理想的中国人。

北京联合出版公司
定价：174.00元
作者：余秋雨
ISBN　9787550277199

余世存

余世存，诗人、思想家、学者、自由作家。做过中学教师、报社编辑、国家官员、志愿者。曾任《战略与管理》执行主编，《科学时报》助理总编辑。现为自由撰稿人，居北京。当代最重要的思想者，多次入选年度华人百名公共知识分子，被称为"当代中国最富有思想冲击力、最具有历史使命感和知识分子气质的思想者之一"。

时间之书　余世存

二十四节气　余世存说　节气

余世存 著

老树 绘

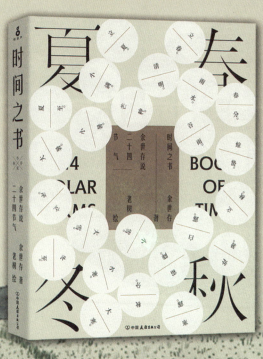

著名文化学者余世存最新力作

第一部全面解读二十四节气的

国民读本

《时间之书：余世存说二十四节气》

中国友谊出版公司/定价：65.00元

作者：余世存/ISBN　9787505739338

沈从文（1902－1988），中国著名作家，原名沈岳焕，笔名休芸芸、甲辰、上官碧、璇若等，乳名茂林，字崇文，湖南凤凰人。其祖父沈宏富是汉族，祖母刘氏是苗族，母亲黄素英是土家族。因此，沈从文的民族应是汉族，但沈从文本人却更热爱苗族，他的文学作品中有许多对于苗族风情的描述。

沈从文
典藏文集

沈从文诞辰
115周年
特别纪念版

感动千万文艺青年的心灵读本

一曲恬静的田园牧歌，一个古朴的桃源世界

感动千万女性的爱情经典

曹文轩、严歌苓、安妮宝贝、马悦然、汪曾祺推崇阅读

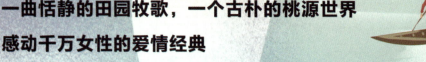

《沈从文典藏文集》

精选沈从文毕生最高创作成就：《边城》《湘行散记》《永远学不尽的人生——从文自传》《我们相爱一生，一生还是太短》。

北京联合出版公司
定价：179.00元（全四册）
作者：沈从文
ISBN 9787550277168

《边城》

沈从文备负盛名的小说代表作，感动千万文艺青年的心灵读本，塑造了不染世俗尘埃的湘西世界，彰显人性的至真、至善和至美。

北京联合出版公司
定价：48.00元
作者：沈从文
ISBN 9787550277168

《我们相爱一生，一生还是太短》

沈从文诞辰115周年全新修订，感动千万女性的爱情经典。读了沈从文，才知道爱情原来这么凄美。

北京联合出版公司
定价：48.00元
作者：沈从文
ISBN 9787550284593

《湘行散记》

从文纯美散文代表作，备受文艺青年推崇的心灵游记。澄澈纯净的诗意文字，尽显诗意从容的湘西世界。

北京联合出版公司
定价：45.00元
作者：沈从文
ISBN 9787550284592

《永远学不尽的人生——从文自传》

沈从文的自传体散文集，自述从逃学大师到文学大师的成长历程。写给所有渴望生活但又不安于现状的年轻人。入选教育部推荐课外阅读书目，据1934年版本还原。

北京联合出版公司
定价：38.00元
作者：沈从文
ISBN 9787550283060

许倬云

许倬云，江苏无锡人，1949 年赴台，就读于台南二中，完成高三最后半年学业，进入台大历史系，后获得美国芝加哥大学人文学科博士学位。先后被聘为香港中文大学历史系讲座教授、南京大学讲座教授、夏威夷大学讲座教授、杜克大学讲座教授、匹兹堡大学史学系退休名誉教授等职，代表作为《中国古代社会史论》、《汉代农业》、《西周史》、《万古江河》。

许倬云说历史

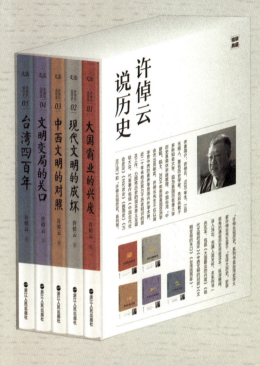

史学大家许倬云 纵横讲谈大历史

"许倬云说历史"系列书是台湾史学大家许倬云先生基于"全球大历史"史学视角的通俗历史讲座读本,纵深横阔,深入浅出,充满人类关怀。本系列书一共五本,包括《大国霸业的兴废》《现代文明的成坏》《中西文明的对照》《文明变局的关口》《台湾四百年》。此为最新修订版。

《许倬云说历史系列一：
大国霸业的兴废（精装珍藏版）》

一书尽览古今中外大国兴衰，视野开阔，高屋建瓴，深入浅出，难得的大家气象。

浙江人民出版社
定价：39.80元
作者：许倬云
ISBN　9787213072284

《许倬云说历史系列二：
现代文明的成坏（精装珍藏版）》

许倬云先生以宏阔的视野与通俗的语言，高屋建瓴地描绘出一幅现代文明的全景图。

浙江人民出版社
定价：39.80元
作者：许倬云
ISBN　9787213071904

《许倬云说历史系列三：
中西文明的对照（精装珍藏版）》

视野宏阔，一书看清中国和欧洲两种世界重要文明的发展脉络，看清全球历史视野观照下的中华文明何来又何往。

浙江人民出版社
定价：39.80元
作者：许倬云
ISBN　9787213075025

《许倬云说历史系列四：
文明变局的关口（精装珍藏版）》

许倬云先生以宏阔的视野与通俗的语言，高屋建瓴地描绘出一幅现代文明的全景图。

浙江人民出版社
定价：39.80元
作者：许倬云
ISBN　9787213076084

《许倬云说历史系列五：
台湾四百年（精装珍藏版）》

一本书读懂台湾的历史与现实，了解过去的台湾，理解现在的台湾。

浙江人民出版社
定价：39.80元
作者：许倬云
ISBN　9787213077043

《许倬云说历史系列1—5
（精装珍藏版）》

"许倬云说历史"系列书是台湾史学大家许倬云先生基于"全球大历史"史学视角的通俗历史讲座读本，纵深横阔，深入浅出，充满人类关怀。

浙江人民出版社
定价：199.00元
作者：许倬云
ISBN　9787213072284

北京磨铁图书有限公司销售中心通讯录

	职务		姓名	座机（010-）	手机
总经理室	副总裁兼销售中心总经理		汪俊	82069008	13911279669
	助理总裁兼销售中心副总经理		王慧军	82069198	13466399069
销售一部	销售总监		张波	82069115	13511019881
	销售总监	京	张波（兼）	82069115	13511019881
	销售经理	津、冀	张晓亮	82069175	13426192772
	销售经理	黑、吉、辽、蒙、鲁	冯海军	82069143	15201539313
	销售主管	线上	马博珩	82069265	13521901328
销售二部	总经理助理兼高级经理		郝欣然	82069476	13699266902
	销售经理	粤、桂、闽、琼	胡幸	82069472	13466623150
	销售主管	文轩线上	王元元	82069477	18311068301
	高级经理	云、贵、川、渝	郝欣然（兼）	82069476	13699266902
销售三部	高级经理		王丽娟	82069463	13810203912
	高级经理	苏、沪	王丽娟（兼）	82069463	13810203912
	销售主管	皖、线上	王晓婷	82069457	15120082942
	销售经理	湘、鄂、赣	金焕	82069469	15810437849
销售四部	高级经理		刘婵	82068728	13521905520
	高级经理	浙、豫	刘婵（兼）	82068728	13521905520
	销售经理	西北	王锋利	82069209	18210363531
	销售经理	博库	王璇	82069729	15801332774
销售五部	销售总监		吴娜	82069238	13810566851
	销售经理	当当	张涛	82069243	13910870318
	销售主管		李云鹤		15901043128
销售六部	销售总监	卓越	吴娜（兼）	82069238	13810566851
	销售主管		王世超	82069228	18600488056
销售七部	销售总监	京东	吴娜（兼）	82069238	13810566851
	销售经理		张晓磊	82069233	13810219494
	销售主管		刘晓燕		18511058784
销售开拓部	销售总监		李春光	82069012	13811820043
	销售总监	馆配、特价	李春光（兼）	82069012	13811820043
	销售经理	机场、高铁	闻可心	82068997	18612908813
	销售主管		张宇	82068998	13436616064

开户行：招商银行北京双榆树支行
卡　号：1109 0658 1010 802
户　名：北京磨铁图书有限公司
北京市西城区德胜门外大街83号德胜国际中心B座10层
邮编：100088
前台总机：010-82068999　前台传真：82069000

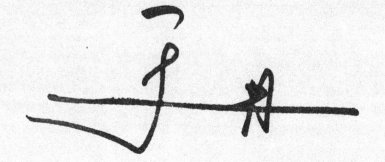

于丹——

《论语》感悟

于丹 著

北京联合出版公司
Beijing United Publishing Co.,Ltd.

图书在版编目(CIP)数据

于丹:《论语》感悟 / 于丹著 . —北京:北京联
合出版公司,2016.11(2017.4 重印)

ISBN 978-7-5502-9215-4

Ⅰ . ①于… Ⅱ . ①于… Ⅲ . ①儒家 ②《论语》—研究
Ⅳ . ① B222.25

中国版本图书馆 CIP 数据核字(2016)第 256574 号

于丹:《论语》感悟

作 者:于 丹
责任编辑:夏应鹏 李 红

北京联合出版公司出版
(北京市西城区德外大街 83 号楼 9 层 100088)
北京市雅迪彩色印刷有限公司印刷 新华书店经销
字数:214 千字 700 毫米 ×980 毫米 1/16 印张:17
2016 年 12 月第 1 版 2017 年 4 月第 2 次印刷
ISBN 978-7-5502-9215-4
定价:39.80 元

目 录
contents

自 2006 年国庆长假在百家讲坛讲完《〈论语〉心得》之后，我又在 2007 年春节讲了《〈庄子〉心得》，2008 年国庆讲了《〈论语〉感悟》。流光荏苒，再回首时，世界和人心都有了许多变化；而自万古观之，还是恒久不变的东西更多。

我的家也还是原来的模样。阳光灿烂的周末早晨，带着女儿一起读《论语》，我俩坐在沙发上，姥姥在餐桌旁翻着报纸，祖孙三代，一壶淡茶。女儿抱着一个洗旧了颜色的绒毛鸭子，书架在鸭子头顶，童声朗朗。一瞬间，我清晰地看见当初为讲《论语》备课时，这个当时还是簇新的绒毛鸭子也放在这个沙发上，不满一岁的女儿粉嘟嘟地坐在玩具堆里，和鸭子差不多大小，我常常开玩笑地对客人们说："会动的那个是我女儿。"

"妈妈，我能问你一个深奥的问题吗？"

我从恍神儿中被拉回来："什么问题？"

"这个世界公平吗？"

"不公平，孩子。"

"那，孔子在的时候就教人'日三省乎己，治国道之以德'，为什么到今天还有好人受冤枉？报纸、电视上还有那么多不公平？"

这真的是一个深奥的问题。

中国的今天不够公平，全人类的今天也不够公平，为了谋求最大公平而努力，人们一刻也没有停止过。大家都在寻找一种共同的公约默契，也都在本土寻求着各自的制度出路，问道自己的先贤，从自己的文化基因里探寻着这个民族安身立命的核心价值。孔子和庄子连始皇帝统一中国都不曾见到，他们更不知道互联网和众筹，但他们仍然是千古风尘之前，站在文明肇始之缘的那个坐标，他们的言语里藏着我们价值基因的秘密。尽管，孔子简约到述而不作，庄子汪洋恣肆到无端崖之辞，简与繁，殊途而同归。

"妈妈，那你说为什么孔子今天还能帮到我们？"女儿给姥姥送了杯茶，又从餐桌上端回一盘姥姥刚切好的水果。

"孔子肯定不能像'百度作业帮'那样帮你找到直接的答案，他帮我们的是认清楚一些根本问题。"

"什么才是根本的问题？"

"你觉得《论语》里什么是根本问题呀？"

孩子想了想，清亮地背出"君子务本，本立而道生。孝弟也者，其为仁之本与"。

——为什么一个从小去教堂的西方孩子的惊叹词会是"Oh, My God"！而一个中国孩子绊个趔趄都会本能地喊"哎呀，我的妈呀"！中国传统家族中的信任几乎等于西方宗教中恒久的神——我搂着孩子的小肩膀，看着笑眯眯的老妈妈，满心感慨。

约定俗成的表现，大多来自文化基因。中国文化中强大的伦理性价值，也许就是我们今天安顿于仓皇万变中的不变之本。农耕时代的中国人，始终有份乡土中的默契：即使是不识文断字，也得通情达理，国有国法，家有家规，门风不正就会败家。从贵胄到平民，长幼有序，图的就是家和万事兴。

"妈妈，那咱们平时还说'我的天啊'，这又为什么呀？"

"中国人的'天'可不是简单的 sky，这里有天道，有天时，人也得守着天良。想想老子怎么说人跟天地的关系来着？"

女儿会背"人法地，地法天，天法道，道法自然"，但是作为一个城里长大的孩子，她见过的庄稼还没有园林绿地多。

"妈妈，那你给我讲讲老子和庄子吧。"

"这个太难了，你再长大点儿咱们再讲吧。"

"不难！妈妈你看大鹏鸟和蓬间雀的对话，还有庖丁解牛的故事我都知道！"

是啊，我们从小都知道的故事，却要用一生去参悟，越成长，越觉得参不透。写完《〈庄子〉心得》之后的这八年间，我看过多少蜗牛犄角里利益的厮杀纷争，听过多少蓬间雀对世相的议论，也看过多少缄默不语的大鹏襟怀，始知摸索人间世的规则，比认清一头牛的骨骼肌理难得太多。

唯有敬畏。以一生的时光浸润在文化川流中，愿年华渐长，可以渐次接近文而化之的境界。

《周易》有言："观乎天文以察时变，观乎人文以化成天下。"这种化育世道人心之"文"，也许才是中国文明生生不息的真正意义所在。

一代大儒汤一介先生，即使在恶疾缠身的最后时光里，也一刻都没有停下为"返本开新"的文化理想而努力。卷帙浩繁的《儒藏》，心血累积，一点点呈现出有序的模样。汤先生在一次疾病晚期住院化疗的前夜，研墨拂纸，写下"观乎人文以化成天下"，交由乐先生郑重转交于我，我将此作为先生的殷殷托付。我看到汤先生辞世前的最后一段录像，就是先生沉静坚定地又一次诵读了宋儒张载的名言："为天地立心，为生民立命，为往圣继绝学，为万世开太平。"

返本问道，可以探寻孔子与庄子的精神气象，远在悠悠千古之前。

倘若我们后辈子孙真从他们的身上领悟了智慧，那是先贤文化血脉的传承；倘若我们偏执一端，一味忽略着甚至批判着他们，他们也依旧站在文明的滥觞之缘，不改缄默微笑。而开新宏愿，还靠更多愿意文而化之的天地之心。

流光无痕，人心有信。孔子称"人能弘道，非道弘人"。这份民族文化的初心一直还在，两千多年的浮沉，经历过太多坎坷困顿，但基因就是基因，但凡对这个民族文化有信、有爱的后辈子孙，总还是能从孔子、庄子的传世箴言中触摸到一团真气，从往昔中清晰辨识出中华文明的未来。

孝敬之道

父母之年，不可不知也。一则以喜，一则以惧。

　　《论语》的朴素和温暖，就在于里面不仅有天下大道之志，更重要的是它永远不失去脚下朴素的起点。

　　孝敬之道就是这种朴素的起点。

　　我们今天已经远离了产生孝道的宗法社会。在现代社会中，父子的关系已经不存在跟君臣关系的对应，那么，是不是可以说，"孝"已经过时了？

　　是不是在今天这样一种人人平等、法律公平的社会里，"孝"就不是做人的根本了呢？

　　一本《论语》捧在手里，我们说它是朴素的、温暖的，那么它的朴素和温暖体现在什么地方呢？

　　《论语》的朴素和温暖，就在于里面不仅有天下大道之志，更重要的是它永远不失去脚下朴素的起点。

　　也就是说，《论语》告诉我们修养身心的道理，并且会给出一条脚下的路，让我们抵达自己的理想。

　　孔子和他的学生有很多日常的问答。有一天，颜回、子路跟老师在一起聊天，老师说："你们每个人都说说自己的志向吧！"

　　子路说："我的志向就是，衣服、车马这些好东西，与朋友一起享用，用坏了也没有什么抱怨。这就是我的志向。"

　　颜回说："我的志向呢，就是一个人不经常夸耀自己，也不经常宣扬自己的功劳，能够做到很谦逊就可以了。"

这个时候，学生们发现老师还没有说话。子路就对老师说："希望听听老师您的志向。"

孔子呢，就淡淡地说出了自己对人格理想的描述，很简单，就三句话："老者安之，朋友信之，少者怀之。"（《论语·公冶长》）

孔子的志向就是希望做到能够让老人得到安顿，让朋友对自己信任，让年轻人对自己怀念。

我们想一想，每个人在这个世界上都不可能摆脱跟三种人的关系，那就是我们的长辈——生我养我的父母，我们的平辈——一生相随相伴的朋友，我们的晚辈——自己的儿女。

孔子先不去谈我要怎样建设家国社稷，怎样建立多少功勋，而是说让我的老人都可以安顿好，让我的朋友对我可以信任、托付，让孩子们觉得我这个人是值得追慕、缅怀的。如果我的存在能够让这三种人心中有这样的种种寄托，也就够了。

在这里面，摆在第一位的是"老者安之"。

我们都在说，中华民族有一种美德叫孝敬，但是，我们理解什么是真正的孝吗？

一个"安"字容易做到吗？让老人外在得以安其身，内在得以安其心，可能每一个儿女都有自己的做法，但真正能够做好却很不容易。

中国民间有个说法，叫作"百善孝为先"。一切善行都是从孝开始做起，因为这是人生中最深刻的亲情，人人不可回避。

在孝顺这件事上，民间还有一个说法，叫作"论心不论迹"。我们知道，不一定每一个孝子都有充足的钱财和很高的地位，能够按照他的梦想把爱折合成一种物质条件给他的父母。有时候一个很深刻的心愿，但是做起来却只是一件很朴素的小事，小到微乎其微。

对老人的这种安顿，也许我们可以有种种标准，如买多大的房子，买什么样的车，带老人去什么地方旅游，让他穿什么样的衣裳，有什么样的饮食，但是这些能让老人真正心安吗？

很多学生曾经问过孔子，什么叫作"孝"？"子游问孝。子曰：'今之孝者，是谓能养。至于犬马，皆能有养；不敬，何以别乎？'"（《论语·为政》）子游去问老师："什么叫作孝啊？"老师说："现在所谓的孝，就是说能养活自己的老人就行了。但是，这真的就是孝吗？"

孔子接着反问："你看狗马这些动物都能够得到饲养，如果你只是做到让父母衣食无忧，但你对他们没有发自内心的尊敬，那么这跟饲养狗马有什么区别呢？"

"子夏问孝。子曰：'色难。有事，弟子服其劳；有酒食，先生馔，曾是以为孝乎？'"（《论语·为政》）这里孔子又是一个反问句："曾是以为孝乎？"你竟然认为这是"孝"吗？

子夏问老师什么叫"孝"。孔子又说了一种现象，他说，做子女的要尽到孝，最不容易的就是对父母和颜悦色。你看看今天所谓的孝，就是有一些要做的事情，孩子们都会

子游问孝。子曰："今之孝者，是谓能养。至于犬马，皆能有养；不敬，何以别乎？"
——《论语·为政》

抢着去干；在一个物质条件不是很丰富的情况下，尽量做到让长辈有吃有喝。但是，这样做竟然可以算"孝"吗？

子游问"孝"，子夏问"孝"，老师都铺陈了一些大家普遍认为是"孝"的行迹：去好好地做事，养着父母，有什么好吃好喝的让父母先吃先喝，有什么劳顿自己先担当，这些行为大家都认为是孝了。但是，孔子都要反问一句：这些跟饲养狗马有什么区别？这些真是孝吗？

孔子的反问令人深思。中国人常常将"孝"和"敬"连用，孝敬孝敬，孝为行，敬为心，关键是我们的心中对父母有那份深深的敬吗？

今天是生活节奏加快的时代，儿女们总是太忙太忙了。

面对父母，今天的儿女应该要问问自己：如何让老人因为有自己这个孩子而得到安顿，我们怎样做到真正的孝？

今天我们总在说，孝敬是一种美德。但是，它不是一种本能。我们反过来说一个命题，就是父母对孩子的爱，有人说过那是美德吗？没有，因为那是近乎本能。

这个世界上，生物之爱都存在这样一个现象，这个现象很美好，但也近乎残酷：所有的爱都是下行的，也就是父母对儿女的爱。对父母来说，儿女是自己身上掉下来的肉，所以父母怎么尽心都不为过。

我们看到很多故事，比如孩子得了病，父母守在手术室外面，说把我的肝脏移植给他吧，把我的肾脏移植给他吧。我想，如果能移植心脏，那可能十个妈妈里面有九个都愿意。

但是，我们去找找儿女为父母做过什么的故事，可能远远少于父母对儿女付出的故事。

怎么理解我们做到的孝，让我们从孔子的这两个反问句开始：我能养活父母了，是孝吗？我凡事抢着做，让父母有衣有食，是孝吗？那我们先来看看，父母对孩子这一生来说又意味着什么？

有这样一个故事，说有一个小男孩，他从小就在一棵大树旁边玩儿。他特别喜欢这棵树。这是一棵大苹果树，长得很高，很茂盛，还有很多甜美的果子。

这孩子天天围着树，有时候爬到树上摘果子吃，有时候在树底下睡觉，有时候捡树叶，有时候他也拿着刀片、瓦片在树身上乱刻乱画。这棵大树特别爱这孩子，从来也不埋怨他，就天天陪他玩儿。

玩着玩着，孩子长大了，有一段时间他不来了。大树很想他。过了很久，他再来的时候，已经是一个少年了。大树问孩子："你怎么不跟我玩儿了？"这孩子有点不耐烦，他说："我已经长大了，不想跟你玩儿，我现在需要很多高级的玩具，我还要念书，还得交学费呢。"

大树说："真对不起，你看我也变不出玩具，这样吧，你可以把我所有的果子都摘去卖了，你就有玩具、有学上了。"这孩子一听就高兴了，把果子都摘了，欢欢喜喜地走了。

就这样，每年他都是在摘果子的时候匆匆忙忙来，平时都没有时间来玩儿。等到他读书以后，又有很长时间不来了。再过一些年，这孩子已经长成一个青年，他再来到树下的时候大树更老了。

大树说:"哎呀,你这么长时间不来,你愿意在这儿玩会儿吗?"孩子说:"我现在要成家立业了,我哪儿有心思玩啊?我连安家的房子还没有呢,我也没有钱盖房子呀。"

大树说:"孩子,你千万不要不高兴,你把我所有的树枝都砍了就够你盖房子了。"这孩子高兴起来了,把树枝都砍了,就去成家了。

这样又过了很多年,这孩子再来的时候,已经是中年人了,这大树已经没有果子也没有树枝了。孩子还是不高兴,一个人心事重重地徘徊在树下。

这孩子说:"我现在长大了,念完书,也成家了,我得在世上做大事。这世界上的海洋这么浩瀚,我要去远方,可我连只船都没有,我能去哪儿啊?"

大树说:"孩子,你别着急,你把我的树干砍了你就可以做船了。"这孩子一听很高兴,砍了树干,做了一条大船出海去了。

又过了很多年,这棵大树只剩下一个快要枯死的树根了。这时候,这个孩子回来了,他的年纪也大了。

他回到这棵树边的时候,大树跟他说:"孩子啊,真对不起,你看我现在没有果子给你吃了,也没有树干给你爬了,你就更不愿意在这儿跟我玩了吧?"

这孩子跟大树说:"其实我现在也老了,有果子我也啃不动了,有树干我也不能爬了,我从外面回来了,我现在就是想找个树根守着歇一歇,我累了,我回来就是跟你玩的。"

这个老树根很高兴，他仿佛又看见孩子小时候的样子了。

这个故事，其实说的就是我们的父母和我们自己的一生。

老树就是我们的父母，我们都是在树下玩大的孩子。我们每个人都体会过这样的一种成长，在父母身边长大，走向社会。但为什么人到最后才会归来呢？这就是平时经常说的"不养儿不知父母恩"，真到自己当了父母的时候才知道自己的父母有多不容易。

可是，真等到我们回到树根边的时候，心里就会有太多的遗憾，有很多能做的事情我们已经错过了。然而，父母跟我们很少计较。

这个故事听起来好像很残酷，但儿女的一生，不就是从父母身上获得了那么多的东西吗？父母付出的是他

陈传席 《盘曲孤贞更出群》（局部）

们生命中最宝贵的爱。

为什么孝敬是一种要大力提倡的公共美德，而不是每一个个人的生命本能呢？同样是血缘，为什么下行的爱如此自觉，如此浓烈，而上行的爱有时候却显得勉强呢？

我很喜欢《论语》里面孔子用的那两个反问句。做到这些真的就叫孝吗？这样一问，让我们警醒。

孔子是个宽和的人，他不是特别要求所有人都必须怎么做，包括他最看重的那些礼仪。有一次，宰我跟老师说："为父母守丧，一守就是三年，好像太长了。君子三年不讲习礼仪，礼仪必然败坏；三年不演奏音乐，音乐就会荒废。旧谷吃完，新谷登场，刚好是一年的时间；钻燧取火的木头四季都用不同的材料，一年也就轮过一遍。那为什么我们的服丧期非得三年，而不是一年呢？"

孔子就问他："如果你服丧才一年，你就吃精米白面，你就穿绫罗锦缎，你自己觉得心安吗？"

宰我说："我心安啊，没什么不安。"孔子就告诉他："女（汝）安，则为之！"（《论语·阳货》）如果你自己觉得心安的话，你就可以这么做，没有什么，不必特别地刻意。

宰我走了，他出去以后老师就很感慨。孔子说："宰我还是做不到仁啊！一个孩子出生以后，要三年才能完全脱离父母的怀抱，所以替父母守丧三年，是天下的通例啊。难道宰我就没有从他父母那里得到三年怀抱的爱护吗？"

一个小孩子出生以后，父母们都手里怀里抱着，呵护之至，抱到三岁，有的父母还很惆怅，说孩子要长大了，

宰我问："三年之丧，期已久矣。君子三年不为礼，礼必坏；三年不为乐，乐必崩。旧谷既没，新谷既升，钻燧改火，期可已矣。"

子曰："食夫稻，衣夫锦，于女安乎？"

曰："安。"

"女安，则为之！夫君子之居丧，食旨不甘，闻乐不乐，居处不安，故不为也。今女安，则为之！"

宰我出。子曰："予之不仁也！子生三年，然后免于父母之怀。夫三年之丧，天下之通丧也。予也有三年之爱于其父母乎？"

——《论语·阳货》

以后我就抱不着他了。很少有父母抱孩子到一周岁就烦了，说我抱你什么时候到头，我还要抱你两年，太烦了吧。但是，孩子长大以后，为父母守丧守到一年就有人觉得烦了。

孔子对宰我的言行没有横加干涉，他只是推测宰我幼年的经历可能不完美。我们看到，在孔子那里，三年之丧与三年之爱是相对应的关系，父母对子女是爱护，子女对父母是孝敬。

这个世界上没有一种孤立的现象，也没有一种孤立的标准。我们都在用自己的心去揣测他人。作为子女，如果我们能够换位去想，那么与其等到父母身后我们去尽一年之孝或者三年之孝，还不如趁父母在的时候我们多做一分一毫。

只要父母在一天，孩子就不会不挂在他们的心里。但是，孩子经常跟父母说的话是什么呢？就是："妈，我最近不回来看你了，实在是太忙了。"

忙，有时候是可以忙忘的，但有时候忙是可以取舍的，取重而舍次。什么是重？人们往往觉得事业是重的，朋友的快乐是重的，在这种时候，父母往往是被忽略的。

我们老是能听见父母说一句话："你去忙吧，要是太忙就别着急回家来，打个电话就行了，让我知道你挺好就行了。"而孩子们呢，往往就把这句话当成是真的，就真会觉得父母只要知道自己在外挺好的就行了。

在孩子这一生的成长中，尤其是长大以后，有时跟父母会发生冲突。有的孩子从小就有逆反心，父母孩子之间有代沟。

还有，并不是天下的父母做事都正确。那么，当父母做得不对的时候，孩子真跟他们有冲突的时候，应该怎么做呢？

对于上述情况，孔子有这样的建议："事父母几谏，见志不从，又敬不违，劳而不怨。"（《论语·里仁》）作为儿女，侍奉父母的时候，如果有意见相左的地方，甚至你觉得父母有什么错的地方，可以委婉地去劝止。这叫作"几谏"，就是你一定要很克制地、很轻微地，能够用一种柔和的方式去劝说。"几"就是轻微、婉转的意思。

我们去说一个道理，道理本身是什么样也许不重要，但是表达方式很重要。我们怎么样用一种最好的表达方式把一个很好的道理说通，这很重要。

我们经常会学习一些人际交往准则，就是你跟同事要怎么说话，你跟朋友要怎么说话，但几乎没有一本社交宝典会教你跟父母怎么说话，因为大家都觉得，父母是亲人，跟父母说话还需要讲究方式吗？

孩子们老说，我在外面受了气，回家跟我妈说说怎么不行？跟我妈还不能发发脾气吗？跟我妈还不能撒撒怨气吗？但是，千万要注意，往往就是最亲的人成了自己的情绪垃圾桶，有时候还会因此而受伤。

孔子说出了一个简单的道理，就是你最亲的人是最伤不得的。你跟他们有什么意见相左，在说话的时候最好注意一下方式，好话能不能好好说呢？

孩子说了，有的父母会听，有的父母没听，还在坚持自己的做法，那就是"见志不从"。没听你的怎么办？"又

子曰："事父母几谏，见志不从，又敬不违，劳而不怨。"
——《论语·里仁》

孔子说出了一个简单的道理，就是你最亲的人是最伤不得的。
——于丹心语

敬不违"，做孩子的还要心存尊敬，不要去顶撞他们。

你心中可能对这事继续担忧，但不能生出怨恨，这就叫"劳而不怨"。

这些就是在儿女辈跟父母意见相左的时候圣人所提供的一种建议。

孔子从来不要求人们必须怎么做。宰我不愿意守三年丧，孔子说一年你心安则为之，也没什么。他更不会要求我们两千五百多年以后的人，你必须怎么做。他只是提这么一个建议，但是这个建议对很多儿女来讲，意味深长。

什么叫作"又敬不违"？中国民间有个说法叫"孝顺"，孝顺孝顺，顺者为孝。很多时候，我们的孝心就在于不违背。当然，也有些儿女跟父母的冲突属于大是大非。但是，如果现在做个统计，父母、儿女之间所产生的冲突，究竟有多少是大是大非，关乎道德、关乎家国大义？这种事情毕竟很少。

绝大多数的冲突，用我们老百姓的话来说都是鸡毛蒜皮，却弄得父母心里不高兴，儿女心里往往也委屈，因为两代人可能动机都是好的，但看问题的方式不一样。

我们做儿女的，很容易跟父母形成的冲突就是发生在生活习惯上。我们愿意让他们生活好，比如经常指着老妈说："你看你攒的这瓶瓶罐罐，你这剩菜剩饭都舍不得倒，你去买的全都是处理的菜和水果，咱们家生活还不至于这样呀！现在日子好了，你还是过去的习惯，你就不能把日子过好一点吗？你不能改掉老习惯吗？"这种话我们几乎都会说。

我们有时候也会指着老爸说："现在我带你去吃西餐，我带你去外边下馆子，你老舍不得吃，还老说吃不饱，非要回家来蹲在墙角吃你那碗面条，这都是你原来在农村的生活习惯，你就不能改掉，好好适应现在的生活吗？"

听着这些数落老人的话，能说儿女不孝吗？其实，这些都发自我们的内心。但是，孔子说了一句话，叫"又敬不违"，难道我们不能顺着点父母吗？

我们想一想，每一个人走到今天，都带着历史的烙印，每一个人都是由自己的习惯铸就的。如果没有老太太攒瓶瓶罐罐那段岁月，也许就没有儿女今天的生活；没有老爸蹲在墙角吃面条的那种节俭，也许你就不会从那个村庄走出来，就没有今天的楼房。

真正爱自己的父母就意味着包容和尊重他们的习惯。这是真正的敬。心理上的这种"敬"，直接导出来的行为层面就是"不违"。

所以，我们不是说在大是大非的问题上一定要做儿女的放弃原则，但是，在可以不计较的时候，儿女要对父母多一点尊重和理解，多让他们按照自己的方式去过一种快乐的日子，也许这就是最好的孝敬。

做晚辈的特别习惯于扶老人上下楼，这个动作有时候却招老人反感，老人经常把孩子甩开说："你觉得我现在就走不动了？"做儿女的这时候还真委屈。

其实，在物质生活大大丰富的今天，对于父母的心思做一些认真的揣测，按照他们的心意去做事，你可以做得更含蓄、更不外露，会让父母心里更自信，让他们对自己有更多的肯定。这也许是最好的选择。

每一个人从他自己那条路走来的时候，他就会带着历史上沟沟坎坎留下的许多痕迹。一个人走到老年的时候，他有很多隐忍不露的地方，他有太多太多的故事……对于老人来讲，有太多的东西不见得都愿意对儿女说明。他可以自己去忍过一生，那么这个时候，儿女就应该用心去想，我的父母他们到底为什么要这么做。

我曾经看到有一本杂志上说：当天神把每一个小孩子派到人间的时候，总是给他们很多祝福，总是跟孩子们说，你们去吧，到这个世界上去创造吧！你们可以享受生命的成长，一生中可以有着无数的奇迹。多好的人间，你们去吧。

这些小生命很忐忑，说："天神跟我们说人间这么好，可我们也听说人间有很多的丑陋，有很多的竞争，有很多的挣扎。我们真到了人间，遭遇这一切的时候，没有天神保护了，怎么办呢？"

天神说："放心吧，我们已经早早派去了天使，每个小生命都有一个特定的天使在等着他。这个天使会终其一生，忠诚地对待这个孩子，在最黑暗的时候给他光明，在最寒冷的时候给他温暖，在所有风险来临的时候，会拼着性命保护孩子。"

孩子们一听，就很放心了，问："我们怎么才能找到自己的那个天使呢？"

天神说："很简单，你只要叫一声'妈妈'，她就出现了。"

我们看到，父母对孩子从来都是无怨无悔，终生相守，那么，孩子对父母呢？恐怕就不是这样了。有时候，我们的孝敬之心埋在心底，但我们会有很多借口，使得我们对父母的孝敬心思或浓或淡，自己闲的时候就浓一点，自己忙的时候就淡一点。

其实，我们今天想想，《论语》里面关于孝的很多描述，不见得都符合今天的标准，因为它所诞生的那个时代离我们太远，那时的生活环境与我们不同，更重要的是社会基础不同。比如，那时盛行宗法制度，而现在的社会不太讲究这个了。

大家知道，在《论语》里面曾提倡一种行为，叫作"父为子隐，子为父隐"（《论语·子路》），就是家里面有人做了错事，如父亲偷了只羊，甚至比这更大的错事，儿子要瞒着，不能告发，父亲对做了错事的儿子也是这样。孔子说，父子相隐就是一种很正直的行为。

这种态度在今天，就不值得提倡。为什么孔子要这么提倡呢？我们可以先看看更深层的背景。在春秋时期，周天子乃至各诸侯国的君位继承都是实行嫡长子继承制。嫡长子继承制是当时君君臣臣、父父子子这样一套礼仪体系的表现形式之一。君、臣、父、子，这个关系是一体化的，也就是说，儿女的孝敬跟臣子的忠诚连在一起。提倡孝道，跟以礼立国有关联，所以孔子把"父慈子孝"这种伦理范畴之中的父子相隐行为纳入"礼"的秩序之中，认为这种行为是值得提倡的。

我们明白了那个时代跟现代社会存在这种社会基础上

的差异，就不见得要把那个时候提倡的很多行为延续到今天。但是，如果从当时的情况推断这些行为背后的道理，那么有些道理对我们今天仍然是适用的。

比如，孔子说："父母在，不远游，游必有方。"（《论语·里仁》）今天的孩子，很多都是少年壮志，漂洋过海出去留学，父母在的时候怎么能不远游呢？

当然，孔子还说了后一句话，叫"游必有方"。意思是说，如果你一定要出远门，必须有一定的去处，好让父母知道，少点担心。换句话说，就是你真正有自己的志向，有自己要去做的大事，是可以走的，但是走了之后，要对父母有一个交代。

大家都知道，太史公司马迁一生用了很长的时间游历天下，又曾接受朝廷的命令出使西南。在父亲司马谈病重的时候，他在外漂泊多年终于回来。在父亲身边，他接受了一个伟大的使命。

司马谈这时快不行了，但他还有心事未了。他对司马迁说："我家先人是周朝的太史，从前名声显赫，后来家道衰落。现在我作为太史，处在当今天下一统、人才辈出的时代，可是我对这个时代却没怎么记载，心里真是不安啊！我死了以后，你一定要接替我做太史，继承我们祖上的职业。你一定不要忘记我要撰写的著作啊！"

司马谈又说："所谓孝，始于事亲，接着是事君，最后必能使自己扬名后世。扬名后世，以显父母，这是孝之大者。你记着我的话吧！"

司马迁哭着说："小子不敏，一定好好整理父亲已经记录的历史资料，不敢有所缺失。"

司马迁就这样接受了父亲的嘱托，最后写成一部大书——《太史公书》，也就是名传后世的《史记》。

我们看到，司马迁之所以能够去完成这样一部大书，一方面可以说是继承了其父司马谈的遗志，另一方面是他周游天下的经历使他开阔了视野，为这部大书奠定了基础。

所谓"游必有方"，不是毫无目的地漫游。只有类似于司马迁这样的游历才有助于人生见识的增长。所以，司马谈才放心地让司马迁壮游天下，也在临终前郑重嘱托司马迁继承自己的志愿。《史记》这部大书的问世，最终成就了司马迁在中国史学界的崇高地位，也彰显了其父司马谈对司马迁的巨大影响。

儿女不简单，要供养父母，侍奉父母，更重要的是要弘扬父母之志，能够为社会担当责任，做一些有用的事。在《论语》里面，其实也说到了这些。

《论语》中曾经这样说："父在，观其志；父没，观其行；三年无改于父之道，可谓孝矣。"（《论语·学而》）为什么说父在要观其志而不能观其行呢？这又跟当时的制度有关。在那个时代，当他的父亲还活着的时候，这个孩子是不能独立行动的，他都得听父亲的，所以，无法观察他的行为。但是，他可以有自己的见解和志向，所以，可以通过观察他的志向来了解他。

如果他的父亲去世了，这个孩子就可以独立行动了。这时候，他是否孝顺尊敬他的父亲就可以通过他的行为看出来。如果他对他父亲的合理部分，长期地不加改变，就可以说他尽孝了。

孩子有什么志向姑且不论，而父亲有什么样的理想，能不能够世代相承下去，这个孩子能否做到多年不改，也很重要。司马迁就是继承了其父司马谈的志向，撰写出伟大的《史记》，可以说，司马迁对其父是很好地尽孝了。

真正的孝敬，是一个人把对自己长辈的心推及社会。孟子所谓"老吾老以及人之老，幼吾幼以及人之幼"（《孟子·梁惠王上》），就不仅是孝，而是仁爱了。每一个人都希望在社会上安身立命，能够去做更多的事情。如果人人都用这样的心去做事，那就好了。

在孔子的那个时代，一个人要从眼下做起，一直到走向社会。孔子曾经描述过一个人人格的成长中要做哪些事。孔子说："弟子，入则孝，出则悌，谨而信，泛爱众，而亲仁。行有余力，则以学文。"（《论语·学而》）

这里面其实有三个层次。第一个层次，是"入则孝，出则悌"。孝悌之义，对父母为孝，对兄弟为悌，讲的都是伦理亲情之爱。要先与自己的父母、兄弟这些亲人把关系处好了。

第二个层次，是"谨而信，泛爱众，而亲仁"。如果一个人言语谨慎，笃诚守信，用爱亲人的心去博爱众人，还去亲近有仁德的人，这样他就走出了一己之爱，能够有天下大爱，他就能为社会做更多事，走得更远。

如果以上这些都做到了，孔子才说到第三个层次，"行有余力，则以学文"。你要是还有余力的话，就可以去学习文献知识。孔子很注重实践，实践之余你才可以去学点书

真正的孝敬，是一个人把对自己长辈的心推及社会。
——于丹心语

子曰："弟子，入则孝，出则悌，谨而信，泛爱众，而亲仁。行有余力，则以学文。"
——《论语·学而》

本知识。只能学而不能行，这在孔子看来，也许很不恰当。

我们不一定要说，那个时候的道理都适用于今天，但我们可将这些道理简单地做个坐标来参考。在今天这样一个进步的文明时代，回头看这三个层次，就会看到有时候恰恰是做反了：今天的孩子从一成长就知道要念书，在上幼儿园之前有亲子班，然后是幼儿园，然后是小学、中学、大学。每个孩子都知道要去"学文"，因为"学文"就能进入社会，进了社会以后就能有尊崇的社会地位。

我们知道，现在的社会有一些核心价值都需要人们去尊重，如信誉，还有忠义，可是这些一步一步做完之后，到最后忘了什么呢？

往往是最简单的东西被忽视了，也就是忘了"入则孝，出则悌"。对自己亲人的这个环节是最容易忽略的。

我们的古圣先贤，他们所讲的这番道理，不正是让一个人从脚下出发，从自己的亲人出发，能走多远就走多远，用这样一种本能之爱走到社会上，再做理性提升吗？人们先把这些最基本的东西做好了，再去学学知识、文化，让人走到更高的层次。

可今天呢？我们的心都从很远的地方缓缓归来。我们一开始都去学文化，都在努力去认同社会的公共标准。今天的小学生也知道世界地理，中学生也知道北欧历史，但是还有几个人内心能记住"入则孝，出则悌"？

古圣先贤的很多教诲，可以使我们让自己的灵魂从远方漂泊而归，回到一个温暖朴素的地方。我们最好不要忘记这些基本的道理。

这些道理为什么重要？比如说，为什么"孝"就这么重要呢？

孔子的学生有若就曾经解释过孝悌的重要性，他说："其为人也孝弟，而好犯上者，鲜矣；不好犯上，而好作乱者，未之有也。君子务本，本立而道生。孝弟也者，其为仁之本与！"（《论语·学而》）

有若的意思就是说，一个人孝敬自己的父母，敬爱自己的兄长，却喜欢触犯上级，这样的人是很少见的。一个人不喜欢触犯上级，却喜欢造反作乱，这种人从来没有过。君子专心致力于根本的工作，根本建立了，"道"也就有了。孝顺父母，敬爱兄长，这就是"仁"的根本啊！

有若说，"君子务本"。什么是"本"呢？大家看，木头的"木"字底下加一短横，就是"本"吧。这个短横在什么位置？就在树根。什么叫"本"？就是大树的根。

人生可以长成枝繁叶茂的大树，但是一切源自于这个根系。本要是牢固，树就可以长得好，所以很多东西要务本。"孝"在《论语》里就是作为这样一种根本的道德而存在。

我们今天已经远离了产生孝道的宗法社会。在今天的社会中，父子的关系已经不存在跟君臣关系的对应了。

是不是在今天这样一种人人平等、法律公平的社会里，"孝"就不是做人的根本了呢？

其实，如果我们静心而思，考虑什么是我们的核心道德，那么就会发现，一个人在处理自己跟亲人的关系上能真正做好，也许不经意间可以对整个社会都辐射出一种强

有子曰："其为人也孝弟，而好犯上者，鲜矣；不好犯上，而好作乱者，未之有也。君子务本，本立而道生。孝弟也者，其为仁之本与！"

——《论语·学而》

大的力量。

大家可能都知道,中央电视台有一个特别节目叫《感动中国》。就在2006年,《感动中国》中有一个人物叫林秀贞。她是河北省衡水市一个非常普通的农村妇女,她入选《感动中国》的理由非常简单。

她不是我们想象中的英雄,没有惊人的事迹,她无非就是从嫁到这个村子开始,就义务赡养村里所有的孤寡老人。她自己去一家一户认门,看到刘爷爷、刘奶奶瘫在床上,她跟他们说:"我以后天天来给你们做饭,反正我们家喝稀饭你们就跟我喝稀饭,我们家吃窝头你们就跟我吃窝头,但是我一定不会让你们断顿。"

两位老人听到一个新嫁来的媳妇说了这样的话,都没有太在意。但是,就从这天开始,她日复一日、年复一年地去做,一直到了第八年,刘奶奶从破炕席底下掏出一个烂纸包,说:"妮儿啊,这包里是安眠药,这是我原来留着跟你刘爷爷哪一天实在是动不了了时才吃的,这就是我们老两口的归宿。我们听你说要照顾我们,还真这么做了,一年两年我们不踏实,三年四年不放心,现在都八年了,我们觉得确实是用不上这个了。八年了,我们看你的心还没有变,现在这包药我可以交出来了。"

林秀贞不光是养这一户,她在村里是见一个养一个,见一家养一家。她前后赡养了六位这样的孤寡老人,而且一定是养老送终。短则七八年,长则十几二十年,每一位老人都这样被她养过来。

在这三十多年间,她自己的四个儿女陆续出生,孩子们就把村里这些老人都看成自己家的爷爷奶奶，帮着妈妈去这家剪剪指甲，帮那家拾拾柴火，大家就这样过来了。

这就是林秀贞全部的事迹，那你说她够"感动中国"吗？《感动中国》的推委会在写到林秀贞这个人物的推荐词时有这样一句话：如果富人做这样的事，叫作慈善；而穷人做这样的事，她就是圣贤。

孔子曾经说过："仁远乎哉？我欲仁，斯仁至矣。"（《论语·述而》）意思是说，仁爱真的离我们很远吗？我心中想到这样做的时候，仁爱就到我身边了。我们想想，做慈善容易吗？做慈善也需要条件，没有钱你就做不了。但是，做圣贤有时候比做慈善容易，因为你有心就够了。

林秀贞最后当选为2006年"感动中国"的年度人物之一。当时节目舞台上有一座一座的丰碑，每个人物都有一个评语镌刻在各自的碑上。林秀贞的那个碑被掀开后，上面写着四个大字："温暖世道"。颁奖词说，三十年来，善良流过村庄，她用自己的心温暖了世道。

其实，林秀贞最后所做到的境界已经是仁爱了，但是她最初的起点，不过就是一个普普通通农村妇女的孝敬之心，无非就是把别人家的老人当成自己家的老人，如此而已。

我们人类走到今天，也许社会制度在变，但"孝"就不是为人之本了吗？也许这个理念可以不变。《论语》里说，"君子务本"。一个人去伪存真，能够在最朴素的地方见出做人的核心价值，那么在一片纷乱迷茫之中，或许他就不会走得太乱，或许他不至于走得太远。

孔子曾经说过："出则事公卿，入则事父兄，丧事不敢不勉，不为酒困，何有于我哉？"（《论语·子罕》）他说，一个人出外则面对公卿，为社会做事，回到家里，面对父兄去尽心，有丧事不敢不尽心竭力，而对自己的生活有节制，可以饮酒，但不会被酒困扰，对我来讲，做到这些事有什么难处呢？

我们看到，在孔子的思想体系中，"事公卿"和"事父兄"是连在一起的。我们想一想，在今天是不是也一样？我们可以在这个世界上创造很多辉煌，但是永远也不能忘了脚下的起点，那就是父母对儿女的心。

对于孩子，父母有着太多的牵挂，如怕他念书念得不好了，怕他为人不够正直了，惦记他没有钱买房子，惦记他的车不好被同事笑话了，惦记孩子的孩子要去受什么教育了……父母对儿女的牵挂不一而足。但是，做儿女的问问自己，我们该让父母操这么多心吗？

孟武伯曾经问孔子什么是孝顺，孔子回答了这样一句话："父母唯其疾之忧。"（《论语·为政》）什么叫孝顺？父母对儿女的牵挂，应该只有一件事，就是儿女得病了，只有这件事可以让他们真正担忧。如果说儿女病了，还能让父母不担忧，这在人之常情上说不过去。儿女都是父母的心头肉，不管儿女是四十岁还是五十岁，得了病，老爸老妈那也是心如刀绞，老人说，还不如让我替你病呢。所以得病不让老人担忧，你是做不到的。

孔子的言外之意是说，除了得病这件事我们无法担保，别的事情你就不该让父母担忧，这才是孝敬的孩子。

我们可以在这个世界上创造很多辉煌，但是永远也不能忘了脚下的起点，那就是父母对儿女的心。

——于丹心语

也就是说，你的学习就应该让父母操心吗？做人正直不正直，总要让父母念叨吗？与朋友交往，自己买房子，做生意，干工作，这些事情做得好与不好，都得让父母不断操心吗？这些都不应该让父母担心。

《论语》里面讲的道理非常朴素，记住这一句，就是儿女能让父母牵挂的只是得病这件事而已。这是你躲不开的，但别的事情能不让父母操心，你就已经是孝敬了。

《论语》往往就是这样用一句最简单的话告诉我们至深的道理。

我们都知道，人这一生步步行来，点点滴滴，父母能做的，往往是一些背后的小事。父母从来不会说嫌儿女烦，父母也从来不在儿女面前表功。

有一个美国的小故事很有意思。一个小男孩，从小得了脊髓灰质炎，腿瘸了，这个病还导致他长了一口参差不齐的牙齿，很不好看，所以这孩子从小就备受冷落。小伙伴们都觉得他又瘸又不好看，都不跟他在一起玩。

有一天，他的父亲拿了一把小树苗回来，跟他的多个儿女说："你们一个人拿一棵树苗去种，看谁的树种得最好，我就给他买礼物。"

这个小男孩跟他的哥哥姐姐一起拿了树苗种下去。这个孩子呢，由于老受冷落，就有一种自暴自弃的心态。他给那棵树苗浇了一两回水以后，心里就有一种很消极的想法。他想："我不管了，还不如让我那棵树早早死了呢，我反正是不受人喜欢的孩子，我再想要礼物也不会得到的。"于是他就再也不给那棵树浇水了。

可是，后来他却发现，他那棵树却长得比别人的好。那棵树长得特别快，树叶长得特别鲜亮。这是一棵特别茁壮的小树。

父亲不断地对他说："天哪，儿子，你长大会成为一个植物学家的。你真是天才，你的树怎么长得这么好呢？"

过了一段时间，父亲说："大家都看见了，在这些树苗中，只有这个孩子种得最好，我的礼物得买给他。"于是父亲给这个小男孩买了一个他特别喜欢的礼物。

后来，这孩子不断受到鼓励，他就想，这是天意。有一天半夜，他睡不着觉，心想："书上说植物都是在半夜生长，我去给我的树再浇点水吧。"

他跑出来的时候，惊讶地发现，他的父亲在那棵树边正一勺一勺地浇水。他突然明白，他的父亲每天夜里都在悄悄地为他浇着这棵小树。这棵小树就是他的父亲在他心里种下的一个意识，让这个孩子自信起来。

看见这一幕以后，这个孩子的生命态度就改变了。后来，他没有成为植物学家，而是成了美国总统。他就是富兰克林·罗斯福。

这则小故事自然是虚构的，因为历史上的富兰克林·罗斯福是在三十九岁时才因病致残。就跟众所周知的"华盛顿与樱桃树"的故事一样，故事本身不一定真实，但是反映了某些令人深思的哲理。那么，"罗斯福与树苗"的故事说明了什么呢？

我们想一想，这就是父母对儿女的爱啊，这种爱永远不需要走到阳光底下，永远不需要让儿女知道。你可以撞破这样一个秘密，你也可能终生都不了解。但是，有几个儿女愿意点点滴滴为父母默默做点事呢？很多儿女做点事就要嚷嚷出来，要让父母知道，孩子是爱他们的。

我还看到过一个让人很感动的儿女尽孝的小故事。有一帮朋友在一起聊天，有一个人说，我在外面时间这么长，我要给爸爸妈妈打个电话告诉他们一声。然后，他拨了一遍号码，停了一下挂断，又拨了一遍号码，拿着听筒等着，接着跟他父母说话。

他的朋友们很奇怪，问："拨第一遍占线啊？"他说没有。朋友问："那为什么要拨两遍呢？"

这个人淡淡地说："我爸爸妈妈年纪大了，腿脚不好，他们只要听见电话就觉得是我的，每次都是不顾一切往前冲，恨不得扑在电话机上。我妈因为这样就经常被桌子腿绊到。后来我就跟他们说好，我会经常打电话，但前提是你们一定不要跑，我第一次拨通电话就响两三声，然后挂上，你们慢慢走到电话机边等着，过一会儿我一定还会打过来的。"

这个故事，说实在话，是比较少见的儿女孝敬父母的故事。朋友们在一起聊起父母对儿女的爱，大家可能随口说出一大把，但是儿女有如此之心对父母的，往往少见。其实，我倒真希望这样的故事能发生在我们每个人的家里，发生在我们身边。

翻翻《论语》，有那么多关于"孝"的说法，说到最后，我觉得有一句话是需要我们每个人记住的，那就是："父母之年，不可不知也。一则以喜，一则以惧。"（《论

子曰："父母之年，不可不知也。一则以喜，一则以惧。"
——《论语·里仁》

语·里仁》）

我们为人儿女者，可以在心里问一句：我父母的生日是哪天，他们今年多大了？不见得每个人都能说得很准确。但是，做父母的要是想我孩子哪天生日、多大了，恐怕没有几个人不清楚。

我们有时候觉得，老人不像孩子爱过生日，孩子过生日都是成长，他高兴，而自己的生日老人有时候忘了就忘了，淡了就淡了，他觉得自己长一岁也没有什么好。

对我们儿女来说，父母的年龄不可不知，知道以后，那就是"一则以喜，一则以惧"，喜的是父母高寿，得享天年，做儿女的现在还有机会孝敬他们；但惧的是父母年事又高了一岁，我们还有多少时间能够陪在父母身边尽孝呢？我们还能够有多少心愿真正来得及完成呢？

可以说，父母之年在我们的心里可能永远是惧大于喜的，因为我们能做的太少，父母能给的太多。所以，这个世界上，有一种至深的悲怆叫作"子欲养而亲不待"。如果真是到了那一天的话，我们就是捶胸顿足，涕泗滂沱，再三追悔，父母在的时候少顶一句嘴多好，多做一件事就来得及啊，但是一切都过去了，来不及了。

只要父母还在，就是儿女的福分。天下儿女心，就是在这个时刻，想一想父母之年以及在有限的岁月中，我们还来得及做什么，那么一切都有可能。

"父母之年，不可不知也。一则以喜，一则以惧。"天下儿女心，我们都记住这句话吧。也许从今天开始，我们的父母就快乐了，我们自己的心就得到安慰了。

只要父母还在，就是儿女的福分。
——于丹心语

智慧之道

欲速则不达，见小利则大事不成

《论语》里面，自始至终充满着智慧。

智慧是洋溢在字里行间的东西，它不见得就是拎出来的一两句警句，更多的时候它是一种思维的方式。

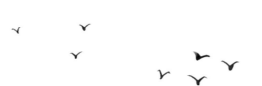

　　真正的智慧有一个重要标准，就是面对人心，你拥有什么样的判断力。

　　我们今天该如何获得大智慧，而不是小聪明？

　　《论语》里面，自始至终充满着智慧。

　　智慧是洋溢在字里行间的东西，它不见得就是拎出来的一两句警句，更多的时候它是一种思维的方式。

　　《论语》总是用最朴素的话去点明那个至高的真理。

　　樊迟在问老师什么是"知"（智）的时候，老师就说了两个字，"知人"（《论语·颜渊》）。也就是说，如果你懂得天体物理，懂得生物化学，或许你不是拥有大智慧，你只是拥有了知识；真正的智慧有一个重要标准，就是面对人心，你拥有什么样的判断力。

　　在一个充满迷茫的世界里，真正深沉的智慧就是我们

　　真正的智慧有一个重要标准，就是面对人心，你拥有什么样的判断力。

　　——于丹心语

樊迟问仁。子
曰："爱人。"问知。
子曰："知人。"樊迟
未达。子曰："举直错
诸枉，能使枉者直。"

樊迟退，见子
夏曰："乡也吾见于
夫子而问知，子曰：
'举直错诸枉，能使
枉者直'，何谓也？"

子夏曰："富哉
言乎！舜有天下，选
于众，举皋陶，不仁
者远矣。汤有天下，
选于众，举伊尹，不
仁者远矣。"

——《论语·颜渊》

能够沉静下来，面对每一个人以及他背后的历史，能够顺着他心灵上每一条隐秘的纹路走进他内心深处的那些欢喜和忧伤，那些心灵的愿望。

学生再问老师，"知人"以后要做什么呢？看来樊迟还是不能理解老师的意思。

老师又说："举直错诸枉，能使枉者直。"（《论语·颜渊》）就是这样十个字，说明我们"知人"以后要干什么。"举直"，是把那些正直的、有才能的、善良的、符合社会核心价值的人，提拔上来，给他们一个好的空间。"错"是把他们安置在一个位置上。放在哪儿呢？放在"枉"者的上面。"枉"就是那些不正直的、不那么高尚的人。

也就是说，让贤达的、善良的人，让这些符合核心价值的人，在那些不怎么善良的、有一己之私的人之上。这是一个标准。

"能使枉者直"，这个标准更温暖。也就是说，人性中没有绝对的善与恶。我们不能说某一个人他就是一个十全十美的大善人，也不能说某一个人他自始至终就是一个十恶不赦的歹毒小人。其实，人性中的各种元素在不同的土壤、不同的温度、不同的环境中，或善或恶，在一定的环境作用下都会有所释放。

什么叫作"能使枉者直"呢？就是说，一个人也许表现出来的不是那么高尚，也许他在做法上有一些促狭，甚至有一些卑鄙，但是你跟他在一起的时候，当你了解人心的时候，你有没有一种力量，让一个不那么高尚的人，也就是心思可能有很多弯弯绕的人，起码在跟你合作的这一段时间里表现得正直坦荡一点？如果你能做到这一点，这就叫"能使枉者直"。

有一句谚语说得好，人生的真正成功不在于你凭运气抓了一手好牌，而在于你抓了一手坏牌，但是你能把它打好。人生交际的真正成功不在于你侥幸一路走来遇到的全是君子，而在于你遇到有些不能称为君子的人，当然不一定就是小人，能不能因为从跟你的交往中看到人性中的温暖、善良，看到你对他的体谅、包容，而让他美好的一面更多地表现出来。为什么要"知人"呢？孔子说，就是这样一个目的。

那么，怎么样才能"知人"呢？孔子说，你看一个人，要"视其所以，观其所由，察其所安。人焉廋哉？人焉廋哉？"（《论语·为政》）这话什么意思呢？

"视其所以"，从一开始你要看到他为什么这么做。看他做一件事不在于他在做什么，而在于他的动机是什么。

中间"观其所由"，你要看他做事的经过和他使用的方法又是什么。

最终是"察其所安"，一个人做一件事，什么叫结束或者没结束？不在于一件事情物理过程的终结，而在于他的心在这个结果上终于安顿了吗？有些事情完了，但人心仍然不安，意犹未尽，他还要做；有些事情没有完，但是有人可以说，雪夜访戴，我乘兴而来，兴尽而返，我到了朋友门前，我可以不敲门就走，因为我的心已经安了。

所以看一个人做事，不要看事情的发展过程，而要看他心理上的安顿。这就是给我们一个起点，"视其所以"；

再给我们一个过程，"观其所由"；最后给我们一个终点，"察其所安"。那么就会"人焉廋哉"，人还往什么地方去藏起来呢？"廋"，就是藏匿的意思。

当你经过这样一个过程的分析，你说这个人还怎么能藏起自己的真实面目呢？这个人的心你就弄明白了。

孔子不光告诉你"知人"很重要，他还告诉你"知人"的方法，就是你不要在静止的一点上考察一个人的言与行，不能断章取义认为谁说什么话了，所以他是个什么人。不仅要听其言，还要观其行，而观其行不单在于一个结果，更在于一个动态的过程。

在这个世界上，我们每个人做的事情看起来都大同小异，日出而作，日暮而息，一日三餐，娶妻生子。

但是，如果我们仔细分析每个人的人生，其实是千差万别的。

同样是吃饭，有些人是为了充饥，有些人是为了美食；同样是睡觉，有些人是为了休息，有些人是为了做梦。

每一个人的动机都不相同。

你要从他的行为背后去追究真正的原因。说得再进一步，你如何去观察一个人呢？

孔子告诉我们，你要去看一个人的过错，因为每个人的过错最终都是可以归类的，叫作："人之过也，各于其党。"（《论语·里仁》）"党"，就是结党营私的"党"，在这里指归类，每个人的过错都是可以归进某一类的人所犯的错误。

孔子还有一句话，叫作："观过，斯知仁矣。"（《论语·里仁》）你看一个人的过错，就知道他是不是一个仁义的人。这就教给我们更进一步的方法，不仅要我们看每一件事的过程，还要去看看这个人的过错何在。

大家都知道托尔斯泰有句名言：幸福的家庭都是相似的，但不幸的家庭各有各的不幸。从某种意义上来讲，我们在这个世界上做的很多善事差不多都是相同的。比如，扶老携幼，实行一些忠信之道，其实很多的社会基本价值是趋同的，但你去看，人的过错却千奇百怪，不一而足，在过错里最见人心。

人这一生，其路漫漫，孰能无过？真君子不是没有过错，而是能从他的过错中洞察人心。有人是因为软弱犯错，有人是因为轻信犯错，很多人的过错是源自善良。

我们以前说过，学生问孔子："以德报怨，何如？"孔子告诉他，你应该"以直报怨，以德报德"（《论语·宪问》）。"以德报怨"不也是一种过错吗？

有很多人都是由于内心过于慈悲、柔软而超出了底线，所以屡屡被伤害。这也是一种过错。从这种过错中，你或许能看出这个人心中一种深刻的善良。

所以孔子说"观过"，你就可以知道他是不是一个仁义的人。这其实是一个看人的方法。这种观点很有意思，它可以超越时间，适用于不同的时代。

其实，人们面对过错的时候，怎么去观察他们，有两点很重要：第一点，就是犯错之后的态度。用孔子学生子贡的话说，君子不是不犯错，但君子之过如同日月之食，太阳和月亮都在天上，太阳再灿烂也有日食，月亮再皎洁

人的过错却千奇百怪，不一而足，在过错里最见人心。

——于丹心语

或曰："以德报怨，何如？"子曰："何以报德？以直报怨，以德报德。"

——《论语·宪问》

子贡曰："君子之过也，如日月之食焉：过也，人皆见之；更也，人皆仰之。"
——《论语·子张》

也有月食。所以，"过也，人皆见之"，他错就错了，大家看得见，是明摆着的；"更也，人皆仰之"（《论语·子张》），改了之后他还好端端的，你还得仰望他。

所以，君子"过则勿惮改"（《论语·学而》），错就错了，别怕改；"过而不改，是谓过矣"（《论语·卫灵公》），错了不改才叫过错。这一点很重要，错就错了，马上改。

第二点，真正的君子还有一个特点，叫"不贰过"（《论语·雍也》），用今天的话来说，就是不犯同样的错误。人这一辈子是可以犯错误的，但是犯错误也要有点品质，也要高级一点，我们不能屡屡犯同样一个错误。

不同的事情在不同的情景下可能有失误，但是你要记住教训，不要在同一个地方再次跌倒。

观察一个人的过错，难道不比观察一个人的成绩要更深刻、更见人心吗？

通过这些"知人"的方法，最后你考察出来的，可能是跟客观世界所呈现出来的面目完全不同的结果。

有些人在游艺场上玩儿，如大家去学赛车，一个开得特别快的新手，他已经遥遥领先。你问他为什么把车开成这样，他可能说："我一直追求速度，我觉得还不够快。"其实他已经是第一了。

你看到慢慢吞吞一直在后头的人，你问他开车为什么这么慢呢？这个人有可能告诉你："我觉得已经风驰电掣了，这是我生命中的极限速度，我从来没有过这么快的体验。"其实他已经是最慢的了。

这说明了什么呢？每一个人，他的此刻都带着他以往的价值观和以往的生活坐标，他能感觉到的是他自己心理上的参照。心理上觉得最快的那个人有可能是客观上比较慢的，心理上觉得还慢的人在挑战极限，客观上他已经是最快的了。

观察一个人，是看其外在的现象还是看他的内心，差别很大。孔子说，观察一个人，要"视其所以，观其所由，察其所安"，其实就是告诉我们怎么样能够获得大智慧。

我们想，获得大智慧以后是为了干什么？

大智慧的获得，不是为了我们飞短流长品评人物，是为了有用。也就是说，在这个世界上，"知人"之后应当知道如何用人。

大家都知道子路。子路是一个勇敢过人但智谋稍稍欠缺的人，有一次他问他的老师："子行三军，则谁与？"（《论语·述而》）他说："老师，如果现在让你带兵打仗，你会选择跟什么人同行呢？"可能子路想，老师这样一介儒生，带兵打仗肯定要选择很勇猛的人吧。

结果，老师告诉他："暴虎冯河，死而无悔者，吾不与也。"（《论语·述而》）什么叫"暴虎冯河"？"暴虎"，指赤手空拳就敢搏击老虎。"冯"就是凭借的意思，读音如"凭"。"冯河"，指一条浩浩荡荡的大河在那里，河上没有桥，也没有船，这个人只身就敢去游大河。一个人敢这样做还不算，还要拍着胸脯保证：死而无悔，我不怕，我的勇气足够支撑我这么去做，我用不着考虑后果。如果一个人在三军阵前这样来表态，孔子说："我反正不选择跟他同行，我不用这样的人。"

子谓颜渊曰："用之则行，舍之则藏，惟我与尔有是夫！"

子路曰："子行三军，则谁与？"

子曰："暴虎冯河，死而无悔者，吾不与也。必也临事而惧，好谋而成者也。"

——《论语·述而》

那么，孔子会用什么人？孔子也说了他自己的标准："必也临事而惧，好谋而成者也。"（《论语·述而》）临事而惧啊，一事当前心里得知道害怕。

我们想一想，今天领导在下任务的时候，很可能面对两种人。第一种人听个大概马上就拍胸脯说："请领导放心，我二十四小时当四十二小时干，保证完成任务，我立下军令状，完不成拿我是问，都包在我身上了。"第二种人在那儿听啊听啊，最后说："您说的这件事太大，您让我回去再收集点数据，我好好考虑一个可行性方案，我尽量把它完成。"这样的两种人，你会用谁？

第一种人就是敢于"暴虎冯河"的人。第二种人就叫作临事而惧，他是真知道害怕啊！

我们从小到大，如去参加一个特别重要的考试，去见一个你特别在乎的人，这个时候你心里不会害怕吗？一定是心里有点打鼓的，因为你太在意了。那么，一件事情交给你，你轻易就敢拍胸脯吗？

二十四小时它就是二十四小时，你连第二十五小时都挤不出来，你想把它当成四十二小时过那是不可能的。你说立下这个军令状，最后完不成也就那样了，还能怎么样呢？

在这个世界上，什么都不怕的人是最让别人害怕的。孔子说，一个人得有一点敬畏之心。一个责任摆在那里，你要来担当的时候，心里总要问一问，是不是真正沉甸甸地把它当回事？

但是，惧怕也要有个分寸，你怕到打退堂鼓吗？这个

陈传席 《清风浦上不胜愁》

事真的不做了吗？没个分寸，怕到不做，也不行。

所以还有后四个字，就是孔子说的，"好谋而成"。什么叫"好谋而成"？就是我真把它当回事接下来了，然后好好地运用自己的智慧，一步一步去谋划，直至完成。孔子说："你问我用什么人吗？我就用这样的人。"

在今天这个时代，很多时候我们看到，表决心的人、拍胸脯的人，声音都很大，我们还能够考虑到他心里真正有如临深渊、如履薄冰的那点在乎吗？我们能真正考虑一件事的可行性吗？

法国曾经出过一道智力测验题，有奖征答。测验题说，如果卢浮宫不幸失火，这个时候你只能从里面抢出一幅名画，你将抢哪幅画？

大家纷纷来作答，绝大部分人都集中在《蒙娜丽莎》

上，要抢肯定抢这幅画。但是，这个大奖最后被法国当时的大作家凡尔纳拿走了。凡尔纳的答案是什么呢？他说，我抢离安全出口最近的那幅画。

《蒙娜丽莎》在哪儿？去过卢浮宫的人都知道，它在二楼的一个大厅里，而且是一幅不大的画。我们想想，要是真着火了，一片浓烟中，别人往外逃生，你逆着人流往二楼跑，估计你还没摸着《蒙娜丽莎》那幅画就已经被烧死了。

在这种情况下，你应该怎么办？

说起来很简单，第一步是要找到安全出口，要让自己能够从火海中逃出来，第二步就是你能随手抢哪幅画就抢哪幅画。这是大智慧啊！

大智慧永远不是只知拍着胸脯瞎保证，以为一个高昂的声音就能够代表自己的品质。"暴虎冯河，死而无悔"，只是小聪明。

在这个世界上，怎样真正做到"知人"？

我们是信任大智慧，还是信任小聪明呢？其实，大智慧跟小聪明的区别，有时候只是彰显在一种态度上。

我看过一个有意思的故事。

有一个身家亿万的富孀，特别惜命。她要招聘司机，条件是这个人的技术一定要好。她的管家给她千挑万选，最后在全国挑出来三个司机。这三个人水平不相上下，技术都是绝对一流的。

管家定不下来，把三人带到老太太面前说："您自己定吧。"这个老太太问了他们仨同一个问题：如果我们现在出去，前面是悬崖，凭你的技术，能够把车停在离悬崖多远的地方？

第一个司机马上回答："我技术好，我能稳稳当当把车停在离悬崖一米远的地方。"

第二个司机就说："我技术比他还好，我能停在离悬崖三十厘米的地方。"

第三个司机想了一会儿说："我大老远一看见悬崖就停车，我不过去。"

结果，被老太太录用的司机是第三个人。

为什么呢？答案就在三个人的态度上。

前面两个司机靠着技术逞强，难免不会出事。第三个司机知道什么最重要，那就是安全，所以他不会把技术当作炫耀的资本。

这就是大智慧和小聪明之间的区别。

我们想想，这个世界上有大智慧者毕竟只是少数啊，那么有小聪明的人都不要用了？有小聪明的人就什么都不干了？

就像大家翻完整部《论语》后说，有君子之德的君子好是好，可小人也不少啊，我们是不是一定要远离那些小人呢？

真正的"知人"，是把不同的人放在不同的地方，使大家各得其所。孔子就有这样的说法，他说："君子不可小知而可大受也；小人不可大受而可小知也。"（《论语·卫灵公》）这话什么意思呢？就是说，每一个人都各有其位。

真君子是什么呢？按孔子经常说的标准，君子是"讷于言而敏于行"(《论语·里仁》),也就是"敏于事而慎于言"(《论语·学而》)。

孔子认为,君子都是话不太多的人,不怎么唱高调,所以他说:"刚、毅、木、讷,近仁。"(《论语·子路》)这个人不一定很善言辞,但是他内心非常刚毅、果敢、朴实,这种人可以"大受",就是你给他一个大任务,让他去担当承受,那么他会性命相舍地给你完成。

但是,这种人是不是就没缺点呢?他也有弱点,"不可小知",就是你别拿小聪明的事情去试探他。我们今天这个社会有好多事情是需要小聪明的,比如说很多商务往来,有时候跟客户沟通,需要那种伶牙俐齿的人,需要八面玲珑,甚至要阿谀奉承几句,这些事都属于小聪明,真君子肯定给你干砸了,他就做不了。

但是怎么办呢?也有人会干这个。孔子说,小人可小知而不可大受。也就是说,一些小人也能有用。小人他也有长处,也就是善于言辞,能逢迎,会看人脸色啊。他能够把刚才所说的一些事情做得很好,但你别认为他做好这些事就能给他大事做。真正担当大事的不能是这样过于油滑、见风使舵的人,尽管他有"小智",但不可"大受"。

我们看,"知人"是为了什么?"知人"就是为了用人。也就是说,"知人"以后你就能把他摆对地方。

有一句谚语说得好:这个世界上没有废物,所谓废物不过是摆错了地方的财富。人也是一样,你能说某一个人在某个岗位上一定是不称职的吗?关键是你把他摆在什么样的位置上。

尺有所短，寸有所长。由于应用的地方不同，一尺也有显得短的时候，一寸也有显得长的时候。那么，如果将尺和寸应用在合适的地方，是不是刚好就能避开它们的短处而发挥它们的长处？

我们也可以看到，不一定是我们大家认为最高尚、最有智力的人最适合干任何事情，谁也不能百事皆能。

有一个实验很有意思：都用广口玻璃瓶，一个里面放五只蜜蜂，一个里面放五只苍蝇，瓶底冲着光亮方向，瓶口朝着黑暗方向，在那里放着，看它们做什么选择。

蜜蜂的生活环境显然比苍蝇要好很多，它们合作酿蜜，是有组织、有纪律的。好像是有逻辑的认知，它们坚持认为出口一定是在光亮处。结果呢？五只蜜蜂都撞死了，因为它们不停地往瓶底上飞，飞不出去也要往那儿飞。

什么叫无头苍蝇？瓶子里的苍蝇就是。最后那五只苍蝇都活着飞出去了，因为它们不是非朝着光亮的方向飞不可。它们误打误撞，哪儿能出去就出去了。

这个实验说明什么呢？就是说，我们不能仅以自己的判断来判定所有好的事情都一定得是哪个很高尚、很有智力的人才能完成。"知人"，从知道自己到了解他人，都要摆对位置才行。这才是真正的智慧。

智慧终究是要有用的，用在这个世界上去做什么？那取决于我们自己。对此，孔子没有一个很苛刻的、很单一的标准。

孔子说，有些人经过一生的经验修炼而成中庸之道，这种人很好，你可以跟他交往。但是，如果你的朋友里没

"知人"，从知道自己到了解他人，都要摆对位置才行。
——于丹心语

有这样的人，"不得中行而与之"，你没有找到或遇见这样的朋友怎么办呢？"必也狂狷乎。狂者进取，狷者有所不为也。"（《论语·子路》）孔子说，那你就可以和"狂者""狷者"交朋友。

什么叫"狂者"？就是凡事特激进的人。什么叫"狷者"？就是凡事很拘谨的人。为什么孔子说你还可以和这两种人交朋友呢？因为"狂者"有进取心，一意向前，而"狷者"有所不为，不肯干坏事。

这你就要看，你用朋友去补足你生活中的哪一方面。如果你是一个怯懦的人，你有几个朋友是"狂者"，他们可以激励你。如果你是一个莽撞的人，你有几个朋友是"狷者"，他们可以告诉你什么该做，什么不该做。

在我们看来，"狂者""狷者"显然不如"中行者"。中庸之道是完美的，但生活中哪儿有那么多完美啊？哪儿有那么多已经准备好的朋友、准备好的岗位，一切都迁就你的生命为你一路鲜花地摆好啊？

真正的智慧，就是不管遇到什么人，你都能够看到他生命中的优点，跟自己形成互补，而你自己生命中的那些优点"能使枉者直"，能够使那些原本不太好的人有所改变。可以说，这是大智慧。

那么，这样的智慧由何而来呢？孔子还是教过我们一些方法的。他说，人的智慧是可以学来的。实际上，有好多人不学，只是在那儿一个劲地困惑，普通老百姓就是这样。

孔子说："盖有不知而作之者，我无是也。"（《论语·述而》）他说，有那种自己没有多少知识，没有大智慧，却凭空臆测的人，反正我不做这样的事情。

孔子接着说："多闻，择其善者而从之，多见而识之，知之次也。"（《论语·述而》）他说，我无非就是多去听，听见好的我就跟着去学；我多去见，见到好的我就记下来。这样，我就能够不断地长进了，尽管这样的智慧是次一等的智慧。

为什么孔子说这是次一等的智慧？因为他认为人的智慧，其实有四个等级。第一等叫"生而知之者"，生来就有智慧。第二等就是"学而知之者"，通过学习来了解智慧。第三等是"困而学之"的人，就是遭遇困惑了、有麻烦了才临时应急想学。最次一等就是"困而不学"，就是已经遭遇困境了还不学，那你当然只能认命了。孔子通过多听多见来学习，显然是第二等人。

这四个层次听起来容易划分，但是大家最容易质疑的就是第一个层次：谁是"生而知之者"，谁生来就装着满肚子的智慧？

所谓"生而知之者"，是指那种悟性特别好的人。如果说"学而知之者"是看见了什么就能够举一反一，而"生而知之者"就是凭着他的悟性可以举一反三，很多事情他无师自通，可以联系起来想，这个层次就很高了。但是，这种人很难见到。孔子是博学的人，但他也不承认自己是"生而知之者"，他只是"学而知之者"。

如今是个知识爆炸的时代，知识固然很重要，但是比知识更重要的是智慧，比智慧更重要的是经验。而且，在

子曰："盖有不知而作之者，我无是也。多闻，择其善者而从之；多见而识之，知之次也。"
——《论语·述而》

孔子曰："生而知之者，上也；学而知之者，次也；困而学之，又其次也；困而不学，民斯为下矣。"
——《论语·季氏》

经验里面，悟性是最重要的一点。

也就是说，怎样提升我们的经验，让它能够切实合用，能够在我们的生命体系里提供一种别人不能替代的智慧，这就要靠我们自己悟性的酝酿和提高才行。要想达到这么高的一个层次，怎么办？

说起来也简单，就是要把这个世界上的很多东西联系起来看。

1979 年 12 月，美国气象学家洛仑兹在华盛顿美国科学促进会的演讲中提出一个著名的观点：一只蝴蝶在巴西振动翅膀，有可能在美国得克萨斯州引来一场龙卷风。这就是后来大家所说的蝴蝶效应。

为什么蝴蝶振翅能够引起那么遥远的龙卷风呢？因为这个世界上的事物都息息相关，事与事之间都有着微妙的联系。如果看不到这些联系，那就是你的悟性不足。

如果我们的悟性够高，我们的经验有时候就能够教会我们找出最简单的方法，让一些复杂的问题迎刃而解。

我记得新中国成立初期有一个事迹介绍，很有意思。当时某研究所拿到一台苏联产机器，结构非常复杂。人们想要研究它，然而拆开机器后所有工程师都傻眼了。原来，机器里面有将近一百根管子，盘根错节，这一端有那么多管子的入口，那一端有那么多管子的出口，但中间管子跟管子是怎么连接的，谁都不知道。

大家一看，觉得不能接着拆了。所有的工程师对这台机器绞尽脑汁，但就是不知道它的结构。

这时候，研究所一个看门的老人过来了，他只用了两样东西，就把这件事解决了。

哪两样？一个是他自己手里握着的大烟斗，另一个是他拿在手上随时在传达室小黑板上记事的粉笔。他过来后就吸足了一口烟，随便找一根管子，吐进烟去，然后看见那边有一根管子冒出烟来，他就在这头写了个"1"，在那头也写了个"1"。他又吸一大口烟，再朝一根管子吐进去，又一根管子冒出烟来，他在这头写上"2"，那头也写上"2"。接着这样做下去，最后他把这些管子的对应关系都弄清楚了。

老人解决了问题，凭的是什么？当然不是学来的知识。其实，这是在经验的基础上加上悟性才能够产生的一个实用的方法。什么是大智慧？这样的悟性就是。

知识可能是产生智慧的基础，但知识未必直接导致智慧。

真正有智慧的人，虽然从外在因素来说是可以学的，但内心必须有自己的酝酿。那么，什么是自己内心的酝酿呢？

我们先来看看孔子的境界。孔子能够做到的境界非常难得，叫作"子绝四"，也就是他把四样毛病在他这儿基本上杜绝了。哪四样呢？即"毋意，毋必，毋固，毋我"。（《论语·子罕》）

什么意思？第一是"毋意"，"意"是主观臆断，就是一件事情摆在那儿，没有什么真凭实据，拍脑袋一想就说它是怎么回事。这样的事孔子基本上不做。

第二是"毋必"，也就是说他没有抱一种必然的期待，说一件事情必须按照我的思路去走，必然有个什么结果。

第三是"毋固"，也就是说不固执己见，要真正尊重这个事情的规律，尊重它的变化，然后去找它的客观走向，而不是固执于心。

第四是最难的，就是"毋我"。最后能够让自己达到一个浑然忘我的境界，然后去真正完成对客观事物的判断。这容易吗？非常不容易。

其实，人要想真正达到大智慧，最后都是要叩问内心的，就是自己的心灵智慧能够达到什么样的境界。

今天的世界很纷繁复杂，所提供的机遇不一而足。面对这样的世界，我们心中那种固执的心理应该是越来越少的，因为在多样化的世界上我们可以有多样化的选择。

可是，有些孩子四五岁的时候，父母就教他说："我以后要上北大，我以后要念清华。"到了六七岁，就教他说："我就要上北大中文系，我就要上清华建筑系。"这一方面是家长觉得让孩子立了志，但另一方面，孩子的那种"必"与"固"的心理在心里就越来越深。也就是说，将来他没考上北大中文系，去了西语系，他就认为这是失败的；他上了清华的管理系，没有上建筑系，他也认为是失败的。

其实，有时候我们转换一个思路，比如说，人生不一定那么强调唯一性的目标，但你要有一个清晰的方向，这就会让自己宽容很多。

什么叫目标？目标就是一个点，就是从我这里走过去，鼻子尖必须碰在那个点上，这才叫达成目标。

人要想真正达到大智慧，最后都是要叩问内心的，就是自己的心灵智慧能够达到什么样的境界。
——于丹心语

　　什么叫方向？就是从我这儿走过去，那个目标偏左十度，偏右十度，有个夹角，在这二十度之内，只要我能触达其中任何一个点，都在我的方向之内。

　　我们想想，只要我知道我是向北走的，我不会走到正南、正东、正西去，那么北偏东十度、北偏西十度不可以吗？人生如果给自己这样一种宽容的态度，就会破掉很多盲目的执着。

　　在这样坚持自我的内心中，要有方向，再来与客观环境进行调试，不断地在这种调试中去实现自我，才是最有意义的人生。做到这一点，就是智慧。

　　我们可能很迷惑，一个人怎么样才能够"毋我"呢？把心中那种特别自我的东西、令人困顿的东西也破除掉，容易吗？

　　禅宗语录中有很多有意思的问答，这是智者听了就悠然心会的话。

　　一个弟子去问高僧：我怎么才能得到解脱啊？这其实是我们很多人心里的声音。高僧只问了他一句话：是谁绑住了你？

　　这个弟子又问：何方才是真正的净土啊？高僧又反问他：是谁污染了你？

　　弟子又问：怎么样才算是真正的涅槃啊？高僧问他：是谁把生死给了你？

　　我们想想，这样的对话，其实就让我们走到了生命的本初源头上，变得超脱了。

　　我们说，中国儒家有很多观点在思想上是极其深刻的。

它是一种接近纯粹哲学意味的东西,但是如果我们能够在今天的现实里把它化用于实践,它在你的心里就会点醒一种彻悟。这种方法能够给你一个光明的出路。

有了外在的学习,又有了内心的彻悟,达到这种内外合一的时候,其实还要有一些现实的方法运用到我们的生活里才行。

孔子给我们提示了这样的方法。他说:"吾有知乎哉?无知也。有鄙夫问于我,空空如也。我叩其两端而竭焉。"(《论语·子罕》)

孔子说:你说我算是一个有智慧的人吗?我没什么大智慧。"有鄙夫",也就是有个大老粗,他来问我一些问题,我脑子空空荡荡的,所以我就回答不上来。没有谁是全知全能的。但是孔子说:我有个方法,就是我遇到任何事会"叩其两端而竭焉"。也就是说,一事当前,人要跳得出,不要沉浸在这个事情的过程中,纠缠于细节,而是要抓住这件事情的两个极端,就能求得事情的解决,知道问题的真相。

凡事在你眼前,你就问问自己,最好能怎么样,最坏能怎么样?然后你才可以决定怎么做。这叫"叩其两端",就是问它两端的极值,然后来统观全局。

这里要说到一个有名的小故事。德国一所小学的课堂上,有一个小男孩特别淘气,从来不认真听讲,老师实在太烦他了,为了让他安静一会儿,给他出了道题,随口说:"你坐在那儿算,一加二、加三、加四、加五、加六,一直加到一百,你去算吧,最后得多少?"

老师转身接着讲课，没过几分钟，这小男孩站起来说是五千〇五十。老师大吃一惊，问："你怎么算出来的？"那小孩说："一加一百是一百〇一，二加九十九是一百〇一，三加九十八还是一百〇一，这样两头加，加到中间，五十加五十一还是一百〇一，那么五十个一百〇一不就是五千〇五十吗？"这个小孩就是后来的大数学家高斯。

小高斯用的这个方法，就是一个特别简单的"叩其两端"的方法。

我们会碰到许多问题，关键在于要找到一种最简便的解决方式。在生活里，我们多容易按照既定的逻辑去走啊！我们能跳出来吗？只要我们问一问所谓最好和最坏的情况，也就跳出来了。

我们按这样的思路去解决问题，就不至于在细节的纠缠中耗费太多细腻的心思。

关于智慧，每个人如何去彻悟，还是有方法可循的。所以，以知识作为积淀，以智慧作为我们努力提升的境界，每一个人循着自己的心往前走，都能够找到他生命的意义，丰富他的人生。

孔子有一句话说得好，"人能弘道，非道弘人"。(《论语·卫灵公》)"道"指天地大道，天地间真正的道理，也包含着很多知识。"人能弘道"，人可以使这种道义弘扬、扩大，而不是说一个死的道理、死的知识，摆在那里，它就一定能够让一个人丰富壮大起来。"弘道"，关键就是人怎么去把一个道理运用到自己的生命实践中，让自己真正把它激活。

我们的生命是用来做什么的？它不仅是一种思想、知识的载体，而且是一个可以激活"道"的主体。一切澎湃于心，让我们真正能够在心里面有所酝酿的东西，都值得我们去努力。

从事任何一个职业，学习任何一门学问，最好的境界是什么呢？孔子说："知之者不如好之者，好之者不如乐之者。"（《论语·雍也》）这是三个不同的层次。

在今天，"知之者"不难做到，我们去学一门知识，拿一个文凭，读一个专业，多简单啊。拿到的文凭，就是你进入这个行业的敲门砖，你拿着这个文凭就可以说我已经是"知之者"，但这是最低的层次。

比这个更高级的是"好之者"，就是对这个行业，我有一种真正的爱好，我会孜孜以求，会在这个事情里不断灌注自己的热情、灵感，不断探寻追问，最后把它激活。一般人会觉得"好之"已经不容易了，能够那么投入也就更是难得了。"好之者"固然投入得深沉，但有时候未免会觉得沉重，有人会把毕生的精力包括休闲的时间都用在上面。"好之者"，我们经常表扬他们的一个词叫"呕心沥血"。但是，显然这还不够理想。

用孔子的话说，最高的境界叫"乐之者"，也就是说乐在其中，生命在这个职业中的穿越是莫大的享受，这个过程时时刻刻都是快乐于心的，他所得到的也许不是一份薪水，不是一个业绩，不是一个表扬，而是自己生命的那种大欢欣。

也就是说，"乐之者"的这种境界，就是我学了一种知识，做了一份职业，在终极穿越的过程中不仅是这个行业成全了我，而且由于我自己的心智成全了这个行业，在这种相互成全中，我获得莫大的享受与欢乐。这是一个大境界。

我们从一开始就说到智慧，这个世界的智慧有些是可以去观察的，有些是可以去感悟的，循着圣贤讲的这么多道理走下来，最后我们会知道，智慧最高的境界在于自己心中通彻的透悟，最终成就生命的欢欣。

所以，只要有自己的心智在，智慧才能够从知识转化而来。这种融入你心智的东西，是内心中最好的酝酿。

有一个小故事说得好。有一个哲学家，他每天都在思考人跟世界之间的关系。有一次，他要做一个主题演讲，他很困扰，不知道怎么来把这个关系理顺。他准备演讲稿的时候，他几岁的小儿子在旁边不停地捣乱。

他没法安抚住这个孩子，烦得不行，就随手翻杂志。忽然翻到杂志的封底，是一个花花绿绿的世界地图，他就顺手把这一页撕下来，撕成了很多碎片扔在地上，跟孩子说："你现在把这张图画给拼上，能拼好就给你奖赏。"他给了孩子一卷塑料胶条。他想，这么大点的一个小孩，这个图够拼两个钟头的，这回可以安静了。

结果，还没有半小时，那小孩就拎着用胶条拼好的地图来了，说："爸爸，我把它拼好了。"他一看，大吃一惊，竟然拼对了。这个孩子根本没有地理概念，他就问孩子是怎么完成的。

那孩子笑嘻嘻地把这个地图翻过来给他看，说："爸爸，我发现这面是一个人的头像，我是按照这个人头拼的。我想，这个人如果是正确的，那么那个世界大概也就正确了。"这个哲学家恍然大悟，他马上知道了第二天要演讲的主题：一个人正确了，他的世界大概也就正确了。

"一个人正确了，他的世界大概也就正确了。"明白这个道理，就是生活里面最高的智慧。这种智慧发乎心灵，止乎生命。

一个人正确了，他的世界大概也就正确了。

——于丹心语

学习之道

好学近乎知
力行近乎仁
知耻近乎勇

在今天这个时代，信息纷纭复杂，很多无用、无效的信息，充斥着我们的头脑、耳目。我们静心想一想，这些东西我们真的需要吗？

人只有通过学习，才能知道哪些东西真正有价值。但是，很多时候，我们虽然学习了，但未必有效率，学到的东西也未必都对我们有价值，未必都能深入自己的生命中去。

我们该问问自己，我们要学些什么？应该怎样去学习？学到的东西又怎样才能跟我们的生命融合起来？

　　我们提到过，《论语》里面有很多智慧，那么，智慧在人心里是怎么酝酿起来的呢？

　　一个很重要的方法就是后天的学习。每个人都有向学的心愿，可各人的学习质量不同。什么人能够真正学出效率来？这里面大有深意。

　　孔子不是一个空想主义者。他曾经说："吾尝终日不食，终夜不寝，以思，无益，不如学也。"（《论语·卫灵公》）也就是说，一个人要是每天连饭都不吃，连觉都不睡，天天在那儿冥想，一定要把世界想明白，那想破了脑袋也没有多大用处，还不如好好去学。

　　在这个世界上，有很多概念都是一字之别，人有雄心是好事，要有野心就不大好了；人有理想没有错，但仅仅停留在空想的话，那也就是一场梦而已。怎样能够达到一个可行的理想之境？

一个人需要不断地学习，才能达到理想的可行之境。

在学习的时候，学问须化入内心，不然每天在真正的学问之外打转转，那也是不行的。所以孔子还说过："群居终日，言不及义，好行小慧，难矣哉！"（《论语·卫灵公》）有时候一帮人在一起，群居终日，看着挺热闹，可能也能学点东西，但是你觉得大家老说不到点子上，言不及义，然后这些人还"好行小慧"，就是要小聪明，卖弄小技巧。这些都不是一种大格局。孔子说，这些人就太难教导了。你要想让他们的生命境界再提升、再开阔，能够有很高的层次，那也真是难事。

我们经常说到一个词，就是说某人有"局限"，比如说他工作方法有"局限"，思维方式有"局限"。何谓"局限"？局限局限，是因为格局太小，所以为其所限。

在这个世界上，每个人的人生都是不一样的，甚至差别非常大。

如果你想达到一个开阔的生命境界，那你首先要问问自己，我的生命格局到底有多大？

学过下围棋的人就有一种感觉，一开始是老师一个棋子摆在那里，你一个棋子贴上去，最后你只能在一个小小的角落里拣零头。好老师就会教学生，先不要去学这样的一目一目的计算方式，而是要在整个棋盘上学会布局。局布大了，一块失掉，别的地方还可以做活。

一个人的生命如同下棋，要看在多大的格局上展开。

一个人精通一门小技艺不是难事，但是他终其一生，可

一个人的生命如同下棋，要看在多大的格局上展开。

——于丹心语

能得到的只是树木，而不是森林，只是棋盘的一角，而不是全局。

难道人多，老在一起说、议，就一定有大智慧吗？有时候，一个人如果不自省，总在那儿议论，可能议论的东西完全是无用信息，是浪费精力。

大家知道，苏格拉底是一个雄辩家，也是一个哲学家。有人去找他学演讲的技巧。这人说："我的底子很好。"从进门之后他就滔滔不绝。他说："你看我之所以有勇气到你这儿来，就因为我天生有语言才能，我思维敏捷，我知道哪些事情，我的底子有多好……"

苏格拉底看看他，说："你得交双份学费了。"他说："为什么啊？"苏格拉底说："我在教会你怎么使用舌头之前得先教你怎么管住舌头。"

你以为一个人滔滔不绝

陈传席 《游山》（局部）

就一定意味着有智慧吗? 孔子说:"道听而途说,德之弃也。"(《论语·阳货》)一个人从道上刚听见传言,转身在路上就开始跟别人说,飞短流长,这个世界上的许多伪信息就是这么传播开的。孔子说,这不是一种真正的道德所需要的作风。

有一个故事说得好。有一位哲人,素来沉默。有一天,他的一个朋友飞奔而来,满脸神采飞扬,跟他说:"我要告诉你一个特别重大的消息。"

哲人拦住他说:"你任何消息说出口之前要过三个筛子。第一,你确认这个消息是真实的吗?"那个朋友就打了个愣,说:"我没这么想过,不一定。"

这个哲人笑了笑,说:"第二个筛子,你确认这个消息是善意的吗?"那个人想了想,又不是很肯定。

我们知道,这个世界上恶意消息的传播往往比善意消息的传播广泛得多,负面的新闻大多比正面的新闻要传播得快。

接着,这个哲人又问了第三个问题:"你用第三个筛子过一下,这个消息真的那么重要吗?"这个人想了想,说,好像也不是太重要。

这个哲人说:"三个筛子过完了,你这个消息就是不说出来,你自己也不会受它困扰了。"

我们想一想,道听途说的事情,使你一时兴奋,但是如果真过了这三个筛子,还一定非说不可吗? 生活中的信息、知识非常庞杂,接受哪些,不接受哪些;学哪些,不学哪些,怎么不先过过脑子呢?

孔子说："德之不修，学之不讲，闻义不能徙，不善不能改，是吾忧也。"(《论语·述而》)他说，如果一个人的道德没有修养起来，对于学问又没有真正去讲求，那么，他在这个世界上就没有一个参照系，听到正义的事情也不能自己去做，看见自己有不善的地方也不去改正。孔子说："这些都是我所担心的事情啊。"

进一步讲，假如一个人的学问很多，可是学了东西以后，对他的生命却没有什么意义，他仍没有长进，那么这东西能成为学问吗？

在今天这个时代，世界上充满了纷纭复杂的信息。很多无用、无效的信息，没有经过任何筛子过滤的信息，充斥着我们的头脑、耳目。

我们静心想一想，这些东西我们真的需要吗？

那么，什么东西对我们是真正有价值的呢？这样的东西何处才能学到？学到的东西又怎样才能跟我们的生命融合起来呢？

今天我们提起的孔子，都知道他在历史上被称为"至圣先师，万世师表"。很多人都问过我这样一个问题：孔子离我们今天的时代这么远，当时物质生活那么贫瘠，孔子是怎样形成他的思想体系的？他从哪儿学的？

这个问题，与孔子同时代的人就曾经问过。人们不好直接问孔子，就去问他的学生。"卫公孙朝问于子贡曰：'仲尼焉学？'"你老师在哪儿学的这么多东西？子贡怎么回答呢？"子贡曰：'文、武之道，未坠于地，在人。贤者识其大者，不贤者识其小者。莫不有文武之道焉。夫子焉不

学？而亦何常师之有？'"（《论语·子张》）

子贡的回答是什么意思？就是说，文王、武王之道，古圣先贤传下来的道理，从治国经世的道理到修身齐家的学问，并没有到今天就失传了，沦丧了。在哪儿呢？都在人的身上，在人间的传承里。

也就是说，古往今来的学问不仅仅是刻在竹简上，写在纸上。不仅仅是形成文字的东西叫知识，人的行为、价值观、习惯、礼俗，这一切都是知识的传承，都体现在人的身上，只不过人们表现得不一样罢了。

"贤者识其大者"，有生命大格局的人，贤达通透的人，他表现出来就是道理里的大处；"不贤者识其小者"，格局小的人，悟性差点的人，表现出来的无非是那些道理的小处。大处可以学，小处也可以学，所以子贡说："我的老师怎么会不随时随地都在学东西？"

孔子的思想体系从何而来？很简单，他是从人身上学到的。可是，他是简单地学吗？他是综合感悟，最后形成自己的体系。可见，这个世界上，其实法无定法，师也未必有常师。

你需要向不同的人去学习东西。孔子说："三人行，必有我师焉。择其善者而从之，其不善者而改之。"（《论语·述而》）几个人走在一起，必定有可以做我老师的人。怎么跟他学呢？无非见到好的东西就跟他学，见到不好的东西就在心中警戒自己一下，以免犯同样的错误。

向书本学，不如向人世学。如果有这样一种学的悟性，处处皆可学。子贡问孔子：孔圉这个人为什么得到"文"

卫公孙朝问于子贡曰："仲尼焉学？"

子贡曰："文、武之道，未坠于地，在人。贤者识其大者，不贤者识其小者。莫不有文武之道焉。夫子焉不学？而亦何常师之有？"

——《论语·子张》

子曰："三人行，必有我师焉。择其善者而从之，其不善者而改之。"

——《论语·述而》

向书本学，不如向人世学。

——于丹心语

的谥号？孔子回答说："敏而好学，不耻下问，是以谓之'文'也。"（《论语·公冶长》）孔子说，这个人聪敏勤勉而又好学，不以向比他地位卑下的人请教为耻，所以给他的谥号叫"文"。

一个人内心有智慧，敏感多思，而且愿意好好去学，甚至乐意向比自己差的人去请教问题，这是一种难得的态度。

这种态度后来被孔子的学生曾子进一步表达过。曾子说："以能问于不能，以多问于寡，有若无，实若虚，犯而不校。昔者吾友尝从事于斯矣。"（《论语·泰伯》）

什么意思呢？曾子说，一个人他自己是有能力的，还向没什么能力的人请教；一个人他自己是很有学问的，还向学问少的人去虚心求教；一个人生命中是有格局的，但是他看起来好像什么都没有；一个人自己本来已经是很充实的了，但是他看起来却虚怀若谷；一个人保持一种谦逊的、空灵的、虚静的、安闲的状态，就算有人冒犯他，他也不计较——从前我的一位朋友便是这样的一个人。

我们想一想，一个人越是剑拔弩张、凌厉过人，是不是越容易受到冒犯？只有一个宁静的人，才可以做到"犯而不校（较）"。这样好学而又虚心、充实而又宁静的状态，是曾子羡慕的境界。历代《论语》注者都说曾子所说的这个朋友是指颜回。颜回就是一直能够这样做的人。

在这两段话里，都牵扯到一个概念，就是"不耻下问"。其实，什么是"下"呢？我们不去说知识、地位、阶层，简单的"高"与"下"就是年龄，比如说大人就一定有资格、有权力训诫小孩子吗？孩子的视点难道不能够给我们提供另一个坐标吗？在今天，我们可以换一个逻辑起点，未必要较"高下"，不过是换一个思维的角度，换一种思考的方式。

1975 年，七十多位诺贝尔奖获得者在巴黎举行过一次盛大的聚会，有很多媒体来采访。其中一个问到这些获奖者的问题是：你们这些杰出的人物，到底是在哪一所大学、哪个实验室学到人生中最重要的东西的？结果大家认为最有价值的答案是什么呢？是幼儿园。

有一个科学家说："我在幼儿园里学到了很多东西，如要善于跟他人分享，要遵守制度和规则，饭前要洗手，对人要谦逊礼让，如果自己不小心做了错事要学会道歉。这些道理都是我在幼儿园学到的。"

假如让我们回到幼儿园，有很多道理就会很简单，因为那不过是一种朴素的思维方式。

孩子的思想，有时候是直接而简单的，但是它可能最贴近真理。

有一个测试很有意思。一个热气球上面有三个人，它在上升过程中出了故障，必须舍弃一个人才能够确保另外两个人的生命安全。但是，这三个人都是世界顶尖的科学家：一个是环保学家，他能够保障这个世界的生态平衡；一个是核专家，他能够去抑止战争；还有一个是农学家，他可以保障我们的粮食供给。那么，这样三个人，你会舍弃谁呢？

按成人的逻辑，一直都在比较环保、和平与粮食哪个更重要。这时候一个孩子喊了一句："把最胖的那个扔下去！"这个答案是最简单的，但它是最合理的。

孩子有时候也会教给我们另外一种思考的方式。一个孩子跑回家，兴高采烈地跟他爸爸说："你知道吗？苹果里面藏着星星，你想要多少颗就有多少颗。"他爸爸想，这又是童话，就支支吾吾地说知道了。孩子说："不，我一定要你看见。"他就顺手拿过一个苹果，拦腰切了一刀。

苹果的横切面就是一颗星星的形状。孩子又切了一片，于是出现第二颗星星。孩子横着一片一片地切下去，他爸爸瞠目结舌地看到眼前的苹果里跳出一颗又一颗星星。孩子的发现是对的。对孩子来说，苹果里藏着星星，并不是一个童话，而是一个事实。

我们成人呢？吃苹果从来都是竖着把它剖开。我们不喜欢切横断面，所以从来不会想到苹果里藏着星星。

什么是"不耻下问"？有时候，孩子可以是成人的老师。"不耻下问"不见得一定是说我们向比自己学历浅、地位低的那些人去请教。很多时候，像孩子看世界一样，转换一种思维的方式，也许就会让我们学到更多。

我们该怎么样去学习？学习这件事，不怕联想，要举一反三。孔子的教育方法就是这样。孔子从来不是一个赶着在学生不耐烦的时候填鸭一样去教育的老师，孔子的原则是："不愤不启，不悱不发。举一隅不以三隅反，则不复也。"（《论语·述而》）

什么叫"愤"？就是一个人他的心思用啊用啊，用到快要穷尽处，特别想要探索，想要发奋努力知道结果。老师说："没到这个份儿上我就不去开导他。"什么叫"悱"？就是一个人心中若有所思，但嘴上就是说不出来，着急。老师说："不到这个份儿上我不去启发他。"

在这个世界上，只有被期待的信息才是最能有效传播的信息，一定要等到人家有那个愿望，传播起来效果才最佳。"不愤不启，不悱不发"，只有到这种时候，老师才跟你说，启发你。

但是，这时候还要看你是不是能够做到举一反三。"举一隅不以三隅反，则不复也"，就是说，跟你说了这一个叫墙角，不能看到这屋子还有另外三个墙角，那就不再教你了。我点到了，但你要是没有这个领悟的能力，我就不给你多讲了。当然，举一反三，这种善于在事物之间建立联系的方法并不容易做到。不过，我们都应该努力去做，更好地去学习。

一个好老师，不见得要苦口婆心、喋喋不休才有最好的教育效果。好老师，有时候就是画龙点睛，因为他会让学生自己去完成那个思考和彻悟的过程。

孔子还有一样很厉害，就是他能够做到因材施教，所以，同样的问题在他这儿得到的答案可能会不一样。"子路问：'闻斯行诸？'子曰：'有父兄在，如之何其闻斯行之？'冉有问：'闻斯行诸？'子曰：'闻斯行之。'公西华曰：'由也问"闻斯行诸"，子曰，"有父兄在"；求也问闻斯行诸，子曰，"闻斯行之"。赤也惑，敢问。'子曰：'求也退，故进之；由也兼人，故退之。'"（《论语·先进》）

什么意思呢？子路来问老师："听到一件事，我马上就要做吗？"老师说："有父兄在，你就敢贸然行动？"你还有家长呢，你不请教他们，你上来就做，好像不合适吧？

这时候，冉有也来了，说："听到一件事，就要做吗？"还是同样的问题，老师却断然地说："听到了就要做。"

第三个学生公西华听见了，说："这两人问的问题一模一样啊，为什么跟一个人说他有父兄在不能这么做，跟另外一个却说你马上就这么做。我越听越迷惑，老师，为什么呢？"

老师回答说，冉有这个人生性就怯懦退缩，他做什么事都犹豫不决，他老往后退，所以要鼓励他赶快去做，给他一种下决心前进的力量。子路这个人，从来就是勇猛过人，勇于做事，就要让他谨慎一点，多思考，凡事掂量之后再去做，所以给他往后退的力量，约束一下他。

这就是孔子的教育。

在这个世界上，不同的人问同一个问题，可以获得不同的答案，原因就在于所针对的主体不同。

我们经常会遭遇一些终极追问，比如说人生终极价值是什么？人为什么要活着？什么样的人生才叫成功？怎么样的生活才是美好生活？从某种意义上讲，这些终极追问如果不和个人的生命相结合，就是伪问题，因为这个世界上一千个人就有一千种幸福或者痛苦，每个人的生命状态都各有不同。

什么是真正的学习？有一个秘诀，就是首先把自己的主体亮出来，根据自己主体的所需去学习。我们知道，医生不会将同一种维生素开给所有的人，因为有的人缺少这种维生素，有的人缺少那种维生素，每一个人都是针对他自己所缺少的部分去进行有机的补充，才能达到生命体的平衡。同样，一个人的心智思想，都需要有这样的综合平衡。

也许我们没有孔子这样的老师，但是这世界上哪里就有常师呢？只要我们善于学习，老师就无处不在。不过，我们先要了解自己是个什么样的人。如果我们自己的心里先有这样的斟酌，就不难进行有针对性的学习和探索，我们的生命就会达到平衡。

每一个人，他的生命态度会决定他跟世界之间的关系。有一个故事说得好。一户人家有两个截然不同的孩子，一个天性乐观，一个天性悲观。父亲很发愁，就决定用环境改变他们。他把那个特别乐观的孩子关在马厩里，锁上门；把那个特别悲观的孩子放在屋子里，买了许多新玩具把他团团围住。

天擦黑了，爸爸先来看看悲观的孩子高兴了没有。他进去一看，那孩子坐在玩具堆里满脸是泪，一样玩具都没打开。爸爸问他："你为什么不玩儿呢？"孩子说："这一下午我越想越伤心，任何一个玩具，只要玩了它就会坏的，所以我都不知道应该先打开哪一个。"

爸爸去马厩一看，那乐观的孩子满身马粪，欢天喜地地还在马粪堆里刨着呢。爸爸问他："你找什么呢？"孩子说："爸爸啊，我一直觉得这马粪堆里会藏着一只小马驹，我都找了一下午了。"

你想想，这就是两种不同的态度。在这个世界上，不一定是外在的一切决定一个人的生活品质，常常是他内心的取向决定了他的生活品质。

不同的学生，不同的个人，在学习的时候，都需要扬长避短。从某种意义上讲，我们完成的就是长处与短处的匹配和制衡。

就在这样一个学习过程中，我们能够学到太多深深浅浅的知识和感悟。可是，人这一生为什么要学习呢？

孔子有一个说法："诵《诗》三百，授之以政，不达；使于四方，不能专对；虽多，亦奚以为？"（《论语·子路》）

大家知道，《诗经》过去是拿来做教科书的，因为"诗，可以兴，可以观，可以群，可以怨。迩之事父，远之事君；多识于鸟兽草木之名"。（《论语·阳货》）人们能从《诗经》里面学到很多东西，如联想能力、观察能力、合群能力和劝谏能力都能得到提高，可以运用其中的道理近侍父母、远侍君上，还能多多认识鸟兽草木的名称。

孔子说，如果有一个人，他"诵《诗》三百"，把《诗经》读得倒背如流、烂熟于心，但你给他一个事情做，他却磕磕绊绊完不成，让他出去办个外交谈判的事情，也不能很顺利地跟人家谈判，那么就算他把《诗经》读得再多，再会背，又有什么用呢？

这段话表明了孔子的一个态度，就是要学以致用，做一个行动着的知识分子。也就是说，我们的世界一直在改变，知识分子在这个世界上的使命是什么？就是在这种改变中去承担一些责任。

在这个世界上，不一定是外在的一切来决定一个人的生活品质，常常是他内心的取向决定了他的生活品质。

——于丹心语

宋代张载说得好，他说："为天地立心，为生民立命，为往圣继绝学，为万世开太平。"（黄宗羲等《宋元学案·横渠学案》）也就是说，你的心在天地之间要立得辽阔壮大，为百姓民生承担一些使命，将古代圣贤的绝世之学发挥、继承下来，然后为"万世开太平"，去铺路，去做事。其实，这就是学以致用的态度。

也许有人要问，学到的这些东西真的都能用得上吗？《诗经》里的知识，都带着那个时代的印痕，搁在今天怎么能够使用呢？

古代的许多知识，在一定条件下是可以在今天的生活中被激活的。与此类似，现在有很多学生可能学富五车，可能拿到很高的文凭，但是如果没有生活经验的话，有时候他的学问也不能真正被激活。

在爱迪生的实验室里，曾经有一个人毕业于名牌大学，数学很好，是爱迪生的得力助手。

爱迪生做实验，忙不过来，顺手拿了一个梨形的玻璃泡给这个助手，让他赶快把这个梨形玻璃泡的容积计算出来。这个助手一时发蒙，可真是犯了大难。他想，这个梨形的东西怎么算容积？它下半段是圆的，上半段是长的，就是找不到一个公式来计算它的容积。

爱迪生正忙着做实验，过了好长时间，看见助手还在那儿摆弄，拿着许多仪器在测量计算。爱迪生忍不住了，顺手拿过那个梨形玻璃泡，在里面灌满了水，然后把水倒在一个量杯里，告诉助手，这就是它的容积。

什么是学以致用呢？真正的学问往往是在最简单的地

方。爱迪生的这个故事就是例证。

在今天这个时代，要学以致用，不仅是要考察你的智商，还考察你的情商，看你怎样去变通。

有一个招聘故事说得很有意思。一个总经理要招聘助理，同时有三个应聘的人：一个人有非常高的学历，是博士；另一个人有十年以上的工作经验；还有一个人，显然不如前两者，学历不够高，工作经验也不够多，是刚毕业不久的普通大学生。

总经理在自己的办公室，对秘书说："叫他们都进来吧。"秘书说："你让他们坐哪儿？你的办公桌前面都空着，没一把椅子。"总经理说："就这样吧。"

博士第一个进来了，总经理笑着跟他说："请坐。"那博士特别尴尬，四处看看没椅子，说："我就站着吧。"总经理还说："请坐。"博士说："我没有地方坐啊。"总经理看看他，笑了笑，问了他几个问题，就让他走了。

第二个人进来了，总经理又跟他说"请坐"，他就一脸谄媚，很谦卑地说："不用，我都站惯了，咱们就这么聊吧。"总经理跟他聊了几句后，让他走了。

学生第三个进来了，总经理说"请坐"，他四下看看说："您能允许我到外面去搬一把椅子吗？"总经理说："可以啊。"这个学生出去搬了把椅子进来，坐下后就跟总经理聊起来。

最后，这个学生被留了下来。

这个故事是什么寓意呢？第一个人可能知识很多，但是他不能变通。第二个人经验很多，但是他又受经验的局限。第三个人介乎知识和经验之间，他知道在当下怎么样做是最合适的。

这里我们要说，在学以致用的时候，没有哪一个用法就一定是对的，这里面要有变通。在孔子看来，变通是一个很高的层次。他说："可与共学，未可与适道；可与适道，未可与立；可与立，未可与权。"（《论语·子罕》）

我们看看，这里面讲了不同的层次：第一个层次叫作"可与共学"，有些人你是可以跟他一起去学习的。这几乎是个零门槛，很多人都想学习，那就一块儿学吧。再往上一个层次就难了，"未可与适道"，不一定每个人都能够找到那个道理。如果"可与适道"了，那再往上一个层次还是很难，"未可与立"，不见得都能立得起来，有所坚持，有所树立。

大家觉得，要是能有所树立，这个层次已经够高了吧？孔子说，就算这个人学问能"立"起来了，道理上都想明白，能做成了，还要再上一个层次，就更难了，叫"未可与权"。权，秤锤，引申为权衡轻重，也就是权变。可以在一起有所树立、有所成就的人，但未必都能做到通权达变。

当下一件什么事情不太容易做，怎么办？我们经常说到"权宜之计"，就是变通一下，换个方法做，或者换个思路做。一个人坚持容易，变通难。但是一定要先有坚持，如果没有坚持，直接就变通，那是随风倒，没有原则。坚持原则之后还能通权达变，这个层次就很难。这是一个很高的境界。怎么样才能够学到这样一个境界呢？

有一个故事说，兄弟俩带着一船烧得极其精美的陶瓷罐子，去一个大城市的高档市场上卖。一路颠簸辛苦，就在船快要靠岸的时候，遇上了大风暴。一场惊涛骇浪之后，两个人精疲力竭，命是保住了，可船靠岸一看，几百个瓷罐一个完整的都没有了，全都碎了。

哥哥坐在船头号啕大哭，说："这些罐子每一个都是精心烧制出来的，罐子上面的纹路、图案都漂亮极了，我们所有的心血都白费了。到一个大城市，破罐子可怎么卖？我们就是修修补补、粘粘贴贴，也卖不出去了啊。"

在他大哭的时候，弟弟上岸了。弟弟到最近的集市上转了一圈，发现这个大城市人们的审美艺术趣味都很高，不管是咖啡馆、商场，还是家庭，都特别重视装修。他拎着把斧子回来了，叮叮当当把破罐子砸得更碎。哥哥非常恼火，问："你干什么呢？"弟弟笑着说："我们改卖马赛克了。"

兄弟俩把所有的碎片卖到装修材料点。因为罐子本身设计特别精美，所以打成碎片以后特别有艺术感。大家一看碎片非常不规则，又这么漂亮，都很喜欢。结果这些碎片作为装修材料卖了一大笔钱。兄弟俩高高兴兴回家了。

这个故事说明了什么呢？说明了权变的重要性。也就是说，当完整的陶罐不复存在的时候，就让它们破碎到极致，换个方式去卖。这不是换一种思维方式吗？

有时候，思路的转换也是一种智慧。这是在学问做到极致以后才能获得的智慧，这就是一种权变。在这个世界上，没有什么是绝对的对或错，对于一件事，一定要看时

善于转换思路，是一种大智慧。

——于丹心语

机，一定要看主体，一定要有前提。

孔子也不常常是一个教导者，他也有疑惑的时候。有一次，他不清楚公叔文子是什么人，就跟别人询问。"子问公叔文子于公明贾曰：'信乎，夫子不言，不笑，不取乎？'公明贾对曰：'以告者过也。夫子时然后言，人不厌其言；乐然后笑，人不厌其笑；义然后取，人不厌其取。'子曰：'其然？岂其然乎？'"（《论语·宪问》）

这段话什么意思呢？孔子曾经请教别人："听说公叔文子这位老人家，从来都不说话，不笑，也不拿钱财，真是这样吗？"公明贾答道："这是告诉你的那个人讲错了。他老人家到该说时才说，因此别人不厌恶他说话；快乐时才笑，因此别人不厌恶他笑；合于礼义的钱财他才取，因此别人不厌恶他取。"孔子说："原来是这样啊，难道真是这样吗？"

你看，公叔文子这个人是非常有分寸的。他话是少，但是他一定要到该说的时候才说话，所以别人都不烦他说话；他笑得少，但要真到了快活的时候，如有人说了一个特别好玩的笑话，出现一个特别有意思的场景，或者一个大欢喜的场面，他也笑，所以没人讨厌他笑；他对钱财不是一概都拿，该他拿的他才拿，所以他拿了，也没有人指责他。

这个世界上有绝对的正确吗？真正的学习，学到的知识一定是带着环境来的。有时候在一个环境里面，你该这样做，但在另一个环境里，你该那样做。就像公叔文子一样，看具体情况，他才说话，才笑，才拿东西。

有一个哲人给学生上课，问过这么一个问题：一个人非常脏，另外一个人很干净，请问这两个人谁会洗澡？

一个学生回答说："那当然是脏的人洗澡。"老师说："不对，因为脏的人他一直就很脏，他不觉得自己脏，而干净的人他到哪儿都要干净。"

第二个学生就说："那当然是干净的人洗澡。"老师又说："不对，你想啊，干净的人他已经不需要洗澡了，而脏的人需要洗澡。"

学生们糊涂了，那到底谁会洗澡呢？

老师说："每个人都可以从不同的角度来思考这个问题，需不需要，愿不愿意，答案都是不相同的。"

所以，很多事情其实就是需要通过在不同的角度上思考来解决，换一个角度看，结果也许就会大不一样。这对我们的学习是一个启发。

有一位修禅访道的人去请示老师，说："每一个人跟别人的关系到底怎么样才叫合适啊？"他老师跟他说："我讲四句话，看你能不能懂。"

第一句话说，"把自己当别人"。学生想了想说："我明白，一个人有大欢喜的时候看淡一点，觉得这也无非是别人的一件事；有大悲伤的时候看轻一点，觉得这事别人也会赶上，'把自己当别人'，那喜忧都能很快过去。"

老师又说了第二句话，"把别人当自己"。学生想了想说："这意思大概是说将心比心，推己及人，换位思考。"

老师说："你很不错了。"他又说了第三句话，"把别人当别人"。学生说："这个话是不是说，每一个人都是独立的，每一个人都需要被尊重，所以一定要本着别人的立场出发？"老师说："你说到这些，说明你的悟性很好，很不错了。"

接着，老师又说出第四句话，"把自己当自己"。学生说："这句话太深了，我还需要好好地去悟。"

我们想一想，如果你悟不透的话，以为这不过就是文字游戏，这里面"自己"与"别人"换来换去，先说把自己当别人，再说把别人当自己，再说把别人当别人，再说把自己当自己，这样反反复复，有价值吗？

其实，这些变换的价值就在于你每一次都换了一个不同的角度进行思考。一个矿泉水的瓶子，有人说它是长的，这是对的，因为他是从瓶身看；有人说它是圆的，也是对的，因为他是从瓶底看。

当你转换不同角度的时候，学习的境界就通达了，观察世界的维度就广阔了。

孔子还提出一个特别有价值的观点，就是世界上一些好的品德也需要通过学习来进行提升，而且要进行制衡。

我们想想，仁爱好吧？智慧好吧？信义好吧？正直好吧？勇敢好吧？刚强好吧？

这六种道德都很好，那么拥有这六种品德的人，他还需要学习吗？

《论语》中说："子曰：'由也！女闻六言六蔽矣乎？'对曰：'未也。''居！吾语女。好仁不好学，其蔽也愚；好知不好学，其蔽也荡；好信不好学，其蔽也贼；好直不好学，其蔽也绞；好勇不好学，其蔽也乱；好刚不好学，其

子曰："由也！女闻六言六蔽矣乎？"对曰："未也。"

"居！吾语女。好仁不好学，其蔽也愚；好知不好学，其蔽也荡；好信不好学，其蔽也贼；好直不好学，其蔽也绞；好勇不好学，其蔽也乱；好刚不好学，其蔽也狂。"

——《论语·阳货》

蔽也狂。'"（《论语·阳货》）

孔子曾经问子路："仲由！你听说过有六种品德便会有六种弊病吗？"子路说："没有。"孔子说："那你坐下来，听我慢慢跟你说。"

孔子就说，一个特别仁爱的人，他如果不学习，不思考，会有一种弊端，就是愚笨，也就是容易受人愚弄。比如说，总做以德报怨的事情，就会被人愚弄。你能说这个人不仁爱吗？但是他没分寸。

孔子说，一个人很聪明，但是他要老不学习的话，最后的弊端就是这个人会活得太飘忽不定，没有根基。

孔子说，信誉好吧？笃诚守信，像尾生抱柱那样，水来了都不走，这人就未免太过愚呆。如果再不好学的话，就会容易被人利用而使自己受到伤害。我们知道，过于诚信而不知权变的人有时候就是容易被人陷害。

孔子又说，我们都喜欢正直的人，但是正直的人有时候说话不好听，说出的话尖刻得直刺人心，让人非常不舒服。就像鲁迅先生写的，给一个孩子做满月，有人来说这个孩子长大能当官啊，有人说这个孩子长大能挣钱，有人说这个孩子肯定会死的。最后这个人说的是真话啊，你能说他不正直吗？但是这个话不好听。

孔子又说，好勇而不好学者，弊端是什么呢？就是他容易被人利用去作乱。他遇事不经过脑子，不问就里，就直接采取行动了，一个一个的乱子就起于这种有勇无谋者。

最后，孔子说，一个人刚强，刚强不好吗？"好刚而不好学"，这个人就会极端狂妄。因为他刚愎自用，那就难免有狂妄自大的地方。

在这个世界上,很多东西过犹不及。人生不是说找到了一个好的基石,就会一成不变地好下去。

我们所有的美好品德,比如孔子所说的这六种美好品德,它为什么会带来六弊?这是因为,在实际的生活环境中,我们要经受社会的挑战、考验,非常复杂,如果不善于去调试、去变通,就很容易产生弱点而造成弊端。

因此,我们需要通过不断学习去了解自己,跟世界建立有效的联系;即使是"仁""智""信""直""勇""刚"这样的美好品德,都得在学习中完成定位和制衡。

今天的社会已是一个终身学习的社会了,但是,我们学没学到真东西呢?

很多时候,虽然学习了,但未必有效率,学到的东西也未必能深入自己的生命中。

我们应该怎样建立自己的价值体系?

让我们回到刚开始的那个命题,一个人的生命格局究竟有多大?有一个弟子问老师:"你看我们每个人,身高也差不太多,活的年头长短也差不了多少,为什么有些人心大,有些人心小?心大能多大,小能多小?"

老师跟他说:"你现在闭上眼睛,用你的心造一座城池。"

弟子就闭上眼睛,在那儿冥思苦想,想了一座巨大的城池,有万仞宫墙,有深深的护城河,有花草树木,有亭台楼阁,整个城池里面,各类东西纤毫毕见,一切都安顿好了。他睁开眼睛说:"我造了一座巨大的城池。"

老师又说："你现在闭上眼睛，用你的心造一根毫毛。"

他又闭上眼睛，想啊想啊，想了一根细细的小毫毛。他睁开眼睛说："我造好了。"

这个时候，他的老师问他："你刚才跟我说造了那么大一座城池，有那么多东西，这座城池是用你自己的心造的吗？"弟子说："是啊。"

老师又接着问："你刚才跟我说又造了那么细的一根毫毛，在造这根毫毛的时候，你用的是全部的心吗？"弟子恍然大悟，他说："是啊，我造一根毫毛也想不了别的事了。"

这就是人心。我们都是要在自己的生命里去完成自己的人生格局。有些人终其一生，造的城池很大，那里面的亭台楼阁、花草树木无边无际，你可以有这样的计划，有那样的梦想，你可以去安置自己的人生，经营一生的事业，调适自己跟朋友、社会的所有关系。

也有的人，心思就绊在一根毫毛上，可能是一级工资、一个职称、夫妻间的一次口角、朋友间的一场误会——这都是一根毫毛，你有可能就被绊住过不去，因为那也是你全部的心所用力的地方。

我们会看到，同样一件事，在不同的人手里，他的思维方式不同，最后的结局也一定是不同的。

1954 年，美国有一个普普通通的推销员叫克罗克，他推销的是奶昔机。他发现，有一家快餐店居然一下子订了八台奶昔机。他一般都是一家一家、一台一台地去推销，所以他认定这是个大主顾，就一定要上门去考察一下。

到了这家快餐店，他发现，他们经营的产品、管理的方式，都非常有意思。他了解到，这家店年盈利额很大，稳稳当当超过二十五万美金。他跟这家店的店主商量，说："你能不能办成连锁加盟店，把这家店的品牌商标推广出去，我来帮你做这个事。"

店主同意克罗克成为该店在全美唯一的特许经营代理商。这个时候，克罗克早已把他的奶昔机扔到九霄云外了。于是克罗克在 1955 年开设了该店第一个真正意义上的特许经营店。此后，他创建了一套极其严格的特许经营制度，使该店的加盟店不断增多，到 1960 年，居然达到了二百二十八家。

但是，克罗克知道，他还不是这家店的主人，无法真正做大这项事业。1961 年，克罗克又想买下这家店。他想尽了所有的办法，筹到二百七十万美元。这在当时是一笔巨款，他盘下了这家店。

克罗克就这样大展拳脚。他在美国，然后在世界，从 1955 年到现在，把这家店一间一间地开下去，缔造了一个饮食帝国。他只是沿用了原来老板的姓氏麦克唐纳，这家店的标志就是这个姓氏的第一个字母：M，麦当劳。

麦当劳为什么能有今天的规模和地位？就因为克罗克不是站在自己只卖奶昔机的角度去经营，而是转换了一种经营思路。这种思考，就是一座无边的城池。

学习永远不是一件僵死的事情。既然没有常师，既然无处不学，既然死记硬背这种呆板的学习方式已经被抛弃了，那么，我们就要对学习进行一番认真的思索，从而开

学习永远不是一件僵死的事情。
——于丹心语

始真正地学习。

在今天，如果我们每一个普通人都用自己的心去完成一种激活，开始真正融会贯通地学习，都站在通权达变的大智慧上，那我相信，古往今来所有的知识都会活在我们的经验体系里，所有圣贤的智慧都可以成为照亮我们自己生命道路的火把。

诚信之道

人而无信不知其可也

孔子说："人而无信，不知其可也。"可见诚信在一个人的生活中所占的分量。

不过，古往今来，不知有多少人不讲诚信，却都似乎活得很自在。

难道，诚信是一种不切实际的理念吗？今天，我们还需不需要诚信？

　　诚信是中国儒家思想中最核心的理念之一。在整部《论语》中，我们可以看到很多关于诚信的论述。

　　作为做人的前提、人生的基础，《论语》提出了"信"的原则。孔子曾经说过："人而无信，不知其可也。大车无輗，小车无軏，其何以行之哉？"（《论语·为政》）一个人要是没有信誉的话，那真不知道他在这个世界上怎么度过一生？这就好像大车没有輗、小车没有軏一样，它靠什么走起来呢？

　　大车、小车，分别指牛车和马车。大车、小车车辕前面都有驾牲口用的横木，这横木要怎么铆住呢？就是用木销包了铁以后插在小孔里。輗和軏，就是牛车和马车上的木销。如果车上没有这样的木销，就无法套住牛马，它又怎么能行走呢？

子曰："人而无信，不知其可也。大车无輗，小车无軏，其何以行之哉？"

——《论语·为政》

孔子说,一个人如果没有信誉,就好像这个车子有
了横木也是虚架上的,没有关键的木销,不就无法行走了
吗?对一个人来讲,信誉是什么呢?是你行走于世界最基
础的那个保障。

也就是说,只有靠信誉,才能把人生这辆车驱动起来。
只有信誉,才能够让你不管穿越什么样的风险、坎坷,都
颠扑不破,而在坦途上一路前行的时候,也能够保障你的
速度。就是因为有信誉,才让你始终是一个完整的人,可
以立得起来。要是没有信誉,就缺少了安身立命最根本的
条件。

孔子关于"信"的阐述都很简单,但这是他核心的教
育理念之一。"子以四教:文、行、忠、信。"(《论语·述
而》)孔子用四种内容教育学生:历代文献,社会生活的
实践,对待别人的忠心,与人交际的信实。"文、行、忠、
信",这些东西就是孔子教导学生的基本内容。"忠"和
"信",占了很大的比重。

孔子有这样一句话:"人之生也直,罔之生也幸而免。"
(《论语·雍也》)一个人要想坦坦荡荡走过一生,凭的是他
为人的正直。正直的人就能安身立命,这个人的一生理所
应当走得远。但是,那些不正直的、不守信用的人,那些
翻手为云、覆手为雨的人,他们不是也活下来了吗?这是
怎么回事呢?孔子说,这叫"幸而免",他们是侥幸逃脱了
很多本应该发生的责罚才磕磕绊绊地活下来的,他们迟早
要摔跟头。

人要凭着正直去生活,如果是靠投机取巧、不守信誉

去生活，那只是侥幸躲过了灾祸。

在那么久远的年代，中国儒家提出的诚信的道德理念，放到今天，它还有价值吗？

在今天的这个社会中，信誉对每一个人来讲都是一张无形的通行证。也许信誉并不直接写在你的档案里，但是，信誉是一个人的口碑，一个人做事如何，为人如何，这都会反映在口碑中，所以每一个人都可以在心中掂出信誉的分量。

江西德兴市有一个小村子叫宗儒村，村里有一个普通的农民叫王云林。2007 年 4 月，村里发生了一场山火，他帮助别人去救火，不幸牺牲了。他走后，留下一笔糊涂账。这债务怎么办呢？他的遗孀叫陈美丽，三十一岁，一个普通的农妇。陈美丽上有年迈的婆婆，下面带着两个女儿，一个七岁，一个才几个月大。丈夫走了，整个家庭的重担都压在她的肩上。陈美丽从悲痛中撑过来以后做了一件事，就是在村子里贴了一张还债告示。

她说："云林生前在村子里口碑很好，他为欠债的事情一直心不能安，我不希望他走得不踏实，所以我要把这个债还上。但是，他欠了谁的债，我都不知道。如果他真的欠了你的债，你就来找我要吧。"

还债告示贴出去以后，很多人来找陈美丽讨债。整个债款，前前后后加起来金额超过五万元，而其中将近四万元没有任何凭据。陈美丽全都认了下来，她就替丈夫一点一点还着这些良心债。

这个故事引起很大的轰动。我当时担任《感动中国》节目

在今天的这个社会中，信誉对每一个人来讲都是一张无形的通行证。

——于丹心语

的评委,给陈美丽写评语,我写了一句话,"债务有凭,良知无价"。我不知道来找她的这些人中,到底有多少人是真正的债权人。陈美丽的还债告示就像一面镜子,它照亮了我们的内心,让我们看到自己的内心是高尚,还是卑微;是贪欲,还是无欲。

我看到这个故事很感动。一个像追着别人讨债一样去追着还债并生活在如此境遇中的农妇,是什么力量让她这么做?按说她丈夫为了救火而牺牲,就算他欠债,他的这条命也已经把他的债务还上了,但是她一定要去还债,因为她不愿意让自己良心不安。她这样做,就是为了一个字:"信"。这个"信"字不仅仅是对别人的,也是对自己内心的。

我想,社会在不断地更迭着制度,变化着环境,但是人性中一定有一些以不变应万变的核心价值传承下来,这才是我们心里真正的火种。我们看到,诚信不仅仅是传统经典中的一项基本道德原则,它也成为普遍的民间信仰。

大家也许都熟悉关羽归汉的故事吧。建安五年(公元200年),曹操攻破徐州,刘备、张飞败逃,关羽被俘。曹操对关羽惺惺相惜,一直希望这样一个忠勇之人可以来辅佐自己,但是他也看出关羽不会久留,所以他一方面诚意相待,另一方面派自己的大将张辽去探听关羽的口风。

关羽跟张辽说:"我知道曹公待我恩重如山,但是我已经跟刘备有兄弟之约,生死结盟,我对他的忠心绝不会改变。我一定不会留在这里,但是我会报答了曹公之后才走。"过了几个月,机会终于来了,关羽斩杀了袁绍军中大将颜良。这时候曹操知道，关羽已经报恩了，非走不可了。于是曹操对关羽厚加赏赐，而关羽呢，把所有的赏赐都封存起来，并不带走，留书告辞，去找刘备了。关羽走的时候，曹操的部将要去追，曹操把他们都拦住了，说："各为其主罢了，不要追了。"

为什么舞台上的关公永远是红脸的忠勇形象？就是因为他笃诚守信。从正史到小说，都记载或流传着关羽心恋故主的忠勇故事。现在看三国戏，大家觉得很热闹，但在那些政治纷争之外流传最久远、最深入人心的还是道德价值。

比关羽归汉这个故事再早几年，东汉献帝兴平二年（公元 195 年），孙策起兵去攻打扬州刺史刘繇的根据地曲阿。刘繇这边刚好有一个老乡太史慈来投奔。太史慈骁勇善战，有人劝刘繇重用太史慈为大将军，刘繇不干，只是派他侦察敌情。太史慈只带着一个骑士，结果和孙策在神亭这个地方不期而遇，孙策却带了十三个骑兵，其中有韩当、宋谦、黄盖等厉害的角色。太史慈一点不畏惧，拍马就冲上去跟孙策交手。两人打得难解难分，孙策一枪刺中太史慈的战马，夺得太史慈背上的短戟，太史慈也夺得孙策的头盔。正当他们生死拼搏之时，双方的救援部队同时赶到，两人都被救回。

接下来，孙策大军步步深入，终于生擒太史慈。抓住太史慈之后，孙策亲自上前给太史慈松绑，握着他的手问："还记得神亭的事吗？如果那时我被你抓住，会怎么样？"太史慈说："那可不好说。"孙策很欣赏太史慈的耿直，朗声大笑，说："好，现在就让我们一起共事吧。"孙策迅速给太史慈任命了官职。

后来，刘繇在豫章郡去世，他的部将士卒还有一万多人，尚未归附，孙策就派太史慈前去招抚。孙策身边的人都说："太史慈这一去，一定不会再回来。"孙策却很放心，说："子义（太史慈的字）抛弃我，那么他还会去投靠谁呢？"孙策在昌门设宴为太史慈饯行，问他："你什么时候能回来？"太史慈回答："不会超过六十天吧。"

果然，两个月到了，太史慈如期归来，顺利完成孙策交代的任务。

太史慈的信，关羽的忠，已经深深嵌入我们这个民族的记忆之中，反映了人们对诚信的呼唤。

我们看到，在中国人的观念中，诚信是品评人物最基本的出发点。诚信是一块试金石，验证着人品的高下。真正的诚信，是每一个普通人都可以做到的。一个人有诚信，则不仅能立于社会，也能安顿自我。

孔子看到当时礼崩乐坏的世象，所以他有这样的感叹："圣人，吾不得而见之矣；得见君子者，斯可矣。""善人，吾不得而见之矣；得见有恒者，斯可矣。"（《论语·述而》）什么意思呢？就是说，这个世界上，要说我能见到多少圣人，那我见不着；我能见着君子就可以了。要说我能见到多少善人，我也没见到；我能见到恒定如常保持好品德的人，就很不错了。

怎么样才能做一个君子呢？孔子对"君子"有过这样一个界定，叫作："先行其言而后从之。"（《论语·为政》）

诚信是一块试金石，验证着人品的高下。
——于丹心语

真正的诚信，是每一个普通人都可以做到的。
——于丹心语

也就是说，你要做什么事，先把这个实事认真做了，让言论跟在后面出来，而不要先说后做，这就是君子了。所以孔子说："我只要能遇到这样的君子，能遇到恒定如常、享有信誉的人，就已经不错了。"

这种恒常之心，其实应当是一个人立于当世的基本依托。孔子说，怕就怕有些人生活在很多的假象里，他在迷惑世人的时候，其实也迷惑了自己的心。孔子说："亡而为有，虚而为盈，约而为泰，难乎有恒矣。"（《论语·述而》）意思是说，本来自个儿什么都没有，却要装作有；本来是空虚的，却偏偏要装出饱满富足的样子；本来很困顿，却装作很奢华，这样的人是难于保持始终如一的，也就不会有好品德了。

在自己的生命中保持恒常之心，需要坦率的勇气。也就是说，一个人接受自己的现实，真诚面对自己，这是信誉的起点。我们今天说，诚信诚信，诚是信的前提，一个人如果对自己的生命都不忠诚，没有了一份真切的诚意，那么他又怎么可能对他人守信呢？

在这里，孔子提出了一个比诚信还要简单的标准，就是能够有恒，保持平常心。如果一个人总是生活在自己的幻梦之中，总是幻想要去完成一个不切实际的理想，那么他会始终做不到脚踏实地，很难进步。

一个人能够让自己有一个恒常之心，不轻易改变，这是对于自己的诚意。做到了这一点，才能保障对别人的信义。如果这点都做不到，那么你就会常常陷于迷惑之中，就会缺乏一种真实的自我估价。

子曰："圣人，吾不得而见之矣；得见君子者，斯可矣。"

子曰："善人，吾不得而见之矣；得见有恒者，斯可矣。亡而为有，虚而为盈，约而为泰，难乎有恒矣。"

——《论语·述而》

一个人接受自己的现实，真诚面对自己，这是信誉的起点。

——于丹心语

有一篇寓言故事说得很有意思。有一只山羊，它早上起来想出去吃点东西。它本来想去菜园里吃点白菜，这时早晨初升的太阳把它的影子投射得很长，山羊一看："天哪，我原来如此高大，我还吃什么白菜啊？我改去山上吃树叶得了。"

它转身往山上跑，等跑到山上的大树旁边，都到中午了，太阳照在头顶上，这时山羊的影子就特别小。山羊一看："我原来这么渺小啊？我还是回去吃白菜吧。"

等它跑到菜园的时候，已经到傍晚了。这时候夕阳西下，它的影子又拉长了。山羊一看说："好像我还真能吃树叶。"它就再往山上的大树那儿跑。

一天的时光，这只山羊就在太阳投影的迷惑下，一口东西没吃着。

这不就像我们的人生吗？有时候一种外在的投射，一种虚幻的假象，在某一个瞬间让你觉得比真实的自己要高大很多，又在某一个瞬间让你觉得比真实的自己要渺小不少。

一个人的心怎样才能够保持着恒常的判断呢？这需要我们既不要妄自尊大，也不要妄自菲薄，保持一颗平常心。

有一次，孔子的学生子张问孔子怎样提高道德修养水平和辨别是非迷惑的能力。孔子的答案是这样的："主忠信，徙义，崇德也。爱之欲其生，恶之欲其死。既欲其生，又欲其死，是惑也。"（《论语·颜渊》）

老师说，你不是想提高道德吗？我就告诉你两条原则，第一"主忠信"，要以忠诚、信用作为你内心的依据，

陈传席 《山中人家》（局部）

能够立足这一点，就不错了。第二"徙义"，就是你可以有
改变，但是必须合乎道义。内心主于忠信，合乎道义去改
变，做到这些，那不就提升品德了吗？一个人品德提升之
后，才能够辨惑，不至于像山羊那样因外界的变化而无所
适从。

孔子又说："爱之欲其生，恶之欲其死。既欲其生，又
欲其死，是惑也。"这个情况我们现在都有吧？喜欢一个人
的时候，就觉得他好得不得了，希望他长长久久，千年万
世，一直这样活着才好呢。这就叫"爱之欲其生"。突然之
间，又恨上这个人了，就恨不得他马上消失，希望他短命。
这就叫"恶之欲其死"。孔子说，你既要他活，又要他死，
这难道不是迷惑吗？

孔子的意思就是说，人们按照"忠信""仁义"的原则

去办事，就会活得很明白，而如果感情用事的话，就会陷于无穷的迷惑之中。

一个人如果不能保持恒常之心，失去自己内心的判断标准，就会出现很多迷惑。我们现在总说世象纷纭，希望哪个神灵借我一双慧眼，让我好看清复杂的世象。真正的慧眼何在呢？它不仅关乎智慧，还关乎一个人的自我判断和内心恒常的力量。要想对世界守信，对他人守信，先要看看能否对自己的生命忠诚守信。这是我们辨惑的前提。所以孔子把崇德、辨惑连在一起分析，在他看来，提高道德是分辨迷惑的一种方式。

我们看到，孔子对于忠信的论述很多。他说："君子不重，则不威，学则不固。主忠信，无友不如己者。过则勿惮改。"（《论语·学而》）我们看，孔子提到忠信，不是孤立地提一个标准，而是把很多标准放在一起，包括了仪态的庄重威严、热爱学习、忠诚守信、慎重交友、过而能改等方方面面。

孔子说，一个真君子，如果他的内心不厚重、不庄重，那么他就没有威严。我们经常听到有人说，这个人怎么显得那么没有分量，那么轻薄，见风就倒，听到点什么风声就容易改变判断，其实那是因为他内心本身就不厚重啊。

但是，内心的厚重是怎么来的呢？这不是先天得来的，而是要靠不断学习。一个人如果不断地提升修养，不断地去学习思考，他就不会浅陋，就不会固守在他的局限上。

怎样做到君子，还有两条很重要的原则。"主忠信"，就是他内心要有一种立命之本，以忠、信这两种道德为主。

"无友不如己者"，这句话有两种解释。一种解释是说，不结交不如自己的朋友。也就是说，如果你结交的人在道德上、在能力上都比你强，你就会有压力，你要见贤思齐，这样你就会得到提升。另外一种解释，就是不跟不同道的人交往。道不同不相为谋，只跟同道中人来往，以便保持人生方向的单纯性。不论哪一种解释，都是说交友要慎重。

一个人如果按照以上原则为人处世，会不会就不犯错了？不是的，没有谁会永远不犯错。不过，犯错也没关系，一旦错了，不要固执己见，要赶快改正过来，就还是君子。

以上这些就是孔子对于君子道德的描述。这里提出的"主忠信"，它不是孤立的，一定是跟其他的原则相辅相成的。

经常有些朋友问我，《论语》里面我记住哪一句话就够了？或者是问，对我现在的生活哪一句话能有直接的引导作用？我觉得，经典的东西需要融会贯通，它不会只靠某一句话或者一个理念，就让一个人安身立命。虽然孔子也说"恕"这一个字可以终身行之，但是我们想想，在这种宽恕的背后，需要多少信念来支撑？需要多少融会贯通才能达到？孔子提出来的东西都是微言大义，说出来看似简单，但是都有广博的文化积淀，都有一些内在的理念在支撑。

关于信，还有很多表现在孔子学生的言论里。"有子曰：'信近于义，言可复也。恭近于礼，远耻辱也。因不失其亲，亦可宗也。'"（《论语·学而》）有子是孔子的弟子，他说了三句话，什么意思呢？

我们每天都生活在语言环境里，人际交往都离不开说话，我们都在承诺，但是你说出来的话就一定能够兑现吗？你答应别人的事，就一定能做得到吗？你说的话能不能兑现，那要看你的诺言离道义有多远。如果你的诺言符合道义，兑现的可能性就会高一点，这就是"信近于义，言可复也"。

"恭近于礼，远耻辱也"，一个人如果能够恭谨有礼，对别人毕恭毕敬但又符合礼义，那么他就远离耻辱了。"因不失其亲，亦可宗也"，意思是说，如果他有明辨是非的能力，所依靠的都是可亲可信之人，那么为人行事也就很可靠了。

我们看，这里又是一组关系。在这里，"信"也没有被单独拿出来作为一个核心，而是说讲信用一定要符合道义。社会中不断出现种种挑战，一个人光有单一的内心道德是不够的，一定要有一个完善的道德体系。

我们知道，关于历史，有一个词语叫作"信史"，就是其记载真实可靠的历史。这个词内涵很重，因为历史上有很多史官，要用他们的生命来维护历史的真实，让历史的真相得以流传下来。这是中国历史上可贵的传统。

曾经有这么一个故事，北魏的司徒崔浩和中书侍郎高允两个人奉命撰写北魏的国史：《国书》。《国书》写好以后，就被镌刻在首都平城南郊十字路口的石碑上。崔浩和高允两人依据实录作史的精神，对北魏早期的历史多秉笔直书，有些史实在后人看来是很不堪的。很多鲜卑贵族看了国史之后，非常不满，就跟北魏太武帝拓跋焘进谗言，说史官真不好，为什么把这些事都写出来了？

拓跋焘盛怒之下就下令逮捕了司徒崔浩，接下来就要逮捕中书侍郎高允。偏偏太武帝的儿子，就是当时的太子拓跋晃，曾经跟高允念过书，他知道这件事情以后，想保护自己的老师，就把高允请到东宫住了一夜。第二天早上，拓跋晃和高允一起进宫朝见。

二人来到宫门前，太子对高允说："我们进去见皇上，我自会引导你怎么做。一旦皇上问什么话，你只管按照我的话去说。"高允问："殿下，这是为什么啊？"太子只是说："我们进去就知道了。"

先是太子进去跟他父亲说："高允做事一向小心谨慎，而且地位卑贱，《国书》中的一切都是崔浩写的，与高允无关，我请求您赦免高允的死罪。"拓跋焘就召见高允，问："《国书》果真都是崔浩一个人写的吗？"这个时候，高允明白发生了什么事，但他是这样回答的："《太祖纪》由前著作郎邓渊撰写，《先帝纪》和《今纪》是我和崔浩两人共同撰写的。不过，崔浩兼职很多，他只不过领衔总裁而已，至于具体的著述工作，我写得要比崔浩多得多。"

拓跋焘一听，大怒，说："敢情你写得比崔浩还多，你的罪行比崔浩还大，怎么可能让你活！"太子慌了，非常害怕，赶紧对他的父亲说："您的盛怒把高允吓坏了，他只是一介小臣，现在说话都语无伦次了。我以前问过他这件事，都说是崔浩一人写的，真的与他无关。"

拓跋焘又问高允："真的像太子说的那样吗？"高允不

慌不忙,回答说:"我的罪过确实非常大,应该灭族,但我不敢说虚妄的话来骗您。太子因为我长期给他讲书而哀怜我,想要救我一条命。其实,他没有问过我,我也没有对他说过这些话。我不敢瞎说。"

拓跋焘回过头去对太子说:"这就是正直啊!这在人情上很难做到,而高允却能做得到!马上就要死了,却不改变他说的话,这就是诚实啊。作为臣子,不欺骗皇帝,这就是忠贞啊。应该赦免他的罪过,要褒扬他。"于是,皇帝赦免了高允。

高允临死不说假话,这在北魏历史上是一个很著名的故事。

高允的勇气从何而来?它来自一种内心的忠诚。诚信,有时候是需要大勇敢的,它需要自己内心对于一种价值的坚持,这种价值延伸出来,就已经不仅仅是自己的事情,而是关系到更多人的利益。

2007 年《感动中国》的人物里面还有这样一个人,"良心医生"陈晓兰。她是上海市虹口区广中医院理疗科的大夫。她从医十年间看到医院进的医疗器材有相当多的是假冒伪劣产品,有害于患者。陈晓兰坚持揭发此事,十年中,经她揭发的假冒伪劣医疗器械多达二十多种,其中有八种已经由国家下文予以废止。

但是,这十年中,这名医生付出了什么代价呢?因为触犯了医院的利益,医院强行把她调离原来的岗位,后来又强迫她提前退休。丢了工作之后,她深入医疗器械交易的直接环节,更坚定地去揭露更多的黑幕,所以她被很多同行指责为"叛徒"。

对我们来说，陈晓兰的勇敢其实比北魏史官高允的勇敢还要有价值。这不仅仅关系到她个人的诚信，更关系到一个社会的核心价值。也就是说，她的良知成为整个社会风尚的净化剂。就是这样一个弱女子，成了广大患者的一道保护屏障。

陈美丽和陈晓兰，不过是两个普普通通的弱女子，但是你能说她们内心的力量就单薄吗？这种力量坚强而庞大，我相信它会有非常大的反响。这样的力量推展起来，从一个人到整个社会，对一个国家影响巨大。这就是诚信的力量。

对于一个国家而言，需不需要诚信？对此，《论语》中有过很多阐述。孔子曾经说："道千乘之国，敬事而信，节用而爱人，使民以时。"（《论语·学而》）他说，治理有千乘马车这样的一个中等偏大的国家，该怎么做呢？无非就是几件事，首先就是"敬事而信"。治理者一定要严肃认真地对待政务，信实无欺，这是一个出发点。其次是"节用而爱人"。也就是说，要能够节约财政开支，关爱百姓。让百姓做事时，要怎么做呢？"使民以时"，按照四时节序，应该怎么用就怎么用，调剂好忙闲，而不要违背这个天时，不要在农忙的时候让老百姓服很多的劳役。

孔子提出的治国之道，其基本出发点就是诚信，主持国家政务的人要讲信誉。讲信誉，不仅仅对国家好，对于发布政令的人本身也有好处。

《论语》中还有这样的话："子夏曰：'君子信而后劳其

民，未信则以为厉己也。信而后谏；未信则以为谤己也。'"（《论语·子张》）孔子的学生子夏说，一个君子要在建立起信誉、赢得老百姓的信任之后，才可以让百姓去干活，不管是让他们服兵役、服徭役，还是去干什么，这时老百姓都会心甘情愿。如果老百姓没有对这个执政者产生信任，就会觉得执政者是在虐待自己。如果一个忠臣去进谏，也要先赢得君主的信任，先在君主面前树立起信誉才行。如果没有做到这一点，君主就会觉得你在诽谤他。那样的话，后果就不太妙了。

子夏的这段话，让我想起一个人，就是唐太宗李世民。李世民有一个著名的臣子，就是魏徵。李世民登基不久，有一次征兵，苦于兵力不足，当时封德彝给他提了一个建议，不足十八岁的中男，如果体格魁梧，也可以一并征上来。李世民一想，国家正缺士兵，就答应了。

唐代的制度，男孩十六岁以上叫中男，二十一岁以上叫丁，丁才负担力役。让未满十八岁的男孩当兵，肯定不合制度。结果呢，征兵敕文签署下去，到了魏徵这儿，魏徵坚持不签，给退回来了。李世民接着下敕文，魏徵再退回来，一连退了好几次。按照程序，魏徵不签署，这个敕文就发不下去，无效。

李世民大怒，急召魏徵。李世民说："中男里身强力壮的人，可能是奸民谎报年龄以逃避兵役，就是征发他们又能怎么样？你为什么要这么固执己见呢？"魏徵回答："带兵之道在于指挥有方，而不在于倚仗数量多。陛下征发壮年成丁，好好训练，足以无敌于天下，何必多取弱小以增加虚数呢？况且，陛下曾经说要以诚信治理天下，而今您即位不久，但已经失信多次了！"

李世民一听，非常惊讶，问："我哪里有失信的事情？"魏徵倒也不慌，侃侃而谈，一下列举了当时好几件失信于民的事情，比如说今天出台一个政策说蠲免赋税了，明天又下一道敕文征收如故。

魏徵又说："陛下曾经下敕文说：'已经出力役者、已经缴纳赋税者，今年就不征了，从明年开始。'但是后来还是加征赋税了，而今您又征兵，哪里就是明年再征呢？何况，与您共治天下的地方官时常检阅赋税人丁簿册，征税、征兵都以此为准。征税时没问题，可这次征兵您却怀疑他们欺诈，难道这就是陛下所说的以诚信治天下吗？"

李世民听了魏徵的一席话，恍然大悟，非常高兴地说："以前我以为你固执，不懂得政务，今天听你议论国家大事，真是非常精要。如果国家的号令不讲信用，百姓就会无所适从，天下怎么可能安定！我的错误真大啊。"

结果，李世民不仅采纳了魏徵的建议，不再征发中男当兵，同时还赐给魏徵一个金瓮。

这样的故事在历史上还有很多。可以说，从一人一事，到一个国家的治理，信誉为先，这是中国流传已久的一种道德理念。

谈到信誉，我们还得知道大信和小信的区别。

难道诚信还有什么内在的区别吗？我们怎样来区分呢？

孔子曾经说过这样的话："君子贞而不谅。"（《论语·卫灵公》）什么是"贞"？"贞"就是内有所守的大信誉，符合道义。而"谅"呢？"谅"就是内无所守，求信于人，拘于小节，难合大道。也就是说，君子要坚持正义而守大信，观大势，顾大局，但不一定要局限于小节上。

孔子为什么要分大信、小信呢？这跟他的另一个思想有关。在《论语》中，孔子有很多地方是主张变通的，主张君子要善于通权达变。做一件具体事情之前，允许你在技巧上、在策略上有变通，更好地做好这件事，而不是提倡大家都去做腐儒，固执己见。所以，当子贡有一次问孔子怎么样才称得上"士"的时候，孔子回答说：第一等的"士"是有羞耻之心、不辱君命的人；第二等是孝敬父母、顺从兄长的人；第三等才是"言必信，行必果"的人；至于现在的当政者，都是一些器量狭小的人，根本算不得"士"。我们今天说"言必信，行必果"，含有肯定的褒义，但在孔子那里，这还只是小信。

孔子说："言必信，行必果，硁硁然小人哉！"（《论语·子路》）意思是说，说到一定做到，做事一定要坚持到底，但实际上却不问是非，固执己见，那是小人啊。孔子心目中的"士"，就是懂得羞耻之心、孝敬之道的人，懂得大信的人。

不管从我们个人的人生道路来说，还是从整个社会文明的进展来说，只有守住诚信，才有未来。我想，对于诚信，每一个时代可能有每一个时代的解读。

让我们保有内心的诚意，从当下的生活出发，接受现实，朴素面对，并且以一种积极乐观的态度守住信誉，通往未来的道路一定会向我们敞开。这样一种观念，大概在

子贡问曰："何如斯可谓之士矣？"子曰："行己有耻，使于四方，不辱君命，可谓士矣。"

曰："敢问其次。"曰："宗族称孝焉，乡党称弟焉。"

曰："敢问其次。"曰："言必信，行必果，硁硁然小人哉！——抑亦可以为次矣。"

曰："今之从政者何如？"子曰："噫！斗筲之人，何足算也？"

——《论语·子路》

任何一个时代都有它的积极价值吧。

今天，我们应该怎么做呢？我想，应该从《论语》出发，结合今天的现实，以《论语》中的诚信来引导今天的生活，走好我们人生的路。

孔子说过一句话："德不孤，必有邻。"(《论语·里仁》)当我们建立了自己良好的道德体系，当我们的整个道德水准提升之后，不仅是为这个社会做出贡献，而且会有很多人都在帮助我们，会有志同道合的人跟我们在一起。

有道德的人一定不会孤单。从我们每一个人内心的真诚出发，建立和守住信誉，就一定会建设起一个诚信的社会。

有道德的人一定不会孤单。
——于丹心语

治世之道

用之则行
舍之则藏

　　说到孔子的思想，不能不提到他的治世理念。后世流传一句话，叫
"半部《论语》治天下"，那《论语》里面到底有什么样的治世思想？

　　在相隔两千多年之后，《论语》中的这些治世思想到底还有没有
价值呢？

　　说到孔子的思想，不能不提到他的治世理念。后世流传一句话，叫"半部《论语》治天下"，那《论语》里面到底有什么样的治世思想？在相隔两千多年之后，这些思想到底还有没有价值？

　　儒家的政治理想，一言以蔽之，就是"德政"。在春秋时期，也就是孔子生活的那个时代里，社会环境很特殊，没有现代的法律制度，而是用礼乐制度来维系整个社会秩序。与此相适应，孔子所提出的还是一种非常美好的、以道德伦理维系社会秩序的理想。

　　我们今天评价孔子的一生，会觉得他这一辈子做了两件事：一件成功了，就是他的教育事业，他因材施教，弟子三千，后来被奉为"万世师表"；另一件失败了，就是他的治世理想，当时他奔走在各个诸侯国之间，向各个国君游说，但是都没有实现他的理想。

今天，我们重提孔子的治世思想，到底有多大的现实价值？

让我们先来看看孔子怎么理解自己的德政理想。孔子对于如何为政，有这样一个说法，他说："道之以政，齐之以刑，民免而无耻；道之以德，齐之以礼，有耻且格。"（《论语·为政》）

这话什么意思呢？治理国家，如果仅仅用政令来诱导，以刑法来约束，那就只能达到一个底线，就是老百姓暂时规规矩矩地生活，免去很多刑罚。但是这样会留下后遗症，不足以树立他们的廉耻之心。也就是说，一个人的荣辱观，光靠政令和刑罚是确立不起来的。

第二句话是孔子的一个理想，就是德政。他说，如果用道德来诱导，用礼制来统一人们的言行，那么老百姓就不仅有羞耻之心，而且能一直遵守正道，人心归服。也就是说，百姓实实在在地服从治理，不是暂时屈从。这是孔子的理想。

今天的社会是法治的社会。法律是这个社会的底线，它赋予了公民权利，保障了公民的安全。那么道德是什么呢？道德是在底线之上有助于公民自律的东西，它可以使社会核心价值得到提升。

在孔子那个礼崩乐坏的时代，单纯提倡以德治国，一定会失败。但是到了今天，这种以德治国的思想与法治制度相辅相成，施行德治应该比孔子的时代更有积极的意义。

我想，由于整个时代发生变化，虽然圣贤经典中的有

子曰："道之以政，齐之以刑，民免而无耻；道之以德，齐之以礼，有耻且格。"
——《论语·为政》

一个人的荣辱观，光靠政令和刑罚是确立不起来的。
——于丹心语

些道理会过时，但有些道理会因为文明的发达、社会的进步和多元化，反而可能比在孔子那个时候更有朴实的意义。所以，以德治国，虽然在孔子的时代是一个很失败的理想，但在今天法治的基础上，应该更有它的价值。

当时，鲁国最有权势的人季康子曾经多次跟孔子咨询为政之道。"季康子问政于孔子曰：'如杀无道，以就有道，何如？'孔子对曰：'子为政，焉用杀？子欲善而民善矣。君子之德风，小人之德草。草上之风必偃。'"（《论语·颜渊》）

季康子说："我诛杀了那些无道的人，亲近有道的人，怎么样？惩恶扬善，我做得不错吧？"孔子不以为然，他反问季康子："你治理这个国家，为什么一定要用杀戮的办法呢？如果你心向善，你倡导美好善良的风气，那么老百姓自然会人心向善的。"

杀戮是一种极端的方式，我们不排除治国的时候会用到这个方式，但是孔子告诉我们，一味倚仗杀戮，肯定不能建立起良好的社会秩序。

这是一个值得我们深思的问题。

那么，除了刑罚外，还要靠什么来治理国家呢？

接着，孔子打了一个有意思的比喻。他说，君子的道德好像是风，小人的道德好像是草，草遇到风，必定会倒下来。也就是说，有官职的人，能够领导社会的人，如季康子这样的执政者，你的道德就好像是风，而小人呢，他的道德好像是草，风从草上过，草肯定跟着风倒，执政者的道德会对整个社会的道德产生影响。

陈传席 《众山响应》（局部）

　　孔子的意思是说，执政者只要善理政事，具有良好的道德，百姓也就会跟着有道德，就不会去做坏人。如果执政者能够做到这一点，那又何必去杀人呢？这些话今天听起来有一点乌托邦的味道。它是美好的，但它是不现实的。

　　我们想想，单纯以道德引领百姓，没有法治制度的保障，那么想要得到良好的秩序是不可能的，想要做到不杀人也是不可能的。不过，孔子提出百姓的道德有赖于领导人的道德，这个观点对我们今天来说还是很有启发意义的。

　　德政反映了孔子的一个核心理念。那么，这样一个理念怎样去实施呢？如何去做，其实孔子也有一系列的想法。

　　季康子，还是这个人，问政于孔子。孔子做了一个最简单的回答："政者，正也。子帅以正，孰敢不正？"（《论语·颜渊》）孔子说，"政"就是"正"的意思，你自己带头，做人、做事端端正正，你下面的人怎么敢不正呢？我们想，这样的话，治理国家不就很简单吗？

孔子对于为政之道还有一些比较清晰的表达，如他说："其身正，不令而行；其身不正，虽令不从。"（《论语·子路》）意思是说，一个执政者，如果他自己行为端正，品德崇高，那么他就是不下命令，大家也都会去做事，完成任务；但是，如果一个执政者自己很邪恶，做不到清廉方正，他就是颁布了一条又一条法令，也没有人来跟从他。

孔子又说："苟正其身矣，于从政乎何有？不能正其身，如正人何？"（《论语·子路》）也就是说，执政者如果端正了自身的行为，治理国家还有什么困难呢？如果不能端正自身的行为，又怎么能使别人端正呢？

所以说，执政者要清廉为官，以身作则，这是孔子一以贯之的思想，也是德政的起点。

值得注意的是，孔子教过很多弟子，其中有些弟子做过县宰之类的小官。

有一个故事记载说，子路做蒲县的县宰，过了三年，孔子正好路过，就去看他。孔子进了蒲县县境，四下一看，说："子路这个人不错啊，一看就知道他谦恭有礼，诚实无欺。"

又走了一段路，进了县城，四下一看说："子路做得不错啊，一看就知道他诚实有信，而且能够宽恕待人。"接着走，走进子路的县衙，四下一看就说："看来子路明察秋毫，做事果断。"

115

孔子这样大赞子路三通之后，陪他一起来的子贡就越来越奇怪。子贡问："老师啊，你到现在还没见着子路，一路上已经夸他三遍了，到底为什么啊？"

孔子说："你看，我们一进入县境，就发现两边田地都耕种得整整齐齐，沟渠挖得很深，道路非常通畅，这说明子路谦恭有礼，能够调动百姓，所以大家才会尽心竭力。我们再往里走，进了县城，你看房屋都整整齐齐，没有破败，街道很干净，树木都很茂密，这说明子路为人笃诚有信，以身作则，所以民风淳朴。接着呢，我们进入县衙，你看这里面居然很清闲，也没有什么人来告状，这说明子路一定观察仔细，做事果断，把所有的诉讼都处理完了，所以不会成天有人在这儿闹事打官司。所以，我夸他三遍，不为过吧？"

这个故事不见于《论语》，而是记载在别的资料里，但是它从一个侧面反映了孔子的为政思想。"桃李不言，下自成蹊。"政绩不一定要表现在口头上说我做了哪些事，真正的措施一定要落实在具体效果上，所以你去看效果就行了，当然就知道他是怎么做的。在孔子这里，一切用事实说话，一个好的治世之道要反映在国泰民安上，反映在老百姓的利益上。

孔子的学生到底做出了多少政绩，已经不可考了。但是，在我们的史书里，记载了很多官员的事迹，而在他们的治世之道中，德政思想一脉相承，从未断绝。

大家都知道晏婴吧？他在齐国做大夫的时候，正直廉洁，一直是劣马拉着破车上朝，根本不用什么宝马香车。

齐景公看在眼里，就很奇怪，问他："是不是我给你的俸禄太低啊，你为什么就这样破车劣马上朝呢？"

晏婴说："仰仗君上您的恩赐，我的家室都能安顿，我的朋友都有依靠，生活一切都不错，有这样的破车劣马每天拉着我来上朝，我已经很知足啦！"

齐景公想，这晏婴说的是不是谦辞啊？齐景公专门找了华丽的车马，派一个叫梁丘据的人给晏婴送去。梁丘据把车马送到晏婴府上，晏婴就退回来，再送去，再退回来，往返了好几次。

这时候，齐景公脸上有点挂不住了，就把晏婴找来问："你这是什么意思啊？如果你一定坚持不坐华丽的车马，那不是逼着寡人也不再坐这样的车马了？"

晏婴很诚恳地回答："我们现在世道太平，老百姓衣食富足，但是富足之后，最怕的是他们失去了廉耻之心。光有外在的奢华，是不能够让一个清明世道长久下去的。那些华丽的车马，您可以坐，其他高官也可以坐，只不过我是不想坐，因为国家委我重任，让我下临百官，那么我就要以身作则，不然我怎么能够要求别人清廉呢？我有破车劣马来代步就已经足够了，千万不能因为我的奢华而让百官、百姓失去了廉耻之心。"

齐景公一听，大为感叹。

在中国历史上，晏婴的口碑很好，他的故事流传很广。其实，晏婴就是以他的行为印证了孔子所说的一个朴素的道理——一个执政者自身很正，那么他的政令才会畅达无阻。

我们知道，中国的文人是"学而优则仕"，学习了知识之后，不是拿来炫耀的，而是要为国家、百姓做点事情。中国古代有太多的文人，都只不过是失意的政治家；而太多的政治家，都只不过是得意的文人。中国历史上，文人与政治的关系从来就没有撇清过。

有些历史人物，大家可能觉得他们就是文人，但是其实他们都有过做地方官的经历，曾经治理过一方百姓。比如说，白居易，曾在杭州做官，他修堤，兴水利，让当地整个的经济发展起来，人民非常富足。后来调走的时候，白居易带走了什么呢？他仅仅从天竺山带了薄薄的两片石头，还写了一首诗，诗云："三年为刺史，饮冰复食蘖。唯向天竺山，取得两片石。此抵有千金，无乃伤清白。"

这首诗的意思是说，我在这个地方做了多年的刺史，操心政务，现在要走了，留一点记忆吧，那么就从天竺山上取得两块石头带走吧，这可抵得上千金，千万不要损害我多年为官的清白名声啊。

后来，他又做苏州刺史，临走的时候还是这个习惯，在洞庭湖边又找了两块石头。这两块石头很大，是抬着进府的。白居易将它们洗干净，一块石头做了他的琴架，另一块石头呢，估计是凹陷的，所以用来储酒。你看，琴棋书画，诗酒流连，这是一种文人的做派。

白居易拿得这两块石头，很高兴，写诗说："万古遗水滨，一朝入吾手……回头问双石，能伴老夫否。石虽不能言，许我为三友。"他说："这两块石头啊，多年以来一直被扔在洞庭湖边，而现在到了我的手里。它们虽然不能说话，但陪伴着我，我们三个就像是朋友呢。"白居易就是这样留一方大自然的信物，让自己的心情酝酿其中。

这就是中国知识分子为官时的品格。他希望得到的是什么呢？是清风明月，是一颗恒常之心，是为一方百姓做完实事之后的坦然，而不是要什么珠宝、财富。可以说，儒家思想中的德政理念对中国知识分子的影响非常大。

在《论语》里面，问政的言论还有很多。有一次，学生子张问老师，怎么样去治理这个世道？老师的回答只有八个字："居之无倦，行之以忠。"（《论语·颜渊》）"居之无倦"，一个人在做官的时候，心中不要有任何倦怠之意，要让自己时时是勤勉的，努力的，工作着的；"行之以忠"，你去推行政令的时候，要尽心竭力。你能做到这些，就够了，为政就不难了。

有一次，子路也问为政之道，孔子的回答更简单："先之劳之。"（《论语·子路》）子路问："老师啊，怎样来治理国家呢？"老师说："你要想治理好一方人民，不难啊。老百姓肯定要做点事，对吧？不外乎是修道路、修房屋这些基本建设，大家都挺劳苦吧？那不要紧，你身先士卒，冲在他们前面。这样的话，你就可以让百姓勤劳工作了。"

对于这个回答，子路觉得太简单了。他又问："老师你能不能给我多说点啊？"老师回答时只说了两个字："无倦。"就是坚持这么做，永远不要懈怠。不要因为取得一点政绩就居功自傲，就倦怠下来，而是要保持旺盛的精神，一直前行。

从子路在蒲县的政绩来看，孔子的这个教导对子路的

子路问政。子曰："先之劳之。"请益。曰："无倦。"
——《论语·子路》

119

影响是很大的。

为政要勤勉清廉，要以身作则，这是实践孔子德政理想的具体表现。这样一种表现，在有担当的中国文人的身上屡见不鲜。

前面说了白居易，再说一个文人苏东坡。苏东坡从密州调到徐州做太守的时候，正好赶上洪水泛滥。当时徐州城外的曹村地方决堤，洪水直逼徐州城，形势非常危急，城里富人纷纷出逃。苏东坡亲自坐镇城门，劝说众人："有我在，洪水绝不至于冲垮城池，请大家都回去吧。"大家不再出城，城里百姓的情绪才安定下来。

接着，他又赶紧来到驻在徐州的禁军的军营，对士兵们说，现在请大家一起来为百姓做点事，赶快筑堤保护这座城池。在宋代，禁军直接归皇帝指挥，一般官员是无权调动的，但士兵们看到苏东坡这位父母官不辞辛苦，冲在抗洪第一线，很感动，就全部出动，很快筑起一道大堤，保住了徐州城。

我们现在说起苏东坡，都觉得他是一个卓越的艺术家，是一个大文豪，但其实呢，他跟其他很多著名文人一样，都在儒家德政理想的浸润下，做出过很大政绩。

我们还要说到另一个人，就是东晋的陶侃。陶侃很不容易，他出身寒门，在那个讲究门阀的时代能够一直为官，而且官位不低，完全是靠他自己的道德感召力和卓著的业绩。

陶侃做广州刺史的时候，由于广州还是偏远之地，所以政务清闲。不过，人们看到一件很奇怪的事，就是陶侃每天早晚把上百块砖头一个人搬进、搬出屋子。大家很不理解，问他："这是折腾什么呢？"陶侃说："我正努力要收复中原，现在如果过于安乐悠闲，恐怕到时无法做事，力不胜任。"

陶侃为官一方，不敢有丝毫懈怠，真正体现了儒家为政要勤勉的思想。也正因为他自己为政勤勉，才能严格要求下属，下属也服气。他看到有人喝酒误事，就把酒器全都扔进水中；看到有人赌博误事，就把赌具也全都扔进水中。我们想想，如果是一个只许州官放火、不许百姓点灯的上司，他去严肃纪律，大家会心悦诚服吗？正是由于陶侃自己勤勉，所以在他治理的地方，百姓都勤于农事，家给人足。

陶侃为什么能让人肃然起敬？这是因为他居安思危，自己没有丝毫懈怠之心，做到了孔子所说的"居之无倦，行之以忠"，所以为政顺乎人心。

对于怎样实施德政，《论语》中还有很多具体的方法。比如，有一次，孔子的学生子张跟孔子有一段很长的对话，就谈到有关为政的许多具体内容：

子张问于孔子曰："何如斯可以从政矣？"子曰："尊五美，屏四恶，斯可以从政矣。"

子张曰："何谓五美？"子曰："君子惠而不费，劳而不怨，欲而不贪，泰而不骄，威而不猛。"

子张曰："何谓惠而不费？"子曰："因民之所利而利之，斯不亦惠而不费乎？择可劳而劳之，又谁怨？欲仁而得仁，又焉贪？君子无众寡，无小大，无敢慢，斯不亦泰而不骄乎？君子正其衣冠，尊其瞻视，俨然人望而畏之，斯不亦威而不猛乎？"

子张曰："何谓四恶？"子曰："不教而杀谓之虐；不戒视成谓之暴；慢令致期谓之贼；犹之与人也，出纳之吝谓之有司。"（《论语·尧曰》）

子张去问老师："怎样才可以治理政事呢？"孔子告诉他："只要你尊重五种美德，排除四种恶政，这样就可以治理政事了。"

提倡尊崇好的东西，摒弃坏的东西，政治风气就会好了。子张当然想知道这好的和坏的东西到底是什么。

子张问："什么叫'五美'啊？"孔子给他说了这样五件事，"君子惠而不费，劳而不怨，欲而不贪，泰而不骄，威而不猛"。

什么意思呢？子张听了还是不明白。比如说第一点吧，给人民好处，但又要自己无所耗费，这怎么做得到呢？

孔子详细解释了"五美"。第一点是"惠而不费"，就是一个执政者，要给百姓恩惠，但是又不要过多破费。执掌权柄的人掌握的是国家财政经费，但是他不能老在那做慈善，不能没完没了地给百姓派大红包。如果这样做，浪费了财政经费不说，而且助长了百姓的懒惰之心。

那怎么才能做到"惠而不费"呢？孔子说，只要你在他们能够得到利益的时机和地方去加以引导，让老百姓做对他们自己有利的事情，这不就不用掏国家的腰包了吗？

也就是说，与其给他们钱，不如尽量给他们政策，扶持他们，调动他们的积极性，使大家能够全盘搞活，让他们自己主动去创造财富，得到他们应得的利益，这样你不就不用破费了吗？

第二点是"劳而不怨"。我们今天是一个职业化的时代，大家都有工作在干，就是在一个福利社会中，也不能说让所有的老百姓都歇着不干活吧？一个国家，人民总要劳作，但是如何能够做到"劳而不怨"？就是大家干了活，却欢欢喜喜而没有抱怨？这容易吗？不容易呢。怎么样才能做到呢？

孔子的解释是，你要选准了可劳作的事情或者时机，比如说春耕、秋收，这些事情是大家必须做的，不然没得吃了，所以他们不会有抱怨。再比如说，大家衣食丰足，没有后顾之忧了，这个时候你再让他们去修堤坝，或者去筑路，他们也是可以接受的。但是，如果在他们温饱都没有解决的时候，你逼着他们去服劳役，或者去打仗，那老百姓肯定会有抱怨。这就是说，要做的事情、做事的时间你要挑对了，才能调动老百姓的积极性，让他们劳得其所，愿意这样去付出，就会乐在其中，你说谁还会抱怨呢？

第三点是"欲而不贪"。我们过去有一个误解，认为儒家是教人清心寡欲，没有任何欲望。有人常说，一个人要对这个世界没有任何欲望，他才是一个真君子。其实孔子说的是，人可以有欲望，但不可以贪婪。这是一个客观的陈述，符合人性。一个人如果没有欲望，在生活中可能就会缺乏一些基本的动力，但是这个欲望不能过分，不能欲

> 人可以有欲望，
> 但不可以贪婪。
> ——于丹心语

壑难填，否则就会因贪婪而造成祸害。

那么，一个人有欲而不贪，如何做到呢？孔子说，人是有欲望的，但是要看你的欲望引领你向何方去，如果是指引到仁爱大道上去，你自己要好，也让别人好，那么还贪求什么呢？孔子还说过："己欲立而立人，己欲达而达人。"(《论语·雍也》)自己过得好，同时也要帮别人过得好。

这种概念像什么呢？比如说，大家坐飞机，在起飞之前会听到广播，说我们的头顶上都有氧气面罩，遇到紧急情况会自动脱落，这时空姐会提醒大家，请自己先戴好面罩，再帮助旁边的人。其实，这是一个简单的人际法则。每一个人在遇到危险的时候，先把自己照顾好，这也是尽一份责任，照顾好自己之后就要马上去帮助别人。

儒家早期思想不是专门提倡毫不利己，专门利人，而是说在你自己发展的同时也要去帮助别人。人是有欲望的，但是这个欲望往仁爱之处发展，求仁得仁，又怎么会有贪欲呢？你去引导他的欲望，而不是压制他的欲望，这就够了。这叫"欲而不贪"。

第四点是"泰而不骄"。怎么做到呢？孔子说，在一个真君子的心里，他看别人，不在乎对方人数是多是少，势力是小是大，而是对什么人都尽心竭力，不敢怠慢。比如说，我们做老师的要去讲课，在大学的课堂上，有时候大班上课可能有三四百人，而小班上课可能只有十几二十个人，你不能因为大班人数多，关注度高，这节课你就好好讲，小班人数少，讲起来就不带劲吧？如果你这样做，那么就说明你有傲慢之心。

其实，真正的职业态度应该没有分别之心，不论多寡，不论小大，你都应该专注地去做。难道一个人四五十岁，精通事理，来问你事情，你就重视，而一个十来岁的孩子问你事情，你就可以敷衍吗？如果一个人做到"无众寡，无小大，无敢慢"，那么这就是"泰而不骄"。你的内心从容舒泰，你的外表就不会有一种凌厉骄矜之气。

其实，从另一个角度来讲，那种常常流露出看不起人的神色、有骄矜之气的人，他的内心是最不自信的。他瞧不起他觉得一般的人，但实际上呢，他见到某些他认为比他高一等的人，就会表现出卑微、谄媚的一面。过分的卑微和过分的骄矜会交错出现在同一个人身上，就是因为他内心不自信。一个真正自信的人，他对任何人都会保持着一种舒泰和谦恭的态度，因为他知道恭敬他人就是尊重自己。

第五点是"威而不猛"。真君子他是威严端庄的，但是他并不凶悍。孔子说，一个真君子见人做事，他的衣冠总是整整齐齐，目不斜视，端庄、稳重得使人心生敬畏。

一个人正其衣冠，不见得要华服美饰、绫罗绸缎，只要你干干净净，整整齐齐，眼神中有一种磊落，眉宇间有一种坦然，你对人有一种尊敬，那么别人看见你就会心生敬畏。

这样的敬畏，其实是一种深刻的尊重，并不是惧怕，所以孔子说是"威而不猛"。这种威严，跟你的权势无关，跟你的地位无关，跟你的财富无关，只关乎一个人的品德

君子不需要有一
种外在的凌厉气势，
他很少攻击他人，他
只拓展自己。

——于丹心语

和尊严。这样的君子不需要有一种外在的凌厉气势，他很
少攻击他人，他只拓展自己。

以上这些，就是孔子所说的"五美"。如果你把这五
美都做到了，那么这个社会的风气是不是就会好起来？大
家都在努力工作，但是没有过多的贪欲；大家都蓬勃向上，
内心都是有尊严的，这还不美吗？

子张接着问，老师说的"四恶"又是什么呢？孔子回
答，"四恶"就是"虐""暴""贼"和"吝啬"。

第一，什么是"虐"？孔子说，你不先去教化天下，
不先努力树立良好的社会道德风气，就直接去整顿社会秩
序，把你认为的坏人给杀了，这就是"虐"。为什么呢？因
为你事先没有进行教导，老百姓怎么知道该怎么做呢？他
做了坏事，是你没带好他。但是，你直接就把他杀了，好
不好呢？不好，对他不公平，这是恶政。

第二，什么是"暴"？孔子说，你不提前告诉百姓要
做什么事情，就迫切地要求人们做事要成功，要拿出成
绩，这就是"暴"。为什么呢？因为你急功近利，没有预
先申诫，没有告诉百姓要做什么事，怎么去做，就急着要
抓你的政绩，肯定会出纰漏，这样的话，百姓怎么能不受
苦呢？

大家经常开玩笑说，有人吃三个馒头就能饱了，但是，
他要节省前两个不吃，直接吃第三个馒头，希望这样能饱。
实际上，没有前两个馒头垫底，他吃的永远是第一个。你
没有先对百姓申诫该做什么，该如何做，就想很快出政绩，
就好像那个吃馒头的人一样急功近利。你得给时间让百姓

去准备，告诉他们规范在哪里，该做什么，不该做什么，否则如果只想着你的政绩，那么显然对百姓不好，这就是一种暴行。

第三，什么是"贼"？孔子说，你事先不督促，大家都很懈怠，临到最后，你却突然提出完工日期，逼迫大家赶工期，你这样做是很不负责任的。这样陷别人于不义，就是"贼"。

第四，什么是"吝啬"呢？该给人钱财的时候，不要吝啬；要真正有恩德，就要厚待于人。大家尽心竭力，把事情都做好了，到最后发放钱财的时候，却能少给就少给点吧，能够不给就不给了吧，出手不大方，这就是吝啬啊。孔子说，出手吝啬的人就好像"有司"那样小气。"有司"是古代对具体管事者的称呼，职务卑微。孔子的意思是说，真正治理世道的人，做大政治的人，他出手不应该像一个上不得台面的有司那样小家子气，他一定要兑现诺言，厚待于人。

这段话很长，但是里面讲了很多为政的道理。也许大家对孔子的理想多多少少有些质疑，认为这过分理想化，但是在他的德政理想中，确实有很多细节可以给我们以启发。

我们不能期待一个乌托邦的降临，但我们可以通过自己的点滴努力去建设一个美好的社会。

那么，我们该如何去建设呢？

其实，孔子已经给出了一些具体的答案。

有一次，季康子又向孔子问为政之道。季康子问："使

民敬、忠以劝,如之何?"子曰:"临之以庄,则敬;孝慈,则忠;举善而教不能,则劝。"(《论语·为政》)

季康子问,要想使百姓恭敬有礼、忠贞不贰、勤勉努力,该怎么做呢?孔子回答说,你用庄重的态度对待老百姓,他们就会尊敬你;你对父母孝顺、对子女慈祥,百姓就会尽忠于你;你提拔善良的人,又教导能力弱的人,百姓就会勤勉努力了。在这里,孔子的意思很明白,就是执政者要想让老百姓变好,比如说具有恭敬、忠诚、勤勉等品质,都还得依赖于执政者自身的言行,这是对执政者本身提出了要求。我们看,孔子所说的内容都是一些非常实在的教导,告诉执政者要在一些具体行为层面上努力去做,达到德政的目标。

关于治世之道,孔子还提出了一些今天读来仍觉得很有意味的辩证观点。孔子的学生子夏在莒父县做官,有一次去找老师说,请问老师我要怎么处理政事啊?看来他对于怎么治世还有很多困惑。

孔子这次呢,没有讲怎么做的具体内容,只是说了两条原则:"无欲速,无见小利。欲速,则不达;见小利,则大事不成。"(《论语·子路》)"欲速则不达",这是后世流传非常广泛的习语。

孔子跟学生说了什么原则呢?就是让子夏记住两点:第一,在时间上,不要图快,不要急功近利,不要盲目追求速度;第二,不要被一些小的利益蒙蔽眼睛,失去可持续长远发展的机会。

孔子说:"不要图快,不要贪图小利。图快,反而达不

子夏为莒父宰,问政。子曰:"无欲速,无见小利。欲速,则不达;见小利,则大事不成。"
——《论语·子路》

到目的；贪图小利，就做不成大事。""欲速则不达"，贯穿着深刻的辩证法思想，即手段和目的要注意平衡协调，不可一味图快，追求小利，否则就容易捡芝麻、丢西瓜，坏了大事。

我们知道，短跑运动员靠的是爆发力，长跑运动员靠的是耐久力。一个爆发力特别好的人，他的耐久力可能就比较差，而一个人参加马拉松比赛，从来不会一开始就以百米冲刺的速度冲出去。

政治经济建设的事情，那比马拉松要远大得多啊！如果一开始就冲刺，今天这儿搞一个大工程，明天那儿做一个大庆典，这都不是长远之道。如果被小利蒙蔽，就完成不了大事业。

对我们今天来说，不要求快，不要贪小利，这两条原则非常具有现实意义，不仅对执政者有用，而且对我们一般人而言也有很大的启发。我们在日常的为人处世中，或许都能从这两句话中得到启示。

刚才谈到，执政者的素质如何，对于德政的实施关系很大。具体的事情要靠人做，所以在孔子的德政思想里有一个很重要的方面，就是要举贤任能，要提拔一些能够实现德政理想的人。

《论语》里记载了鲁哀公跟孔子的一次对答，就谈到这个问题。"哀公问曰：'何为则民服？'孔子对曰：'举直错诸枉，则民服；举枉错诸直，则民不服。'"（《论语·为政》）鲁哀公问孔子："要怎样做才能使老百姓服从呢？"孔子直截了当地给了一个答案：如果你把正直善良、品德高尚的人提拔起来，把他们安置在那些邪恶不正的人之上，那么老百姓就服从了。反过来，阿谀奉承、包藏祸心的邪恶小人，一个个都被提拔起来，放在国家的重要岗位上了，他们压制住了那些正直善良的人，那么老百姓就不会服从。就是如此简单。

我们现在看《论语》，有时候你可能会觉得它很不现实，但有时候你就会觉得它说的都是朴素的真理，它穿越了纷繁复杂的历史，把那些简单而有用的道理摆在了我们面前。

在某种程度上来说，政治的真正较量最后都在于你用了什么样的人才。什么人能够去治世呢，有统一的标准吗？对于这个问题，季康子跟孔子曾经有过一番有意思的对话：

> 季康子问："仲由可使从政也与？"子曰："由也果，于从政乎何有？"曰："赐也可使从政也与？"曰："赐也达，于从政乎何有？"曰："求也，可使从政也与？"曰："求也艺，于从政乎何有？"（《论语·雍也》）

有一天，季康子跟孔子谈话，大概是在品评人物的施政才能。季康子特地问到孔子的三个学生。这三个学生都是孔子很喜欢的弟子，分别是子路（仲由）、子贡（端木赐）和冉求。季康子一一问道，可以让子路、子贡和冉求他们治理政事吗？

孔子对自己的弟子很了解，回答说，他们都可以啊。孔子说，子路是一个勇敢、果断的人啊，让他去从政有什么困难呢？子贡这个人学问通达，思想灵活，能够变通，让他去从政又有什么难处啊？冉求也没问题，这个人多才多艺，他去从政，那有什么困难啊？

我们看看孔子这个回答，真叫"不拘一格降人才"，这三个人性格、禀赋、才能多么不同啊，但是一样可以去治理政事。孔子太了解自己的学生了，也了解治理政事所需要的条件，所以才这么肯定地回答季康子。

这三个人，你要是挑他们的缺点，不是没有。比如说，子路有勇无谋，但是孔子说，没问题，这个人有他的优点，因为他勇敢果断，他可以。子贡是一个做生意很精明的人，也有很多毛病，如喜欢议论别人，孔子就曾善意地批评过他，但是孔子说，这个人通达，他很会融会贯通，从政也没问题。冉求多才多艺，如果从批评的眼光来看，可能会说他胸无大志，沉湎于那些技艺，但是孔子说，一个多才多艺的人让他去从政有什么难处啊？

孔子的回答说明，治世需要丰富的心灵，需要不拘一格的人才，每一个人都能够在他所担当的职责上把长项发挥出来，那么他就是最好的。孔子在用人上的这种思想对今天应该启发很大。

那么，什么人能够这样去用人呢？这个人自己应该是胸怀坦荡的人。什么人才是伯乐呢？这个人自己应该心底无私，人格端正。

我们都知道鲍叔牙和管仲的故事，这是中国历史上著

治世需要丰富的心灵，需要不拘一格的人才。
——于丹心语

131

名的故事。他们两人本是好朋友，真正的知己之交。鲍叔牙跟了公子小白做事，而公子小白呢，就是后来有名的齐桓公。小白打败了公子纠，做了齐国的国君，这时鲍叔牙给他推荐了一个人。他说："如果您真要治理好这个国家，真想让国家兴旺发达，为什么你不起用管仲呢？管仲这个人，在宽厚仁慈对待百姓上我不如他，在治理国家不失权柄上我不如他，在指挥打仗军事谋略上我不如他，在制定国家法度礼仪上我也不如他，那么你为什么不请管仲来呢？"

提起管仲，齐桓公可是心有余悸，因为管仲当年就是公子纠的门客，曾经在争斗中一箭射到公子小白的衣带钩上，差点要了小白的命，如今他逃亡在外。如果那时管仲射死了公子小白，如今的齐国国君就应该是公子纠了。这位管仲可是齐桓公的大仇人，怎么能够用他呢？但是，齐桓公听鲍叔牙这么一说，便摒弃前嫌，赶紧把管仲请了回来，让他做了齐相。这管仲虽然早年出身贫寒，但确非等闲之辈，忠心耿耿辅佐齐桓公治理齐国，结果，齐桓公做了天下霸主，"九合诸侯，一匡天下"，声威赫赫。

可以说，管仲治齐，虽然有鲍叔牙的推荐之功，但若非齐桓公有容忍大度的襟怀，那绝对没有管仲发挥的机会。

齐桓公与管仲的故事，跟后世李世民与魏徵的故事如出一辙。魏徵本是李世民的政敌、太子李建成的手下。李建成死后，李世民同样不计前嫌，任用魏徵，这才有了后来彪炳史册的"贞观之治"。

今天，我们作为一个普通人，也许无心于政务，那么学习讨论《论语》的治世之道，有什么意义呢？

其实，这个问题孔子已经回答了。

有一天，有人问孔子："您怎么不从政呢？"这大概是在鲁定公初年，当时孔子没有做官。孔子是怎么回答的呢？他是这样说的："《书》云：'孝乎！惟孝，友于兄弟，施于有政。'是亦为政，奚其为为政？"（《论语·为政》）

孔子说，《尚书》上有这样一句话，说："孝啊，只有孝顺父母，友爱兄弟，把这种风气影响到政治上去。"这也就是从政了啊，为什么一定要做官才叫参与政治了呢？

孔子的意思是说，我把友爱、孝顺之心推到一切事务上，这就是最大的政治。也就是说，家庭关系、朋友关系，都处理好，才能够谈到整个社会的和顺。如果这样做，整个社会都和谐了，这还不是为政吗？

后来，孔子周游列国，虽然没有得到从政的机会，但是他每到一个国家都知悉这个国家的政事。有一个叫陈亢（字子禽）的人对此很奇怪，问子贡："他老人家一到哪个国家，必然听得到那个国家的政事，这是他求来的呢，还是别人自动告诉他的啊？"

子贡是怎么回答的呢？子贡说："夫子温、良、恭、俭、让以得之。夫子之求之也，其诸异乎人之求之与？"（《论语·学而》）这句话的意思是说，孔子为人温和善良，对人恭敬，行为节俭，而且他整个人散发着一种谦逊的光芒，他就靠着这"温、良、恭、俭、让"做到每到一地就能熟悉当地的政事。这是一种人格力量的延伸，这是一种

或谓孔子曰："子奚不为政？"

子曰："《书》云：'孝乎！惟孝，友于兄弟，施于有政。'是亦为政，奚其为为政？"

——《论语·为政》

子禽问于子贡曰："夫子至于是邦也，必闻其政，求之与？抑与之与？"

子贡曰："夫子温、良、恭、俭、让以得之。夫子之求之也，其诸异乎人之求之与？"

——《论语·学而》

道德的凯旋。当他拥有这些品质的时候，还用得着求着人家问吗？还用得着各个国家的国君自动告诉他有关的政事吗？最后子贡说，我们老师了解政事的方式，或许跟其他人的方式都不一样吧。

也就是说，当一个人呈现出来一种"温、良、恭、俭、让"的姿态，有了这种道德力量的时候，他才能够洞悉真正的治世之道。

上面两段话能够给我们一个启发，人与世界的关系永远是密不可分的。对于世界的感知，对于整个世界的变迁和文明的走向，不一定说非要有一个专门的官职，也不一定非要学会多少权术才能去了解，而是每一个人都可以从一个道德起点出发去感知。

在孔子所处的春秋时期，以德政施行于天下，也许是一个不切实际的幻想，但当整个文明走过两千多年，在我们今天有了法治作为保障的社会中，可能道德的力量比任何一个时代都更能发挥它的功能。

我们站在今天去看古人的教导，虽然没有必要去墨守成规，但还是能够获得很多启发。没有人说孔子在历史上是一个成功的政治家，但这并不妨碍他的德政理想作为温暖的种子延续到我们今天的社会之中。让我们去发展和完善孔子的理想，使我们的生活变得更美好。

忠恕之道

以直报怨，以德报德

忠恕这样的道理，孔子在两千多年前就一以贯之地实行过。

让这样的道理走进我们每个人的心里，简单来说，就是忠诚于自己，善待他人。

以这样的心生活在这个社会，不管这个世界如何纷乱，如何迷茫，我们每一个人都会活得自在一些。

在今天这个时代，我们都面临着一个问题，就是外在的迷惑太多，变化太快。

千变万化里面，有什么东西以不变应万变？自己心里的依据到底在哪儿？今天我们总在说，人的行动是听从心灵指引方向的，但是自己的心又在哪儿呢？这是我们自己老找不到的东西。

其实，我们看看孔子那个时代，就会发现有好多概念是从心灵出发的。孔子讲的人生道理中，有好多字都属于心字旁部首。

有一次，孔子给学生上课。"子曰：'参乎！吾道一以贯之。'曾子曰：'唯。'子出，门人问曰：'何谓也？'曾子曰：'夫子之道，忠恕而已矣。'"（《论语·里仁》）

孔子跟他的学生曾参说："曾参啊，你知道吗，我做

子曰："参乎！吾道一以贯之。"曾子曰："唯。"

子出，门人问曰："何谓也？"曾子曰："夫子之道，忠恕而已矣。"

——《论语·里仁》

人、做事的道理有一个贯彻始终的观念。"曾子心领神会，说："我明白。"孔子出去之后，别的学生就问曾参："老师说的是什么意思，那'一以贯之'的东西到底是什么啊？"曾参给他们解释说："老师这一生，做人、做事最根本的出发点，就是忠和恕两个字。"

我们就会联想到，学生子贡曾经请教老师："您能给我一个字让我终生奉行吗？也就是说，我一辈子就记这一个字，按这个字去生活，有吗？"老师说，如果有这个字，大概就是"恕"字吧！

何为忠，何为恕呢？宋代朱熹对"忠恕"两个字解释得非常好，非常简单。他说："尽己之谓忠，推己之谓恕。"也就是说，尽自己的心是忠，用自己的心推及他人就是恕。有人说："中心为忠，如心为恕。"朱熹也引用了这个看法，并且说这个看法也是说得通的。你看，这两个中国字，写得很有意思吧！

我们想想自己内心的标准，良知在哪里，是非在哪里，自己心里装着的判断是什么？经常对自己提这些问题，并努力做好自己该做的事情，这就是"忠"。

而"恕"呢，就是将他人心比作自己心，自己跟他人做换位思考，这样你就变得宽容了。这就叫"中心为忠，如心为恕"。

但是，这两个字都有一个前提，就是你得知道自己的心在哪儿。

如果我们没了自己的心，那这个世界上我们可比的标准太多了，今天你看一看，你邻居家的生活是一个可以比的标准，广告上的生活又是一个可以比的标准，报纸上关于某一家生活的报道也是一个可以比的标准。也就是说，这个世界上峥嵘万象，诱惑太多，但是自己的心在哪儿呢？

今天，我们不难看见整个外在世界给我们提供的种种参照，但是只有在心灵的坐标真正确立之后，忠恕才是可行的，我们才能像孔子那样找到一生一以贯之的这个根本之道。

有了自己的心以后，由自己心灵出发，抵达他人心灵，这就找着自己跟他人相处的途径了。

怎么做到尽自己的心，怎样对他人恕呢？这就是孔子所说的道理，自己愿意做的事情，帮人家也做到这样，就是"己欲立而立人，己欲达而达人"（《论语·雍也》），而自己不愿意做的事情不要强加于人，就是"己所不欲，勿施于人"（《论语·卫灵公》）。我们想想，这一切都还是依赖于自己心里的判断。

还是这个曾参，他曾经说过："吾日三省吾身：为人谋而不忠乎？与朋友交而不信乎？传不习乎？"（《论语·学而》）曾参说："我每天要多次反省自己的内心。"他都反省什么呢？

第一点就是"为人谋而不忠乎"。每个人都有自己的社会角色、职业身份，你在这个社会上做点事情，去谋一个差事，做一个职业，你做到忠诚了吗？

也许今天会有很多人说，我们已经过了那个忠于君主的时代，我们今天还要提这种"忠"吗？我们不是经常说，

由自己心灵出发，抵达他人心灵，这就找着自己跟他人相处的途径了。

——于丹心语

子贡曰："如有博施于民而能济众，何如？可谓仁乎？"

子曰："何事于仁，必也圣乎！尧舜其犹病诸！夫仁者，己欲立而立人，己欲达而达人。能近取譬，可谓仁之方也已。"

——《论语·雍也》

子贡问曰："有一言而可以终身行之者乎？"

子曰："其恕乎！己所不欲，勿施于人。"

——《论语·卫灵公》

历史上的忠臣很多是愚忠，我们还需要这样的忠臣吗?

其实，我们想一想，"中心为忠"这个概念永不过时，因为真正的忠诚，不是忠诚于外在的一个标准，也不是忠诚于哪一个人、哪一种制度，他忠诚的是内心的道德判断、良知所在。

所以，真正的忠诚是在自己的心里，一个用心去做事的人，才真正可以做到对岗位、对职业有一份忠诚。

我们在工作上做到职业化，那只是底线，但是如果有自己的心灵在的话，可以在工作上面发挥出无限的聪明才智，我们就会做到比职业化更高的境界。

我看到过一个有意思的故事，是关于卖花的。简简单单的一家小花店，店主想招聘一个营业员来卖花。来应聘的是三个小女孩，第一个女孩是专门学园艺出身的毕业生，所以她了解很多专业知识。第二个女孩在别的花店干过很长时间，有很多实践经验。第三个女孩什么都不知道，从来没接触过花卉知识，她就是一个待业的女孩。这花店的主人把三个女孩都留下了，看她们怎么卖花。

第一个女孩因为是学园艺出身，所以她非常专业，只要来了客人，她就要问一下，你给谁送花，是给父母长辈，给同学朋友，还是自己的恋人? 你是选择一个什么纪念日? 那她马上就能给你解释一下花语，每一种花代表什么，几朵花代表什么，花与花相配组合出来的语言是什么。她用自己的专业知识去做，有很多人喜欢她，业绩也不错。

第二个女孩因为长时间卖过花，她会从利润上、从花店的收入上考虑更多，所以她很精细。大家知道，搬运花卉的时候有好多花会折断、损伤，很多花朵也会掉落。这个女孩在插花的时候，总是会拿牙签把断了的花再插到花泥上，这样能节约成本。她插出来的花成活率特别高，特别漂亮，大家看了也很满意。

第三个女孩子既不懂花语，也没有卖花经验，应该说她是一个很不职业化的人。但是，这个女孩子是一个本性特别清纯善良的孩子，所以她看到残花败朵的时候，会舍不得扔掉，不过她不会用牙签把它再插回去，她总是站在花店的门口，早晨看见有上学的小孩，她就会把残破的花一朵一朵放在他们的小手里，晚上看到有散步的老人，她也会捧着一把残花发给他们。每次送花的时候，她都会笑着告诉他们："送人鲜花，手有余香。如果你自己不太喜欢了，还可以再送给别人。"

一星期以后，这个花店的主人决定留下第三个女孩子。

在我们所面对的职业里，有时候专业的技巧，甚至你所筹谋的利润可能都不是最重要的，也就是说，重要的是，有你的心在吗？你是带着一颗心去尽自己的忠诚吗？只有这样的忠诚，才可以真正提升一个职业，带来真正的人性魅力。

其实，卖花是卖一段花的心事，卖花是卖如花的心情，所以第三个女孩从职业资质上讲比前两个人都差，但是她有一颗心在，这就是一种"中心为忠"。

有了这样的忠以后，还需要注意做到什么？每一个人从自己的内心出发，去看待自己和他人的关系，而世界是变化很快的，那么就要求自己的心灵永远有定力，对自己保持一个正确的估价,你的忠诚度才不会降低,这就是《论语》一直说的"君子求诸己,小人求诸人"(《论语·卫灵公》)的意思。

在这个社会上,一天到晚求他人给个机会,给个岗位,提携一下,这样的人不少。不是说这么奔忙的人不好,机遇固然要抓住,但是一个根本的出发点是你要知道自己是什么人。

在这个社会上,一个人总会有被人误会的时候,总会有怀才不遇的时候,中国历史上多少文人的感慨就是生不逢时、没有得遇明君贤主啊,在这个时候,人的内心是容易动摇的。这个时候,你要看清自己的心。你觉得我对于自己生命的这份忠诚有人了解吗?我的这份忠诚能够嫁接到社会上,进入一个职业岗位吗?这时候,内心是惶惑的。做一个"求诸己"的君子,很不容易。

但是,《论语》里一直在提倡:"君子病无能焉,不病人之不己知也。"(《论语·卫灵公》)真正的君子,他心中所想的是担心自己没本事,从不担心别人不了解自己。

这话还有一种表述,就是:"不患无位,患所以立;不患莫己知,求为可知也。"(《论语·里仁》)不要发愁现在社会上没有让你去尽忠的那个职位,真正要发愁的是你自己有安身立命的本事吗?如果有了这个本事的话,早晚有你的位子。也不要发愁现在没有人了解你,真正要发愁的是,你有什么资本让别人真正了解你啊?你得去追求值得让别人了解你的本领。

但是,你先问问自己,你自己的内心真正建设好了,做好这个准备了吗？人们对自己的判断，有时候很容易在妄自尊大和妄自菲薄这两端之间游移不定。

我们老在说别人不了解自己，老抱怨世界上没有伯乐，其实又有几个人真正了解自己的价值？一个人到底有多大价值？

有一个年轻的弟子去问一位大禅师，他说："求你指给我一条光明的人生路吧。你说说我的人生到底能有多大价值？"

这个大禅师淡淡地问他："你说一斤米有多大价值？"

年轻人愣住了，只听到禅师说："一斤米，如果在农妇眼里，它就是两三碗米饭而已。在一个卖米的农民眼里，它就值一块钱而已。如果这一斤米到了一个包粽子的人手里，他稍微加加工卖出去，就值三块钱。它到了一个做饼干的商人手里，再加加工，这一斤米就值五块钱。如果它到了一个做味精的人手里，提炼提炼，这斤米就能够产生出八块钱的价值。它到了一个酿酒的人手里，他用这个米酿出酒来，这一斤米就可能产生四十块钱的价值。但是，这还都不是边，这一斤米的价值还可以再开发下去。不过，米还是那一斤米。你明白了吗？"

其实，禅师讲的就是该如何看待人生的价值。每个人来到这个世界上，同样进入社会，我们人人手里都有自己生命的"一斤米"，我们是把自己的生命做一两碗米饭，还是让自己的生命去酿酒，去提炼加工？如何选择你的做法，这个权力不在别人手里，而在你自己手里。那么，我们还会害怕别人不了解自己吗？其实是你自己不了解自己。我们说，安顿好自己的内心，实际上就是在内心开发和确认好自己的价值。

我们以前说过，孔子认为真君子无非就是不忧不惧。一个人没有那么多忧思和恐惧，是因为他先把自己的心安顿好了，他知道自己的价值何在。

有一个故事说得很好。一个年轻人问一个老者："这一片无垠的沙滩上，小沙粒就有这么多，我就像沧海一粟一样，我怎么样才能够显示出自己的价值？"

老人捡了一粒沙子，说："你觉得这就是你吧。我一撒手掉在沙滩上，你还能给我找着吗？"年轻人说，那当然找不着，满沙滩都是沙子。

老人又从怀里掏出一颗珍珠，啪嗒一声掉在地上，说："你能给我把这个捡起来吗？"年轻人说，那当然可以，因为不同啊。他就捡起来了。

老人说："那你就明白了吧。你怎么就不能让自己先做成一颗珍珠呢？如果这样，你还怕别人捡不起你来吗？"

其实，这些故事告诉我们一点，就是《论语》里面所说的一个道理："人不知而不愠，不亦君子乎？"（《论语·学而》）别人不了解你，你就一定要暴跳如雷吗？一定要着急辩解吗？一定要向世界证明吗？别人不了解你，你也不愤怒，这才是君子的情怀。

孔子自己是怎么做的呢？孔子说："不怨天，不尤人。下学而上达。知我者其天乎！"（《论语·宪问》）不怨恨天，也不责备人，自己通过具体的学习，去了解很高深的道理。知道我的，恐怕只有天吧。一切都从自己的生命中寻找建立的依据，而不要动不动就抱怨这是老天不给我机会，这是别人挡了我的路，这才是我们应该有的态度。

真做到"不怨天，不尤人"，那是很不容易的。也就是说，不在外在的客观环境上寻找理由，而在内心建立起自我估价的标准。这就是一颗心的价值所在，只要有这样的一颗心，建立起自我的判断，这种忠诚跟着就有了。

我想，在今天这个时代，我们面对的机遇越多，世界越辽阔，我们的忠诚就应该越坚定，越朴素。这就要我们从自己对生命的忠诚开始，抵达对社会、对职业、对他人的忠诚。如果对自己的生命都缺乏一份忠诚，那么我们的"中心为忠"，其根本又立在哪里呢？

其实，儒家的经典就是教给我们通过自省而认知自己，找到生命的价值。

有很多人知道自己不好，看见了自己的过错，但是文过饰非，所以孔子就感慨："已矣乎！吾未见能见其过而内自讼者也。"（《论语·公冶长》）算了吧，我还真没见着看到自己错了，就认认真真反躬自省，去检讨自己有什么不足的人呢！

也就是说，看到一件事情自己做错了，或者能力不及，我们总是追悔，然后竭力想为自己掩饰，想让自己心里好受一点，所以就说，哎呀，这是偶然的一个事故，如果不是谁偶然进来了，或者谁给我捣乱了，谁工作上失误了，怎么会导致这样呢。我们总是不自觉地把责任推到别人身上，我们总是缺少"内自讼"的能力。实际上，我们的内心需要保持深刻的、理性的、不推卸责任的检讨。

我曾经看到一些管理学图书中介绍说，现在国际上有一些大公司，在一周五天的工作日里面，会专门定一天为"无借口日"。让你五天都不找借口很难，但是一定要有一天，不管出了什么样的闪失，你都不要找借口。从这一天开始，培养一种良好的职业习惯。

其实，这样的习惯成了自然，也就达到了孔子所说的那个境界："躬自厚而薄责于人，则远怨矣。"（《论语·卫灵公》）一个人多责备自己而少责备别人，那么怨恨自然就不会来了。时时检讨自己，保持头脑清醒，对别人的责怪就少了，这样就会远离别人的抱怨。

有一句俗语说，这个世界上哪个不议论人，哪个又不被人议论？大家都会在私下里议论是非，说长道短。孔子的学生里面就有这样的，比如说子贡，"子贡方人。"（《论语·宪问》）什么叫"方人"？就是议论别人短长。

他的老师孔子针对他，就说了一句话："赐也，贤乎哉？夫我则不暇。"（《论语·宪问》）老师说："赐啊，难道你就已经很贤良了吗？你已经贤到这个份儿上，可以去评论他人的短长了吗？你老师我可没有闲工夫去评论别人啊。"

孔子的这句话多少有一点责备的意思。你子贡真的贤成这样，能说别人的不是了，可是你自己真的就这么完美了吗？这句话也是我们每个人可以问问自己的。我们可能都没有达到七十二贤人的境界，我们的眼睛往往只会盯着别人的短处，似乎看别人的短处就反衬了自己的长处，议论他人不幸的时候，自己的幸福感就得到了满足和延伸。

子曰："躬自厚而薄责于人，则远怨矣。"
——《论语·卫灵公》

有时候我们议论他人的不幸，往往不是抱着沉痛的悲悯，而是在这种议论之中，让自己的内心得到一种自足的宣泄。这样的动机善良吗？我们总在说，谁今天又失败了，谁多不好啊，言外之意就是：你看看，我就比他强多了。这就可能远离了孔子所说的"恕"道。

由忠到恕，由自己的心推及他人的心，无非就是一个将心比心的过程。你希望别人在背后议论你的短长吗？所以，真正的"忠"，是从自己内心的一种态度出发，表现到外在，再推及他人，达到真正的"恕"。

樊迟曾经去问老师，什么叫作"仁"呢？老师回答他说："居处恭，执事敬，与人忠。虽之夷狄，不可弃也。"（《论语·子路》）老师提了三个标准。

第一是"居处恭"，平时居家过日子，自己闲待着的时候，也要保持着一种恭恭敬敬接人待物的礼仪风格。

第二是"执事敬"，每做一件事，不管是大是小，内心保持着认真敬重的态度，把事情做好。

第三是"与人忠"，跟人打交道的过程中，以忠信作为根本，诚心诚意。这三个标准，"虽之夷狄，不可弃也"，就算是在蛮荒的、不开化的地方，也是不可以放弃的。老师说，这就做到仁爱了。

我们看一看，"恭""敬""忠"这三个字是一种什么关系呢？人实际上是内敬而外恭，然后与人交往有忠信。我们今天老提倡要恭恭敬敬地对人，但是如果内心没有"敬"，外在的"恭"是做不出来的。"敬"是一种态度，"恭"是一种行为，内敬而外恭，然后与人交往才有忠诚可言。

樊迟问仁。子曰："居处恭，执事敬，与人忠。虽之夷狄，不可弃也。"
——《论语·子路》

子贡曰："我不欲人之加诸我也，吾亦欲无加诸人。"

子曰："赐也，非尔所及也。"

——《论语·公冶长》

我们说"如心为恕"，为什么"恕"这一个字可以终身行之呢？我们用自己的心跟他人的心相比，会比出什么呢？

子贡有一次跟老师说："我不欲人之加诸我也，吾亦欲无加诸人。"（《论语·公冶长》）什么意思呢？子贡说："老师啊，我可不愿意别人把他的意志强加在我的身上，当然我自己也不愿意把我的意志强加在别人身上。"这个世界上，大家各自保持着一种尊敬，谁都不要强加于人，这不行吗？

其实，这是我们每个人的想法，但孔子知道现实什么样，所以孔子跟他感叹说："赐也，非尔所及也。"（《论语·公冶长》）

孔子说："子贡啊，这不是你一厢情愿就能够做得到的。"你不想强加于人，但是别人可能也会强加于你，而在某些情况下，你自己不自知的时候也许会强加于人，所以这不是你一厢情愿就能够做到的事情啊。

我们想想，在这个世界上，不要说有很多恶的愿望，为了一己利益去强加于人，形成一种掠夺，就是很多的善意，难道我们不也时常把这些善意强加于人吗？

在自己的亲人之间，朋友之间，我们往往不也是用自己认为美好的东西去要求别人吗？要求别人一定吃什么，要求别人一定穿什么，要求别人以什么样的方式生活。所有这些，也都是强加于人。

为什么"己所不欲，勿施于人"这句话会流传得很广？因为大家都觉得是这么个道理，所以总在提醒自己，但是也总是做不到。"恕"为什么老要提倡，就是因为它好，但是很难做到。这个"恕"字的出发点是将心比心，然后我们才会宽容些。

其实，我们不是说两千多年前所有的道德标准都适用于今天这个社会。我们知道，宽恕是有前提的，我们并不主张毫无原则的宽恕。

那么，在今天我们的生活里，宽恕的前提是什么呢?

我们今天这个社会有两条无形的线，一条是以法律为核心的制度线，它是保底的;另外一条是以伦理为核心的道德线，它是提升的。如果说，有什么样的事情突破了底线，伤害了公民的权利，甚至危及我们的生命，危及我们的尊严，那都要诉诸法律。

但是，在法律这条线之上，能够用道德去解决的，能够让我们说服自己心灵的这个部分，才属于恕道。也就是说，恕道不是无边的，我们永远不要以为恕道能够延伸到法律这条线之下。

在可控范围之内，我们如何宽容? 宽容源自于理解，就是看一看他人的境遇和自己的生活，将心比心。就算是有很多不好的事情不幸发生，某些伤害就摆在那里，我们该怎么做呢? 孔子曾经说过，"以直报怨"(《论语·宪问》)，用一种正直坦荡的态度来处理，让它过去，在最短的时间内让它化解，而不是纠缠不休，以怨报怨。

大家知道，古希腊神话里面有一个大力士赫拉克勒斯。赫拉克勒斯有一次在路上碰到一个小袋子，静静地躺在一条很窄的山路上，挡住了路。他走过去的时候，顺便踢了

宽容源自于理解，就是看一看他人的境遇和自己的生活，将心比心。

——于丹心语

小袋子一脚,想把这路面清出来。没想到踢了一脚,这个小袋子膨胀了一下,变大了,一动不动。赫拉克勒斯生气了,上去又啪啪踢它几脚,却发现这个袋子越踢越大。最后赫拉克勒斯找来一根大棒子,开始打它,打到最后,这个袋子就把这条路给堵死了。

这时候,路边过来一个哲人,跟赫拉克勒斯说:"大力士啊,你不要跟它较劲了。这个袋子的名字叫'仇恨袋'。仇恨袋的原理就是越摩擦越大。当仇恨袋出现在你路上的时候,你置之不理,根本不去碰它,它也就这么大了,不会给你造成更大的障碍。等你逐渐走远了,它就被忘记了。但是,如果你跟它较劲,你越踢它,越打它,仇恨袋就越大,最后封死你的整条道路。"

这是一个古希腊的神话。它对我们来说,有没有意义呢?

我们这一生有太多太多要走的路,有太多太多远大的梦想,仇恨袋就在我们行走的每个路口若隐若现,我们一定要走过去跟它较这个劲吗?

如何做到"恕"?我想,只有在对这个世界真正有体会,知道人生有很多无助与苍凉,对自己内心忠诚真正把握,理解他人的艰辛和自己道路的远大,所有的这一切都做到之后,我们对于怎样去走这条路,才会得出自己的结论。也只有这样,对于人生路上的仇恨袋,我们才会找到更好的应付办法。这个办法,就是恕。

美国有一位心理学家阿尔伯特·艾利斯,提出过一个理论,叫情绪困扰理论。这个理论是说,一个人负面情绪的产生，引起人生巨大的困扰，往往不是因为事件本身，而是因为人的信念。

那么，信念又源自于什么呢？源自于你对事件的判断。但遗憾的是，人们往往从一些片面的判断出发，夸大了负面的因素，你的信念就会有偏差，所以就产生了负面的情绪，进而形成了困扰。也就是说，判断导致信念，信念导致情绪，情绪导致困扰。

在艾利斯这个理论中，并不是事件本身造成了人的困扰。同样的事件，不同的判断会导致不同的情绪投入。

孔子说，忠恕之道，一以贯之。对己对人，都应当是这样。我们想，如果一个人对自己的心都不能宽容的话，那何谈宽容别人呢？你跟自己都较劲，有很多事情过不去，那你看这个世界，肯定处处狭窄。

陈传席 《秋风流泉自在身》（局部）

其实，怎么看待自己的生命，建立自己内心的价值坐标，是你能不能对世界抱有希望和宽容的前提。

有一个故事说得好。有一个人过新年，想买双新鞋，去各个鞋店挑。他是一个完美主义者，觉得这个鞋店的款式不好，那个鞋店的价钱太贵，等到款式、价钱都合适，又没有适合他的号码了，所以挑了一整天，一双好鞋也没挑着。

等到黄昏，他无比郁闷地往家走的时候，迎面过来一个坐轮椅的人。他看着这个人，想，这个人连脚都没有，也就没有挑鞋子的烦恼，用不着去挑鞋了。

想到这里，他突然明白了一个道理，人生还有鞋可挑，是多么幸福的一件事！何必要那么挑剔呢，你总能找到适合自己的鞋子。相比于那些连鞋都没有机会去挑的人，你总归是幸运的。

我们看这个世界，该抱着什么样的态度呢？我们往往在一种片面的情绪里夸大了自己的痛苦，跟那个挑鞋的人一样，一直情绪低落，以为一时挑不着合适的鞋子是多么大的痛苦。我们想想，要对别人实行恕道，对他人、对世界有宽容之心，前提就是放弃这种跟自己的无谓的较劲，要明白自己的心。

很多时候，人们总会看重不曾拥有的东西，奢望拥有那些华而不实的东西，而对眼前拥有的一切不懂得珍惜。

有一个小伙子，跟一个白发苍苍的哲人诉苦："你看我现在很年轻，没有资历，也没有财富，也没有好的职业，我在世界上一无所有，你说我这一辈子的人生多无望啊！"

老人说："你说你没有财富，那么如果现在砍你一根手指头，给你一千块钱，你干吗？"

小伙子说："不干啊。"老人说："给你更多，砍你一根手指头，给你一万块钱。"小伙子说："那我也不干啊。"

老人说："如果让你现在马上变到八十岁，给你一百万呢。"小伙子说："我更不干了。"

老人又说："现在让你马上就死，给你一千万。"小伙子勃然大怒："我都死了，我要那一千万干什么啊？"

老人说："很好，你现在的资产已经有一千万元了。你想想，刚才所说的一切不都没在你身上发生吗？你还如此年轻，这就是你的资本。"

在这个世界上，每一个生命走到今天，走到我们目光相遇的时刻，都是一种值得感恩的机缘。恕道里包含一种深刻的心理，就是感恩之心。我们现在过于匆忙动荡，把太多的东西看作是本分，而不是情分，所以无法感恩。我们知道，一个人如果看到什么都是本分，那就没有感激；如果看到情分更多，那就会有一种珍重之心。

忠恕里面包含感恩之心，这种感恩就是对现在的种种机遇、自己当下的日子、自己身边的人都抱有深深的珍重和淡淡的感怀。这样的心情会让我们对世界更加宽容。

有一次，孔子去了一个地方，叫互乡。"互乡难与言，童子见，门人惑。"（《论语·述而》）这个地方的特点就是人们难以互相沟通，谁去了都很难沟通，偏偏孔子去了以后呢，见了那儿的一个小孩子，还聊得挺高兴。这就引起他的学生很大的不解。

一个人如果看到
什么都是本分，那就
没有感激；如果看到
情分更多，那就会有
一种珍重之心。

——于丹心语

互乡难与言，童子见，门人惑。

子曰："与其进也，不与其退也，唯何甚？人洁己以进，与其洁也，不保其往也。"
——《论语·述而》

　　学生很奇怪，老师你怎么能跟那儿的人沟通，而且跟个孩子聊起来，聊什么啊？孔子说什么呢？他说："与其进也，不与其退也，唯何甚？人洁己以进，与其洁也，不保其往也。"（《论语·述而》）

　　这几句话什么意思呢？"与"，在这儿是肯定、赞许的意思。这个世界上人无完人，固然大家都有缺点，但是也不会有一个浑身上下全是缺点的人，也没有一个地方说那儿的人难沟通，那个地方的人全都冥顽不化，所以你总归能看见一些优点吧。孔子说"与其进也"，就是你多去肯定他身上那些进步的地方，能够往前走一步而符合潮流的东西；"不与其退也"，他身上就算有很多毛病、缺点及退步、落伍的东西，你不肯定他不就完了吗？也就是说，你忽略他退步的那一部分，去肯定他进步的那一部分。

　　孔子还说了三个字："唯何甚？"干吗非得要较真呢？一定要那么苛责吗？一定要做得那么过分吗？你干吗一定抱着挑剔的眼光说这儿不好那儿不对呢？何况一个无知的孩子，你把他批得体无完肤，你就是圣人吗？

　　孔子从不炫耀自己的圣明，但他博雅的情怀会使他对所有人抱有深刻的同情和尊重。孔子说，人都有向上之心，人家改正了错误以求进步，我们要肯定他改正了错误，不要死抓住他的过去不放。人们都希望自己的心是干净的，心是清洁的，这样才好往前走。现在他有向善之心，你就要好好鼓励他，这样他才有未来。你为什么指指点点非要说他过去做过什么，他以往有哪些污点、哪些劣迹一定是洗不干净的呢？孔子说，他那些过去的事情过去就过去了，这叫"不保其往"。

"恕"这一个字行之终身，说出来容易，但具体该怎么做呢？我们说，孔子在好多地方都是这么做的。孔子就是本着这样的态度，在一般人都认为难沟通的地方，而且是跟小孩子，可以沟通得很好。

现在这个社会，人们都住在钢筋水泥的丛林里，一个一个单元，门都关得紧紧的，不像大杂院的时代，大家都嘻嘻哈哈在一起，各家各户干什么大家都知道。现在，每一个人越来越封闭了，人跟人的沟通越来越艰难了。

其实，真正艰难的不是物理意义上的障碍，而是心灵上的藩篱。心灵上的藩篱何在呢？在于我们自己的苛刻和挑剔，在于我们缺少一种推己及人的恕道。如果你老看到别人的不好，你眼神中就隐隐地带着不屑，这样的话，你能够有一种真正的坦率忠诚去面对别人吗？你肯定做不到。

推己及人，人跟人的沟通有时候就是这么简单。

我曾经看到过一个故事。一位大文学家，他匆匆忙忙走在路上，遇到一个老乞丐，在寒风里跟他伸手乞讨。这时他摸遍身上，想掏出点钱来给这个老人，偏偏他那天分文没带。

他看见那个老乞丐一直在瑟瑟寒风里伸着手，就特别内疚地握着老人的手说："兄弟啊，真是对不起你，我今天没带钱。"

那个老乞丐一听这话，精神陡然一振。他看着这个衣冠楚楚的人，说："老哥，你是叫了我一声'兄弟'吗？我已经很知足了，这比你给我什么都高兴。"

其实，我们也许不会以这样的方式在世界上乞讨，但是，实际上我们都隐隐地希望得到一种肯定，希望别人给你这样一种关怀。这是人之常情。有时候，恕道仅仅就是一个真诚的沟通，它真的很简单。你实行了恕道，你就会对很多事情持着乐观的态度，而不是抱着仇恨的态度。

有时候，人生的好机遇可能会被坏心情放走。一个人遇上不好的遭遇，最好也要保持好心情，也许会等到转机。

有一个故事说，一个特别忌妒、特别贪婪的人，有一天他遇到了上帝。上帝说："我给你一个机会，你想要什么我就给你什么，你就开口吧。但是有一个前提，就是我给你一份，同时就给你的邻居两份。"

这个人非常贪婪自私，而且他一直忌妒他的邻居。他先想说："我要田产。"但又一想，我就算要了一千亩，那他们不是就有两千亩了吗？不行。

他想说："我要金钱。"但是又想，我要是要了一千万，他们不是有两千万了吗？还不行。

他想说："要美女。"可是，我要是要了一个，他们不是有了两个吗？那更不行。

他想来想去，就一直处在这种忌妒、仇恨中。

最后，他把这个唯一的机会表达成什么了呢？他咬牙切齿地跟上帝说："那你把我的一只眼睛剜掉吧！"他想，这样的话，他的邻居就要被挖出两个眼珠。

这只是一个假设的故事，但是，它有没有意义呢？我们想想，如果我们真的遇上神话一般千载难逢的机会，首先想到的是完美的建设，还是可怕的复仇？

人生不可能没有磕磕绊绊，不可能不会遇到一些冤家对头，但是我们真的要把一生都用来击打仇恨袋吗？我们真的要把唯一的机会表达为"你剜掉我的一只眼睛"吗？

这个故事听起来很可笑，但是想一想，有时候我们真的就在做这样的事情。不是吗？对于故事里的这个人来说，这个可以允诺他美好一切的机会一旦错过之后就永不再来，可能他的心态就决定了他将拥有的会是新一轮的仇恨、抱怨和遗憾。

什么是恕？就是推自己的心到他人的心，以感恩的情怀在这个世界上共同建设美好生活。这样的话，对别人的过错你就会像孔子那样不苛刻、不挑剔。孔子曾说过："过而不改，是谓过矣。"（《论语·卫灵公》）不小心犯了错误赶紧改了，这还好说；错了以后，文过饰非，拼命地掩饰，就是不改正，错上加错，那就真叫错误了。

孔子又说："（君子）过，则勿惮改。"（《论语·学而》）君子错就错了，千万别怕改。子贡也曾说过："君子之过也，如日月之食焉：过也，人皆见之；更也，人皆仰之。"（《论语·子张》）君子的过错就好比日月之食：你错了，每个人都看得见；你改了，每个人都仰望着你。你的地位和威望不会因为你的过错而动摇，只要你改正了，大家照样尊敬你。

由对自己的忠推及对他人的恕，有时候仅仅在一念之间，需要我们用心去把握。我们说，与他人一份情怀，与自己一份方便；给世界一份温暖，给自己一份宽和。

有一个阿拉伯故事说，两个朋友出门做生意，他们要

> 与他人一份情怀，与自己一份方便；给世界一份温暖，给自己一份宽和。
> ——于丹心语

经过广阔无垠的沙漠、石滩。有一天，两人争执起来了，一个人愤怒地打了另一个人。被打的这个人很郁闷，就在流沙上写了一行字："今天我的朋友打了我。"

两个人又往前走。到了深更半夜，暴风夹着流沙吹来了，他的朋友先醒了，赶紧推醒他说："咱俩赶紧逃生。"两个人跑到了一个温暖安全的地方，躲在一块大石头后面。这个人拿出小刀，在石头上刻了一句话："今天我的朋友救了我。"

他的朋友很奇怪，说："我打你的时候你怎么写在沙子上，我叫了你这么一声你怎么就刻在石头上了？"

这个人说，在这个世界上，我们难免受到伤害，被伤害了就要宣泄一下，不过要写在沙子上，反正风一过，流沙就平了。这些伤害最好被遗忘。但是，别人对你的好，要铭刻在心，刻在石头上，它就永远留在心里。

这个世界上，有过伤害，但也有过很多恩典，我们要以什么样的心去分别面对呢？就看你把哪些写在流沙上，把哪些刻在石头上。

有些人的一生用来铭刻仇恨，所以他很难得到幸福；有些人的一生用来铭刻幸福，所以他的生命充满感恩。

把你的不快、你受到的伤害，写在流沙之上，当作你的宣泄。这样做，难吗？其实不难，就在于你心中的忠恕，在于一念之间。

禅宗有一个故事。有一位老僧在打坐的时候，进来了一个武士。这个武士长途跋涉而来，想要知道天堂和地狱到底在哪里。

他一进来就喊道："老和尚，你告诉我，天堂和地狱到底在哪儿？你睁开眼，赶紧回答我！"

老僧睁开眼睛看了看他，说："你这样一个人，衣衫不整，如此傲慢，如此粗鲁，还配来问这样的问题？"

武士急了，拿出自己的武器，上来要打老僧，手刚刚举起来，老僧告诉他说："明白吗？这就是地狱。"

这个时候，武士突然明白了。他的手停在半空中，看着这个老僧，脸上露出惭愧之色。

这时候，老僧又静静地告诉他说："现在就是天堂了。"

天堂和地狱，就在一念间。

我们想想，天堂和地狱作为一种象征，都隐藏在你的生命里，就看你自己用什么样的方式表露出来。你有忠恕之心，行走于世界之上，也许就会有更多天堂的日子。反之，如果你怨恨，你苛刻，很难想象你能亲近天堂。

忠恕这样的道理，孔夫子在两千多年前就一以贯之地实践过。忠恕，简单来说，就是忠诚于自己，善待他人。以这样的心生活在这个社会，不管这个世界如何纷乱，如何迷茫，我们每一个人都会活得自在一些。

这样的一生，相信就把握在我们自己手里，因为有我们的一颗心在。

天堂和地狱，就在一念间。
——于丹心语

忠恕，简单来说，就是忠诚于自己，善待他人。
——于丹心语

仁爱之道

樊遲問仁
子曰愛人
問知子曰
知人

不足一万六千字的《论语》翻下来，"仁"这一个字前后被提到有一百〇九处。

可以说，仁爱的思想是儒家哲学里基石下的基石，重点中的重点。

那么，究竟什么是仁爱呢？我们怎样去获得仁爱？仁爱，又有着怎样的力量？

不足一万六千字的《论语》翻下来，"仁"这一个字前后被提到有一百〇九处。可以说，仁爱的思想是儒家哲学里基石下的基石，重点中的重点。那么究竟什么是仁爱呢？

说起来很简单，学生问老师孔子："什么是仁？"老师只回答两个字："爱人。"

仁者爱人，就是用一种发自内心的善意去对人好。

"仁"这个字就四画，单立人加一个二，所以有种说法叫作"二人成仁"。什么意思呢？就是仁爱从来不是一个单人的状态、一个自我的状态，孤独的、自我的、封闭的环境下是谈不到仁爱的，仁爱一定是你旁边还有别人，只有在人和人的关系中才能看出是否有仁爱。

一个有仁爱之心的人，就算在他身边的只是一个路人，

仁者爱人，就是用一种发自内心的善意去对人好。

——于丹心语

他的脸色也是温和的，有一种暖意。如果他心中没有仁爱，就算是面对他的父母和孩子，他也经常会跟亲人发生冲突，甚至开口就骂，举手就打。

二人成仁，有仁爱之心，一定会流露在跟别人的态度上。

我想，仁爱首先是一种人格情怀，它应该表现为一种高风亮节，一种胸怀大志的气度。

我们这里说的仁爱，不是妇人之仁，不是那些小恩小爱，而是一种深刻、博雅、有使命、有担当的远大情怀。

曾子曾经说过："士不可以不弘毅，任重而道远。仁以为己任，不亦重乎？死而后已，不亦远乎？"（《论语·泰伯》）作为知识分子，他不可以不刚强而有毅力，因为他肩上的责任太重了，道路太远了。

这个责任是什么呢？就是"仁以为己任"。将实现仁爱于天下作为一个人的生命担当，这还不够重吗？那要做多久呢？"死而后已，不亦远乎"，一息尚存你就要这样做下去，一直到死才算结束，这条路难道还不漫长吗？

以仁爱作为使命，一个人可以完成天下仁爱的担承，实际上这就是中国知识分子的出发点。

子曰："志士仁人，无求生以害仁，有杀身以成仁。"
——《论语·卫灵公》

孔子说："志士仁人，无求生以害仁，有杀身以成仁。"（《论语·卫灵公》）也就是说，仁爱的使命，一代一代传承下来，当落实在一个生命个体的时候，他个人的性命都是不重要的。这样一种博大的仁爱是他最重的使命，在必要的关头他可以杀身以成仁。

我们读古典诗词，经常会读到"捐躯赴国难，视死忽如归"（曹植《白马篇》）这样的句子。也就是说，需要我去大济苍生的时候，我可以舍弃生命，可以做到慷慨赴死，因为那是一种壮烈的死。

当一个人的生命被历史选中的时候，他可以有这样一种大无畏的气概。中国的文人经常写到沙场，写到边塞，表达这种身负重任而无所畏惧的气概。一个人可以在刀光剑影中勇赴国难，这个时候他的生命就会焕发出动人的光彩。这是中国文人的一种精神，也是儒家的一种典型态度。也就是说，仁爱的情怀与使命高于一切。

仁爱不仅仅是一种情怀，它也是人格道德的一种终极追求。在这样的追求之中，有仁爱在心，他就不只是一个一般的君子，而是可以临危受命的真正的君子。曾子曾经说过："可以托六尺之孤，可以寄百里之命，临大节而不可夺也。君子人与？君子人也。"（《论语·泰伯》）六尺之孤，就是指未成年的国君。百里是指方圆百里的国家；百里之命，是指国家的命运。

曾子说，有这样一个人，能够接受三个方面的考验，他就是君子了。哪三个方面？当国家有大难，可以把幼君托付给他，让他陪伴幼君，不仅保护幼君的性命，而且要培养幼君的品德才能，使之能够重整江山大业，这是一个方面；方圆百里的国家在春秋时期已经是大国了，一个大国的国事可以整个委托给他，这是第二个方面；面临生死大关口的时候，这个人不动摇，不屈服，这是第三个方面。这些事情都可以托付的人，这个人算是个君子了吗？曾子斩钉截铁地说，这可真算得上是君子了。

陈传席 《苍茫云海间》（局部）

我们经常说，关键时刻能够挺身而出的英雄，他平时一定是有储备的。英雄行为有时候只在一个瞬间，但是考验的却是他平时的人格。仁爱就是这样一种日常的涵养，在生死危难的关口，使人可以有如此无畏的表现。

我们每个人都会遇到突如其来的考验。一个人如何能做到临大事而不乱，最终能够战胜风险，这一定跟他平时的涵养、陶冶相关。

孔子说："岁寒，然后知松柏之后凋也。"（《论语·子罕》）到了隆冬的天气，你看一看树木的叶子，先是阔叶哗啦啦地掉了，再是比它小一点的叶子掉，最后掉下来的是针叶。

为什么呢？因为在树木中，叶片越大，它对这个世界索取越多，对吧？它需要有沉甸甸的水分、养分，养着一片一片的大叶子，所以到了春夏之际，满目葱茏，阔叶最好看，最风光，最炫目，但是它往往是最先凋落的，因为它需要得太多，它支撑不住自己。比它叶片小点的呢？就随后一点掉落。需求越少，越能挺立枝头，越能顶风冒雪，那就是松柏的叶子，就是我们说的那种针叶，因为就是那么细细的一条叶子。它不需要太多的水分、养分，它不需要索取更多，所以它就能够经得住严冬考验。

为什么中国的文人有"岁寒三友"之说？人们所选择可以象征文人气节的都是这样谦逊的，有自己内在的筋骨，不妥协，但又很平易、简单、索取特少的植物，松柏其实就是这样一个象征物。

人只有经过平时的陶冶，才能够拥有在重大关头经得住考验的气节。首先，仁爱是这样一种大情怀、大胸襟，一种高风亮节，涵养于心。

其次，仁爱也是一种非常具体的行为方式。有了仁爱，这个人举手投足之间都会有所表露，可能在这一方面，也可能在那一方面，点点滴滴，但都以仁爱为根本出发点。

孔子说："有德者必有言，有言者不必有德。仁者必有勇，勇者不必有仁。"（《论语·宪问》）什么意思呢？第一句话是说，一个真正有道德情怀的人，内心是柔软的、丰富的、强大的、博雅的，那么他一定会有很多相应的言辞表达出来，但是你看，一个语言技巧很好、只会夸夸其谈的人，他不一定有道德。

"仁者必有勇，勇者不必有仁。"也就是说，一个真正有仁爱的人，他知道应该如何去实现生命的价值，当然有真正的君子之勇。他是临危不惧的，他的勇气表现为一种阔大的气象。但是，你看那些匹夫，动不动就拔剑相向表现出自己的"义气"，他可以是勇的，却未必是仁的。

从这些表述可以知道，"仁"是一种人格的基础，但"仁"也是我们平时可以看到的点点滴滴的具体行动。

儒家的经典就是这样发人深省，它既给你一个辽阔的境界，同时也给了你到达那个境界的可行之路，一切都在日常点滴之中。

我们说，《论语》有意思，就有意思在它是课堂笔记，有很多问答，把学生的迷惑和探索都呈现出来了。

学生原宪这样问孔子："克、伐、怨、欲不行焉，可以为仁矣？"（《论语·宪问》）什么意思呢？克，表现为一个人好胜、争强，老想超过别人，就是有好胜之心。伐，就是夸口，夸夸其谈，总在那儿说。怨，就是嗔怨，心中有不平事，表现出一种嗔怪、埋怨，总觉得别人不好，世界不公。欲，就是我们内心的贪欲，所谓欲壑难平，自己的欲望太多。学生说，这四样东西都是不好的，如果一个人能把好胜、自夸、怨恨和贪心这四种毛病全都给戒掉了，那他算不算做到仁了呢？

实际上，这样做很难，这个标准已经很高了，但是孔子淡淡地回答说："可以为难矣，仁则吾不知也。"（《论语·宪问》）孔子说："要是这些都做到了，我觉得真不容易，可以说是难能可贵了，至于这是不是就达到了仁的标准，我还是不敢说。"

从这样的说法来看，我们会觉得，"仁"好像离我们挺远的，平常人认为不容易做到的事都做到了，为什么还没达到仁呢？

我们知道，仁无非就是我们跟世界相处的一种状态，它从我们的行为上表现出来了，你克制自己不好的地方，你的心就会平和下来，一旦平和了，仁爱就会流露。

当一个人过分以自我为中心的时候，他又好胜，又夸口，又对别人有那么多埋怨，自己还欲壑难平，他怎么可能去爱别人呢？所以，把这些东西戒掉，首先是让人放低自己的姿态，然后才有可能与人和谐相处。

放低姿态，对于做到"仁"来讲，是一个最基本的态度，所以孔子的回答会那么谨慎。

有一个故事，说一个村子里面有一个盲人，只要是夜晚出来，他走到哪儿别人都知道，因为他有个习惯，夜晚出门一定要打一盏灯笼。村子里的人都习惯于在黑暗中行走，看见有灯笼就知道这个盲人出来了。

后来，有外地来的人看到这件事，就唏嘘感慨，这个盲人的品德太好了，他自己没有光明黑暗之分，但深更半夜出来，他总要操心别人看得见看不见，总要为别人打一盏灯笼，这个人多高尚啊。

这个盲人听后就淡淡地说："因为我是瞎子，我不希望别人撞到我，我打灯笼也是为我自己。"

我们想一想，这不就是一个人行走于这个世界的道理吗？打一盏灯笼，客观上是给别人照亮了路，其实主观上也给自己规避了很多风险。

我们谁敢说，在这个世界上，在这个布满了苍茫景象

你克制自己不好的地方，你的心就会平和下来，一旦平和了，仁爱就会流露。

——于丹心语

的世界上，我们都是明眼人呢？我们都能洞悉一切事项，规避一切风险吗？有时候为了让别人方便，打着灯笼，别人看见路了，躲开了你，你自己的风险也就没有了。

仁爱是什么？

有时候，仁爱是一种身体力行、点点滴滴的行为，它不仅让别人受益，也会让自己有收获。

实际上，孔子也曾经直截了当地告诉人们怎么做才算做到仁爱。"子张问仁于孔子。孔子曰：'能行五者于天下为仁矣。''请问之。'曰：'恭宽信敏惠。恭则不侮，宽则得众，信则人任焉，敏则有功，惠则足以使人。'"（《论语·阳货》）

学生子张问孔子："请老师给我说说怎么能做到仁？"孔子说："能够处处实行五点品德，你就做到仁了。"子张就问："老师讲讲是哪五点？"老师说，恭，宽，信，敏，惠。这样五点，我们一一来说。

第一点就是"恭"，为什么要恭呢？孔子说，"恭则不侮"。这句话大有深意。用现代汉语翻译出来，就是一个人对世界、对他人保持毕恭毕敬的态度，那他就不会轻易招致侮辱。我们想想，是不是这个道理？

人人皆有尊严，我们到这个世界来都希望被尊重，不被误解，不被攻击，不会无端地遭受羞辱，但是怎么做到？有两种方式，一种是自尊心过强，甚至表现为敏感多疑，永远都绷着劲儿，只要有人嘀嘀咕咕，他就觉得是说自己呢；只要有人言语中稍微不留神提到什么，他就问，你影射谁呢？这是一种态度。

还有一种态度，就是对所有人都宽和、恭敬。

我们想想，哪种人更容易保有尊严呢？尊严这东西就是这样，你越拿着它，越看着它，它越脆弱，但是你把它放在心里，表达为一种从容谦和的态度，那么它就存在。

真正的"恭"永远与"敬"相连。也就是说，能够对别人恭的人，他是松弛柔软的。打个比方说，去弓箭店买一把弓，就会看到橱窗里最漂亮的良弓，摆在那里。那张弓永远都是拉开的，拉得满满的，撑在那儿，非常漂亮，剩下的那些弓都在墙上一把一把地挂着，不拉开，当然不漂亮。如果有客人说："老板，我一定要买你橱窗里展示的最好的弓，我就要那个样品，因为就它漂亮，它一直绷在那儿，处在最饱满的状态；那些挂在墙上疲疲沓沓的弓，我不要。"

负责任的老板会悄悄告诉这个人："你别要那个样品了，它天天那么绷着，你真买回去一拉，它顶多能射出四十米；墙上那些弓都很松弛，都那么养着，你用同样那么大力气，它可以射出九十米。"为什么？因为它不老绷着。

我们的生命也是一样，有些人生来就强烈地需要别人的尊重，老要绷出一副完美的姿态，有时候就表现得太有攻击性。这样的人反而容易招致一些攻击，甚至是羞辱，因为他过于挑剔、过于紧张。

我们想想，你走出家门的时候，你在工作团队里，你在对客户的关系上，不能过于紧张，就是你在家里，也不能老紧绷着。比如劳累了一天，晚上进家门，或者是妈妈，或者是太太，在厨房炒菜，看见你回来了，高高兴兴端上一盘菜说："你尝尝今天这菜怎么样？"你可能是很挑剔的人，吃了一口就很不高兴，说："今天这个菜怎么这么咸啊，打死卖盐的了？"你妈妈或太太心里不就咯噔一下？可能她忍住了，端出第二盘菜说："那你尝尝这个。"你又吃一口说："今天这菜炒老了，以后等我进门再炒，别闷在锅里。"这会儿她想端第三盘菜，你瞟一眼就说："这俩菜怎么搭配在一起？这两个不对，炒错了。"

你对每一盘菜都这么挑剔，那么脾气再好的人，就算是你的亲人，最后也只有把围裙一丢，躲起来了，这顿饭你就别吃了。我们想想，这样紧绷着的人，能换来别人对自己的尊重吗？

什么叫"恭则不侮"？凡人凡事，没有功劳还有苦劳，尊重一点别人的辛苦，就会赢来一个很好的局面。同样是这样一餐不完美的饭，如果你进门高高兴兴招呼老人和孩子，一起来吃，说闻见香味了，大家赶紧上桌，其实大家可以吃得很快乐。

我们对世界的态度，也促成了世界对我们的态度。他人的面容永远是我们表情的一面镜子。你和颜悦色，别人对你就笑语春风；你怒目相向，别人对你就怨气冲冲，所以我们想得到善的待遇，就先要以恭敬之心去面对他人。这就叫"恭则不侮"，这是孔子说的第一点。

第二点叫"宽则得众"。恭敬之心，自然会带来宽和的态度。宽可不容易啊，禅诗里面有一句说得好，叫"眼内有尘三界窄，心头无事一床宽"，眼睛要是被一点尘埃蒙

他人的面容永远是我们表情的一面镜子。你和颜悦色，别人对你就笑语春风；你怒目相向，别人对你就怨气冲冲。

——于丹心语

住了，你会觉得在人世间活得很郁闷，但心头要是没有事，坐在一张床上也能觉得天宽地阔。所以，宽与窄跟你现在住的房子是六十平方米还是二百平方米关系不是太大，跟你怎么看待生活则关系很大。

你怎么来对待这个世界呢？同样的生活，不同的解释，境界就大不一样。

有一个故事很有意思，说有一个小镇，德高望重的智者坐在村口，来来往往的人都在跟他打听寻找同样的目标。什么目标呢？就是寻找世界上最好的居住地。

先过来一个人说："我想问问你们小镇适不适合我居住。我原来那个小镇不好，镇上的人都很自私、很狭隘，每一个人都飞短流长，他们都不完美，人人都有缺点。我在那里有无数的磕磕碰碰，周围全都是仇人。我已经住得特别不耐烦了，所以我一定要找一个特别美好的地方，那里的每一个人都是道德君子。"

老人听了听，说："对不起，我们这镇上住的人跟你原来那地方的人一样，你接着往前找吧。"这个人很失望，又急匆匆往前去找。

第二个人过来了，说："我在找一个最好的小镇。我原来那个镇就特好，但我不得已要搬出来。我很怀念原来那个地方，那个镇上的人都温柔善良，大家都很朴实，互相来往。我在那儿，人缘一直都很好，但是现在不得已离开了，我心里面充满眷恋。我就想还找一个那样的地方。"

这老人说："那你找对了，我们镇上的人跟你原来镇上的人一样，你就住这儿吧。"

　　同一个镇子，老人的答案不一样，说明了什么呢？老人是针对寻找的人的不同来分别回答的。你心地善良，所见无不是善人；你心胸狭窄，那么所见也就无不是恶徒了。

　　一个心宽的人，看到的世界一定是宽阔的境界；而一个小心眼儿的人，看到的世界一定是狭窄的天地。

　　比如说，大家一起出去玩儿，到一个旅游点，总会有人觉得这个地方好得不得了，也总会有人觉得这儿差得不得了。同样一个地方，评价会完全不同，这就是宽与不宽。

　　我曾经在一本女性杂志上看见一篇特别好的文章，叫《上帝开着一间美容店》。文章说，女人都怕衰老，都希望自己漂亮，希望青春常驻。告诉你一个秘密，漂亮不漂亮就看你去没去过上帝的美容店。

　　上帝的美容店管什么呢？它不管这个女人穿的衣服是不是很昂贵，但是它让她一定衣着得体；也不管这个女人是不是长得很漂亮，但是它让她脸上经常有微笑，让她待人一定是温和的、优雅的、谦恭的。这个美容店，既给人美容，又教人礼仪。

　　这篇文章最后说，这家上帝的美容店，如果你去得多了，久而久之你就会是一个青春不老的女人。这个说法其实也在印证一个道理，就是你对别人宽和，你会换来世界给你的一个回馈。这个回馈是什么呢？到处都会有朋友，大家都会喜欢你，这就叫作"宽则得众"。也就是说，你所经过的每一座小镇，都是你可以留下来的地方。

　　"恭"和"宽"指的是人的修养，那么仅仅有修养就能够在世界上安身立命吗？我们还得有职业生涯，所以孔子说的第三点叫"信"。

孔子说,"信则人任焉"。就是谁有信用,就会得到更多的任用。用今天的话说,你的职业生涯就宽,老有人给你机会。

我自己在大学教书十几年,对此感受很深。经常有往届的学生回来跟老师聊天,说自己现在在外面的发展,我就很惊讶地发现,现在发展得最好的那些学生、后劲儿最大的学生,往往不是当年的专业尖子。

在大学四年里面,甚至研究生三年里面,一直拿奖学金,排在第一、第二的孩子,一到单位就容易跟人不融合,为什么?恃才傲物啊,觉得我当年是保送上的研究生,你凭什么分配我跟本科生干一样的活啊?不重视我,我就跳槽了。就这样,他可能老跳槽,那么也就无法踏踏实实干好一件工作。

有些学生资质平平,但是为人笃诚守信,他到一个地方就能守住信誉,给一件事就做好,扎扎实实,一步一个脚印,领导就不断给他机会。这样的话,一路走下来,两年三年,也许看不出来,但五年十年,你就会发现,他越干越好。这说明了什么呢?这说明,诚信人品比专业技术要重要得多。这叫"信则人任焉"。

我们知道,学生在走出大学校门的时候,有一部分专业知识就已经过时了,专业知识是需要不断更新的,人品和信誉则永远是人格的基石。

那么,是不是守信誉、笃诚、敬业、苦干、实干就够了?不行,还要有智慧。这就是孔子说的第四点,叫作

"敏则有功"。这句话说得很简单，谁敏锐、敏捷，谁就能够建功立业。

美国曾经有一个穷困潦倒的画家，他到最贫困的时候，已经连买油漆、画布、彩色颜料的钱都没有了，只能靠在街上给人画广告谋生。后来他流落到堪萨斯州，在一座教堂里面给人修补壁画。这个时候，他已经惨到晚上只能住在一个破败的车库里。

那车库里面有一只小耗子。这只小耗子经常吱吱呀呀地在他身边跑来跑去，他很孤独，所以觉得小耗子也是挺好的朋友。

就在这个时候，有一个偶然的机遇就落在他身上。恰好好莱坞要推一部动画片，寻找主创的设计师找到了他。

他就画啊画啊，画了四五稿都推翻了。晚上，他坐在车库里面，咬着画笔，盯着画纸，觉得已经走到穷途末路的时候，那只小老鼠又蹲在他的画案上，两只小眼睛亮晶晶地看着他。他看着这只小耗子，脑子里面突然跳出一个造型，落在笔下，这就是米老鼠。

这个画家，就是后来大名鼎鼎的迪士尼先生。

车库里的一只小耗子成就了这么一位大师，成就了米老鼠这个经典的卡通形象。"敏"是什么？"敏"就是能够抓住无所不在的机遇。

"敏"不仅仅是表现在这样一种敏锐、敏捷上，还表现在一个人对自己生命的自省、对环境的观察上，能够防微杜渐。

有些人有时候对变故和风险都能先有知觉，但是也有

"敏"就是能够抓住无所不在的机遇。
——于丹心语

很多人不敏锐，对变化一无所知。我们知道，很多事情就酝酿在那种渐变之中，先兆往往令人难以察觉。

美国康奈尔大学做过一个著名的实验，就是把反应极其敏捷的青蛙啪的一下扔进一个滚油锅里。这只青蛙能敏捷到什么程度？啪一跳，它就能从油锅里面迅速跳出逃生，不被烫死。

但是，如果把它放在冷水锅里，和它平时待的河水是一样的温度，然后慢慢加温，这只青蛙就在里面待着，毫无知觉。等到变成一锅热水的时候，它已经浑身瘫软没有什么行动能力了；等到成了一锅滚水的时候，这只青蛙就会烫死在里面。

这个实验启发我们，人的"敏"不能仅仅反映在瞬间的应变上，还应该表现在防微杜渐上，对整个日常生活的觉醒之中。

能够一生都保持着这样一种敏感的人，对瞬间的、日常的生活都能保持敏捷的反应，"敏则有功"，他是能够建功立业的。

第五点，叫作"惠"。孔子说，"惠则足以使人"。这句话很像是说给团队领导听的，就是说用宽惠之心面对你所有的下属，你才使唤得动别人。简单来说，就是不但在精神价值上肯定下属，还能在物质利益上与他们分享，那你就能够得忠臣死士。

大家知道，春秋时期楚庄王在位时，楚国国力鼎盛。有一次，楚国王宫中欢歌艳舞的时候，突然间一阵风吹过，火烛全熄。一片黑暗之中，楚庄王听见有一个美人尖叫了一下。

他问怎么了。这个美人说："大臣里面有人调戏我，不过不要紧，我已经把他的帽带子给揪断了，大王只要点上火烛，看谁的帽带子断了，就知道是谁了。"楚庄王没着急点火烛，他让在场的臣子都把帽带子扯断，之后才点上火烛。这样，没有人受到惩罚。

接下来，晋楚两国打起仗来了，在楚国命运面临威胁的时候，有一名臣子拼死战斗，非常英勇，最后使楚国大胜。

楚庄王很奇怪，问这名臣子："我平日里没有给你特别的恩典，你怎么如此出死力呢？"他回答说："我就是那天晚上被美人扯断帽带子的人，当日醉酒失礼，其罪当死，得到大王的宽恕，所以我愿肝脑涂地以报答大王。"

什么叫宽惠之心呢？有时候，你从大局出发，不计较属下的小过，你就会得到更多的拥护。有这样一种心态，你就能够得到一个团队真正的尊重。"惠则足以使人"，有恩惠之心，你就能够带得起这个团队来。

孔子说，恭、宽、信、敏、惠，这五点如果都做得到的话，"仁"就基本上可以做得到了。"仁"真的很难吗？不难。它有时候就是一种行为方式，而这种行为方式会给我们的生活带来一些改变。

一个真正有仁爱之心的人，他可以以此安身立命，所以孔子说："不仁者不可以久处约，不可以长处乐。仁者安仁，知者利仁。"（《论语·里仁》）"约"是指穷困的状态、贫贱的状态。孔子说，一个不仁爱的人不可以长久地居于

子曰："不仁者不可以久处约，不可以长处乐。仁者安仁，知者利仁。"
——《论语·里仁》

贫困中。心里没有仁爱的人，让他长期生活在困顿里，他是待不长的。他内心会烦躁，会看轻自己，会游移，会找不到自己的归属。

但是，如果给他一个很富足安乐的日子，那么应该就很好了吧？孔子接下来的话更大有深意。孔子说，不仁的人也不可以长久地居于安乐中。你真给他一个富贵安康的生活，时间长了也会出事。比如说现在，为什么出现那么多腐败的高级干部啊？这些人算是"长处乐"了吧？也就是说，不仁爱的人给他一个好环境，最后也会腐化堕落，出现危险。

一个缺乏仁爱之心的人，你让他长期穷困不行，你让他长期安乐也不行，那么有了仁有什么好呢？孔子是这样看的："仁者安仁，知（智）者利仁。"也就是说，仁爱的人他的心就安顿在仁爱之中了，实行仁德他就心安，不实行仁德他就心不安；而那些有智慧的人呢，知道仁德对他有长远而巨大的利益，他便实行仁德了。

孟子曾经说过："贫贱不能移，富贵不能淫，威武不能屈，此之谓大丈夫也。"（《孟子·滕文公下》）也就是说，能够"久处约"，也能够"长处乐"，内心安宁坦然，有仁爱做根本，行走于世界，这就是真正的大丈夫。

所以，从孔子到孟子，都告诉我们，仁爱可以作为一个人的安身立命之本。

有了仁爱，你才知道怎么跟人打交道。孔子说："唯仁者能好人，能恶人。"（《论语·里仁》）一个人有了仁爱，并不是要去做好好先生，而是只有这样，他才能够分出来谁是真正的好人，谁是真正的恶人。仁者的是非判断是明确无误的，只有他才能喜欢谁，厌恶谁。

孔子还说过："乡原，德之贼也。"(《论语·阳货》)"乡原"，就是指那些没有是非观念的好好先生。谁都不得罪，你觉得这种人好吗？孔子说，这才是"德之贼"，是败坏道德的人。就是因为有这些经常和稀泥、没有是非标准的人，才纵容了不好事情的发生。

我们不要以为孔子提倡中庸之道、提倡宽容善良就是毫无节制。真正的仁爱一定是有原则的，一定是是非恩怨都分明的，所以能够疾恶如仇的人才是心中有大仁爱的人。这就是有是非的人，这就叫"能好人，能恶人"。有仁爱在心，一个人就不会被表面现象所蒙蔽，而是爱憎分明。

有一次，孔子与学生谈论谁才是刚毅的人。"子曰：'吾未见刚者。'或对曰：'申枨。'子曰：'枨也欲，焉得刚？'"(《论语·公冶长》)

孔子说："我还真没见过刚毅不屈的人。"有一个学生回答："申枨就是这样的人。"孔子就反问了一句："申枨有太多的欲望，他怎么能做到刚毅不屈？"

当一个人在这个世界上贪婪索取的时候，他能有刚毅的人格吗？我们知道一个说法，叫"无欲则刚"。当你没有那么多的欲求，当你不像那么多人要讨更多满足的时候，你的生命才真正强大。当你想着我这个地方要有什么，那个地方要有什么，总在周旋于各种社会关系的时候，总在谄媚阿谀的时候，你哪里有刚毅可言？

仁爱是让一个人可以成就阔大气象的根本依托，那么

真正的仁爱一定是有原则的，一定是是非恩怨都分明的，所以能够疾恶如仇的人才是心中有大仁爱的人。

——于丹心语

这样的东西是怎么得来的呢?

《论语》告诉我们,它是可以通过学习得到的。

孔子和他的学生随时随地都可以讲问传授人生的道理。"樊迟从游于舞雩之下,曰:'敢问崇德,修慝,辨惑。'子曰:'善哉问!先事后得,非崇德与?攻其恶,无攻人之恶,非修慝与?一朝之忿,忘其身,以及其亲,非惑与?'"(《论语·颜渊》)

樊迟跟着老师游于舞雩台下面,大家聊怎么提升个人修养。樊迟问了三件事,第一件事是"崇德",怎么样提高自己的道德修养境界。第二件事是"修慝",怎么样修正自己的邪恶之心。第三件事是"辨惑",怎么样能够给人一双慧眼,让人去伪存真,于迷惑之中有所分辨。

这三件事很难,所以老师感慨,问得好啊。他用了三个反问句,来点拨樊迟。

首先,孔子说:"先事后得,非崇德与?"一个人,遇到任何一件事,都好好地先去做事,把它做到位,做完美了,然后再去考虑自己的名誉、报酬,这叫先事而后得。所有的事你都先尽心去做,然后再想你的所得,这样不就提高自己的道德境界了吗?

这个道理很简单,我们都会用得上。是不是?

孔子又回答第二个问题,怎样做到"修慝"?慝,就是奸邪的意思;修慝就是克服邪念、改正错误。老师说:"攻其恶,无攻人之恶,非修慝与?"这话说得更朴素。

"攻其恶",就是指你自己那些不好的地方,缺点啊,短处啊,你自己认认真真地把它们改掉。但是,在改正过程中你就要时刻反省自己的缺点，别老盯着别人的毛病，"无攻人之恶"，别指指点点说，你看他还不如我呢，他比我干得更差劲。领导一批评，就在那儿嘀咕，你凭什么处分我，那谁还不如我呢。这可不好。孔子说，你先别管别人的缺点，你先改好自己。其实，这就是"见贤思齐焉，见不贤而内自省也"（《论语·里仁》），看见贤人，就作为自己的榜样，但别跟那不贤的人比谁更贤。如果能做到这一点，这不就改正了自己的缺点吗？

最后说第三点，"辨惑"。人为什么会迷惑啊？跟人们一时火起、丧失理性是很有关系的。所以孔子说："一朝之忿，忘其身，以及其亲，非惑与？"他没告诉你怎么辨惑，他先告诉你什么是惑，就是人们出于一时之愤，突然之间火冒三丈，这个时候他是没理性可言的，他连自己是谁都忘了，这个时候觉得性命也可以不要了，为一个误会就可能大打出手。这个时候，按民间的说法，就叫昏了头了，迷了窍了。在火成这样的时候，也不想想自己家里上有老母，下有幼子，就大打出手了，这样做，不仅是忘其身，而且还会连累到自己的亲人，这不就是迷惑吗？

我们想想，一个人如果心里一直有理性的是非判断，就不至于出现这种冲动。所以你看，孔子教的课程很有意思，"子以四教：文，行，忠，信"（《论语·述而》）。孔子用四种内容教育学生：历代文献，社会生活的实践，对待别人的忠心，与人交际的信实。在这里，他就是用平时生活中做人的道理回答学生的疑问，点点滴滴，潜移默化，告诉你怎样去修养一个君子之德。我们说，人们其实可以从点点滴滴中学到仁的品质。

孔子的学生子夏说："博学而笃志，切问而近思，仁在其中矣。"（《论语·子张》）这个学生算是得老师真传了，真明白了。他说，广泛地学习，坚定自己的志向，恳切地发问，而且问的问题别好高骛远，多问一些跟身边生活有关系的事，那么仁德就在这中间了。

也就是说，一个人学习的范围要博大，情怀要宽广，但是思考与行动一定要跟当前现实的问题有关，点点滴滴，朴朴实实。如果把学习、志趣和现实问题结合在一起的话，仁就可以实现了。这是一种远大志向跟朴素行为的结合。

子夏的阐述多好啊！所以我们说，仁爱是可以通过学习而得到提升的一种修养。

我们说，仁爱是一个人发自内心的力量。它能影响别人，也能影响自己。

我们也知道，它可以通过学习得来。

那么，仁爱会给我们自身带来什么呢？

仁爱最终会给我们的生命带来温和、雍容、大气的状态。每个人终其一生，可以点点滴滴地穿越，终究会达到这种状态。

就拿孔子来说，在我们的印象里，他似乎是一个奔走天下、很辛苦操劳的人。但是，他平时的真实状态呢？"子之燕居，申申如也，夭夭如也。"（《论语·述而》）燕居，指家居的时候，一个人闲待着的时候；申申如也，指一个人的容貌是整洁的；夭夭如也，指行动是从容的、舒缓的。孔子闲居在家的时候，容貌整洁，行动温和舒缓，悠

子夏曰："博学而笃志，切问而近思，仁在其中矣。"
——《论语·子张》

闲自在。

你看看，这是一种文雅温和的姿态。孔子平时就是这样的，并不像我们想的那样，永远都是匆忙的、奔波的。由于他是一个恭敬的人，一个宽和的人，他才会带着这样的从容之态。

孔子经常带学生出去，大家一边看风景，一边聊着天，有时候会出现一些有意思的情节。

有一次，孔子带着子路他们走在春天的山谷里，忽然见着几只野鸡。孔子的神色动了一下，野鸡很提防，唰啦啦地飞起来了，在天空盘旋，一会儿觉得人们好像没有什么恶意，又都唰啦啦地落下来了，停在一处。

孔子指着它们说："山梁雌雉，时哉！时哉！"(《论语·乡党》)你看山上这些野鸡，它们都得其时啊，能自由飞翔，自由落下。它们是欢欣的，它们的生命是融合在这个季节里的。

子路更可爱，就像对朋友一样，对它们拱拱手。这些野鸡，又振振翅膀，唰啦啦地飞走了。

这只是《论语》里一个小小的情节描述，但是这样的描述不让我们感觉到欢欣吗？真正的仁人志士，不是那种从书斋到办公室，看起来像是担当天下的重责，永远铁青着脸，穿着职业装的人。

真正有仁爱的人，内心一定有他的亲人，有他的朋友。他热爱山川河流，热爱四时风物，热爱跟别人在一起的欢乐时光，而他那种柔软的情怀，可以无所不在，去感染所有的人。

真正有仁爱的人，他热爱山川河流，热爱四时风物，热爱跟别人在一起的欢乐时光。

——于丹心语

这样的情怀，也会表现在他的面貌上。孔子看上去是一个什么样的人呢？学生说，"子温而厉，威而不猛，恭而安"（《论语·述而》）。你看，孔子的面容，永远都是温良的，但是他的内心呢？有他的严厉在。你看他，不怒而威，这个人自有他的威严，但是，他不会对人有攻击性。他对人很恭敬，他的恭敬来自内心的安宁。

你看一个人，他的仪态、举止都透露出这样一种内心的力量，流露出从容气度，这样的状态难道不美好吗？

也许，我们不是每个人都能面临着三军可夺帅、匹夫不可夺志那样的一些大节关头。但是，我们每个人都面对着生命的流逝，在时光流逝之中，我们难免会感伤，我们每个人都可能被这个世界所改变。所以，生存在这个世界上，我们都要对生命保持一种谨慎、一种尊重，不断完善它。

有一个很简单的理论，叫破窗理论。如果两辆车摆在同一个车库，一模一样，同一天出厂，但有一辆车的窗户被打破了，那你过十天、二十天、一个月、三个月，你去看吧，那个破了窗户的车就越来越破，老有人把别的地儿弄坏，不是车门给磕了，就是轮胎被刺了，而好车会一直是好的。

破窗户理论说的是什么呢？就是指人们行为的一种指向性。人们会觉得破了的东西会越来越破下去，而好的东西会一直保持完好。仁爱是什么呢？仁爱是我们在这个世界上所需要保持的一种良好状态。如果不小心把哪儿磕碰坏了，那就得赶紧补起来，不要让自己的生命中留着一扇

在这个世界上，我们都要对生命保持一种谨慎、一种尊重，不断完善它。
——于丹心语

破窗户。留着破窗户，就会破罐子破摔，就会越来越破。

仁爱是带在人们身上一成不变的品德吗？是不是一旦有了仁爱，就万事大吉了呢？

不是这样的。仁爱是一种不断的积累，它需要我们自身的时时呵护。人在生命流光的陶冶之下，如何时时呵护仁爱，会决定我们跟世界之间建立什么样的关系。

孔子有时也很伤感啊："子在川上，曰：'逝者如斯夫！不舍昼夜。'"（《论语·子罕》）我们谁能逃得过年华的流逝？朱熹在《论语集注》里说："天地之化，往者过，来者续，无一息之停，乃道体之本然也。然其可指而易见者，莫如川流。故于此发以示人，欲学者时时省察，而无毫发之间断也。"

朱熹说，为什么孔子要说"逝者如斯夫！不舍昼夜"呢？就是用天地自然不停的变化来比喻人生，人生那些过往的已经过去了，而新来的又过来了，没有一刻停过，这是道体的本来面貌啊；孔子用河水奔流来比喻它，非常明白，就是要提醒人们要时时省察，不可间断。这就像李白所说："弃我去者，昨日之日不可留，乱我心者，今日之日多烦忧。"（李白《宣州谢朓楼饯别校书叔云》）我们总是这样迎来送往，活在似水流年之中，那我们以什么样的态度去面对呢？

孔子曾经跟子路说："别人问你老师是什么人，你为什么不告诉他，说我是一个发愤忘食、乐而忘忧、不知老之将至的人呢？"我在我该做的事情上发愤努力，连吃饭都可以忘掉，但是我的生命状态是乐而忘忧的。人为什么老

子在川上，曰："逝者如斯夫！不舍昼夜。"
——《论语·子罕》

让那么多忧思缭绕萦回于心呢？人不能活得快乐从容一点吗？如果快乐从容地面对似水年华，那我是不晓得衰老会要到来的。

当然，在今天，我们都有严格的上班时间，有自己的职业生活，不能像孔子那样满世界游学，又怎么能做到他那样乐而忘忧呢？

孔子又有这样一句话："知之者不如好之者，好之者不如乐之者。"（《论语·雍也》）也就是说，我们这一辈子总要选择做点事，但是这里面有三个不同的层次。你可以看看自己在哪个层次上。

首先是"知之者"，对你的职业、行业，你有了解。这容易，现在去读一个专业，拿一个文凭，考一个资格证，这都算"知之者"。这是第一级，你能掌握技能。

比这高一个层次的叫"好之者"，就是你真正热爱它，你愿意把自己的生命投入其中，你愿意废寝忘食，把自己连工作之外的休闲时间也都投入进去。这样的人呢，固然在这个事业中可以完整地去实现自己，但是这种投入未免太过沉重。你可能会忘记这个世界的风花雪月，你可能牺牲了很多跟家人共度的时光。这个境界还不是最高的。

最高的境界，叫"乐之者"，就是在这样的一个事业投入过程之中，你感觉到生命被提升的大欢乐。也就是在这里面，你的心是舒展的，你是被成全的。你享受这个过程，你不仅创造事业，而且创造自己。

其实，一提到仁爱，不是说我们就要去杀身成仁。那只是指极端状况之下的选择。在这个世界上，如果苦难没有来临，人没必要刻意去寻找；但是在苦难来临的时候，人可以坦然不畏惧。

在我们的日常生活里，仁爱之心就是让我们拥有这样一种跟世界的关系，既不是对抗，也不是妥协，而是让自己跟世界融洽在一起。

就像那个著名的寓言，同样的一锅沸水，你投进去三样东西会产生三种不同的结果。扔进去一个生鸡蛋，鸡蛋里面是流质的，煮啊煮啊，捞出来，最后生鸡蛋变成硬的了。这是一种状态，柔软的心被世界磨砺得粗糙僵硬，最后变得毫无知觉，很迟钝了。

第二种，是把一根坚硬的胡萝卜扔进去，煮啊煮啊，最后捞出来的是软沓沓的熟萝卜。这是第二种状态，人心原来是刚强的、青涩的、有梦想的，最后妥协了，化在热水里，失去自我了。

第三种，是把茶叶投进去，茶叶在滚水之中煮啊煮啊，最后水也不是水了，茶叶也不是茶叶了，而成了一锅茶水，你跟世界之间生成一种全新的价值。

什么是仁爱呢？仁爱就是改变我们生命的状态，以欢乐的信念去面对世界，在世界跟自我之间建立一种和谐的关系。需要为社会、为国家去承担使命的时候，临大节而不亏；而在生活常态之中则保持我们的欢愉。这样的态度，我们每个人都应能做到。

孔子曾经说："仁远乎哉？我欲仁，斯仁至矣。"（《论语·述而》）他说："仁爱离我远吗？我想要做到仁爱的时候，念头一动，仁爱就来到我的心中了，我的心中就被仁爱

仁爱就是改变我们生命的状态，以欢乐的信念去面对世界，在世界跟自我之间建立一种和谐的关系。
——于丹心语

充满了。"

　　这样一句话是孔子越过两千多年的流光说给我们这些后人听的。我希望，就在今天，就在此刻，让我们每一颗心对自己说："仁远乎哉？我欲仁，斯仁至矣。"

　　当你真正相信了这件事的时候，仁爱就在这一刻来到我们生命之中；我们被仁爱充满，我们自己跟这个世界就会变得更好。

附录一 ｜ 本色于丹

张越：观众朋友们好，欢迎大家光临《百家讲坛》。今天我们将对话于丹。欢迎于丹教授。

于丹：你好，张越。

张越：你好。去年春节你就在这儿开讲《〈庄子〉心得》？

于丹：对。

张越：事隔一年，今年春节再开讲《〈论语〉感悟》。和去年比，你觉得你自己在心情上有什么变化吗？

于丹：变化太大了。其实，这次还不只是和去年春节讲《〈庄子〉心得》相比。这次还是在讲《论语》的解读嘛，那跟 2006 年 10 月播出的《〈论语〉心得》相比，心情真的有很大变化了。这次再讲《论语》，当我走进国宏宾馆旋转门的时候，心头百感交集。

第一次讲的时候是什么心情呢？我给你讲一个故事吧。我曾经看到一个故事说，大概在二百多年前，有一个数学系的大学生，不到二十岁的小伙子，他很聪明，学习也很用功，老师就给他吃偏饭，每天给他多留三道题，让他回去自己做。这孩子就天天习以为常地做题。

有一天，他把三道题做完以后发现书里头还夹着一张小条，也是一道题，只许用直尺和圆规做出一个正十七边形来。他想，这大概是老师多给他留了一道题。他就开始做题。

这道题挺难的，他整整熬了一夜，直到天亮才做出来。他就拿着作业，晃荡晃荡地回学校交卷。他把作业往老师那儿一放，老师一看就开始哆嗦，问他，这题是你自己做出来的吗？

他说，是啊，这题挺难做的，我花了一宿。老师说，这道题是一道两千多年前的题啊，阿基米德没做出来，牛顿也没做出来，我最大的梦想就是这辈子把它做出来，所以我走到哪儿都在书里夹着这张纸条，但我到现在也没做出来。我不小心把它掉到你那儿了，你居然把它做出来了。

老师一说完，这个学生就快被吓哭了。学生说，要是老师告诉我这是一道两千多年来都没做出来的题，那我肯定也做不出来。

这个学生就是后来被称为数学王子的高斯，高斯也是因为这道题而一举成名。

我当然没有高斯那个才华，但是我觉得，当时万卫老师扔给我这张纸条，让我讲《论语》，我确实不知道这是什么样的一道题，不然我肯定不敢拿。我想我第一次开讲，有一半因素是被万卫老师蒙来的。我跟他熟，跟《百家讲坛》也熟，他就跟我说，现在有不少备选的主讲人要来《百家讲坛》讲《论语》，你不是教传媒的吗？以前也老来这儿跟我们聊天，对我们的节目有很多建设性意见，对很多主讲人的讲法都有自己的看法，那你也来录一下，录完后我给有关主讲人看看，我们大家一起商量一下这个东西怎么讲能更有点意思。

我记得当时我从学校就来了，穿着现在到处都能看得见的绿条西服那一身。那是我上班时的衣服，里面穿着一个白背心。我上讲台的时候，导播对我说，你背心上有银色的花，反光。

我说，那怎么办？我没带别的衣服。你看我现在上《百家讲坛》拎的那个包，一般都装着好几身衣服。但是那时候我不知道，没衣服可换，最后大家给我出主意说，你那背心能翻过来穿吗？当时我想，不就是录一个样片吗？《百家讲坛》都是这么录的，先录样片。我也没多想，就把背心反穿了。最后正式播出的《〈论语〉心得》里，我那背心是翻着穿的，把背面穿前面了，因为前面有花。

我一上来开口就说，哗啦啦讲完了一节内容。大家非常鼓励我，我说完之后大家都鼓掌，问，于老师，你下次还来吗？

这时，我就清楚地听见万老师在导播台上说，来，于老师接下来就讲《论语》了。我直到那个时候才算是正式接到通知，让我讲《论语》。

张越：今天现场的叔叔阿姨，有前年"十一"期间在这儿听她讲《〈论语〉心得》的吗？哦，有。阿姨，于丹她现在的样子跟上次比差别大吗？

观众：我觉得还可以。

观众：我觉得于丹老师在这儿讲课肯定跟在大学里讲课不一样。对我们这些老头、老太太来说，于丹老师讲的东西我们听着挺新鲜。现在于老师比原来讲得更成熟、更老练了。

张越：跟您第一次听她讲《论语》比，您觉得她有什么跟以前不一样的地方？

观众：没看出来。

张越：显而易见的一个事实都没看出来啊？一年半以前她脸上没疙瘩，今天脸上可是起疙瘩了。

于丹：对。

张越：这说明了什么？不是说明中央电视台的化妆品不好，而是说明于丹老师精神压力很大，休息不够，是不是？

于丹：对，有这个原因。

张越：是不是这次再讲《论语》比上次的压力大得多了？

于丹：这一次，用《论语》里的一句话说，叫"临事而惧"。

张越：害怕了。

于丹：真是懂得害怕了。因为第一次讲《论语》的时候，没想过要讲第二次，我就随手把好讲的内容差不多都讲完了，这一回再来七讲，发现剩下的都不大好讲，压力很大。应该说，这一次我准备得比第一次更认真、更细致，内在的逻辑性更强，材料更丰富。

张越：你怕到什么程度？你唠叨吗？怕的时候。

于丹：不唠叨，我从小就不唠叨。

张越：你不跟周围人说，吓死我了，吓死我了？

于丹：没有。我是独生女，我也没上过幼儿园，没人可唠叨，养成了不唠叨的习惯。但是，我写日记，自己跟日记本唠叨。

其实，刚才这位阿姨说得挺对的，就是我周围的人，我的同事、朋友，也不大能看出来我有怎么样的变化。我不是有事就要找人唠叨的人，我觉得我长这么大，太多的事情都是发乎心，止乎心，很多东西只有我自己清楚。

好在我一直写日记，有日记在见证我自己是怎么变化的。讲《〈论语〉感悟》，我自己也很矛盾。从我自己的状态上来讲，我觉得压力很大，不太想再讲，但是从另一个方面来看，第一次讲得很不系统，《论语》中有太多重要的东西还没有讲到。比如说，这次讲了孝敬之道，第一次完全没有讲过这个；又讲了忠恕之道，这是儒家一个很核心的思想理念；还有讲仁爱之道和诚信之道，我想，这些都属于我们今天社会里面的一些核心价值，应该从经典中把它们梳理出来。所以，最后我就决定接着讲《论语》了。

张越：你说你"临事而惧"，惧什么啊？

于丹：这种"惧"，我觉得有很多方面。第一个方面，再讲《论语》是一种责任。第二个方面，这次开讲对自己是一个巨大的挑战。第三个方面，就是我也惧现在的这种生活状态。在讲《〈论语〉心得》之前，我就是一个很安静的大学老师。张越你认识我的时候，我都是在中央电视台讲电视传媒。

张越：对，在开策划会的时候。

于丹：我已经讲了十多年的电视传媒，这是我的专业。但是，现在各个地方请我的人都是让我去讲国学，讲孔子，讲庄子。这些内容都是我喜欢的，但是如果让我不停地讲这个，我内心也有惧怕，因为人的时间、精力就是那么多，我一直讲这些，那我的专业又该怎么办呢？毕竟我还要给学生上课，我自己还要再进修，那么时间上就会越来越冲突。在我内心，所有这些都是惧的理由。

张越：听到你惧，我倒挺安慰的。我做电视做了十多年，每次录节目之前都特别害怕。我以为别人都不害怕。我终于发现，大家都以为于丹不害怕，其实她也害怕，我算踏实了。

于丹：有太多人认为张越从来不知道害怕，你看你笑得多有迷惑性啊！现在说起来，我们都害怕，是吧？

张越：吓得后背都湿了。

于丹：那是你穿多了。

张越："知者不惑，仁者不忧，勇者不惧。"（《论语·子罕》）这是圣人之道，但是其实我们还是会惧的。

于丹:对。不过,孔子说到"临事而惧"这四个字的时候,后面还有四个字,叫作"好谋而成"。也就是说,你遇到一件事,有点害怕,说明你心里在乎,你认真对待了,但不能怕得连这事都不做了。你要好好用你的智慧,全心投入,认真谋划,最后把它做成了。由"惧"而到"成",这个"惧"才有价值。如果"惧"到放弃,它就没有任何意义了。

张越:2006 年"十一"期间你第一次开讲《〈论语〉心得》,那时你觉得这有可能引发一场全国范围的国学热吗?

于丹:当时我以为只是帮万卫老师一个忙。今天想起来,开讲《〈论语〉心得》这件事对我来说有一点喜剧色彩。后来弄成这么大的一件事,我真是没有想到。

我们这个组的主编王咏琴老师曾经私底下给我透露了一个秘密的故事。当时台里决定讲《论语》,让她编《〈论语〉心得》节目,万卫老师宽慰她说,没关系,反正经典必须得讲,这就算是上面加一个任务,如果这个节目做完后反响不好,不会追究你们的责任。你想,万卫老师跟我熟,让我讲一个我就讲一个,当时我就反穿背心上台讲。万卫老师没当回事,还跟王咏琴老师说做不好没事。我们大家都这样放松。我估计这件事不仅我始料未及,连《百家讲坛》也始料未及。我们都觉得要认认真真把这个事做了,毕竟《论语》是经典,对着孔子我们不能不认真,但做完也就完了,后面怎么样我估计当时大家都没想过。

张越:这种事情也是经常有的。我最早走上电视也是这样,人家告诉我没找着合适的嘉宾,让我去当一次嘉宾,帮一个忙,就去了。录完之后,其实就是让我做了主持人。我自己当时并不知道,要知道就干不了了。

于丹:后来就不是帮了,而是一直在这儿忙着了。

张越：对，所以无知者无畏嘛，一开始误打误撞就做起来了。

于丹：有畏的时候，你就开始有智了。

张越：你那次讲完《〈论语〉心得》，我记得在中关村做第一次签售。我听敬一丹说，她去中关村，就老远地望见一堆一堆的人，车都堵了，她当时的反应是中关村出事了。

于丹：我也以为出事了。我当时想，我怎么赶上一个出事的时候上这儿来呢？给我耽误了怎么办？

张越：后来你才知道，那个惹事的就是你。

于丹：后来接我的那车就直接开到地下车库，而且把我拉到一部货梯那儿。工作人员说，你必须走货梯上去。我才把这个事跟我联想起来。我都不能走正常的道路了，而要从货梯上去，到签售现场。

张越：《论语》距今两千多年了，为什么忽然之间你在今天这个时刻引发这么一场热潮？你想过吗？

于丹：我不开玩笑地说，这件事情不是我引发的，而是大家心里积蓄的东西太多了。我是做传媒的，起码知道传播的时候，只有这个信息在被期待的时候它才是有用的，才能被接受。如果没人期待，你一个人在这儿说吧，大家根本听不入耳。

我觉得，现在人们心里有着很多很多的困惑，一直都在寻找答案。不能说《论语》给出了唯一的答案，但是它给我们的寻找提供了一个坐标。

我想，所谓对于国学的关注，仅仅看这个世纪之初还是不够的。我们也不用说两千多年来有多少巨变，其实就看整个二十世纪，我们经历了什么呢？二十世纪一开始，辛亥革命，中国稳定的两千多年封建帝制一下子土崩瓦解。这是一次革命性的突变，而不是改良式的渐变，它是一次毫不留情的颠覆。

八年之后，出现五四运动，要"打倒孔家店"。当时提出这个口号有它的积极意义，因为要让西方的民主和科学进来，矫枉必须过正，所以提出这样一个口号。但是在一定程度上，它把一个相对稳定的思想价值体系打碎了。

接下来，三十年代，整个民族救亡，持续到四十年代。从文化学术上来讲，那个时候尽管有北大、清华、西南联大，有一批知识分子在探索努力，但是很多努力只是个人式的，在整个救亡那个大环境里面无法完成文化的重新建构，无法建立新的价值体系。我们就在这种坍塌的废墟上忙着救亡救国。

等到新中国建立，五十年代反右，六十年代"文化大革命"，而"文革"后期是批林批孔。在批林批孔的时候，由于一种泛意识形态的比附，儒家思想的地位一落千丈。这次全民性参与的批判，我认为其负面影响比五四运动时期还要大得多。五四运动是一次精英化的、学理化的运动，而批林批孔则是非理性的运动。

我们还记得，孔子的脑袋那时候被画得跟土豆似的。孔子之所以叫"孔丘"，就是因为他脑袋长得不平。人们又说他四体不勤，五谷不分，走到哪儿都不认识路。我们所看见的其实是一个被妖魔化的孔子。

一说孔子，就是孔老二；孔老二有什么思想，就是克己复礼；大家还要把他打翻在地，再踏上一只脚。但是，我们有几个人真的知道孔丘何许人，他有什么思想？我们见到的是一个被妖魔化的形象，完全只是一个被批判的载体，至于他的真实面貌我们已经不关心了。

我们知道，一直被奉为正统的儒家思想，从罢黜百家、独尊儒术开始，到辛亥革命，这中间它很少遭到全面性的颠覆，而在上一个世纪中，它遭遇了两次全面性的颠覆，这意味着什么呢？

孔子只是一个符号载体，他不是全知全能的。儒家思想的遭遇意味着中国文化主体血脉在二十世纪遭遇了重创，出现了断层。那么要怎么去整合呢？在这片废墟之上，人们心中的困惑太多了。我认为，我们已经用整个二十世纪走过了这么长的苦难历程，我们对历史已经批判得过多。今天，我们要赶快完成一种文化建设工作。这种建设的呼唤，存在于每个人的心里。

改革开放给中国人带来一个最好的时机。现在国力强盛，物质生活极大丰富，科技发明很多，那么这么多的进步，就能让我们内心的幸福感得到提升吗？有时候，人们会由于选择过多而迷惑。

六十年代、七十年代没什么选择，大家心里都很平衡，但是到这个时候，我们会选择什么呢？我觉得今天面对文化建设的呼唤和选择标准的迷惑，一定要有文化的回归。关于这种回归，并不是说儒家文化或者说整个的中国文化变为唯一的精神救赎，大家在上面一下就能找到自信，而是说在这种回归的历程中，我们更多地发现内心的愿望，找到参照的坐标系。当每一个人都进入内心的审视和对中国文化有所领悟的时候，我觉得文化建设的时代正在来临。这不是意味着它已经建设起来了，而是意味着每个人都开始参与了。我觉得，今天的国学热这个热潮就是这么起来的。

张越：你说到我国整个二十世纪经历的精神的纷乱及其重构过程，其实不仅仅是中国经历这个过程，这一百年全世界都在干这件事情，颠覆传统，然后价值纷乱，然后回归传统，西方也是经历这样一个过程。

于丹：这是一个螺旋形的上升。我认为这种回归不是一个简单的回归，而是整合以后的多元文明的融合，是好事。

张越：就我们中国的现实来说，我们价值多元化，同时又伴着价值虚空。

于丹：对。

张越:你可能日子过得好了,但是你心里会觉得不快乐,所以大家要在精神上找出路,其中的出路之一可能就是回到古典。可以说,这一次的热潮中,你作为一个标志性人物,是天时地利人和的结果,是吧?

于丹:对,天时地利人和。我觉得,也跟我出现的方式有关系,我不是以一个大学教授的身份出现在大家面前的。如果以教授的身份来开讲,我应该讲传媒学,但是我讲的不是我现在教的专业内容。其实,我只是一个普普通通的中国人,面对《论语》,完成了一次自我心有所得的呈现,进行了一次用普通民众话语的沟通。我认为,这里面是非学理性的因素在起作用。

我觉得《百家讲坛》是一个大众传媒的平台,它要面对的就是普通的大众。大家可以说,这个人她不是什么教国学的大学教授,她就是一个普通中国人,一个"文革"时期才出生的女人,这一切都跟经典不太沾边,但是这样一个人她能读《论语》,那么一个农村大妈她有什么不能读的,一个中学生他有什么不能读的,一个下岗职工他有什么不能读的?我都这么读下来了,大家愿意读都可以读啊。

人人都可以用自己的生命去还原一种经典,也就是说,让历史活在当下,用生命去激活经典,这是一种可能性。大家都参与到里面来了。我觉得,我传递的这样一种可能性,比起我讲的内容,其价值要大得多。

张越:你觉得你现在讲《论语》,讲《庄子》,说话方式跟你以往讲课时说话的方式一样吗?

于丹:基本上是一样的。我在大学里面讲课,其实也是一个老讲故事的人。我觉得,我是念传媒专业出身,有一个根深蒂固的印象,就是当你传递无效信息,用语流去袭击受众的时候,你是不负责任的。我们传播信息,不在于你传递的信息有多少,而在于里面有效信息有多少,就是人们要能记住你的东西。

怎么记住？人们一般容易记住有情节的东西，感同身受的东西。所以，从单纯的义理去阐发，你语流再庞大，也是无法记忆的。所以，我在大学里讲课就老讲故事，而且就是这样一个话语方式。当然，讲的内容不同，学理层次也不同，可能有很多专业性的东西。我用这样一种方式更有意识地跟大家沟通，一定要离现在的生活近，让大家带着疑问去贴近经典。没有这个问号，经典那个沉甸甸的封面是翻不开的。

张越：你是说，讲得再好，如果对方全没听进去，那就是没用的。

于丹：对。

张越：这是学传媒的人的一个基本训练。

现在我替观众问一个问题。有观众问，你讲仁义礼智信，这个在当今社会还有积极意义吗？

于丹：其实，《论语》里面有很多东西是在孔子那个时代提出来的。今年应该是孔子出生后的两千五百五十九年，他那个时候提出来的东西，当然有很多是过时的了，比如说礼。那个时候是一个宗法制的社会，礼是维持整个社会结构的一个纽带，所以孔子对礼有很多迂腐的坚持，比如他说："八佾舞于庭，是可忍也，孰不可忍也？"（《论语·八佾》）他对鲁国季氏"八佾舞于庭"的僭礼行为表示了极大的愤慨。如果在礼上越级，孔子认为是不可容忍的事情。再比如他还提出"克己复礼"的思想，这在朱熹的时代都有过很多的探讨。这些东西都属于过去的时代，但是《论语》里也有一些我认为是关乎人性、是属于任何一个文明社会里核心价值的东西。

比如说"信"。什么时候人们可以不守信呢？我曾经说到一个故事，就是现在台里正在做的"感动中国"节目里的。2007年4月，江西有一个农民，在救火的时候牺牲了。他留下三十一岁的妻子陈美丽，她上有年迈的婆婆，下有两个女儿，一个七岁，一个才几个月大。她丈夫临死的时候，她知道他欠了别人的债。虽然他牺牲了，他的生命可以抵了这个账，但她还是在村里贴了还债告示。后来就真的有很多人找她来要钱，累计起来有五万多块钱，其中有将近四万没凭没据。陈美丽就这样养着老的小的，替她丈夫还债。她只有一个理由，说她丈夫活着的时候口碑不错，我要让他走得心安，让他走得没有牵挂。其实像这样的行为，人是为了什么呢？就是为了一个字——"信"。这个"信"字不一定就是对别人的，也是对自己内心的。

再比如说"忠恕"。我们可能说，今天的时代，没有皇上，不需要愚忠了。什么是"忠恕"？有人说"中心为忠，如心为恕"。"中心为忠"，真正的忠诚是忠于自己内心的良知；"如心为恕"，他人心如我心，将心比心，你就会懂得宽恕。你觉得这样的"忠恕"，还有"仁爱""正义"，这些东西一定全都过时了吗？我就觉得它们没有过时。我们可以不在学理层面去探讨这种精神传承，我们只要去看看现在大家待人接物的方式，还有我们笃信的东西，难道不觉得有很多东西其实都在回归吗？

在农村，可能一个目不识丁的老太太，她也没念过《论语》，但是她会知道孔夫子。你去农村看春联，许多人家贴着"忠厚传家久，诗书继世长"。他们家没多少诗书，但是他们懂得为人要厚道的道理，要守信誉，要正义待人。我觉得，这些核心价值是我们血液里的文化基因，它颠扑不破，不管你写出来还是不写出来，它总跟这个时代有着融合。

张越：对，世间肯定有一个正道存在，不管由谁来解释，由谁来传递，但是"道"是存在的。

于丹：对。

张越：一个东西可以成为经典，必然有它可以穿越时空的价值。

于丹：就是因为它简单朴素，微言大义，所以到任何时候都可以再去用你那种方式解释它。经典的东西是什么呢？其实就好比是白开水，我老觉得白开水是好东西。我们今天，你可喝的东西很多啊，喝酒，各式各样的酒，喝下去，哗的一下子烧起来了，觉得多过瘾，比水好吧？咖啡、茶，要是冲泡一杯，满屋子都是香的。各种果汁，乳酸饮料，碳酸饮料，什么都好吧？但是，为什么你还一定要喝水呢？因为水没有添加剂，它最健康，它是人体必需的东西。再说，各式各样的饮料里都有水，咖啡、茶没有水能冲吗？酒没水行吗？果汁没水吗？而且，你喝完什么最后不都还得喝点水吗？

水可以在咖啡中活着，可以在茶中活着，可以在果汁中活着，水无处不在，无处不需要。你说它不好吗？同样，你能说经典都过时了吗？其实，有许多东西不过时，一直活在我们心里，最朴素，最健康。在我看来，这就是经典的意义。

张越：这里有一个你们传媒系学生的纸条。他问，这一代年轻人应该以怎样的态度对待国学？

于丹：我觉得也不能说是哪一代人要怎么面对经典。每一代人首先要面对的，不是国学，不是经典，而是每一代人和每一个人如何真诚对待自己的生命，这是一个永恒的命题。如果你对自己真诚，你就希望能够把很多有价值的东西链接起来。你可以不读《论语》，你去读西方的著作也可以，你去读艺术也可以，你热爱郊游或者你热爱收藏都可以，只要你真诚面对自己的生命，你就会想办法让你的生命丰富起来的。这时，有些人也许会有机缘遇到国学，发现自己生命的根就在那里，不过不遇到也没关系。

我觉得，对于任何一代人来讲，首先要真诚面对自己，而不要被外在的世界迷惑。现在的时代，外在的东西太多了。你看电视，一会儿觉得这个人的标准好，一会儿又觉得那个人提供了一个新的生活方式，那么你究竟是成为你，还是成为他呢？有时候，在你做了 N 多个选择之后，你唯独没有选择成为你自己。国学是什么呢？它应该是冷静的，缄默的，带着一种温暖，你去认真读懂了，它就是让你成为你自己的东西。

坦率地说，我挺不喜欢叫什么国学热。我从 2006 年一讲完就不喜欢什么国学热，但 2007 年太热了，我到现在还是要说，我们不要把国学过分放大。我觉得，放大国学或者放大我本人这个符号，任何过分的放大都是其意义和价值的贬损。更好的方式是去真诚面对，就是它该怎么样就怎么样，国学不能救赎一切。一个人不到特定的时候，有些东西他就是读了，心里也没感觉。

你就说《论语》吧，我算是跟它挺有缘分的，小时候家里就给我讲，长大了我又读的是古典文学的硕士。应该说，我二十来岁时，这个东西已经通读下来了。其实呢，好多话是不懂的。我二十来岁时最喜欢的话都是"士不可以不弘毅，任重而道远"（《论语 · 泰伯》）、"三军可夺帅也，匹夫不可夺志也"（《论语 · 子罕》）这样的话，觉得这多掷地有声啊。这些话就是警句。二十来岁，谁不往小本上抄警句啊？抄点西方哲言、流行歌曲，跟抄《论语》，都是一样的，就这些话怦然入心。但是，时光再往前走，我走到三十岁，走到四十岁，我现在喜欢的话就是子路、颜回大伙儿在一块儿谈理想，最后问老师，你的理想是什么啊？老师说，"老者安之，朋友信之，少者怀之"（《论语 · 雍也》），我做到这三条就行了。这样的话，我年轻时看，一点感觉也没有，觉得朴素简单到让你不足以给它记忆的空间。

张越：年轻人喜欢大话。

于丹：喜欢大话。我现在才发现，读书是一个逐渐让自己的心安静和回归的过程。我们不缺乏远大理想，但是缺少从脚下达到理想的道路。人最容易犯的错就是灯下黑。老者安之，朋友信之，少者怀之，能做到这三条的人有多少？我们现在老想着远大目标，治国平天下，但是谁能把身边这老的、小的和朋友们都安顿好了呢？很多时候我们自己一忙起来，最容易忘记的就是这三种人。

我发现，圣人好就好在他把普通人的理想给完成了。他不会忘记身边的这三种人。孔子又说："仁远乎哉？我欲仁，斯仁至矣。"（《论语·述而》）仁爱难道离我们很远吗？我要真想做到的话，心中一念它就到我身边来了。我现在喜欢的都是这样一些最简单的话。

司马牛问老师什么叫君子，老师回答："君子不忧不惧。"（《论语·颜渊》）内心没那么多忧伤，也不太恐惧，这就是君子了。司马牛有点不以为然，说："不忧愁，不恐惧，这样就可以叫作君子了吗？"我估计司马牛的反应跟我年轻念书时的感觉差不多，觉得怎么那么简单啊，不需要建功立业吗？光是个心情啊？孔子就跟司马牛说："内省不疚，夫何忧何惧？"（《论语·颜渊》）一个人要是天天摸着良心问自己，我能不能做到上不愧于天，下不怍于人？如果今天所有的事我都好好做到了，我就能踏实睡个好觉。我自个儿心里没有愧疚，那还有什么忧愁和恐惧呢？能做到这样，难道还不是君子吗？这种话有味道，我觉得这就叫微言大义。

刚才那个学生问这一代年轻人怎么对待国学，其实所有好东西都是一辈子的事。这辈子你喝酒可能有一段时间你就喝腻了，有一段你戒了咖啡了，还有一段不喝浓茶了，但是水这东西，你虽然觉得它没味，可它是这一辈子喝得最多的。经典也是这样。别指望我们年轻这一代，二十岁的孩子都去诵读经典。我觉得这个东西你背不背它都没关系，你是不是都看懂也没关系，只要你二十岁的时候有二十岁的体会，四十岁时有四十岁的体会，六十岁时有六十岁的体会，一辈子相伴相随，只要你对你自己的生命足够真诚，那么你总会有机缘读得懂它。

张越：我同意你说的，《论语》或者国学，不可能完成天下万世的救赎。

于丹：对。我觉得现在要反对一种新迷信，就是对于国学的迷信。有些朋友问我，我一天读一条《论语》，每天都读，我都读完的时候是不是就能悟到点什么了？那样的话，我觉得太像宗教了，我天天拜佛，拜到最后是不是佛就一定把好事都给我了？还有人下岗了，或者离婚了，也问我，我看《论语》中哪一段对我现在能开导？《论语》再好，它也不是万能大字典啊，我们不能抱着急功近利的心去查。

我觉得，不仅《论语》不是唯一的经典，中国文化也不是唯一的文化，不见得学中国文化就要把西方所有东西都排斥了。作为一个人来说，最重要的是你的身体要像个烧杯，所有的思想在你这儿进行化合反应，而不是简单的物理累积，更不存在某种一元化的救赎。我们的心只有从这样的狂热中逐渐沉静下来，才能离真实近一点，离经典的本意近一点。

张越：现在《论语》非常非常地热，大家在困惑当中就把它当成治世宝典了。你能不能说说《论语》有些什么欠缺？

于丹：我觉得《论语》产生在它那个时代，必然带着那个时代的色彩。我们不能从今天的眼光来看，认为它有欠缺，但是可以说它有局限。任何一个时代，都有它的格局，为其所限就出现了它的局限性。孔子那时候有电脑吗？他能打开一个 Windows 视窗，用百度去搜一个什么条款吗？他肯定找不着啊。他那个时代有现代的立法、司法吗？有现在的金融制度吗？什么都没有。

以今天的眼光，怎么看《论语》的局限，我觉得要分学理性的眼光和非学理性的眼光，是两种不同的角度。如果用学理性的眼光，我觉得要去请教专家，人家会非常严谨地去分析儒家的思想系统，这不属于今天我们在电视平台上讨论之列。如果以非学理性的眼光，也就是大众眼光的话，我就想提出来，我们尽量去看那些跟我们今天有关的东西、对我们有益的东西，而不是死揪着它的局限性去死缠烂打，也许就会获益。

所以我说，一方面，《论语》不是完美的，它并不是一个宝典，不能救赎所有人；但另一方面，不能就说《论语》完全是过时的，不能因它有局限，就让我们对它完全丢弃。我觉得，这两种极端的态度都是不可取的。

张越：我也认为《论语》并不过时，它里面的很多内容对今天的生活、对人的心灵非常非常地重要，给我们这个混乱的时代立点规矩，这是很好的事。但是，我觉得《论语》里面对一些非常本质的讨论有一些欠缺，比方说它会告诉我们人应该怎么活着，可是没告诉我们人为什么要活着。孔子说："未知生，焉知死。"（《论语·先进》）不讨论死亡，怎么活就说不清楚。人能不能只靠自己的道德本性来面对这个世界上的一切问题，我觉得这恐怕是可以研究的。其实我想说的是，我们从自身现实问题出发，走到了《论语》里，这非常好；我也希望我们能再从《论语》出发，走向更广阔、更结实的价值构建，来安顿我们的身心。

于丹：是这样的。《论语》是什么？我们今天这样奉为经典的一部书，当时不过就是孔子的一些课堂言论，他的学生把笔记整理整理就弄出来了，整理出来的这二十篇实际上没有太内在的逻辑体系。我觉得，我们不要以一种过分神化的眼光去把《论语》看成一个完整的体系。有时候，把孔子还原成凡人，可能会激发我们心里真正朴素的爱……

张越：你现在成了一个传播传统文化的符号。这里有一个观众的问题，他问你，你觉得应该怎么传播传统文化？你觉得正确的、好的传播方式是什么？

于丹：对我来讲，我很少使用"正确"这个词，因为"正确"的另一端就是"不正确"。其实，在我的人生中，有很多问题是多选题，不是单选题，我不喜欢用绝对的非黑即白、非对即错的方式来思维。我觉得，传播传统文化不是每个人都要去做的事。也就是说，经典更重要的是要自己去阅读，要自己去感受。每个人从原典中读出的心得都是不一样的。像我，有可能变成一个职业传播者，所以我要去考虑传播策略，比如大家怎么样能够贴近经典，能够记忆经典，但并不是说每个人都要去传播，更多的人可能更需要从自己的生命经验出发，去好好体会，这就够了。

张越：今天，中国孔子基金会副秘书长王大千先生也在我们的现场。我们请他来谈一谈对传播经典文化的认识。

王大千：感谢于丹老师对孔子文化的传播做了这么多有益的工作，使大家关心和关注传统文化。我来自孔孟之乡的山东，从事的也是传统文化的传播工作。当下的国学热引来大家对传统文化的关注，是一件好事。我觉得还是用孔子的话来说比较好，叫"有教无类"，无论什么样的人、从事什么职业都可以接触经典，感悟经典。这就是寓教于乐，用不同的形式、不同的方式来传播我们的传统文化，使更多的人受益，使更多的人能够了解、掌握我们这个民族精神家园的宝贵财富。

张越：他真正的问题还没问呢，下面是他要问的问题。他说，有一次听你说"我希望你们忘记我，记住我做过的事"，不明白这是什么意思。

于丹："记住我做的事"，就是记住，可以由一个非专业的、普普通通的、也不算老的这么一个中国女人，以她自己的方式把经典读了，而且心有所得，那么所有的老百姓、每一个人大概都能以自己的方式去读经典，并没有多难。而且，她读完了以后还觉得挺快乐的，觉得她自己的生活里面还是有憧憬的，有梦想的，跟周围的人也都可以友善相处。所以，好好读一读，有这个悟性就行，不一定要有很深的学理，我们都能感受到经典的魅力。这就是她做的一件事，贴近了经典。至于这个女人是谁，叫什么名字，不重要，可以是于丹，也可以是别人，所以忘了于丹，记住这么一种感受，就够了！

张越：你讲《论语》之后，影响力扩大的同时，骂你的人也多起来，我不知道你碰到这种情况的时候，心里是什么感觉？

于丹：这种情况一直都存在。坦率地说，我能理解。我觉得，大家对一个现象有关注，比没有关注好。既然我能够讲一心所得，人家千心万心皆有所得，每个人都可以从自己的角度去对经典进行阐发。我能说话，人家也能说话，不同的角度去看，看到的东西一定是不同的。

一部《论语》，从纯学术的角度去理解，就是一种学理性严谨的研究；从宗教学的角度来理解，就是一种儒教的研究；从儒术的角度来解读，就是一种政治化的统治术。解读《论语》的角度可以不同，而我不属于这些理解中的任何一个角度，我就是一心所得。

有一些学者站在纯学理的角度，认为我这样解读不通，我完全能理解。我读硕士的时候是学古典文学专业的，我理解这个纯学理的角度；但我读博士的时候是学大众传播专业的，我更知道《百家讲坛》让我站在这里的意义，给我这个时间段和频道资源，那就必须要对观众负责。我们看，坐在这里的叔叔阿姨，他们有可能只是小学毕业，但是他们都知道孔夫子在历史上是我们民族的一个圣人，他说的话跟我们现在的生活可能有关系。这样的话，我们必须得以一种大家能懂的方式去聊一聊吧？所以我觉得，那些严谨治学的学者不一定是教传媒的，他们的角度是一种研究的角度，而我的角度是一种普及的角度。我觉得人家只要抱着一种真诚的意愿，说你哪个地方讲得不够严谨，或者你这种提法站在学理角度是不被允许的，其实对我有好处，可以让我的讲解变得更完善一些。而且，不同的声音越多，越说明更多人关注，这对《论语》的解读大有好处。

张越：批评的声音很大的时候，会扰乱你的心情吗？

于丹：我觉得要看怎么讲。所谓的批评，可能有两种方式，一种是抱有诚意的探讨，另外一种，有一小部分是带有人身攻击的色彩。抱有诚意的探讨，我都会非常认真地去尊重，我要对人家说谢谢，因为我确实没有人家那么专业，那么严谨，人家提出来的问题我都得去看。至于人身攻击的谩骂，一笑随风就好，那个东西不会干扰到我。

我觉得孔子讲的东西是什么呢？就是一个人管好自己，让自己在当下把该做的事情努力做好。我努力去把《〈论语〉心得》讲好就行了，何必与人去争辩呢？我从来不敢说我提供的内容都是正确的，但是我会准确地传递出我的一种感觉，就是圣贤之道它是朴素的，是温暖的，是贴近人心的，它能活在我们的生活里，它能给你解忧。所以，有人骂我两句，说对了我就吸收，说得无聊的我就根本不会听进去。

张越：我看到一部分观众、读者把你当精神导师了，而且是万能灵药，而这在我看来是很可怕的一件事。我不知道你自己看到这种情形时心里是什么感觉，高兴吗？喜欢让自己成为一个这样的人吗？

于丹：怎么说呢？在这个世界上，每一个生命个体都是独立的。我们的爱，有时候也是很有限的，比如说，我爱我的孩子，孩子真是磕了一个大口子的时候，我可以替她去裹伤，我可以抱着哄哄她，但是我再心疼也不能替她疼啊。也就是说，每个生命的成长都必须穿越你必须经历的磨难，没有任何一个人能够去帮你。我不觉得我真的可以去帮大家，我发现太多太多的人需要一种生命自救的力量。我会更信任经典，经典也不能救赎一切，但它能让我们找到心灵的力量。

这一年中，我接到的信据说有六千多封，我也数不过来了。有很多人说的是孩子得了抑郁症，有孩子吸毒的，有老父亲卧病在床的，有单亲母亲的问题，有孩子刚出生要起名的……没有几个人跟我探讨《论语》或《庄子》，找我说的都是这些事。看到这些，我心情很复杂。我坦率地告诉你，这些信件比那些所谓的争议给我的压力大得太多太多，因为这是沉甸甸的信任和托付，我首先必须感激大家的信任。但是……

张越：来信你都看吗？

于丹：我会看，但是我真的无法一一回信。张越，我要借你这个平台跟大家道一声歉。我现在接电话也很少。有些人可能问，你的电话怎么现在老在秘书台，为什么接不了？如果我每天接电话，那我一点别的事都不能干了。我的电话太容易得到了，因为我原来在那么多电视台讲课，几乎每个电视台都有我的电话。我这号码多少年也没改过，就怕朋友们找不着我。现在，不要说回信，就连电话我都不敢接了。

我一直想，大家之所以这么信任我，他们一定希望我不要被一种外在的力量异化成一个他们不认识的人。他们喜欢我这种朴素的态度，因为我还是一个真诚的人，我还有我的专业，我在学校还是个老师，我在家里还是个母亲，我并没有成天就神神道道满世界在那儿讲，变成一个符号，我自己的东西反而没有了。我觉得这是一个悖论，当我满足了各方面的需求，最后我变得不再是我自己。

还是回到我一开始跟你说的那句话，我希望每一个人生命的出发点都是真诚地面对自己的生命。如果我不能做到这一点的话，那我也没有办法再去说我能读懂多少经典。我觉得我也有那么多问题，大家都有压力，关键就是我们自己都要找到一种调适的方式，都要相信没有一个外人能替你做出判断，最终能够穿越的只有你自己的心。

张越:我们说,我们学经典的目的是让自己的内心强大起来,面对生活,面对世界。其实,于丹她一个人救不了那么多人,做不了那么多事。

于丹:对。这个世界上没有任何一个人有如此之大的救赎力量,包括孔子。我觉得每一个人都应该以这些经典作为养分,融会贯通,变成你自己的一个生活方式。我整个人生的成长就是因为看见太多太多这样融会贯通的人,所以我才会对这些经典产生信任。

我读硕士时候的导师是北师大中文系的教授聂石樵先生。我特别敬重我的导师和师母。师母邓魁英女士是教唐宋文学的著名教授。现在他们两个人都八十多岁了,我在他们家读书的时候,他们两个人也都年过花甲。我读硕士是在八十年代,那个时候没有电脑,聂先生当时已经是学富五车、德高望重的老教授了,但他坚持不用任何学生给他抄稿子,不用任何学生给他打下手。现在的大学呢?导师使唤学生都习以为常了。我的导师和师母非常关心学生,但是不能让学生为他们做一丁点事情,什么抄抄写写,跑个腿,送个信,他们认为这跟他们的价值体系是不符的,怎么能这样使唤学生呢?而且,聂先生上课从来不迟到一分钟,对他来说,该上课的时间那就是天条。聂先生这些做法到今天对我还有很深的影响。

再比如我的博士导师黄会林教授,到七十多岁还在给本科生上戏剧文学课,不管外面是评奖还是开会,没有听说过老太太调过课。她老是把"严是爱,松是害"挂嘴边上,学生们都服这个气,是因为这么些年看见老太太对她自己比对学生严格多了。

我现在想想,我当时读这些经典,就是因为老师们的人格让我对这些经典有一种信任。他们是我实实在在看得到的人,所以我信任经典。我觉得,一个人光学习不够,他得把经典变成身体力行的东西。现在很多人刚刚知道经典是好东西，其实等你真正进入以后就会发现，它点点滴滴地进入你的生活，最后变成你的生活方式。

张越：我想起一个传媒同行谈到你的时候说过一句话，对于丹最大的伤害不是你批评她，而是你过高地期待她和赞美她。

于丹：这是刘春（资深电视人，凤凰中文台执行台长）说的吧？刘春也是我的好朋友。我记得这是有一次我们俩在咖啡厅聊天的时候，我自己跟他说的。为什么这么说？我相信这个世界上的美好事物都有一个前提，就是以真实为前提。我不希望要一种虚幻的美，如果以真实的陨落作为代价，那我宁可要一种真实的残缺和不甚完美。我不喜欢现在加在我身上的种种褒义词，说我怎么出色，怎么优秀，怎么智慧什么的。

张越：不喜欢的词还有什么？

于丹：类似的词太多了，这些词我统称为褒义词。褒义词就是个标签，一个褒义词放在我的身上就会让我离自己的生命远一分，当我要是被标签糊满的时候就看不出我本来的颜色了。

我喜欢什么呢？我只喜欢我真实的状态，我就活在当下这个状态。有人说你多成功啊，那什么叫成功？我觉得"成功""优秀"这样的词只有镌刻在墓志铭上它才作数，我还得接着往前走呢，你哪里会知道下一步等着我就是一个什么样的失败呢？你现在把标签已经搁我身上了，我才四十岁，我后头还有三四十年呢，你让我有多大压力，我老得为褒义词活着吗？我不愿意。我现在真正想做的事，就是好好做一个本真的自己。

这也是我要传递给大家的态度，我们要活在真实中。谁都可以做一个真实的人，我们坦率真诚地面对生命，可以让自己活得天真一点，在自己的生活中也许会犯错。这样的话，我们可以让自己精神更轻松，更真实，也会有更大的创造性，结果呢，我们可能走得更远。

张越：你知道怎么可以做到本真的你自己吗？

于丹：你说。

张越：特地干两件没出息的事，捅两个娄子就好了。

于丹：以我的水平，根本不用特地，天天都在干，就是你们看不见而已。压力再大点的话，我这种丢人现眼的事会越来越多的。

张越：能举个例子吗？你最近丢人现眼的事是什么啊？

于丹：我最近丢人现眼的事很多。比如说，我最近丢东西的概率明显上升，丢完东西后满世界去找。其实，我觉得我跟我的学生在一起的状态就挺真实的。我每次跟学生上街，他们跟我说的最多一句话就是"跟着，别瞎走"。我一会儿又丢了，我就赶紧跟上。我的学生都无微不至地照顾我，而且总认为我会出错。

现在谁把我的智商估计得比较低，我就觉得他一定属于我的亲人之列，因为他们会比较了解我；谁要说于丹老师是万能的，那就离害我太远了。我坦率地把这个话说出来，就是想做一个很真实的人。我就是有好多毛病，我的学生都知道，所以会这么管着我，我特别高兴。

我的学生给我做了一个礼物，一个拿小碎片拼的拼图，都是拆得特别碎特别碎的小片。拼图上是他们所有人跟我的头像，大家的脑袋都散落在各个地方。我发现，他们的头像都特大个儿，而我的脑袋给扔在一个犄角旮旯里，还特小，找半天反正都找不着我，那么拼起来不就是更费劲？肯定会把我的耳朵拼在某一个男生的脑袋上。后来大家都会拼错，挺好玩儿。这是个玩具，但是有我们大家的头像。这个东西我拿在手里，心里感动啊，真的快流下眼泪来了。

如果他们把我一大头像搁中间，他们跟小葵花似的围在周围，那我肯定就把这个东西扔了。如果他们给我做一个大相框，而不是一个玩具，我也会不喜欢。他们知道我就爱玩，他们给我的东西都是他们当下正玩的东西。我觉得作为老师这是一件挺牛的事，我学生玩的什么我都跟得上，而他们也愿意带着我玩。

还有，他们认为我的脑袋就应该比他们的小，就扔在一个犄角旮旯，这件事让我挺感动。张越，我跟你说，现在让我感动的，大家对我的信任是一种，但是还有另外一种，就是这样的感动。在他们的眼中，我从未改变，我是一个随时会出错的人，可以跟他们不着调地玩，可以跟他们皮打皮闹的这样一个人。我觉得这种状态就叫作真实。

我看这些古圣先贤的书，可能跟我的生活环境很有关系。我挺喜欢我一直走过来的这个环境，比如说在北师大。按说大学有挺严格的规矩，比如说现在搞本科教学评估，要用什么样的 PPT 课件，要有什么样的备课教案，要有什么样的考题、考卷，要有什么样的标准答案，要有什么样的上课流程，等等，都有规定。但是，我在北师大一开始就是个特别另类的老师。

有一次，教务长王一川老师特别认真地找到我说，于丹，我找你核实一件事。有一位老督导员跟我说，我们有一个老师在早上上课，刚上了十几分钟，外边下雪了，她把课停了，让学生都穿上棉袄跟她下楼，大家去玩雪……他还没说完，我就回答，王老师，那人就是我，这事肯定是真的。这肯定违反本科教学规定了，我就问，这事儿还处理吗？我心想，这事过去好多年了，应该过了追诉期了吧？王老师跟我说，你知道那个老督导员当时怎么跟我说的吗？他说，没想到北师大还有这么好的老师。

其实，我们这个教务长一直在提倡从游式教学的教学理念。孔子的学生怎么跟他学习呢？是像小鱼跟着大鱼和和乐乐在水里游玩那种方式。这样的学习，大家不仅在学知识，而且在感受这个世界。王老师跟我说，于丹，你这就是一个挺好的从游式教学例子。我说，千万别普及，你也别表扬我了，你不处分我，就挺好的了。

这件事情让我非常感动。其实，我所遇到的很多事情都是如此。我在大学里面不是一个很标准、很规范的老师。当时之所以带学生下楼就是因为我觉得这个班上有好多福建、广东、云南的学生，这一辈子没见过雪，第一次看见雪花，你说你能讲什么内容来剥夺他们这一刻看雪的欢喜呢？下雪了，他们隔着玻璃窗，摸不着，感觉不到，多遗憾啊，所以我得把他们带下去。对于一个大学老师来说，这种想法是很不靠谱的，但是我没受处分，还居然受到鼓励。我就觉得特别温暖。

现在有很多人都对大学里头的管理制度很愤慨，认为不近情理，还有很多人际关系的纠葛，很复杂，我的幸运就在于我没有受到什么束缚。从小到大，我经历这种成长的穿越，不仅是因为在我心里有中国文化的积淀，更重要的是因为不断有人以他们的言行在加强我的信仰。

张越：说说来时的路吧。在你成长的历程当中，受什么样的人和事的影响比较大？

于丹：那太多了。我从小是一个挺封闭的孩子，喜欢文学。长大以后，读大学，读研究生，就有老师给我的影响，让我知道点人读了书以后要做什么。我读大学的时候是在八十年代，那时文科生挺自卑，老觉得是理科学不好才学文了。我是一个数学没学好的女孩，念文科还不算太丢人，要是男生就特抬不起头来了，一看就是学习不好。

我那时候老觉得百无一用是书生，什么知识都不能转化成生产力，这怎么办啊？就是在这种心情里面读完大学，读完硕士。我读书的时候读到一句话，后来我硕士毕业到中国艺术研究院中国文化研究所，所长刘梦溪先生恰好把这句话挂在我们的办公室里面，我大概看了五六年，这就是著名的"横渠四句"，宋代张载的四句话，叫作："为天地立心，为生民立命，为往圣继绝学，为万世开太平。"这几句话给我影响挺大，我觉得它说出了一个知识分子的使命感。

如果一个人的心是为天地而立，他的坐标就很大。"为生民立命"，就是对百姓有使命感，能做大就做大，能做小就做小；如果只是为自己活着，肯定挺自私。什么叫"为往圣继绝学"？翻开那些佶屈聱牙的古代经典，一般读者已经念不懂了，你总得干点什么，让人们明白吧？也许一个人能做的事是简单甚至浅陋的，但是我觉得因陋就简地做点事比什么都不做要好。你不能为大家奉上一桌蛋糕的时候，哪怕奉上半桌窝头，那也是做点事。什么叫作"为万世开太平"？其实，万世太平都不是我们现在能够看得到的。有些时代，文化会付出代价，比如经济发达的时候，价值转型的时候，文化不一定是最繁荣的。在这些时候，知识分子总得做点什么吧？有一些知识分子，他可能为了这个时代而有所牺牲，但是要知道，人抬腿是往前走，落腿也是往前走，你正好赶上是落腿那一步，但你不能说这就不是前进。你要知道你现在做的事跟万世太平一定是有关的。

我就觉得，像这样的一些话挺激励我的，让我觉得有些事情一定要去做。再说，有些人，就是我说的身体力行的那种人，他们流露出来的人格风范可能对我的影响也特别大。刚才我说到我的导师聂石樵先生和师母，他们对我的影响就是这样。

在影响我的老师里面，第一位是我初中时代的语文老师王老师。那个时候没有重点中学，我上的是一个非常普通的中学，北京的一一〇中学，在百万庄那儿。我学习一直不算太好，偏科，除了语文底子好点，数理化从来没学明白过，体育也不好，所以那时我在班上完全是一个资质平平、什么都不出色的学生。但是我遇到了一个很好的语文老师。王老师是北大的高材生，当时本来要留校，他分到这所中学实习，赶上"文革"回不去，就留在这了，没再回北大。他是四川人，一个真正的才子，个子小小的，手中不离小烟嘴，一天到晚抽着烟，写得一笔极漂亮的字。

他在中学年复一年教书，他自己的两个儿子长大了，都没有考上大学。王老师年事渐高，遇见我的时候，已经五十多岁。多年来他一直有一个梦想，就是从他手里培养出一个真正的中文系大学生来，考上哪个学校都行。我记得他给我们上完课，总是给我吃小灶，给我拿好多的卡片让我背，让我在课上给大家讲。他一直就这样关注我，还带我去他家。

他住在锣鼓巷小平房里，破败的小屋子一进去整个是一张床，旁边那个小书架上，一个一个像中药盒子一样的小抽屉，拉开都是他自己手写的卡片。老师拉出一个一个抽屉给我看，让我背。我记得，师母就坐在小板凳上，就着床缝被子。师母真是一个大家闺秀，她长得太美了，让你觉得这么一个美丽的女人蹲在破屋寒窑的小板凳上缝被子真是不公平，但是她眼神特安详。我老师是个大才子，让才子站在局促的地方拉着一盒一盒小卡片似乎也是不公平的，但是他心中有憧憬，因为他有学生。

他们俩就那样闲闲地跟我说话，觉得把一切都托付给我了。老师跟我说，你看你两个哥哥都没有读上中文系，你以后是不是能读啊？我就这样跟着他念到初三。后来考高中，我考上了北京四中。我妈妈跟我说，她去给我办手续的时候，我这老师拉着她居然哭了。他说，从孩子本身想，她能上四中，这是一件特别值得庆幸的事；但是对我来讲，我又一个梦想破灭了，她不能在我手里去上大学了，不过我还是愿意这孩子上四中。

我上了四中以后，有时候也回去看老师。念到大学三年级，有一天听说王老师已经是肺癌晚期了，我就去医院看他。在薄薄的被单底下，他几乎完全塌陷在床里，骨瘦如柴。那个时候他已经说不出话了，我拉着他的手，他一个字也说不出来。我当时正要报考研究生，几乎已经决定了要考文艺美学的研究生。在那个时候，文艺美学流行，大学生们都觉得研究文艺美学多好啊。

当时看着他，我心里太难受了，我还能说些什么呢？我就跟他说了一句话，老师，我决定考古典文学研究生。就在这个时候，老师的手一下把我抓紧了，然后他用浓重的四川口音挤出一个字："好！"后来师母告诉我，那是他留在这个世界上的最后一个字。这就是托付啊。

从某种程度上来讲，如果我不是报考一周之前去看了我的老师，也许后来我学的还是文艺美学，不会去改考古典文学。我也是注定要进聂先生他们家门的。我一开始是奔着邓先生去的，我要考唐诗宋词，二十来岁的女孩子没有不喜欢古典诗词的，风花雪月多好啊。可是，我父亲一定要我考先秦两汉文学。他跟我讲，你喜欢唐诗宋词，你要是学了这段，元明清你都可以顺下去，但是魏晋以上，你倒推你可推不了，你没有那个功夫。他说，你现在还小，下下功夫，读一读先秦诸子，要真把经史子集能啃下许多的话，那么你想再往下读唐诗宋词，你自己去读，一定能读到底，很顺畅。就这样，我就跟着聂先生学了先秦两汉文学。

有时想一想，人生的道路好多时候都是阴差阳错，可能就在某一步路上，某一个人的一个点拨，机缘凑泊，你就改变了道路。我觉得，只要你对自己的生命有一份诚意，你会融合许多人的生命，对自己的方向能够迅速进行调整，让每一个经历都成为值得记忆的瞬间，最终成就你的人生道路。我这么一路走来，跟经典结缘，大概有太多太多人的生命在里面，这一切成就了今天的我。

张越：以前上学，后来毕业当老师，有想过出名吗？

于丹：没有。这可能跟我的成长经历有关系。你想，一个独生女，也没上过幼儿园，一个近乎自闭的孩子，她会想到出名吗？我从小也没过过什么苦日子，好像也不太需要我发愤图强。

自闭长大的孩子对外面的世界其实挺恐惧的，不太想去闯荡。我从小就是一个惰性很强的人。也就是说，对我来讲，心灵生活的质量比物质生活的质量要重要。我一直希望能够拥有一种非常宁静的空间。这就要说到我的一个爱好，就是喜欢昆曲。现在好多人问我，你为什么要讲昆曲啊？其实，我就是一个拍着曲子，念着诗词，风花雪月这么长大的一个孩子。我喜欢这种缓慢的、精致的、内敛的生活。尽管我很早的时候就知道知识分子要有那种使命的担当，但是我一直不希望自己用一种轰轰烈烈的方式去生活，我希望的方式是一种静水流深的状态。也就是说，如果让我选择，我会认为我的归宿是在文字的表达上，而不是语言的表达上。真的就是这么想的。

张越：尽管这不是你所期待的方式，但是忽然之间你真的就出名了，而且非常出名。出名之后，这一年多的时间里，你最突出的生活感受是什么？

于丹：喧嚣啊，就是很喧嚣啊。有时候让我很矛盾，一方面觉得这有意义，有我做事的价值，但是另一方面呢，我希望这种价值不要让我违背了自己的本真，就是让我能够真实地去发挥我有限的价值，而不要不真实地去发挥所谓更大的价值。也就是说，人的自我发展跟社会需求之间应该有一个平衡点，过犹不及啊。我没有指望什么国学热，我对"红""热"这些词从来不喜欢，我喜欢的是在我写的《于丹〈论语〉心得》后记里面，题目就叫《〈论语〉的温度》。我说，我喜欢的温度永远叫作温暖，就是一种恒常的温暖，不是火热，因为骤热离骤冷也就不远了。我不希望我就像大家所说的那样，作出了多大多大的贡献，怎么怎么着出色，我认为那都是虚妄之词，我做不到，我也没有想做到。

我做了什么呢？在天津，有一个十二三岁的小女孩，她跑上来跟我说了一句话，我觉得这句话是对我比较贴切的褒奖。这小孩说，阿姨，我看完你这书才知道孔子他说的不是废话。够了，这就够了。这么大的孩子，她可能听父母辈说过批林批孔，认为孔老二全是糟粕，但是翻了翻我的书，觉得《论语》不是废话，也许哪一天她就自己去翻《论语》了，这就够了。我一个人无法做到让中国文化引起这么大的关注，我也没有必要去做到，因为那是所有人用心投入以后才会发生的现象。

张越：我看了你一天的日程表，2007 年 5 月 25 日，当时你在成都参加一个活动。这一天的日程是这样安排的：早晨九点三十分参加记者见面会，十一点给四川教育界人士作报告，下午一点半到购书中心参加央视一套节目启动仪式，然后是长达一个半小时的签售，五点坐车前往重庆。很可怕的一天，经常是这样，是吧？

于丹：经常会这样。这样一个节奏，看起来是非常紧张，但实际上，这里面还有另外一种节奏。比如说，那天早晨我早早起来，先跟成都电视台的几个朋友通通电话，闲聊一下，因为正式活动的开始还是比较晚；再说就在我去重庆的路上，我去了一个特别好的地方，就是咱们那次直播的时候看到的金沙遗址。你还记得那个小金面具吗？

张越：记得。

于丹：我当时就去了金沙遗址，在里面走了一大圈，非常震撼，真是鬼斧神工。我心里有很多东西被唤醒了。遗址看完之后，路上我一直在听 MP3，听歌。到了重庆，那边还有一批朋友在等着，大家就出去吃喝玩乐了。

你拿出来的可能恰恰是我很紧张的一天，但是我记得在那一天前后还是有一些间隙时间的。那些间隙时间中也有我喜欢的东西。我现在的生活是很紧张，但是我相信，一个人的生活永远都是硬币的两面。大家会看到一种外在的节奏，但是我的心里，一定还有着另外一种节奏，不会耽误。如果这两种节奏实在太冲突，我会把外在的节奏放慢一些，我心里的一些东西有它固定的位置，是不能退却的。

张越：我想知道，对你家人来说，你现在的日常生活成了什么样子？比如你的孩子怎么看，她妈妈整天往外跑？

于丹：我的孩子经常在晚上本能地要藏我的书包，因为她认为我没书包可能就不出门了。我一回家，她总问我的一句话，就是："妈妈，你还走吗？"今天我又是紧张的一天，我在这儿聊完，还要去京西宾馆参加政协的会。我今天最大的一个愿望就是，忙完这些事后，晚上回去能哄着孩子睡觉。我白天在外面很紧张，但是如果没有卸了妆躺在孩子身边，拍着她给她讲小红帽、大灰狼的故事，那我就会觉得这一天还没安顿。

一个人总有安顿自己的方式，虽然说我在外面可以做很多有意义和有价值的事情，但是现在对于我而言的安顿，一个是能够哄着我的孩子，让她睡觉，再一个是还能有时间写几笔日记，还有一个就是吃饭的时候能坐下来跟我妈妈好好聊聊天。我希望每天都能够真正实现这样几件事情。

张越：据说你的孩子最恨的人就是你的编辑小祝，因为她认为只要这个人一进门妈妈就要走，所以这个人是"绑架"她妈妈的一个坏人，是吗？

于丹：这还是停留在我的孩子早些时候比较幼稚的那些感受上，这是她一岁多时候的认知。两岁以后，我觉得小孩的智商有了惊人的飞跃。她现在开始知道祝叔叔是好人了，尽管她不喜欢他，但从理智上肯定这个人是好人。当她判断祝叔叔今天来是给她妈妈送点书什么的，不带她妈妈走，她会递给祝叔叔个把橘子。如果发现今天还要带走，估计也没有什么好脸色给祝叔叔。

我女儿的创造性还有了很多自己的发挥。我前几天回去，有一天她躺在自己的小床上，我坐在旁边拍着她，灯全关了。她指着天花板上的影子说，妈妈，你说那是什么啊？我说，那不就是外面投进来的光吗？路灯的那个影子，是圆圆的一个圈，里面还有一个黑点。我两岁七个月大的女儿就胸有成竹地反驳我，不，那是我妈妈的眼睛。我当时就有点蒙，没有说出什么话来。她就翻过身来，用她的小手摸着我的脸，很清晰地跟我说，那就是我妈妈的眼睛，是妈妈的眼睛。她告诉我，她每天都躺在这儿，看着这儿怎么想。

有时候，我觉得孩子的判断力可能永远都会超乎我们的想象。我每一次出来录像，她的表达方式都不同。最早的时候，她不到两岁，我会跟她说，妈妈要讲课去了，你帮助帮助我吧。她说，我给你吹吹吧。她就趴在我胸口吹吹。那个时候，她磕了碰了，大人就是给她吹吹。后来她越来越有力量，等到她两岁多，我说我去讲课，她就会说，我亲亲你。她亲完我了，就说，你不害怕了吧？我说，我不害怕了。一会儿，她会带着姥姥、爸爸，还有看她的小姐姐，一个小小的人儿带着一大堆人鱼贯而入，在那儿指挥若定地说，我妈有点害怕，我们大家一起亲亲她吧。她会率领一堆人来亲亲我，这就是她帮助我的方式。再大一点，她就很有奉献精神，把她那些小猪啊，小兔啊，各式各样花花绿绿的卡子都拿出来，逼着我穿上职业正装时要别上一个，说，你戴上我的卡子吧。再说，为什么她后来对祝叔叔不太愤恨了？就是因为她跟姥姥说，不用祝叔叔保护我妈，我长大了保护我妈。

我觉得她这些话都挺支持我。我会看见我们每个人的生命都在穿越成长，但也没有这么小的孩子的成长让人感到惊讶。我一直是一个对人性抱有信仰的人，因为我看到了单纯的孩子的心。她在一开始，对世界是多么透亮天真。她是无私的，她是有爱的，而且她毫不吝啬地表达。她能够用那么幼小的年龄，那么弱小的躯体，去帮助别人。

张越：你这么一个好玩、好闹的自在的性格，现在你要把日程表排得满满的，按一个小时半个小时那么计算着去见记者、接受采访、作报告等，我不知道这样的人生对你自己来说是不是有点……

于丹：无奈，是吧？我觉得现在是这样。可以说，一方面这种生活的节奏是我不喜欢的，但是另一方面，我觉得我现在单纯地抱怨或者是停下来什么事都不做了，那也是不现实的。

张越：好，最后我再替观众问两个问题。这两个问题涉及私人生活，刚才我们也已经说到孩子了。有一个观众称你为女强人，她说，女强人于丹老师，您的爱人生活上会有压力吗？

于丹：如果说我爱人有压力，那也不是因为现在才有的。从他决定娶我的时候起，他就应该有压力，因为我生活自理能力太差，所以他觉得一直对我负有责任。从那个时候到现在，这种压力没有多大改变。这个压力不会因为我后来成为这个或那个什么，再有所增加。

张越：你觉得现在的情况对他有困扰吗？

于丹：现在他顶多觉得我比过去更忙了，而且他跟我妈最担心的可能就是我的身体。除此之外，我估计没有什么压力，但是会有更多的心疼。

张越：下一个问题。请问于教授，听说您现在的工作安排很紧张，作为孩子的妈妈，丈夫的妻子，您如何处理您的工作和家庭生活之间的关系。

于丹：我现在的办法，就是把我的工作基本上像压缩饼干一样往一块儿压缩，别人觉得这一天压不出空，我可能会压出好多，这样压缩打包以后，再去腾出来一些比较完整和松散的时间，跟我的家人在一起。

对我来讲，这个时间表就是早上八点半我孩子出门以后我就可以密集地安排了，比较理想的情况就是我能够在晚饭前回去，孩子也回来了，而且我能陪妈妈吃顿饭，那么整个晚上的时间就会是自己的了。如果这还不行，退而求其次，那就争取在孩子睡觉之前能回去。尽量别让我两头见不着孩子，这是我一天时间表里面的底线。当然，这一天中间的时间，包括午饭的时候，都会被压得很满。

张越：时间不短了。现在我们用一个小朋友的问题，作为最后一个问题来结束今天的谈话。这个小朋友是这么说的，我看到你做讲座，觉得你说话的时候，嘴里面好像有两块糖，脸蛋鼓鼓的，好可爱哦。

于丹啊，你跟我们坦白，你是不是每次都在嘴里塞上两块糖？

于丹：我倒觉得嘴里不一定是含着两块糖，但是我希望我这一辈子心里头永远含着一块没有化尽的糖，一直在化，一直在化。

张越：感谢于丹教授跟我们交谈，也谢谢到场的各位观众和电视机前的观众朋友。2008年春节期间，于丹教授将在《百家讲坛》开讲她的《〈论语〉感悟》，欢迎收看。好，谢谢于丹教授。

于丹：谢谢大家，新年快乐。

附录二

《论语》原文

学而篇第一

1.1　子曰："学而时习之，不亦说乎？有朋自远方来，不亦乐乎？人不知而不愠，不亦君子乎？"

1.2　有子曰："其为人也孝弟，而好犯上者，鲜矣；不好犯上，而好作乱者，未之有也。君子务本，本立而道生。孝弟也者，其为仁之本与！"

1.3　子曰："巧言令色，鲜矣仁！"

1.4　曾子曰："吾日三省吾身：为人谋而不忠乎？与朋友交而不信乎？传不习乎？"

1.5　子曰："道千乘之国，敬事而信，节用而爱人，使民以时。"

1.6　子曰："弟子，入则孝，出则悌，谨而信，泛爱众，而亲仁。行有余力，则以学文。"

1.7　子夏曰："贤贤易色；事父母，能竭其力；事君，能致其身；与朋友交，言而有信。虽曰未学，吾必谓之学矣。"

1.8　子曰："君子不重，则不威，学则不固。主忠信，无友不如己者。过则勿惮改。"

1.9　曾子曰："慎终追远，民德归厚矣。"

1.10　子禽问于子贡曰："夫子至于是邦也，必闻其政，求之与？抑与之与？"子贡曰："夫子温、良、恭、俭、让以得之。夫子之求之也，其诸异乎人之求之与？"

1.11　子曰："父在，观其志；父没，观其行；三年无改于父之道，可谓孝矣。"

1.12　有子曰："礼之用，和为贵。先王之道，斯为美；小大由之。有所不行，知和而和，不以礼节之，亦不可行也。"

1.13　有子曰："信近于义，言可复也。恭近于礼，远耻辱也。因不失其亲，亦可宗也。"

1.14　子曰："君子食无求饱，居无求安，敏于事而慎于言，就有道而正焉，可谓好学也已。"

1.15　子贡曰："贫而无谄，富而无骄，何如？"子曰："可也。未若贫而乐，富而好礼者也。"子贡曰："《诗》云：'如切如磋，如琢如磨'，其斯之谓与？"子曰："赐也，始可与言《诗》已矣，告诸往而知来者。"

1.16　子曰："不患人之不己知，患不知人也。"

为政篇第二

2.1　子曰："为政以德，譬如北辰，居其所而众星共之。"

2.2　子曰："《诗》三百，一言以蔽之，曰：'思无邪。'"

2.3　子曰："道之以政，齐之以刑，民免而无耻；道之以德，齐之以礼，有耻且格。"

2.4　子曰："吾十有五而志于学，三十而立，四十而不惑，五十而知天命，六十而耳顺，七十而从心所欲，不逾矩。"

2.5　孟懿子问孝。子曰："无违。"樊迟御，子告之曰："孟孙问孝于我，我对曰：'无违'。"樊迟曰："何谓也？"子曰："生，事之以礼；死，葬之以礼，祭之以礼。"

2.6　孟武伯问孝。子曰："父母唯其疾之忧。"

2.7　子游问孝。子曰："今之孝者，是谓能养。至于犬马，皆能有养；不敬，何以别乎？"

2.8　子夏问孝。子曰："色难。有事，弟子服其劳；有酒食，先生馔，曾是以为孝乎？"

2.9　子曰："吾与回言终日，不违，如愚。退而省其私，亦足以发，回也不愚。"

2.10　子曰："视其所以，观其所由，察其所安。人焉廋哉？人焉廋哉？"

2.11　子曰："温故而知新，可以为师矣。"

2.12　子曰："君子不器。"

2.13　子贡问君子。子曰："先行其言而后从之。"

2.14　子曰："君子周而不比，小人比而不周。"

2.15　子曰："学而不思则罔，思而不学则殆。"

2.16　子曰："攻乎异端，斯害也已。"

2.17　子曰："由！诲女知之乎！知之为知之，不知为不知，是知也。"

2.18　子张学干禄。子曰："多闻阙疑，慎言其余，则寡尤；多见阙殆，慎行其余，则寡悔。言寡尤，行寡悔，禄在其中矣。"

2.19　哀公问曰："何为则民服？"孔子对曰："举直错诸枉，则民服；举枉错诸直，则民不服。"

2.20　季康子问："使民敬、忠以劝，如之何？"子曰："临之以庄，则敬；孝慈，则忠；举善而教不能，则劝。"

2.21　或谓孔子曰："子奚不为政？"子曰："《书》云：'孝乎！惟孝，友于兄弟，施于有政。'是亦为政，奚其为为政？"

2.22　子曰："人而无信，不知其可也。大车无輗，小车无軏，其何以行之哉？"

2.23　子张问："十世可知也？"子曰："殷因于夏礼，所损益，可知也；周因于殷礼，所损益，可知也。其或继周者，虽百世，可知也。"

2.24　子曰："非其鬼而祭之，谄也。见义不为，无勇也。"

八佾篇第三

3.1　孔子谓季氏："八佾舞于庭，是可忍也，孰不可忍也？"

3.2　三家者以《雍》彻。子曰:"'相维辟公,天子穆穆',奚取于三家之堂?"

3.3　子曰:"人而不仁,如礼何?人而不仁,如乐何?"

3.4　林放问礼之本。子曰:"大哉问!礼,与其奢也,宁俭;丧,与其易也,宁戚。"

3.5　子曰:"夷狄之有君,不如诸夏之亡也。"

3.6　季氏旅于泰山。子谓冉有曰:"女弗能救与?"对曰:"不能。"子曰:"呜呼!曾谓泰山不如林放乎?"

3.7　子曰:"君子无所争。必也射乎!揖让而升,下而饮。其争也君子。"

3.8　子夏问曰:"'巧笑倩兮,美目盼兮,素以为绚兮。'何谓也?"子曰:"绘事后素。"曰:"礼后乎?"子曰:"起予者商也!始可与言《诗》已矣。"

3.9　子曰:"夏礼,吾能言之,杞不足征也;殷礼,吾能言之,宋不足征也。文献不足故也。足,则吾能征之矣。"

3.10　子曰:"禘自既灌而往者,吾不欲观之矣。"

3.11　或问禘之说。子曰:"不知也。知其说者之于天下也,其如示诸斯乎!"指其掌。

3.12　祭如在,祭神如神在。子曰:"吾不与祭,如不祭。"

3.13　王孙贾问曰:"与其媚于奥,宁媚于灶,何谓也?"子曰:"不然。获罪于天,无所祷也。"

3.14　子曰:"周监于二代,郁郁乎文哉!吾从周。"

3.15　子入太庙,每事问。或曰:"孰谓鄹人之子知礼乎?入太庙,每事问。"子闻之,曰:"是礼也。"

3.16　子曰:"射不主皮,为力不同科,古之道也。"

3.17　子贡欲去告朔之饩羊。子曰:"赐也!尔爱其羊,我爱其礼。"

3.18　子曰:"事君尽礼,人以为谄也。"

3.19　定公问:"君使臣,臣事君,如之何?"孔子对曰:"君使臣以礼,臣事君以忠。"

3.20　子曰:"《关雎》,乐而不淫,哀而不伤。"

3.21　哀公问社于宰我。宰我对曰:"夏后氏以松,殷人以柏,周人以栗,曰,使民战栗。"子闻之,曰:"成事不说,遂事不谏,既往不咎。"

3.22　子曰:"管仲之器小哉!"或曰:"管仲俭乎?"曰:"管氏有三归,官事不摄,焉得俭?""然则管仲知礼乎?"曰:"邦君树塞门,管氏亦树塞门。邦君为两君之好,有反坫,管氏亦有反坫。管氏而知礼,孰不知礼?"

3.23　子语鲁大师乐,曰:"乐其可知也:始作,翕如也;从之,纯如也,皦如也,绎如也,以成。"

3.24　仪封人请见,曰:"君子之至于斯也,吾未尝不得见也。"从者见之。出曰:"二三子何患于丧乎?天下之无道也久矣,天将以夫子为木铎。"

3.25　子谓《韶》:"尽美矣,又尽善也。"谓《武》:"尽美矣,未尽善也。"

3.26　子曰:"居上不宽,为礼不敬,临丧不哀,吾何以观之哉?"

里仁篇第四

4.1　子曰:"里仁为美。择不处仁,焉得知?"

4.2　子曰:"不仁者不可以久处约,不可以长处乐。仁者安仁,知者利仁。"

4.3　子曰:"唯仁者能好人,能恶人。"

4.4　子曰:"苟志于仁矣,无恶也。"

4.5　子曰:"富与贵,是人之所欲也;不以其道得之,不处也。贫与贱,是人之所恶也。不以其道得之,不去也。君子去仁,恶乎成名?君子无终食之间违仁,造次必于是,颠沛必于是。"

4.6　子曰:"我未见好仁者,恶不仁者。好仁者,无以尚之;恶不仁者,其为仁矣,不使不仁者加乎其身。有能一日用其力于仁矣乎?我未见力不足者。盖有之矣,我未之见也。"

4.7　子曰:"人之过也,各于其党。观过,斯知仁矣。"

4.8　子曰:"朝闻道,夕死可矣。"

4.9　子曰:"士志于道,而耻恶衣恶食者,未足与议也。"

4.10　子曰:"君子之于天下也,无适也,无莫也,义之与比。"

4.11　子曰："君子怀德，小人怀土；君子怀刑，小人怀惠。"

4.12　子曰："放于利而行，多怨。"

4.13　子曰："能以礼让为国乎？何有？不能以礼让为国，如礼何？"

4.14　子曰："不患无位，患所以立。不患莫己知，求为可知也。"

4.15　子曰："参乎！吾道一以贯之。"曾子曰："唯。"子出，门人问曰："何谓也？"曾子曰："夫子之道，忠恕而已矣。"

4.16　子曰："君子喻于义，小人喻于利。"

4.17　子曰："见贤思齐焉，见不贤而内自省也。"

4.18　子曰："事父母几谏，见志不从，又敬不违，劳而不怨。"

4.19　子曰："父母在，不远游，游必有方。"

4.20　子曰："三年无改于父之道，可谓孝矣。"

4.21　子曰："父母之年，不可不知也。一则以喜，一则以惧。"

4.22　子曰："古者言之不出，耻躬之不逮也。"

4.23　子曰："以约失之者鲜矣！"

4.24　子曰："君子欲讷于言而敏于行。"

4.25　子曰："德不孤，必有邻。"

4.26　子游曰："事君数，斯辱矣；朋友数，斯疏矣。"

公冶长篇第五

5.1　子谓公冶长："可妻也。虽在缧绁之中，非其罪也。"以其子妻之。

5.2　子谓南容："邦有道，不废；邦无道，免于刑戮。"以其兄之子妻之。

5.3　子谓子贱："君子哉若人！鲁无君子者，斯焉取斯？"

5.4　子贡问曰："赐也何如？"子曰："女，器也。"曰："何器也？"曰："瑚琏也。"

5.5　或曰："雍也仁而不佞。"子曰："焉用佞？御人以口给，屡憎于人。不知其仁，焉用佞？"

5.6　子使漆雕开仕。对曰："吾斯之未能信。"子说。

5.7　子曰："道不行，乘桴浮于海。从我者，其由与？"子路闻之喜。子曰："由也好勇过我，无所取材。"

5.8　孟武伯问："子路仁乎？"子曰："不知也。"又问。子曰："由也，千乘之国，可使治其赋也，不知其仁也。""求也何如？"子曰："求也，千室之邑，百乘之家，可使为之宰也，不知其仁也。""赤也何如？"子曰："赤也，束带立于朝，可使与宾客言也，不知其仁也。"

5.9　子谓子贡曰："女与回也孰愈？"对曰："赐也何敢望回？回也闻一以知十，赐也闻一以知二。"子曰："弗如也；吾与女弗如也。"

5.10　宰予昼寝。子曰："朽木不可雕也，粪土之墙不可杇也；于予与何诛？"子曰："始吾于人也，听其言而信其行；今吾于人也，听其言而观其行。于予与改是。"

5.11　子曰："吾未见刚者。"或对曰："申枨。"子曰："枨也欲，焉得刚？"

5.12　子贡曰："我不欲人之加诸我也，吾亦欲无加诸人。"子曰："赐也，非尔所及也。"

5.13　子贡曰："夫子之文章，可得而闻也；夫子之言性与天道，不可得而闻也。"

5.14　子路有闻，未之能行，唯恐有闻。

5.15　子贡问曰："孔文子何以谓之'文'也？"子曰："敏而好学，不耻下问，是以谓之'文'也。"

5.16　子谓子产："有君子之道四焉：其行己也恭，其事上也敬，其养民也惠，其使民也义。"

5.17　子曰："晏平仲善与人交，久而敬之。"

5.18　子曰："臧文仲居蔡，山节藻棁，何如其知也？"

5.19　子张问曰："令尹子文三仕为令尹，无喜色；三已之，无愠色。旧令尹之政，必以告新令尹。何如？"子曰："忠矣。"曰："仁矣乎？"曰："未知。焉得仁？""崔子弑齐君，陈文子有马十乘，弃而违之。至于他邦，则曰：'犹吾大夫崔子也。'违之。之一邦，则又曰：'犹吾大夫崔子也。'违之。何如？"子曰："清矣。"曰："仁矣乎？"曰："未知。焉得仁？"

5.20　季文子三思而后行。子闻之，曰："再，斯可矣。"

5.21　子曰："宁武子，邦有道，则知；邦无道，则愚。其知可及也，其愚不可及也。"

5.22　子在陈，曰："归与！归与！吾党之小子狂简，斐然成章，不知所以裁之。"

5.23　子曰："伯夷、叔齐不念旧恶，怨是用希。"

5.24　子曰："孰谓微生高直？或乞醯焉，乞诸其邻而与之。"

5.25　子曰："巧言、令色、足恭，左丘明耻之，丘亦耻之。匿怨而友其人，左丘明耻之，丘亦耻之。"

5.26　颜渊、季路侍。子曰："盍各言尔志？"子路曰："愿车马衣轻裘与朋友共，敝之而无憾。"颜渊曰："愿无伐善，无施劳。"子路曰："愿闻子之志。"子曰："老者安之，朋友信之，少者怀之。"

5.27　子曰："已矣乎！吾未见能见其过而内自讼者也。"

5.28　子曰："十室之邑，必有忠信如丘者焉，不如丘之好学也。"

雍也篇第六

6.1　子曰："雍也可使南面。"

6.2　仲弓问子桑伯子。子曰："可也，简。"仲弓曰："居敬而行简，以临其民，不亦可乎？居简而行简，无乃大简乎？"子曰："雍之言然。"

6.3　哀公问："弟子孰为好学？"孔子对曰："有颜回者好学，不迁怒，不贰过。不幸短命死矣，今也则亡，未闻好学者也。"

6.4　子华使于齐，冉子为其母请粟。子曰："与之釜。"请益。曰："与之庾。"冉子与之粟五秉。子曰："赤之适齐也，乘肥马，衣轻裘。吾闻之也：君子周急不继富。"

6.5　原思为之宰，与之粟九百，辞。子曰："毋！以与尔邻里乡党乎！"

6.6　子谓仲弓："犁牛之子骍且角，虽欲勿用，山川其舍诸？"

6.7　子曰："回也，其心三月不违仁，其余则日月至焉而已矣。"

6.8　季康子问："仲由可使从政也与？"子曰："由也果，于从政乎何有？"曰：

"赐也可使从政也与？"曰："赐也达，于从政乎何有？"曰："求也可使从政也与？"曰："求也艺，于从政乎何有？"

6.9　季氏使闵子骞为费宰。闵子骞曰："善为我辞焉！如有复我者，则吾必在汶上矣。"

6.10　伯牛有疾，子问之，自牖执其手，曰："亡之，命矣夫！斯人也而有斯疾也！斯人也而有斯疾也！"

6.11　子曰："贤哉，回也！一箪食，一瓢饮，在陋巷，人不堪其忧，回也不改其乐。贤哉，回也！"

6.12　冉求曰："非不说子之道，力不足也。"子曰："力不足者，中道而废。今女画。"

6.13　子谓子夏曰："女为君子儒！无为小人儒！"

6.14　子游为武城宰。子曰："女得人焉耳乎？"曰："有澹台灭明者，行不由径，非公事，未尝至于偃之室也。"

6.15　子曰："孟之反不伐，奔而殿，将入门，策其马，曰：'非敢后也，马不进也。'"

6.16　子曰："不有祝鮀之佞，而有宋朝之美，难乎免于今之世矣！"

6.17　子曰："谁能出不由户？何莫由斯道也？"

6.18　子曰："质胜文则野，文胜质则史。文质彬彬，然后君子。"

6.19　子曰："人之生也直，罔之生也幸而免。"

6.20　子曰："知之者不如好之者，好之者不如乐之者。"

6.21　子曰："中人以上，可以语上也；中人以下，不可以语上也。"

6.22　樊迟问知。子曰："务民之义，敬鬼神而远之，可谓知矣。"问仁。曰："仁者先难而后获，可谓仁矣。"

6.23　子曰："知者乐水，仁者乐山。知者动，仁者静。知者乐，仁者寿。"

6.24　子曰："齐一变，至于鲁；鲁一变，至于道。"

6.25　子曰："觚不觚，觚哉！觚哉！"

6.26　宰我问曰："仁者，虽告之曰：'井有仁焉。'其从之也？"子曰："何为其然也？君子可逝也，不可陷也；可欺也，不可罔也。"

6.27　子曰："君子博学于文，约之以礼，亦可以弗畔矣夫！"

6.28　子见南子，子路不说。夫子矢之曰："予所否者，天厌之！天厌之！"

6.29　子曰："中庸之为德也，其至矣乎！民鲜久矣。"

6.30　子贡曰："如有博施于民而能济众，何如？可谓仁乎？"子曰："何事于仁，必也圣乎！尧舜其犹病诸！夫仁者，己欲立而立人，己欲达而达人。能近取譬，可谓仁之方也已。"

述而篇第七

7.1　子曰："述而不作，信而好古，窃比于我老彭。"

7.2　子曰："默而识之，学而不厌，诲人不倦，何有于我哉？"

7.3　子曰："德之不修，学之不讲，闻义不能徙，不善不能改，是吾忧也。"

7.4　子之燕居，申申如也，夭夭如也。

7.5　子曰："甚矣吾衰也！久矣吾不复梦见周公。"

7.6　子曰："志于道，据于德，依于仁，游于艺。"

7.7　子曰："自行束脩以上，吾未尝无诲焉。"

7.8　子曰："不愤不启，不悱不发。举一隅不以三隅反，则不复也。"

7.9　子食于有丧者之侧，未尝饱也。

7.10　子于是日哭，则不歌。

7.11　子谓颜渊曰："用之则行，舍之则藏，惟我与尔有是夫！"子路曰："子行三军，则谁与？"子曰："暴虎冯河，死而无悔者，吾不与也。必也临事而惧，好谋而成者也。"

7.12　子曰："富而可求也，虽执鞭之士，吾亦为之。如不可求，从吾所好。"

7.13　子之所慎：齐、战、疾。

7.14　子在齐闻《韶》，三月不知肉味，曰："不图为乐之至于斯也。"

7.15　冉有曰："夫子为卫君乎？"子贡曰："诺，吾将问之。"入，曰："伯夷、叔齐何人也？"曰："古之贤人也。"曰："怨乎？"曰："求仁而得仁，又何怨？"出，曰："夫子不为也。"

7.16　子曰："饭疏食饮水，曲肱而枕之，乐亦在其中矣。不义而富且贵，于我如浮云。"

7.17　子曰："加我数年，五十以学《易》，可以无大过矣。"

7.18　子所雅言，《诗》《书》、执礼，皆雅言也。

7.19　叶公问孔子于子路，子路不对。子曰："女奚不曰，其为人也，发愤忘食，乐以忘忧，不知老之将至云尔。"

7.20　子曰："我非生而知之者，好古，敏以求之者也。"

7.21　子不语怪、力、乱、神。

7.22　子曰："三人行，必有我师焉。择其善者而从之；其不善者而改之。"

7.23　子曰："天生德于予，桓魋其如予何？"

7.24　子曰："二三子以我为隐乎？吾无隐乎尔。吾无行而不与二三子者，是丘也。"

7.25　子以四教：文、行、忠、信。

7.26　子曰："圣人，吾不得而见之矣；得见君子者，斯可矣。"子曰："善人，吾不得而见之矣；得见有恒者，斯可矣。亡而为有，虚而为盈，约而为泰，难乎有恒矣。"

7.27　子钓而不纲，弋不射宿。

7.28　子曰："盖有不知而作之者，我无是也。多闻，择其善者而从之，多见而识之，知之次也。"

7.29　互乡难与言，童子见，门人惑。子曰："与其进也，不与其退也，唯何甚？人洁己以进，与其洁也，不保其往也。"

7.30　子曰："仁远乎哉？我欲仁，斯仁至矣。"

7.31　陈司败问："昭公知礼乎？"孔子曰："知礼。"孔子退，揖巫马期而进之，曰："吾闻君子不党，君子亦党乎？君取于吴，为同姓，谓之吴孟子。君而知礼，孰不知礼？"巫马期以告。子曰："丘也幸，苟有过，人必知之。"

7.32　子与人歌而善，必使反之，而后和之。

7.33　子曰："文，莫吾犹人也。躬行君子，则吾未之有得。"

7.34　子曰："若圣与仁，则吾岂敢？抑为之不厌，诲人不倦，则可谓云尔已矣。"公西华曰："正唯弟子不能学也。"

7.35　子疾病，子路请祷。子曰："有诸？"子路对曰："有之。《诔》曰：'祷尔于上下神祇。'"子曰："丘之祷久矣。"

7.36　子曰："奢则不孙，俭则固。与其不孙也，宁固。"

7.37　子曰："君子坦荡荡，小人长戚戚。"

7.38　子温而厉，威而不猛，恭而安。

泰伯篇第八

8.1　子曰："泰伯，其可谓至德也已矣。三以天下让，民无得而称焉。"

8.2　子曰："恭而无礼则劳，慎而无礼则葸，勇而无礼则乱，直而无礼则绞。君子笃于亲，则民兴于仁；故旧不遗，则民不偷。"

8.3　曾子有疾，召门弟子曰："启予足！启予手！《诗》云：'战战兢兢，如临深渊，如履薄冰。'而今而后，吾知免夫！小子！"

8.4　曾子有疾，孟敬子问之。曾子言曰："鸟之将死，其鸣也哀；人之将死，其言也善。君子所贵乎道者三：动容貌，斯远暴慢矣；正颜色，斯近信矣；出辞气，斯远鄙倍矣。笾豆之事，则有司存。"

8.5　曾子曰："以能问于不能，以多问于寡；有若无，实若虚，犯而不校；昔者吾友尝从事于斯矣。"

8.6　曾子曰："可以托六尺之孤，可以寄百里之命，临大节而不可夺也。君子人与？君子人也。"

8.7　曾子曰："士不可以不弘毅，任重而道远。仁以为己任，不亦重乎？死而后已，不亦远乎？"

8.8　子曰："兴于《诗》，立于礼，成于乐。"

8.9　子曰："民可使由之，不可使知之。"

8.10　子曰："好勇疾贫，乱也。人而不仁，疾之已甚，乱也。"

8.11　子曰："如有周公之才之美，使骄且吝，其余不足观也已。"

8.12　子曰："三年学，不至于谷，不易得也。"

8.13　子曰："笃信好学，守死善道。危邦不入，乱邦不居。天下有道则见，无道则隐。邦有道，贫且贱焉，耻也。邦无道，富且贵焉，耻也。"

8.14　子曰："不在其位，不谋其政。"

8.15　子曰："师挚之始，《关雎》之乱，洋洋乎盈耳哉！"

8.16　子曰："狂而不直，侗而不愿，悾悾而不信，吾不知之矣。"

8.17　子曰："学如不及，犹恐失之。"

8.18　子曰："巍巍乎，舜、禹之有天下也，而不与焉！"

8.19　子曰："大哉尧之为君也！巍巍乎！唯天为大，唯尧则之。荡荡乎！民无能名焉。巍巍乎！其有成功也。焕乎！其有文章。"

8.20　舜有臣五人而天下治。武王曰："予有乱臣十人。"孔子曰："才难，不其然乎？唐、虞之际，于斯为盛。有妇人焉，九人而已。三分天下有其二，以服事殷。周之德，其可谓至德也已矣。"

8.21　子曰："禹，吾无间然矣。菲饮食，而致孝乎鬼神；恶衣服，而致美乎黻冕；卑宫室而尽力乎沟洫。禹，吾无间然矣。"

子罕篇第九

9.1　子罕言利与命与仁。

9.2　达巷党人曰："大哉孔子！博学而无所成名。"子闻之，谓门弟子曰："吾何执？执御乎？执射乎？吾执御矣。"

9.3　子曰："麻冕，礼也；今也纯，俭，吾从众。拜下，礼也；今拜乎上，泰也。虽违众，吾从下。"

9.4　子绝四：毋意，毋必，毋固，毋我。

9.5　子畏于匡，曰："文王既没，文不在兹乎？天之将丧斯文也，后死者不得与于斯文也；天之未丧斯文也，匡人其如予何？"

9.6 太宰问于子贡曰："夫子圣者与？何其多能也？"子贡曰："固天纵之将圣，又多能也。"子闻之，曰："太宰知我乎？吾少也贱，故多能鄙事。君子多乎哉？不多也。"

9.7 牢曰："子云：'吾不试，故艺。'"

9.8 子曰："吾有知乎哉？无知也。有鄙夫问于我，空空如也。我叩其两端而竭焉。"

9.9 子曰："凤鸟不至，河不出图，吾已矣夫！"

9.10 子见齐衰者、冕衣裳者与瞽者，见之，虽少，必作；过之，必趋。

9.11 颜渊喟然叹曰："仰之弥高，钻之弥坚。瞻之在前，忽焉在后。夫子循循然善诱人，博我以文，约我以礼，欲罢不能。既竭吾才，如有所立卓尔。虽欲从之，末由也已。"

9.12 子疾病，子路使门人为臣。病间。曰："久矣哉，由之行诈也！无臣而为有臣。吾谁欺？欺天乎？且予与其死于臣之手也，无宁死于二三子之手乎？且予纵不得大葬，予死于道路乎？"

9.13 子贡曰："有美玉于斯，韫椟而藏诸？求善贾而沽诸？"子曰："沽之哉！沽之哉！我待贾者也。"

9.14 子欲居九夷。或曰："陋，如之何？"子曰："君子居之，何陋之有？"

9.15 子曰："吾自卫反鲁，然后乐正，《雅》《颂》各得其所。"

9.16 子曰："出则事公卿，入则事父兄，丧事不敢不勉，不为酒困，何有于我哉？"

9.17 子在川上曰："逝者如斯夫！不舍昼夜。"

9.18 子曰："吾未见好德如好色者也。"

9.19 子曰："譬如为山，未成一篑，止，吾止也。譬如平地，虽覆一篑，进，吾往也。"

9.20 子曰："语之而不惰者，其回也与！"

9.21 子谓颜渊曰："惜乎！吾见其进也，未见其止也。"

9.22 子曰："苗而不秀者有矣夫！秀而不实者有矣夫！"

9.23 子曰："后生可畏，焉知来者之不如今也？四十、五十而无闻焉，斯亦不足畏也已。"

9.24 子曰:"法语之言,能无从乎?改之为贵。巽与之言,能无说乎?绎之为贵。说而不绎,从而不改,吾末如之何也已矣。"

9.25 子曰:"主忠信,毋友不如己者,过则勿惮改。"

9.26 子曰:"三军可夺帅也,匹夫不可夺志也。"

9.27 子曰:"衣敝缊袍,与衣狐貉者立,而不耻者,其由也与?'不忮不求,何用不臧?'"子路终身诵之。子曰:"是道也,何足以臧?"

9.28 子曰:"岁寒,然后知松柏之后凋也。"

9.29 子曰:"知者不惑,仁者不忧,勇者不惧。"

9.30 子曰:"可与共学,未可与适道;可与适道,未可与立;可与立,未可与权。"

9.31 "唐棣之华,偏其反而。岂不尔思?室是远而。"子曰:"未之思也,夫何远之有?"

乡党篇第十

10.1 孔子于乡党,恂恂如也,似不能言者。其在宗庙朝廷,便便言,唯谨尔。

10.2 朝,与下大夫言,侃侃如也;与上大夫言,訚訚如也。君在,踧踖如也,与与如也。

10.3 君召使摈,色勃如也,足躩如也。揖所与立,左右手,衣前后,襜如也。趋进,翼如也。宾退,必复命曰:"宾不顾矣。"

10.4 入公门,鞠躬如也,如不容。立不中门,行不履阈。过位,色勃如也,足躩如也,其言似不足者。摄齐升堂,鞠躬如也,屏气似不息者。出,降一等,逞颜色,怡怡如也。没阶,趋进,翼如也。复其位,踧踖如也。

10.5 执圭,鞠躬如也,如不胜。上如揖,下如授。勃如战色,足蹜蹜如有循。享礼,有容色。私觌,愉愉如也。

10.6 君子不以绀緅饰。红紫不以为亵服。当暑,袗絺绤,必表而出之。缁衣,羔裘；素衣，麂裘；黄衣，狐裘。亵裘长，短右袂。必有寝衣，长一身有半。狐貉之厚以居。去丧，无所不佩。非帷裳，必杀之。羔裘玄冠不以吊。吉月，必朝服而朝。

10.7　齐，必有明衣，布。齐必变食，居必迁坐。

10.8　食不厌精，脍不厌细。食饐而餲，鱼馁而肉败，不食。色恶，不食。臭恶，不食。失饪，不食。不时，不食。割不正，不食。不得其酱，不食。肉虽多，不使胜食气。唯酒无量，不及乱。沽酒市脯不食。不撤姜食，不多食。

10.9　祭于公，不宿肉。祭肉不出三日。出三日，不食之矣。

10.10　食不语，寝不言。

10.11　虽疏食菜羹，必祭，必齐如也。

10.12　席不正，不坐。

10.13　乡人饮酒，杖者出，斯出矣。

10.14　乡人傩，朝服而立于阼阶。

10.15　问人于他邦，再拜而送之。

10.16　康子馈药，拜而受之。曰："丘未达，不敢尝。"

10.17　厩焚。子退朝，曰："伤人乎？"不问马。

10.18　君赐食，必正席先尝之。君赐腥，必熟而荐之。君赐生，必畜之。侍食于君，君祭，先饭。

10.19　疾，君视之，东首，加朝服，拖绅。

10.20　君命召，不俟驾行矣。

10.21　入太庙，每事问。

10.22　朋友死，无所归，曰："于我殡。"

10.23　朋友之馈，虽车马，非祭肉，不拜。

10.24　寝不尸，居不客。

10.25　见齐衰者，虽狎，必变。见冕者与瞽者，虽亵，必以貌。凶服者式之，式负版者。有盛馔，必变色而作。迅雷风烈，必变。

10.26　升车，必正立，执绥。车中，不内顾，不疾言，不亲指。

10.27　色斯举矣，翔而后集。曰："山梁雌雉，时哉时哉！"子路共之，三嗅而作。

先进篇第十一

11.1　子曰："先进于礼乐，野人也；后进于礼乐，君子也。如用之，则吾从先进。"

11.2　子曰："从我于陈、蔡者，皆不及门也。"

11.3　德行：颜渊、闵子骞、冉伯牛、仲弓。言语：宰我、子贡。政事：冉有、季路。文学：子游、子夏。

11.4　子曰："回也非助我者也，于吾言无所不说。"

11.5　子曰："孝哉闵子骞！人不间于其父母昆弟之言。"

11.6　南容三复白圭，孔子以其兄之子妻之。

11.7　季康子问："弟子孰为好学？"孔子对曰："有颜回者好学，不幸短命死矣！今也则亡。"

11.8　颜渊死，颜路请子之车以为之椁。子曰："才不才，亦各言其子也。鲤也死，有棺而无椁。吾不徒行以为之椁。以吾从大夫之后，不可徒行也。"

11.9　颜渊死。子曰："噫！天丧予！天丧予！"

11.10　颜渊死，子哭之恸。从者曰："子恸矣！"曰："有恸乎？非夫人之为恸而谁为？"

11.11　颜渊死，门人欲厚葬之。子曰："不可。"门人厚葬之。子曰："回也视予犹父也，予不得视犹子也。非我也，夫二三子也。"

11.12　季路问事鬼神。子曰："未能事人，焉能事鬼？"曰："敢问死。"曰："未知生，焉知死？"

11.13　闵子侍侧，訚訚如也；子路，行行如也；冉有、子贡，侃侃如也。子乐。"若由也，不得其死然。"

11.14　鲁人为长府。闵子骞曰："仍旧贯，如之何？何必改作？"子曰："夫人不言，言必有中。"

11.15　子曰："由之瑟奚为于丘之门？"门人不敬子路。子曰："由也升堂矣，未入于室也。"

11.16　子贡问："师与商也孰贤？"子曰："师也过，商也不及。"曰："然则师愈与？"子曰："过犹不及。"

11.17　季氏富于周公，而求也为之聚敛而附益之。子曰："非吾徒也。小子鸣鼓而攻之，可也。"

11.18　柴也愚，参也鲁，师也辟，由也喭。

11.19　子曰："回也其庶乎，屡空。赐不受命，而货殖焉，亿则屡中。"

11.20　子张问善人之道。子曰："不践迹，亦不入于室。"

11.21　子曰："论笃是与，君子者乎？色庄者乎？"

11.22　子路问：闻斯行诸？子曰："有父兄在，如之何其闻斯行之？"冉有问："闻斯行诸？"子曰："闻斯行之。"公西华曰："由也问'闻斯行诸'，子曰，'有父兄在'；求也问'闻斯行诸'，子曰，'闻斯行之'。赤也惑，敢问。"子曰："求也退，故进之；由也兼人，故退之。"

11.23　子畏于匡，颜渊后。子曰："吾以女为死矣。"曰："子在，回何敢死？"

11.24　季子然问："仲由、冉求可谓大臣与？"子曰："吾以子为异之问，曾由与求之问。所谓大臣者，以道事君，不可则止。今由与求也，可谓具臣矣。"曰："然则从之者与？"子曰："弑父与君，亦不从也。"

11.25　子路使子羔为费宰。子曰："贼夫人之子。"子路曰："有民人焉，有社稷焉，何必读书，然后为学？"子曰："是故恶夫佞者。"

11.26　子路、曾皙、冉有、公西华侍坐。子曰："以吾一日长乎尔，毋吾以也。居则曰：'不吾知也！'如或知尔，则何以哉？"子路率尔而对曰："千乘之国，摄乎大国之间，加之以师旅，因之以饥馑；由也为之，比及三年，可使有勇，且知方也。"夫子哂之。"求！尔何如？"对曰："方六七十，如五六十，求也为之，比及三年，可使足民。如其礼乐，以俟君子。""赤！尔何如？"对曰："非曰能之，愿学焉。宗庙之事，如会同，端章甫，愿为小相焉。""点！尔何如？"鼓瑟希，铿尔，舍瑟而作，对曰："异乎三子者之撰。"子曰："何伤乎？亦各言其志也。"曰："莫春者，春服既成，冠者五六人，童子六七人，浴乎沂，风乎舞雩，咏而归。"夫子喟然叹曰："吾与点也！"三子者出，曾皙后。曾皙曰："夫三子者之言何如？"子曰："亦各言其志也已矣。"曰："夫子何哂由也？"曰："为国以礼，其言不让，是故哂之。""唯求则非邦也与？""安见方六七十如五六十而非邦也者？""唯赤则非邦也与？""宗庙会同，非诸侯而何？赤也为之小，孰能为之大？"

颜渊篇第十二

12.1　颜渊问仁。子曰："克己复礼为仁。一日克己复礼，天下归仁焉。为仁由己，而由人乎哉？"颜渊曰："请问其目。"子曰："非礼勿视，非礼勿听，非礼勿言，非礼勿动。"颜渊曰："回虽不敏，请事斯语矣。"

12.2　仲弓问仁。子曰："出门如见大宾，使民如承大祭。己所不欲，勿施于人。在邦无怨，在家无怨。"仲弓曰："雍虽不敏，请事斯语矣。"

12.3　司马牛问仁。子曰："仁者，其言也讱。"曰："其言也讱，斯谓之仁已乎？"子曰："为之难，言之得无讱乎？"

12.4　司马牛问君子。子曰："君子不忧不惧。"曰："不忧不惧，斯谓之君子已乎？"子曰："内省不疚，夫何忧何惧？"

12.5　司马牛忧曰："人皆有兄弟，我独亡。"子夏曰："商闻之矣：死生有命，富贵在天。君子敬而无失，与人恭而有礼，四海之内皆兄弟也。君子何患乎无兄弟也？"

12.6　子张问明。子曰："浸润之谮，肤受之愬，不行焉，可谓明也已矣。浸润之谮，肤受之愬，不行焉，可谓远也已矣。"

12.7　子贡问政。子曰："足食，足兵，民信之矣。"子贡曰："必不得已而去，于斯三者何先？"曰："去兵。"子贡曰："必不得已而去，于斯二者何先？"曰："去食。自古皆有死，民无信不立。"

12.8　棘子成曰："君子质而已矣，何以文为？"子贡曰："惜乎，夫子之说君子也！驷不及舌。文犹质也，质犹文也。虎豹之鞟犹犬羊之鞟。"

12.9　哀公问于有若曰："年饥，用不足，如之何？"有若对曰："盍彻乎？"曰："二，吾犹不足，如之何其彻也？"对曰："百姓足，君孰与不足？百姓不足，君孰与足？"

12.10　子张问崇德辨惑。子曰："主忠信，徙义，崇德也。爱之欲其生，恶之欲其死。既欲其生，又欲其死，是惑也。'诚不以富，亦只以异。'"

12.11　齐景公问政于孔子。孔子对曰："君君，臣臣，父父，子子。"公曰："善哉！信如君不君，臣不臣，父不父，子不子，虽有粟，吾得而食诸？"

12.12　子曰："片言可以折狱者，其由也与？"子路无宿诺。

12.13　子曰："听讼，吾犹人也。必也使无讼乎。"

12.14　子张问政。子曰："居之无倦，行之以忠。"

12.15　子曰："博学于文，约之以礼，亦可以弗畔矣夫！"

12.16　子曰："君子成人之美，不成人之恶。小人反是。"

12.17　季康子问政于孔子。孔子对曰："政者，正也。子帅以正，孰敢不正？"

12.18　季康子患盗，问于孔子。孔子对曰："苟子之不欲，虽赏之不窃。"

12.19　季康子问政于孔子曰："如杀无道，以就有道，何如？"孔子对曰："子为政，焉用杀？子欲善而民善矣。君子之德风，小人之德草。草上之风，必偃。"

12.20　子张问："士何如斯可谓之达矣？"子曰："何哉，尔所谓达者？"子张对曰："在邦必闻，在家必闻。"子曰："是闻也，非达也。夫达也者，质直而好义，察言而观色，虑以下人。在邦必达，在家必达。夫闻也者，色取仁而行违，居之不疑。在邦必闻，在家必闻。"

12.21　樊迟从游于舞雩之下，曰："敢问崇德，修慝，辨惑。"子曰："善哉问！先事后得，非崇德与？攻其恶，无攻人之恶，非修慝与？一朝之忿，忘其身，以及其亲，非惑与？"

12.22　樊迟问仁。子曰："爱人。"问知。子曰："知人。"樊迟未达。子曰："举直错诸枉，能使枉者直。"樊迟退，见子夏曰："乡也吾见于夫子而问知，子曰，'举直错诸枉，能使枉者直'，何谓也？"子夏曰："富哉言乎！舜有天下，选于众，举皋陶，不仁者远矣。汤有天下，选于众，举伊尹，不仁者远矣。"

12.23　子贡问友。子曰："忠告而善道之，不可则止，毋自辱焉。"

12.24　曾子曰："君子以文会友，以友辅仁。"

子路篇第十三

13.1　子路问政。子曰："先之劳之。"请益。曰："无倦。"

13.2　仲弓为季氏宰，问政。子曰："先有司，赦小过，举贤才。"曰："焉知贤才而举之？"子曰："举尔所知；尔所不知，人其舍诸？"

13.3　子路曰："卫君待子而为政，子将奚先？"子曰："必也正名乎！"子路曰："有是哉，子之迂也！奚其正？"子曰："野哉，由也！君子于其所不知，盖阙如也。名不正，则言不顺；言不顺，则事不成；事不成，则礼乐不兴；礼乐不兴，则刑罚不中；刑罚不中，则民无所措手足。故君子名之必可言也，言之必可行也。君子于其言，无所苟而已矣。"

13.4　樊迟请学稼。子曰："吾不如老农。"请学为圃。曰："吾不如老圃。"

樊迟出。子曰："小人哉，樊须也！上好礼，则民莫敢不敬；上好义，则民莫敢不服；上好信，则民莫敢不用情。夫如是，则四方之民襁负其子而至矣，焉用稼？"

13.5　子曰："诵《诗》三百，授之以政，不达；使于四方，不能专对；虽多，亦奚以为？"

13.6　子曰："其身正，不令而行；其身不正，虽令不从。"

13.7　子曰："鲁卫之政，兄弟也。"

13.8　子谓卫公子荆："善居室。始有，曰：'苟合矣。'少有，曰：'苟完矣。'富有，曰：'苟美矣。'"

13.9　子适卫，冉有仆。子曰："庶矣哉！"冉有曰："既庶矣，又何加焉？"曰："富之。"曰："既富矣，又何加焉？"曰："教之。"

13.10　子曰："苟有用我者，期月而已可也，三年有成。"

13.11　子曰："'善人为邦百年，亦可以胜残去杀矣。'诚哉是言也！"

13.12　子曰："如有王者，必世而后仁。"

13.13　子曰："苟正其身矣，于从政乎何有？不能正其身，如正人何？"

13.14　冉子退朝。子曰："何晏也？"对曰："有政。"子曰："其事也。如有政，虽不吾以，吾其与闻之。"

13.15　定公问："一言而可以兴邦，有诸？"孔子对曰："言不可以若是其几也。人之言曰：'为君难，为臣不易。'如知为君之难也，不几乎一言而兴邦乎？"曰："一言而丧邦，有诸？"孔子对曰："言不可以若是其几也。人之言曰：'予无乐乎为君，唯其言而莫予违也。'如其善而莫之违也，不亦善乎？如不善而莫之违也，不几乎一言而丧邦乎？"

13.16　叶公问政。子曰："近者说，远者来。"

13.17 子夏为莒父宰，问政。子曰："无欲速，无见小利。欲速，则不达；见小利，则大事不成。"

13.18 叶公语孔子曰："吾党有直躬者，其父攘羊，而子证之。"孔子曰："吾党之直者异于是，父为子隐，子为父隐。直在其中矣。"

13.19 樊迟问仁。子曰："居处恭，执事敬，与人忠。虽之夷狄，不可弃也。"

13.20 子贡问曰："何如斯可谓之士矣？"子曰："行己有耻，使于四方，不辱君命，可谓士矣。"曰："敢问其次。"曰："宗族称孝焉，乡党称弟焉。"曰："敢问其次。"曰："言必信，行必果，硁硁然小人哉！——抑亦可以为次矣。"曰："今之从政者何如？"子曰："噫！斗筲之人，何足算也？"

13.21 子曰："不得中行而与之，必也狂狷乎。狂者进取，狷者有所不为也。"

13.22 子曰："南人有言曰：'人而无恒，不可以作巫医。'善夫！""不恒其德，或承之羞。"子曰："不占而已矣。"

13.23 子曰："君子和而不同，小人同而不和。"

13.24 子贡问曰："乡人皆好之，何如？"子曰："未可也。""乡人皆恶之，何如？"子曰："未可也。不如乡人之善者好之，其不善者恶之。"

13.25 子曰："君子易事而难说也。说之不以道，不说也；及其使人也，器之。小人难事而易说也。说之虽不以道，说也；及其使人也，求备焉。"

13.26 子曰："君子泰而不骄，小人骄而不泰。"

13.27 子曰："刚、毅、木、讷近仁。"

13.28 子路问曰："何如斯可谓之士矣？"子曰："切切偲偲，怡怡如也，可谓士矣。朋友切切偲偲，兄弟怡怡。"

13.29 子曰："善人教民七年，亦可以即戎矣。"

13.30 子曰："以不教民战，是谓弃之。"

宪问篇第十四

14.1 宪问耻。子曰："邦有道，谷；邦无道，谷，耻也。""克、伐、怨、欲不行焉,可以为仁矣?"子曰:"可以为难矣,仁则吾不知也。"

14.2 子曰:"士而怀居,不足以为士矣。"

14.3 子曰:"邦有道,危言危行;邦无道,危行言孙。"

14.4 子曰:"有德者必有言,有言者不必有德。仁者必有勇,勇者不必有仁。"

14.5 南宫适问于孔子曰:"羿善射,奡荡舟,俱不得其死然。禹、稷躬稼而有天下。"夫子不答。南宫适出,子曰:"君子哉若人!尚德哉若人!"

14.6 子曰:"君子而不仁者有矣夫,未有小人而仁者也。"

14.7 子曰:"爱之,能勿劳乎?忠焉,能勿诲乎?"

14.8 子曰:"为命,裨谌草创之,世叔讨论之,行人子羽修饰之,东里子产润色之。"

14.9 或问子产。子曰:"惠人也。"问子西。曰:"彼哉!彼哉!"问管仲。曰:"人也。夺伯氏骈邑三百,饭疏食,没齿无怨言。"

14.10 子曰:"贫而无怨难,富而无骄易。"

14.11 子曰:"孟公绰为赵魏老则优,不可以为滕薛大夫。"

14.12 子路问成人。子曰:"若臧武仲之知,公绰之不欲,卞庄子之勇,冉求之艺,文之以礼乐,亦可以为成人矣。"曰:"今之成人者何必然?见利思义,见危授命,久要不忘平生之言,亦可以为成人矣。"

14.13 子问公叔文子于公明贾曰:"信乎,夫子不言,不笑,不取乎?"公明贾对曰:"以告者过也。夫子时然后言,人不厌其言;乐然后笑,人不厌其笑;义然后取,人不厌其取。"子曰:"其然?岂其然乎?"

14.14 子曰:"臧武仲以防求为后于鲁,虽曰不要君,吾不信也。"

14.15 子曰:"晋文公谲而不正,齐桓公正而不谲。"

14.16 子路曰:"桓公杀公子纠,召忽死之,管仲不死。"曰:"未仁乎?"子曰:"桓公九合诸侯,不以兵车,管仲之力也。如其仁,如其仁。"

14.17 子贡曰:"管仲非仁者与?桓公杀公子纠,不能死,又相之。"子曰:"管仲相桓公,霸诸侯,一匡天下,民到于今受其赐。微管仲,吾其被发左衽矣。岂若匹夫匹妇之为谅也,自经于沟渎而莫之知也?"

14.18 公叔文子之臣大夫僎与文子同升诸公。子闻之曰:"可以为'文'矣。"

14.19　子言卫灵公之无道也，康子曰："夫如是，奚而不丧？"孔子曰："仲叔圉治宾客，祝鮀治宗庙，王孙贾治军旅。夫如是，奚其丧？"

14.20　子曰："其言之不怍，则为之也难。"

14.21　陈成子弑简公。孔子沐浴而朝，告于哀公曰："陈恒弑其君，请讨之。"公曰："告夫三子！"孔子曰："以吾从大夫之后，不敢不告也。君曰'告夫三子'者！"之三子告，不可。孔子曰："以吾从大夫之后，不敢不告也。"

14.22　子路问事君。子曰："勿欺也，而犯之。"

14.23　子曰："君子上达，小人下达。"

14.24　子曰："古之学者为己，今之学者为人。"

14.25　蘧伯玉使人于孔子。孔子与之坐而问焉，曰："夫子何为？"对曰："夫子欲寡其过而未能也。"使者出。子曰："使乎！使乎！"

14.26　子曰："不在其位，不谋其政。"曾子曰："君子思不出其位。"

14.27　子曰："君子耻其言之过其行。"

14.28　子曰："君子道者三，我无能焉：仁者不忧，知者不惑，勇者不惧。"子贡曰："夫子自道也。"

14.29　子贡方人。子曰："赐也贤乎哉？夫我则不暇。"

14.30　子曰："不患人之不己知，患其不能也。"

14.31　子曰："不逆诈，不亿不信，抑亦先觉者，是贤乎！"

14.32　微生亩谓孔子曰："丘何为是栖栖者与？无乃为佞乎？"孔子曰："非敢为佞也，疾固也。"

14.33　子曰："骥不称其力，称其德也。"

14.34　或曰："以德报怨，何如？"子曰："何以报德？以直报怨，以德报德。"

14.35　子曰："莫我知也夫！"子贡曰："何为其莫知子也？"子曰："不怨天，不尤人，下学而上达。知我者其天乎！"

14.36　公伯寮愬子路于季孙。子服景伯以告，曰："夫子固有惑志于公伯寮，吾力犹能肆诸市朝。"子曰："道之将行也与，命也。道之将废也与，命也。公伯寮其如命何！"

14.37　子曰："贤者辟世，其次辟地，其次辟色，其次辟言。"子曰："作者七人矣。"

14.38　子路宿于石门。晨门曰："奚自？"子路曰："自孔氏。"曰："是知其不可而为之者与？"

14.39　子击磬于卫，有荷蒉而过孔氏之门者，曰："有心哉，击磬乎！"既而曰："鄙哉！硁硁乎！莫己知也，斯己而已矣。深则厉，浅则揭。"子曰："果哉！末之难矣。"

14.40　子张曰："《书》云：'高宗谅阴，三年不言。'何谓也？"子曰："何必高宗，古之人皆然。君薨，百官总己以听于冢宰三年。"

14.41　子曰："上好礼，则民易使也。"

14.42　子路问君子。子曰："修己以敬。"曰："如斯而已乎？"曰："修己以安人。"曰："如斯而已乎？"曰："修己以安百姓。修己以安百姓，尧舜其犹病诸。"

14.43　原壤夷俟。子曰："幼而不孙弟，长而无述焉，老而不死，是为贼。"以杖叩其胫。

14.44　阙党童子将命，或问之曰："益者与？"子曰："吾见其居于位也，见其与先生并行也。非求益者也，欲速成者也。"

卫灵公篇第十五

15.1　卫灵公问陈于孔子。孔子对曰："俎豆之事，则尝闻之矣；军旅之事，未之学也。"明日遂行。

15.2　在陈绝粮，从者病，莫能兴。子路愠见曰："君子亦有穷乎？"子曰："君子固穷，小人穷斯滥矣。"

15.3　子曰："赐也，女以予为多学而识之者与？"对曰："然。非与？"曰："非也，予一以贯之。"

15.4　子曰："由！知德者鲜矣。"

15.5　子曰："无为而治者其舜也与？夫何为哉？恭己正南面而已矣。"

15.6　子张问行。子曰："言忠信，行笃敬，虽蛮貊之邦，行矣。言不忠信，行不笃敬，虽州里，行乎哉？立则见其参于前也，在舆则见其倚于衡也，夫然后行。"

子张书诸绅。

15.7　子曰:"直哉史鱼! 邦有道, 如矢; 邦无道, 如矢。君子哉蘧伯玉! 邦有道, 则仕; 邦无道, 则可卷而怀之。"

15.8　子曰:"可与言而不与之言, 失人; 不可与言而与之言, 失言。知者不失人, 亦不失言。"

15.9　子曰:"志士仁人, 无求生以害仁, 有杀身以成仁。"

15.10　子贡问为仁。子曰:"工欲善其事, 必先利其器。居是邦也, 事其大夫之贤者, 友其士之仁者。"

15.11　颜渊问为邦。子曰:"行夏之时, 乘殷之辂, 服周之冕, 乐则《韶》、《舞》。放郑声, 远佞人。郑声淫, 佞人殆。"

15.12　子曰:"人无远虑, 必有近忧。"

15.13　子曰:"已矣乎! 吾未见好德如好色者也。"

15.14　子曰:"臧文仲其窃位者与! 知柳下惠之贤而不与立也。"

15.15　子曰:"躬自厚而薄责于人, 则远怨矣。"

15.16　子曰:"不曰'如之何, 如之何'者, 吾末如之何也已矣。"

15.17　子曰:"群居终日, 言不及义, 好行小慧, 难矣哉! "

15.18　子曰:"君子义以为质, 礼以行之, 孙以出之, 信以成之。君子哉! "

15.19　子曰:"君子病无能焉, 不病人之不己知也。"

15.20　子曰:"君子疾没世而名不称焉。"

15.21　子曰:"君子求诸己, 小人求诸人。"

15.22　子曰:"君子矜而不争, 群而不党。"

15.23　子曰:"君子不以言举人, 不以人废言。"

15.24　子贡问曰:"有一言而可以终身行之者乎? "子曰:"其恕乎! 己所不欲, 勿施于人。"

15.25　子曰:"吾之于人也, 谁毁谁誉? 如有所誉者, 其有所试矣。斯民也, 三代之所以直道而行也。"

15.26　子曰:"吾犹及史之阙文也。有马者借人乘之, 今亡矣夫! "

15.27　子曰:"巧言乱德。小不忍, 则乱大谋。"

15.28　子曰："众恶之，必察焉；众好之，必察焉。"

15.29　子曰："人能弘道，非道弘人。"

15.30　子曰："过而不改，是谓过矣。"

15.31　子曰："吾尝终日不食，终夜不寝，以思，无益，不如学也。"

15.32　子曰："君子谋道不谋食。耕也，馁在其中矣；学也，禄在其中矣。君子忧道不忧贫。"

15.33　子曰："知及之，仁不能守之，虽得之，必失之。知及之，仁能守之，不庄以莅之，则民不敬。知及之，仁能守之，庄以莅之，动之不以礼，未善也。"

15.34　子曰："君子不可小知而可大受也，小人不可大受而可小知也。"

15.35　子曰："民之于仁也，甚于水火。水火，吾见蹈而死者矣，未见蹈仁而死者也。"

15.36　子曰："当仁，不让于师。"

15.37　子曰："君子贞而不谅。"

15.38　子曰："事君，敬其事而后其食。"

15.39　子曰："有教无类。"

15.40　子曰："道不同，不相为谋。"

15.41　子曰："辞达而已矣。"

15.42　师冕见，及阶，子曰："阶也。"及席，子曰："席也。"皆坐，子告之曰："某在斯，某在斯。"师冕出。子张问曰："与师言之道与？"子曰："然。固相师之道也。"

季氏篇第十六

16.1　季氏将伐颛臾。冉有、季路见于孔子曰："季氏将有事于颛臾。"孔子曰："求！无乃尔是过与？夫颛臾，昔者先王以为东蒙主，且在邦域之中矣，是社稷之臣也。何以伐为？"冉有曰："夫子欲之，吾二臣者皆不欲也。"孔子曰："求！周任有言曰：'陈力就列，不能者止。'危而不持，颠而不扶，则将焉用彼相矣？且尔言过矣。

虎兕出于柙,龟玉毁于椟中,是谁之过与?"冉有曰:"今夫颛臾,固而近于费。今不取,后世必为子孙忧。"孔子曰:"求!君子疾夫舍曰欲之而必为之辞。丘也闻有国有家者,不患寡而患不均,不患贫而患不安。盖均无贫,和无寡,安无倾。夫如是,故远人不服,则修文德以来之。既来之,则安之。今由与求也,相夫子,远人不服,而不能来也;邦分崩离析,而不能守也;而谋动干戈于邦内。吾恐季孙之忧,不在颛臾,而在萧墙之内也。"

16.2 孔子曰:"天下有道,则礼乐征伐自天子出;天下无道,则礼乐征伐自诸侯出。自诸侯出,盖十世希不失矣;自大夫出,五世希不失矣;陪臣执国命,三世希不失矣。天下有道,则政不在大夫。天下有道,则庶人不议。"

16.3 孔子曰:"禄之去公室五世矣,政逮于大夫四世矣,故夫三桓之子孙微矣。"

16.4 孔子曰:"益者三友,损者三友。友直,友谅,友多闻,益矣。友便辟,友善柔,友便佞,损矣。"

16.5 孔子曰:"益者三乐,损者三乐。乐节礼乐,乐道人之善,乐多贤友,益矣。乐骄乐,乐佚游,乐宴乐,损矣。"

16.6 孔子曰:"侍于君子有三愆:言未及之而言谓之躁,言及之而不言谓之隐,未见颜色而言谓之瞽。"

16.7 孔子曰:"君子有三戒:少之时,血气未定,戒之在色;及其壮也,血气方刚,戒之在斗;及其老也,血气既衰,戒之在得。"

16.8 孔子曰:"君子有三畏:畏天命,畏大人,畏圣人之言。小人不知天命而不畏也,狎大人,侮圣人之言。"

16.9 孔子曰:"生而知之者,上也;学而知之者,次也;困而学之,又其次也;困而不学,民斯为下矣。"

16.10 孔子曰:"君子有九思:视思明,听思聪,色思温,貌思恭,言思忠,事思敬,疑思问,忿思难,见得思义。"

16.11 孔子曰:"见善如不及,见不善如探汤。吾见其人矣,吾闻其语矣。隐居以求其志,行义以达其道。吾闻其语矣,未见其人也。"

16.12 齐景公有马千驷,死之日,民无德而称焉。伯夷叔齐饿于首阳之下,民到于今称之。其斯之谓与?

16.13 陈亢问于伯鱼曰:"子亦有异闻乎?"对曰:"未也。尝独立,鲤趋而过庭。曰:'学《诗》乎?'对曰:'未也。''不学《诗》,无以言。'鲤退而学《诗》。他日又独立,鲤趋而过庭。曰:'学礼乎?'对曰:'未也。''不学礼,无以立。'鲤退而学礼。"闻斯二者。陈亢退而喜曰:"问一得三,闻《诗》,闻礼,又闻君子之远其子也。"

16.14 邦君之妻,君称之曰夫人,夫人自称曰小童;邦人称之曰君夫人,称诸异邦曰寡小君;异邦人称之亦曰君夫人。

阳货篇第十七

17.1 阳货欲见孔子,孔子不见,归孔子豚。孔子时其亡也,而往拜之。遇诸涂。谓孔子曰:"来!予与尔言。"曰:"怀其宝而迷其邦,可谓仁乎?"曰:"不可。""好从事而亟失时,可谓知乎?"曰:"不可。""日月逝矣,岁不我与。"孔子曰:"诺。吾将仕矣。"

17.2 子曰:"性相近也,习相远也。"

17.3 子曰:"唯上知与下愚不移。"

17.4 子之武城,闻弦歌之声。夫子莞尔而笑,曰:"割鸡焉用牛刀?"子游对曰:"昔者偃也闻诸夫子曰:'君子学道则爱人,小人学道则易使也。'"子曰:"二三子!偃之言是也。前言戏之耳。"

17.5 公山弗扰以费畔,召,子欲往。子路不说,曰:"末之也,已,何必公山氏之之也?"子曰:"夫召我者,而岂徒哉?如有用我者,吾其为东周乎?"

17.6 子张问仁于孔子。孔子曰:"能行五者于天下,为仁矣。""请问之。"曰:"恭宽信敏惠。恭则不侮,宽则得众,信则人任焉,敏则有功,惠则足以使人。"

17.7 佛肸召,子欲往。子路曰:"昔者由也闻诸夫子曰:'亲于其身为不善者,君子不入也。'佛肸以中牟畔,子之往也,如之何?"子曰:"然。有是言也。不曰坚乎,磨而不磷;不曰白乎,涅而不缁。吾岂匏瓜也哉?焉能系而不食?"

17.8 子曰:"由也!女闻六言六蔽矣乎?"对曰:"未也。""居!吾语女。好仁不好学,其蔽也愚;好知不好学,其蔽也荡;好信不好学,其蔽也贼;好直不好学,其蔽也绞；好勇不好学，其蔽也乱；好刚不好学，其蔽也狂。"

17.9　子曰："小子何莫学夫《诗》？诗，可以兴，可以观，可以群，可以怨。迩之事父，远之事君；多识于鸟兽草木之名。"

17.10　子谓伯鱼曰："女为《周南》、《召南》矣乎？人而不为《周南》、《召南》，其犹正墙面而立也与？"

17.11　子曰："礼云礼云，玉帛云乎哉？乐云乐云，钟鼓云乎哉？"

17.12　子曰："色厉而内荏，譬诸小人，其犹穿窬之盗也与？"

17.13　子曰："乡原，德之贼也。"

17.14　子曰："道听而途说，德之弃也。"

17.15　子曰："鄙夫可与事君也与哉？其未得之也，患得之。既得之，患失之。苟患失之，无所不至矣。"

17.16　子曰："古者民有三疾，今也或是之亡也。古之狂也肆，今之狂也荡；古之矜也廉，今之矜也忿戾；古之愚也直，今之愚也诈而已矣。"

17.17　子曰："巧言令色，鲜矣仁。"

17.18　子曰："恶紫之夺朱也，恶郑声之乱雅乐也，恶利口之覆邦家者。"

17.19　子曰："予欲无言。"子贡曰："子如不言，则小子何述焉？"子曰："天何言哉？四时行焉，百物生焉。天何言哉？"

17.20　孺悲欲见孔子，孔子辞以疾。将命者出户，取瑟而歌，使之闻之。

17.21　宰我问："三年之丧，期已久矣。君子三年不为礼，礼必坏；三年不为乐，乐必崩。旧谷既没，新谷既升，钻燧改火，期可已矣。"子曰："食夫稻，衣夫锦，于女安乎？"曰："安。""女安，则为之。夫君子之居丧，食旨不甘，闻乐不乐，居处不安，故不为也。今女安，则为之！"宰我出。子曰："予之不仁也！子生三年，然后免于父母之怀。夫三年之丧，天下之通丧也。予也有三年之爱于其父母乎？"

17.22　子曰："饱食终日，无所用心，难矣哉！不有博弈者乎？为之，犹贤乎已。"

17.23　子路曰："君子尚勇乎？"子曰："君子义以为上。君子有勇而无义为乱，小人有勇而无义为盗。"

17.24　子贡曰："君子亦有恶乎！"子曰："有恶：恶称人之恶者，恶居下流而讪上者，恶勇而无礼者，恶果敢而窒者。"曰："赐也亦有恶乎？""恶徼以为知者，恶不孙以为勇者，恶讦以为直者。"

17.25 子曰："唯女子与小人为难养也，近之则不孙，远之则怨。"

17.26 子曰："年四十而见恶焉，其终也已。"

微子篇第十八

18.1 微子去之，箕子为之奴，比干谏而死。孔子曰："殷有三仁焉。"

18.2 柳下惠为士师，三黜。人曰："子未可以去乎？"曰："直道而事人，焉往而不三黜？枉道而事人，何必去父母之邦？"

18.3 齐景公待孔子："若季氏，则吾不能；以季、孟之间待之。"曰："吾老矣，不能用也。"孔子行。

18.4 齐人归女乐，季桓子受之，三日不朝，孔子行。

18.5 楚狂接舆歌而过孔子曰："凤兮凤兮！何德之衰？往者不可谏，来者犹可追。已而！已而！今之从政者殆而！"孔子下，欲与之言。趋而辟之，不得与之言。

18.6 长沮、桀溺耦而耕，孔子过之，使子路问津焉。长沮曰："夫执舆者为谁？"子路曰："为孔丘。"曰："是鲁孔丘与？"曰："是也。"曰："是知津矣。"问于桀溺。桀溺曰："子为谁？"曰："为仲由"。曰："是鲁孔丘之徒与？"对曰："然。"曰："滔滔者天下皆是也，而谁以易之？且而与其从辟人之士也，岂若从辟世之士哉？"耰而不辍。子路行以告。夫子怃然曰："鸟兽不可与同群，吾非斯人之徒与而谁与？天下有道，丘不与易也。"

18.7 子路从而后，遇丈人，以杖荷蓧。子路问曰："子见夫子乎？"丈人曰："四体不勤，五谷不分，孰为夫子？"植其杖而芸。子路拱而立。止子路宿，杀鸡为黍而食之，见其二子焉。明日，子路行以告。子曰："隐者也。"使子路反见之。至，则行矣。子路曰："不仕无义。长幼之节，不可废也；君臣之义，如之何其废之？欲洁其身，而乱大伦。君子之仕也，行其义也。道之不行，已知之矣。"

18.8 逸民：伯夷、叔齐、虞仲、夷逸、朱张、柳下惠、少连，子曰："不降其志，不辱其身，伯夷、叔齐与！"谓："柳下惠、少连，降志辱身矣，言中伦，行中虑，其斯而已矣。"谓："虞仲、夷逸，隐居放言，身中清，废中权。我则异于是，无可无不可。"

18.9　大师挚适齐，亚饭干适楚，三饭缭适蔡，四饭缺适秦，鼓方叔入于河，播鼗武入于汉，少师阳、击磬襄入于海。

18.10　周公谓鲁公曰："君子不施其亲，不使大臣怨乎不以。故旧无大故，则不弃也。无求备于一人！"

18.11　周有八士：伯达、伯适、仲突、仲忽、叔夜、叔夏、季随、季骒。

子张篇第十九

19.1　子张曰："士见危致命，见得思义，祭思敬，丧思哀，其可已矣。"

19.2　子张曰："执德不弘，信道不笃，焉能为有？焉能为亡？"

19.3　子夏之门人问交于子张。子张曰："子夏云何？"对曰："子夏曰：'可者与之，其不可者拒之。'"子张曰："异乎吾所闻：君子尊贤而容众，嘉善而矜不能。我之大贤与，于人何所不容？我之不贤与，人将拒我，如之何其拒人也？"

19.4　子夏曰："虽小道，必有可观者焉；致远恐泥，是以君子不为也。"

19.5　子夏曰："日知其所亡，月无忘其所能，可谓好学也已矣。"

19.6　子夏曰："博学而笃志，切问而近思，仁在其中矣。"

19.7　子夏曰："百工居肆以成其事，君子学以致其道。"

19.8　子夏曰："小人之过也必文。"

19.9　子夏曰："君子有三变：望之俨然，即之也温，听其言也厉。"

19.10　子夏曰："君子信而后劳其民，未信则以为厉己也。信而后谏，未信则以为谤己也。"

19.11　子夏曰："大德不逾闲，小德出入可也。"

19.12　子游曰："子夏之门人小子，当洒扫应对进退，则可矣，抑末也。本之则无，如之何？"子夏闻之，曰："噫！言游过矣！君子之道，孰先传焉，孰后倦焉？譬诸草木，区以别矣。君子之道，焉可诬也？有始有卒者，其惟圣人乎！"

19.13　子夏曰："仕而优则学，学而优则仕。"

19.14　子游曰："丧致乎哀而止。"

19.15　子游曰："吾友张也为难能也，然而未仁。"

19.16　曾子曰："堂堂乎张也，难与并为仁矣。"

19.17　曾子曰："吾闻诸夫子：人未有自致者也，必也亲丧乎！"

19.18　曾子曰："吾闻诸夫子：孟庄子之孝也，其他可能也；其不改父之臣与父之政，是难能也。"

19.19　孟氏使阳肤为士师，问于曾子。曾子曰："上失其道，民散久矣。如得其情，则哀矜而勿喜！"

19.20　子贡曰："纣之不善，不如是之甚也。是以君子恶居下流，天下之恶皆归焉。"

19.21　子贡曰："君子之过也，如日月之食焉：过也，人皆见之；更也，人皆仰之。"

19.22　卫公孙朝问于子贡曰："仲尼焉学？"子贡曰："文武之道，未坠于地，在人。贤者识其大者，不贤者识其小者。莫不有文武之道焉。夫子焉不学？而亦何常师之有？"

19.23　叔孙武叔语大夫于朝，曰："子贡贤于仲尼。"子服景伯以告子贡。子贡曰："譬之宫墙，赐之墙也及肩，窥见室家之好。夫子之墙数仞，不得其门而入，不见宗庙之美，百官之富。得其门者或寡矣。夫子之云，不亦宜乎！"

19.24　叔孙武叔毁仲尼。子贡曰："无以为也！仲尼不可毁也。他人之贤者，丘陵也，犹可逾也；仲尼，日月也，无得而逾焉。人虽欲自绝，其何伤于日月乎？多见其不知量也。"

19.25　陈子禽谓子贡曰："子为恭也，仲尼岂贤于子乎？"子贡曰："君子一言以为知，一言以为不知，言不可不慎也。夫子之不可及也，犹天之不可阶而升也。夫子之得邦家者，所谓立之斯立，道之斯行，绥之斯来，动之斯和。其生也荣，其死也哀。如之何其可及也？"

尧曰篇第二十

20.1　尧曰："咨！尔舜。天之历数在尔躬，允执其中。四海困穷，天禄永终。"

舜亦以命禹。曰："予小子履，敢用玄牡，敢昭告于皇皇后帝：有罪不敢赦。帝臣不蔽，简在帝心。朕躬有罪，无以万方；万方有罪，罪在朕躬。"周有大赉，善人是富。"虽有周亲，不如仁人。百姓有过，在予一人。"谨权量，审法度，修废官，四方之政行焉。兴灭国，继绝世，举逸民，天下之民归心焉。所重：民、食、丧、祭。宽则得众，信则民任焉，敏则有功，公则说。

20.2　子张问于孔子曰："何如斯可以从政矣？"子曰："尊五美，屏四恶，斯可以从政矣。"子张曰："何谓五美？"子曰："君子惠而不费，劳而不怨，欲而不贪，泰而不骄，威而不猛。"子张曰："何谓惠而不费？"子曰："因民之所利而利之，斯不亦惠而不费乎？择可劳而劳之，又谁怨？欲仁而得仁，又焉贪？君子无众寡，无小大，无敢慢，斯不亦泰而不骄乎？君子正其衣冠，尊其瞻视，俨然人望而畏之，斯不亦威而不猛乎？"子张曰："何谓四恶？"子曰："不教而杀谓之虐；不戒视成谓之暴；慢令致期谓之贼；犹之与人也，出纳之吝谓之有司"。

20.3　孔子曰："不知命，无以为君子也；不知礼，无以立也；不知言，无以知人也。"

于丹是我的师姐，也是我的老师。1995 年，我刚到北京师范大学中文系读书时，于丹正在艺术系任教。在校时，我常听艺术系的同学谈起于丹，但一直没见过。后来我从事出版工作，于老师也因为在《百家讲坛》的精彩讲演，成了被整个出版行业追捧的明星作家，这才有了真正的交集。于老师出于对我的信任，将她 2012 年为中央电视台春节特别讲座《丹韵词音》所写作的原稿交给磨铁图书策划出版，名为《于丹：重温最美古诗词》。

对我而言，于丹畅销书作家的身份固然重要，但母校老师的身份更让我不敢有丝毫怠慢。为了做好于丹新书的出版工作，我又重读于丹在《百家讲坛》热播时期出版的三本最重要的图书：《于丹〈论语〉心得》《于丹〈论语〉感悟》和《于丹〈庄子〉心得》。距离《百家讲坛》时期的那种全民于丹热，已经过去五六年了，这时的阅读，恐怕也才更能读出真实的味道，因此感触良深。

于丹讲《论语》也好，讲《庄子》也好，为什么能讲得那么亲切，能有那么高的收视率和图书销量？我在当年看《百家讲坛》时，曾经将此归功于于丹的演讲能力。还曾表达过这样一个看法：《百家讲坛》的成功，是教师这个行业的胜利，是高校里讲课讲得好的教师们千锤百炼的讲课艺术的胜利。但再读于丹这几本书时，有了更真切的阅读感受，才意识到当年这一看法的偏颇。之所以于丹能把《论语》和《庄子》讲得那么亲切和生动，是因为于丹心中装着一个鲜活的孔子，一个鲜活的庄子。她在书中，真是做到了把孔子和庄子还原成了真实的人。我尤其喜欢于丹对《论语》的阅读体会，她反复强调《论语》的朴素和温暖，她在书中讲述了一个朴素而温暖的孔子。

《于丹〈论语〉心得》也好，《于丹〈论语〉感悟》也好，都只是心得和感悟，并不是学术研究，是作为一个人在体会另一个人，是于丹在体会孔子的体温，从孔子的言论里，体会孔子这个人。与其说《论语》是朴素和温暖的，不如说孔子是朴素和温暖的。什么是朴素？朴素就是坚持最根本的道理。什么是温暖？温暖就是对这个世界有爱，对人有爱，对生活有爱。于丹的这种对孔子的还原，于我心有戚戚焉。也正是这种将孔子还原成一个朴素和温暖的人的感悟和心得，才会让读者读起来觉得生动和亲切，觉得自己的人生可以遵循《论语》中所说的那些根本的为人道理。更何况于丹在书中还几乎尽了最大努力，试图做到深入浅出，将《论语》中那些根本的道理尽量还原到现代人的日常生活情景中。

同样，于丹对《庄子》的阅读，也是贴着庄子这个人而生发感受。所以在她的笔下，庄子是一个充满人生进取心的人，只不过庄子的追求，并非常人所追求的功名利禄，而是在追求精神的自由，追求对人生的超越，追求思想和真理。在于丹看来，《庄子》一书中，之所以很多时候在讨论生死问题时，都显得那么坦然、天真，将生死视为一体，视为自然，是因为庄子理解生命的本质，尊重和热爱活着的过程，并相信和追求精神之自由和无垠。庄子在《秋水》中说"往矣，吾将曳尾于涂中"，普遍的解释当然都是，宁可拖着尾巴活在烂泥中，也不愿意装模作样，失去自由地站在朝堂上。而于丹却从中读出了"曳尾于涂中"另一重意思：哪怕是拖着尾巴活在烂泥中，毕竟也是自由地活着啊。于丹读出了庄子对自由的渴望，也读出了庄子对活着和生命本身的尊重和热爱。我也很喜欢于丹这样的心得和体会。

《论语》是儒家思想的发源，《庄子》是道家思想的发端之一。因此中国人在谈到《论语》和《庄子》时，几乎同时也在指称儒家和道家。中国人没有普遍信奉的宗教，儒家思想和道家思想代替宗教，构成了几千年来中国人的基本人生哲学。对于中国一代代知识分子而言，他们的人生态度往往非儒即道，时儒时道，儒道交融……但儒家也好，道家也好，都是经过后世无数知识分子的各种解读、注述和集成，而形成了复杂广大的思想体系。有时我们在讲"儒"时，还能回到《论语》的朴素和温暖吗？我们在讲"道"时，还能感受到庄子对真理的追求和对自由精神的向往吗？

我还想起了中国历史上最伟大的两个诗人：杜甫和李白。杜甫苦难的一生中，有一种大天真，一种对世界，对生活，对人的根本的热爱，这种热爱，令他即使活在泥淖里，活在哀号中，活在惨烈中，也是一种有温度的，有人生进取心的，有内心根本的活着，最好的那个杜甫是"儒"的！而李白对超拔精神的追求，对自由意志的追求，又岂是"未就丹砂愧葛洪"式的求仙问道可以概括的？他真是"逍遥游"的信徒，追求的是更超拔的，更无拘的精神遨游式的活着，最好的那个李白是"道"的！一个孔子，一个庄子；一个杜甫，一个李白，几乎是传统中国人的基本灵魂构造。

正是因为有了这样一些对于丹前述几本书的阅读感受，当我得知于丹老师的《于丹〈论语〉感悟》和《于丹〈庄子〉心得》这两本书的版权即将到期时，我再次找到于老师，提出了一个想法，由磨铁图书来完成这两本书的再版工作。感谢于丹老师，再次选择了对我的信任。

磨铁图书　沈浩波